國際貿易實務

第二版

附最新國貿大會考
試題彙編詳解與重點整理

何怡興　著

五南圖書出版公司 印行

推薦序

　　欣見何怡興老師出書。何怡興老師長期服務於國貿領域，學經歷俱豐，是本會「貿易諮詢服務中心」顧問，也是「中華民國貿易教育基金會」國貿實務課程金牌講師，不管是國貿條規Incoterms 2020、信用狀統一慣例解析、運輸保險與通關實務都熟知詳解、解說清晰。多年來，何老師也曾輔導許多國貿從業人士及學生高分考取「國貿大會考」證照，教學熱誠、講課內容精彩豐富，深受好評。

　　何老師於2022年初退休後，就計畫著手編寫此書，希望以他三十年的工作經驗，結合教學心得，寫出一本精簡易懂的國貿專業書籍。適逢何老師新書付梓問世，特為之作序，並推薦這本好書給各界讀者，期盼本書可以帶給國貿相關從業人員不一樣的思維，與兼具實務應用的精彩內容，同時也可以提供給國貿教學領域、學生或有興趣報考國貿大會考的社會人士一本實用的參考用書。

　　台灣以貿易立國，國際貿易在台灣扮演著舉足輕重的角色。本會作為全台最大進出口商業團體，對於產業發展責無旁貸。不管是協助廠商出口拓銷、貿易服務、提供政府經貿政策建議；或是透過產學合作，培訓貿易人才等。如今進入到數位經濟時代，遠距工作、電子商務、供應鏈安全等成為重要課題，本會也因應時局，提供跨境電商服務等。

　　未來，貿易業還面臨重大挑戰，就是全球的「綠色經濟」發展趨勢。聯合國氣候峰會COP26正式將「逐步減少」煤碳列入會議結論，宣告低碳低汙染時代的來臨，勢必將牽動產業鏈徹底改變，一個以綠色、永續為基礎的經濟時代已經展開，這些將考驗國貿從業人員的應變與思維，唯有隨時保持良好的學習精神與態度，才可以跟上快速變遷的時代潮流。

　　期待此書付梓，為國貿領域帶來全新面貌。

台北市進出口商業同業公會

祕書長　黃文榮

自序

　　國際貿易的領域很廣泛，包含金流、物流、文件流、通關、運輸、財務等，所以舉凡公司的外銷人員、採購人員、進出口單位、倉管物流、運輸業者、銀行外匯人員，甚至海關人員，多少都會跟「國際貿易」沾上邊，因此除了本身工作的範圍外，也應該多涉獵其他相關領域，才能夠融會貫通。

　　2006年筆者於工作期間因緣際會於某間大學進修部開啟了斜槓人生，開始過著上班、編講義、授課的充實生活，受聘學校也曾達到六家，那段期間，偶而會到一些公司行號授課，也會到各大機構當學員聽課，坊間新出版的國貿實務相關書籍也不會輕易放過，因為筆者喜歡閱讀，且期許自己可以與時俱進。年輕時感受到書到用時方恨少，不料年長時，猛然發現書籍多到租庫房，為了消化堆積如山的書本，於是2022年初決定裸退，專心看書、寫書。

　　這本國貿實務參考書是筆者在職場工作三十多年經驗的累積，再加上平日授課、聽課與閱讀國貿專業書籍編輯而成。筆者之前在「台北市進出口公會」輔導國貿大會考多年，發現坊間並沒有相關的考試用書，因此趁此機會在本書的附錄整理出應試技巧與大部分題目的詳解，希望對有興趣參加國貿大會考的學生與社會人士有所幫助。

　　本書編輯期間，承蒙多位業界好友以及昔日銀行、報關行、海空運的配合業者給予筆者相當寶貴的意見。本書內容力求精簡易讀，同時也相當程度確認了實務操作的正確性，然筆者才疏學淺，疏漏之處在所難免，尚祈各界先進不吝惠賜指教。本書得以在2023年順利出版上市，首先要感謝五南圖書出版（股）公司給我這個難得的機會，更要感謝侯家嵐主編的鼎力相助，最後僅以本書獻給我摯愛的雙親，沒有你們的撫育與教養，就沒有今日的我。

何怡興　謹識

目錄

第一章

我國外貿現況與發展

我國為貿易導向的國家，台灣進出口貿易總額占國內生產毛額超過60%。根據世界貿易組織（WTO）最新統計，台灣2021年出口貿易總額4,464億美元，世界排名第16；進口貿易總額3,815億美元，世界排名第17名；台灣2021年進出口貿易總值為8,279億美元，排名全球16名，為16年來最佳表現，但仍然落後香港、南韓、新加坡，居於亞洲四小龍之末。財政部統計處引述WTO最新統計指出，2021年全球景氣復甦帶動需求轉強，主要經濟體進出口值皆超越疫情前水準，2021年全球出口總值22.3兆美元，年增26.3%。其中，中國以出口3兆3,640億美元居冠占全球出口15.1%，其次依序為美國7.9%、德國7.3%、荷蘭3.8%、日本3.4%。財政部並指出2021年全球前5大貿易國由中國居冠，貿易總值達6兆515億美元，美國以4兆6,917億美元排名第2。而亞洲四小龍中的韓國、新加坡分居第8及第15，貿易總值各為1兆2,595億美元與8,636億美元；台灣貿易總值排名則進步1名至第16名，為2006年來最佳表現。

不過，中央大學台經中心執行長吳大任表示新加坡、香港為轉口港，中國大陸的出口若經由香港，也算入香港貿易額，但這部分對實質經濟成長率貢獻不大；相反的，台灣、南韓是製造業生產大國，貿易總額排名比較有意義。

在中美貿易戰、科技戰期間，中國出口逆勢成長，貿易總額逾6兆美元，財政部解析，中國主要受惠擁有全球供應鏈的超強優勢，加入區域經貿整合更有利其發展，反觀美國、德國近幾年則飽受疫情困擾，出口占比呈現下滑，即使美國以貿易戰打壓中國，中國出口仍以3兆3,640億美元，居全球

出口首位。政大金融系教授殷乃平表示，中國大陸出口的產品物美價廉，加上經濟結構的調整，令貿易戰無法動搖其在全球製造供應鏈上的優勢地位。對於台灣貿易表現，殷乃平表示，美國打擊中國大陸科技業，轉單效益加上晶片單價高，推升我國科技業出口，占整體出口值52%以上，但科技業擴廠、提高資本支出，卻讓土地成本、房租、工資成本大幅提升，恐削減其他產業的出口競爭力。殷乃平直白地說，只有半導體、科技業出口明顯成長，其他傳統產業不僅沒有相同好的表現，還經營得很辛苦，因為台灣集所有資源，大力發展科技業，讓非科技業經營壓力變更大。對於2022下半年我國出口展望，吳大任預估全球升息循環的效應，預計今年第三季、第四季逐漸顯現，也會影響我國消費電子性產品的接單狀況，下半年我國出口值將會收斂。（殷乃平、吳大任，2022）

2021年世界各主要國家貿易總額排名

單位：十億美元

排名順位	貿易總值			出口值			進口值		
	國家/地區別	金額	百分比	國家/地區別	金額	百分比	國家/地區別	金額	百分比
	全 世 界	44,803	100%	全 世 界	22,284	100%	全 世 界	22,519	100%
1	中國大陸	6,051	13.51%	中國大陸	3,364	15.10%	美 國	2,937	13.04%
2	美 國	4,692	10.47%	美 國	1,755	7.87%	中國大陸	2,688	11.93%
3	德 國	3,051	6.81%	德 國	1,632	7.32%	德 國	1,419	6.30%
4	荷 蘭	1,593	3.56%	荷 蘭	836	3.75%	日 本	769	3.41%
5	日 本	1,525	3.40%	日 本	756	3.39%	荷 蘭	757	3.36%
6	香 港	1,382	3.09%	香 港	670	3.01%	法 國	714	3.17%
7	法 國	1,299	2.90%	南 韓	644	2.89%	香 港	712	3.16%
8	南 韓	1,259	2.81%	義 大 利	610	2.74%	英 國	694	3.08%
9	英 國	1,162	2.59%	法 國	585	2.63%	南 韓	615	2.73%
10	義 大 利	1,161	2.59%	比 利 時	543	2.44%	印 度	573	2.54%
11	比 利 時	1,053	2.35%	加 拿 大	503	2.26%	義 大 利	550	2.44%

排名順位	貿易總值			出口值			進口值		
	國家/地區別	金額	百分比	國家/地區別	金額	百分比	國家/地區別	金額	百分比
12	墨 西 哥	1,017	2.27%	墨 西 哥	494	2.22%	墨 西 哥	522	2.32%
13	加 拿 大	1,003	2.24%	俄 羅 斯	494	2.22%	比 利 時	509	2.26%
14	印 度	968	2.16%	英 國	468	2.10%	加 拿 大	499	2.22%
15	新 加 坡	864	1.93%	新 加 坡	457	2.05%	西 班 牙	418	1.86%
16	中華民國	828	1.85%	中華民國	446	2.00%	新 加 坡	406	1.80%
17	西 班 牙	803	1.79%	阿拉伯聯合大公國	425	1.91%	中華民國	381	1.69%
18	俄 羅 斯	798	1.78%	印 度	395	1.77%	波 蘭	338	1.50%
19	阿拉伯聯合大公國	744	1.66%	西 班 牙	384	1.73%	越 南	332	1.47%
20	瑞 士	703	1.57%	瑞 士	380	1.70%	瑞 士	323	1.43%
21	波 蘭	676	1.51%	澳 大 利 亞	344	1.54%	阿拉伯聯合大公國	319	1.42%
22	越 南	668	1.49%	波 蘭	338	1.52%	俄 羅 斯	304	1.35%
23	澳 大 利 亞	605	1.35%	越 南	336	1.51%	土 耳 其	271	1.21%
24	泰 國	539	1.20%	馬 來 西 亞	299	1.34%	泰 國	268	1.19%
25	馬 來 西 亞	537	1.20%	巴 西	281	1.26%	澳 大 利 亞	261	1.16%
26	巴 西	516	1.15%	泰 國	271	1.22%	馬 來 西 亞	238	1.06%
27	土 耳 其	497	1.11%	沙烏地阿拉伯	258	1.16%	巴 西	235	1.04%
28	捷 克	437	0.98%	印 尼	230	1.03%	奧 地 利	219	0.97%
29	印 尼	426	0.95%	捷 克	226	1.02%	捷 克	211	0.94%
30	奧 地 利	421	0.94%	土 耳 其	225	1.01%	印 尼	196	0.87%

資料來源：財政部統計處、世界貿易組織（WTO）。

1.1 出口前五大國

　　110年我國第1大出口市場為中國大陸（含香港），占整體出口比重42.3%，出口金額較109年增加24.8%；第2大出口市場為東南亞國協（10國），占整體出口比重15.7%，出口金額增加32%；第3大出口市場為美國，占整體出口比重14.7%，出口金額增加30%；第4大出口市場為歐盟，占整體出口比重7.1%，出口金額增加39%；第5大出口市場為日本，占整體出口比重6.5%，出口金額增加24.8%。（經濟部，2022）

1.2 出口貨品前五大類

1. 主要出口貨品

110年我國主要出口產品中，最大出口項目為電子零組件，出口金額1,720億1,000萬美元，創歷年新高，較109年增加26.9%，占整體出口比重38.5%；其次為資通與視聽產品，出口金額613億5,000萬美元，亦創歷年新高，增加24.8%，占整體出口比重為13.7%；第3大為基本金屬及其製品，出口金額368億2,000萬美元，增加44.5%，占整體出口比重為8.2%。（經濟部，2022）

2. 依照國際商品統一分類代碼（HS CODE）列出台灣出口前5大類產品跟比重：

台灣近五年出口前五大類產品金額比重（按HS CODE分類標準）

單位：百萬美元

年度	出口總金額	(1) 第十六類（84~85章）機器及機械用具	比重(%)	(2) 第十五類（72~83章）卑金屬及卑金屬製品	比重(%)	(3) 第七類（39~40章）塑膠及其製品	比重(%)	(4) 第六類（28~38章）化學或有關工業產品	比重(%)	(5)第十八類（90~92章）光學、照相	比重(%)
106年	315,487	176,177	55.84%	29,042	16.48%	22,974	7.28%	19,375	6.14%	16,737	5.31%
107年	334,007	183,057	54.81%	31,588	17.26%	25,276	7.57%	22,151	6.63%	16,548	4.95%
108年	329,157	189,970	57.71%	27,841	14.66%	22,580	6.86%	18,668	5.67%	16,061	4.88%
109年	345,126	218,065	63.18%	25,486	11.69%	21,259	6.16%	16,654	4.83%	16,991	4.92%
110年	446,379	276,221	61.88%	36,811	13.33%	29,868	6.69%	23,407	5.24%	20,097	4.50%
總計	1,770,156	1,043,491	58.95%	150,768	14.45%	121,958	6.89%	100,254	5.66%	86,435	4.88%

台灣近五年出口前五大類產品金額比重（按HS CODE分類標準）

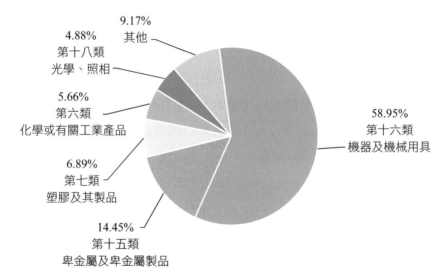

9.17%
其他

4.88%
第十八類
光學、照相

5.66%
第六類
化學或有關工業產品

6.89%
第七類
塑膠及其製品

58.95%
第十六類
機器及機械用具

14.45%
第十五類
卑金屬及卑金屬製品

資料來源：關務署「關港貿單一窗口」與筆者自行整理、編輯。

單元二　台灣進口概況

2.1　進口前五大國

　　110年我國第1大進口來源為中國大陸（含香港），占整體進口比重22.1%，進口金額較109年增加29.9%；第2大進口來源為日本，占我整體進口比重14.7%，進口金額增加22.3%；第3大進口來源為東南亞國協（10國），占整體進口比重12.4%，進口金額增加20.2%；第4大進口來源為美國，占整體進口比重10.3%，進口金額增加20.2%；第5大進口來源為歐盟，占整體進口比重9.7%，進口金額增加27.3%。（經濟部，2022）

2.2　進口貨品前五大類

1. 主要進口貨品

   110年我國第1大進口產品為電子零組件，進口金額913億1,000萬美元，較109年增加31.3%，占整體進口比重24.0%；其次為礦產品，進口金額567億4,000萬美元，增加67.9%，占整體進口比重14.9%；居進口第3位為機械，進口金額443億6,000萬美元，增加33.1%，占整體進口比重11.6%。（經濟部，2022）

2. 依照國際商品統一分類代碼（HS CODE）列出台灣進口前5大類產品跟比重：

台灣近五年進口前五大類產品金額比重（按HS CODE分類標準）

單位：百萬美元

年度	進口總金額	(1) 第十六類（84~85章）機器及機械用具	比重(%)	(2) 第五類（25~27章）礦產品	比重(%)	(3) 第六類（28~38章）化學或有關工業產品	比重(%)	(4) 第十五類（72~83章）卑金屬及卑金屬製品	比重(%)	(5) 第十八類（90~92章）光學、照相	比重(%)
106年	257,200	100,023	38.89%	44,024	17.12%	27,857	10.83%	20,477	7.96%	11,113	4.32%
107年	284,792	108,822	38.21%	54,918	19.28%	30,365	10.66%	22,451	7.88%	12,155	4.27%
108年	285,651	121,673	42.59%	48,570	17.00%	27,439	9.61%	19,977	6.99%	12,814	4.49%
109年	286,148	135,827	47.47%	33,788	11.81%	26,497	9.26%	19,569	6.84%	14,416	5.04%
110年	381,494	178,059	46.67%	57,133	14.98%	33,649	8.82%	29,114	7.63%	17,385	4.56%
總計	1,495,284	644,405	43.10%	238,433	15.95%	145,807	9.75%	111,587	7.46%	67,882	4.54%

台灣近五年進口前五大類產品金額比重（按HS CODE分類標準）

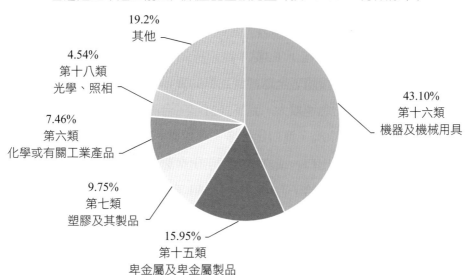

19.2%
其他

4.54%
第十八類
光學、照相

7.46%
第六類
化學或有關工業產品

9.75%
第七類
塑膠及其製品

15.95%
第十五類
卑金屬及卑金屬製品

43.10%
第十六類
機器及機械用具

資料來源：關務署「關港貿單一窗口」與筆者自行整理、編輯。

3. 從上面二個統計圖表得知，台灣出口產品前五大類跟進口產品前五大類，有四大類是相同的，也就是第六類、第十五類、第十六類、第十八類，原因是台灣從歐美國家進口許多關鍵零組件做成成品之後再外銷出口，例如：第十六類的第84章、第85章，台灣出口很多工具機、電力設備、變壓器、大馬達，裡面使用到的二極體、電子零件、軸承等關鍵零組件跟材料很多都是從國外進口，這些產品依照國際商品統一分類標準，其稅則號別會歸屬在同一類的章或節。

單元三　外貿付款方式的變化

　　1986年台灣對外出口貿易採信用狀當成付款工具的比重竟然高達75.5%、託收10.7%、匯款13.8%；進口採信用狀50.5%、託收7.7%、匯款41.8%。到了2000年，台灣出口貿易採信用狀的比重降為19%、託收3.3%、匯款77.7%，而進口的信用狀32.7%、託收4.2%、匯款63.1%。因此那個年代的台灣出口商，除了要趕在下午3點半跑銀行軋支票以外，還要趕著銀行下班前辦理出口押匯。之後隨著全球經貿局勢的變化、網路普及化、資訊透明化，加上航空貨運量的急速擴大，到了2021年，台灣進出口貿易採信用狀的比重，出口已經下降到6%，進口比較多一些還有9%。台灣目前進出口採信用狀的比重是進口多於出口，或許這也顯示出台灣在經貿的主導地位上並非很強勢，另外，交易對手給予台灣在全球信用評等上應該也不會是太高的評比。當然這部分要排除台灣出口強項的電子零組件產品以及資通訊與視聽產品，這些產品絕大多數採空運方式運送，使用空運方式肯定不太適合採信用狀付款。以下表格是統計自2012~2021年，台灣近十年對外貿易各式付款方式的變化，目前主流是電匯，占比超過90%以上。

台灣近十年（2012~2021）對外貿易付款方式統計（出口）占比

付款方式	2012	2013	2014	2015	2016	2017	2018	2019	2020	2021
即期信用狀 (%)	8.4	8.3	7.5	6.4	6.0	6.4	6.8	5.6	4.1	4.3
遠期信用狀 (%)	3.1	3.1	2.9	2.6	2.5	2.3	2.3	2.0	1.7	1.7
託　收 (%)	1.3	1.2	1.1	1.1	1.1	1.0	1.0	1.0	0.9	0.8
匯　款 (%)	87.2	87.4	88.5	89.9	90.4	90.3	89.9	91.4	93.3	93.2
合　計 (%)	100	100	100	100	100	100	100	100	100	100

資料來源：中央銀行外匯局統計資料彙編。

台灣近十年（2012~2021）對外貿易付款方式統計（進口）占比

付款方式	2012	2013	2014	2015	2016	2017	2018	2019	2020	2021
即期信用狀 (%)	2.0	1.9	2.0	2.0	1.3	1.1	1.2	1.1	1.1	0.9
遠期信用狀 (%)	13.2	12.1	11.8	12.4	11.6	11.1	10.1	9.8	8.9	8.1
託　收 (%)	0.9	0.9	1.0	1.1	1.1	1.0	0.9	0.9	0.9	0.7
匯　款 (%)	83.9	85.1	85.2	84.5	86.0	86.8	87.8	88.2	89.1	90.3
合　計(%)	100	100	100	100	100	100	100	100	100	100

資料來源：中央銀行外匯局統計資料彙編。

4.1 世界貿易組織（WTO）

1. 世界貿易組織（World Trade Organization, WTO）成立於1995年1月1日。成立目的為確保進出口貿易順暢流通，減少經商的不確定性，截至2021年12月，會員有164個占全球貿易額98%。目前有北韓等十餘個經濟體尚未加入WTO，但是我國的罐裝咖啡、筆電、衛浴設備在北韓是相當受青睞的產品。我國於1990年1月1日提出入會申請，歷經11次入會談判，於2002年1月1日正式加入WTO，是WTO第144個正式會員。我國在WTO的正式全名是「台灣、澎湖、金門、馬祖特別關稅領域」，簡稱「台、澎、金、馬特別關稅領域」。中國大陸跟台灣於同一年加入WTO，排名是第143名。

2. WTO以「不歧視」為基本原則，會員對進口產品或服務應一視同仁，不可因為來源地不同而有差別待遇。大家知道台灣到目前為止，大約還有2,000多項產品禁止從中國大陸進口，嚴格來說，這基本上已經違反WTO的精神，只是中國大陸可能考量到這些被禁止的產品數量跟金額加總之後，對於本身的出口貿易金額影響微不足道，如果向WTO反應或抗議，無形中可能凸顯出兩岸互不隸屬的實質經貿狀況，所以中國大陸當局就當這件事沒發生過。

4.2 區域全面經濟夥伴協定（RCEP）

1. 區域全面經濟夥伴協定（Regional Comprehensive Economic Partnership, RCEP），於2020年11月15日在RCEP領袖峰會以視訊方式簽署，包括東協10國（印尼、柬埔寨、緬甸、寮國、越南、汶萊、泰國、新加坡、菲律賓、馬來西亞），以及後來所謂10＋3的新增成員國，有中國大陸、日本、韓國，後來再加入澳大利亞、紐西蘭共計15個成員國，原本在協定中

的印度，最終決定不加入，該協定於2022年1月1日對已批准之成員國生效，台灣雖然已積極爭取加入RCEP，但是目前還不是成員國之一。

2. RCEP概況

15個成員國的GDP約26.2兆美元（占全球約30%），出口約5.5兆美元（占全球30%），15個成員約涵蓋全球22億人口（占全球約30%），RCEP成員與我貿易值占我國總貿易值約58%。中國大陸也是RCEP的成員國之一，扣除台灣跟中國大陸之間的貿易總值之後，台灣跟其他成員國的貿易總額大約只占20%，多數產品降稅期程在10~20年，有些產品更長達25~36年，甚至排除降稅，因此台灣雖然未加入RCEP，短期衝擊有限，長期仍有待觀察。

4.3 跨太平洋夥伴全面進步協定（CPTPP）

「跨太平洋夥伴全面進步協定」（Comprehensive and Progressive Agreement for Trans-Pacific Partnership, CPTPP），原本的名稱是「跨太平洋夥伴協定」（Trans-Pacific Partnership Agreement, TPP）。該協定以其高品質、高標準、涵蓋範圍廣泛的內容作為21世紀自由貿易協定（FTA）的典範為目標。談判成員國包括美國、日本、加拿大、澳洲、紐西蘭、新加坡、馬來西亞、越南、汶萊、墨西哥、智利及秘魯等12國，其中大多數為我國主要的貿易夥伴，占我對外貿易額比例超過三成，對我國的重要性不言可喻。CPTPP與RCEP成員有重疊性，例如：日本、澳洲、紐西蘭、新加坡、馬來西亞、汶萊、越南。

4.4 美墨加協定（USMCA）

1. 美墨加協定（United States-Mexico-Canada Agreement, USMCA）於2020年7月1日生效，取代原本的北美自由貿易協定（North American Free Trade Agreement, NAFTA）。

2. 美國、加拿大、墨西哥三國簽署之北美自由貿易協定（NAFTA）於1994年1月生效；美國川普總統上任後為平衡美國與加拿大、墨西哥之貿易，

創造國內更多高薪工作，與二國重啟談判，於2018年10月1日達成新版，三國領袖於2018年11月30日簽署，並於2019年12月10日簽署修約議定書，三國均已完成USMCA批准及通知程序，自2020年7月1日起生效。（經濟部國貿局，2021）

4.5　海峽兩岸經濟貿易合作協議（ECFA）

台灣、中國大陸兩岸貨品貿易早期收穫計畫已經在100年1月1日起開始實施降稅，102年1月1日起列入早期收穫計畫，全部產品已降為零關稅。服務貿易早期收穫部門及開放措施亦同時全面實施，截至110年6月，金管會已核准16家國內銀行赴中國大陸設分（支）行及子行，中國大陸首家台商獨資醫療機構、台灣聯新國際醫療集團「上海禾新醫院」也已經於101年6月26日在上海開幕，另外，台灣共有43部電影片依據ECFA服務貿易早期收穫計畫，於中國大陸上映。（經濟部國貿局，2022）

4.6　印太經濟架構（IPEF）

印太經濟架構（Indo-Pacific Economic Framework, IPEF）目前只是一個蛻變中的過程而不是最終決議，不但詳細內容有待磋商、可能的參與國是否參加，以及是否得選項參加，都是未知數。

4.7　自由貿易協定(FTA)

自由貿易協定（Free Trade Agreement, FTA）是兩個或以上國家、區域貿易實體間所簽訂的貿易條約，目的在於促進經濟一體化，消除貿易壁壘（例如：關稅、貿易配額和優先順序別），允許貨品與服務在國家間自由流動。

4.8　雙邊貿易協定（BTA）

雙邊貿易協定（Bilateral Trade Agreement, BTA）指的是，兩個或多個以上國家對彼此開放國內市場，取消大部分貿易的關稅或非關稅障礙，互相給

予貿易進出口優惠。

4.9　亞太三大區域經濟組織

　　區域全面經濟夥伴協定（RCEP）、跨太平洋夥伴全面進步協定（CPTPP），還有近期由美國主導的印太經濟架構（IPEF）號稱是亞太三大區域經濟組織，後者是拜登總統力推的一個新協議。環顧這三個組織，台灣要進入RCEP的難度應該最高，至於CPTPP跟IPEF，台灣也應該積極努力爭取加入，除了盡可能排除關稅壁壘的障礙以外，包括勞工、環境、數據、貿易、農業、市場競爭與貿易便捷化等議題，台灣更應該超前部署，做好萬全的準備。下圖標示出目前三大經濟組織的準成員國與成員國。

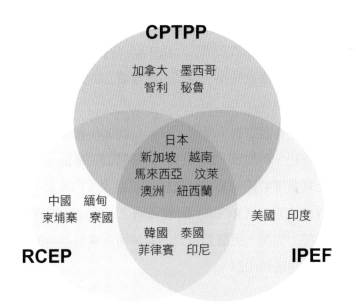

亞太三大區域經濟組織成員國

資料來源：筆者整理與自編。

5.1　民間企業與政府應該更積極努力向前衝

1. 台灣全年進出口貿易總額占國內生產毛額（Gross Domestic Product, GDP）超過六成，更是排名全世界第16大貿易大國，然而由於某些政治因素干擾，至今尚未成功加入「區域全面經濟夥伴協定」（RCEP）以及「跨太平洋夥伴全面進步協定」（CPTPP），甚至也沒有辦法跟台灣的經貿往來大國簽訂自由貿易協定（Free Trade Agreement, FTA），目前台灣只跟中南美洲五個邦交國巴拿馬、瓜地馬拉、尼加拉瓜、塞爾維亞、宏都拉斯，還有紐西蘭、新加坡簽訂優惠關稅協定，另外就是跟中國大陸簽訂的「海峽兩岸經濟合作協議架構」（ECFA），除了ECFA以外，其他多數簽訂國這些象徵性的優惠關稅，對於台灣實質上的進出口貿易總金額幫助不是太大。

2. 比起台灣的主要貿易競爭對手韓國，韓國自2000年起積極投入區域經濟整合，目前已跟智利、新加坡、歐洲自由貿易聯盟、東協、印度、歐盟、秘魯、美國和土耳其等47國簽署12個自由貿易協定（FTA），韓國也是「區域全面經濟夥伴協定」（RCEP）的成員國之一，這種實質上的關稅障礙有待台灣政府努力突圍，更需要台灣的企業增強產品本身的競爭力，讓台灣創造出更多的護國神山群。

5.2　應該重新考量全球供應鏈與地緣政治

1. 台商自1990年代西進中國大陸以來，有些台商已經在中國經商長達三十幾年，他們現在是與全球第二大經濟體的中國共同富裕了？還是面對黯然撤出中國的終局呢？長期鑽研兩岸的政治和經濟發展的台灣學者林宗弘提出分析，他將台商在中國的經商歷程分為三個時期，一是1992年到2007年間的「鍍金時期」，其次是2008年亞洲金融海嘯到2014年台灣太陽花學運間

的「巨浪時期」，最後則是自2015年以來，台資出現明顯外移中國或衰退的「退潮時期」。（林宗弘，2021）

2. 2020年初，新冠肺炎爆發，短期間內即迅速蔓延全球，世界各國染疫人數節節升高，幾乎無一國家可以倖免，據世界衛生組織（WHO）統計至2022年7月為止，全球因罹患新冠肺炎（COVID-19）而死亡的人數已超過650萬人。全球物流也因為隔離政策、塞港問題、工廠停工、料源短缺，造成海運的貨櫃運輸一櫃難求，散裝船運價節節高漲，甚至發生高科技產業的晶片短缺危機。

3. 2022年2月俄烏戰爭開打，這期間全球市場更是經歷了石油、糧食、工業金屬價格的大幅起落，上海的封城同樣造成許多企業營收短少。這些重大事件讓全球各大企業，包括台商，重新思考一個風險控管的基本原則「不應該把雞蛋同時放在一個籃子裡」。台商近幾年除了原本的中國大陸工廠外，事實上已經積極的將部分產線外移到東南亞的越南、印尼，甚至印度、墨西哥等地。美國政府更是基於國安因素考量，要求台積電要到美國設廠，曾經號稱世界工廠、全球市場的中國大陸，似乎已經慢慢失去它昔日的光環與動能，當企業在中國大陸設廠已經沒有低成本、低工資、租稅減免的競爭優勢時，全球大企業是否更應該重新思考下一個生產製造的藍海會在哪裡。

單元六　結論

1. 2005年美國新聞工作者湯瑪斯・佛里曼（Thomas L. Friedman）出了一本暢銷書《世界是平的》（*The World Is Flat*），書中他提出有10部推土機抹平了世界，包括外包（outsource）、岸外生產（offshore produce）、供應鏈（supply chain），筆者對外包非常有感。早在1990年代，某外商銀行就已經把外匯部分業務（信用狀）的例行性客服外包給東南亞國家，全球知名貨櫃輪船公司也把海運進口到單通知等工作委外處理，就連目前（2022年）美國某品牌大廠S開頭的筆電在台灣的客服部門也都是外包給

中國大陸人員，甚至在台灣，該品牌筆電本身並沒有實體的維修站。全球大品牌為了節省費用，把非核心業務委外處理，可是消費者的感受並不是太好。金融海嘯（2008~2009）期間，台灣很多企業也嘗試將非核心工作外包，或是大量聘用約僱人員取代正式員工，採用外包公司，人事成本費用短時間是省下來了，但是長遠來看，對於企業本身的績效與長期發展，未必是好的。

2. 近年大國崛起，尤其是金磚五國（Brazil、Russia、India、China、South Africa, BRICS）的中國大陸，目前已經是全球第二大經濟體，台灣對中國大陸的進出口貿易占比非常大，貿易依存度非常高，出口超過40%，進口超過20%，尤其是全年出口到中國大陸的相關半導體產品金額超過千億美元，這一類產品也是我國對外貿易出超的最大獲利來源之一。儘管2020年初，新冠肺炎肆虐全球，全球貿易受到疫情影響，貿易總金額明顯衰退，但是台灣在2021年的貿易總額比起2020年，仍然多出將近200億美元。2022年2月底，俄烏戰爭爆發，導致全球通膨加劇，美國聯準會（FED）為了抗通膨，採取調高利率措施，更迫使美元指數一路飆高到110，造成亞洲貨幣下跌且無一倖免，同時也造成亞洲國家輸入性的通貨膨脹。

3. 國際貿易牽涉的層面很廣，包含政治、經濟、外交、各國政策、產業變化等，台灣近幾年在全球經貿的供應鏈上著實扮演著舉足輕重的地位與不可或缺的角色。另外，台灣傳產業的優異表現也是不遑多讓、有目共睹，全省很多鄉間小道更是佇立著許許多多世界隱形冠軍的響亮招牌。展望台灣的未來與發展，除了持續保持半導體產業的領先優勢以外，更應該提高產品的附加價值與毛利率，藉由科技創新的不可取代性以及堪稱貿易大國的堅強實力，希望可以早日突破政治上的藩籬與羈絆，盡早加入RCEP、CPTPP、IPEF亞太三大區域經濟組織，持續推升我國的貿易總額並且提升台灣的經濟成長率。

第二章

國際貿易基本概念

提　到國際貿易大家肯定不陌生，因為台灣的進出口貿易總額在全球排名第16名，近幾年平均每年進出口金額大約在美元6,000億上下，不但成績輝煌也占了台灣國內生產毛額的60%。早期台灣大學的「國際貿易學系」曾經連續好幾年蟬聯大學聯考商科的第一志願，二十幾年前，台灣大學把「國際貿易學系」改成「國際企業學系」，之後許多大專院校也群起效尤跟著更改系名。台灣在1981年到2011年的平均年經濟成長率達到8%，位居亞洲四小龍（台灣、韓國、香港、新加坡）的冠軍，曾經被譽為世界經濟發展奇蹟。當年台灣貿易商拎著一只007皮箱走遍全世界，開疆闢土做生意的現象雖然已不復見，早期貿易商或日本大商社藉由資訊不對稱買低賣高賺價差的方式也早已式微，加上網路發達、資訊透明，目前從事國際貿易確實難度愈來愈高，尤其是新成立的貿易公司。但是不可諱言，整體國際貿易進出口的發展與動向，在台灣未來的經濟政策主導與策略下，將會持續扮演著重要的角色。

單元一　國際貿易型態

1.1　根據買賣標的物性質分類

1. 有形貿易

　　買賣標的物是屬於具體有形的物品，舉凡高科技電子產品、機器、設備，傳統產業的塑膠製品、成衣等，只要貨物進出口必須報關加上物流運送的，都視為有形貿易。

2. 無形貿易

　　如果買賣標的物是屬於看不見的勞務、技術、權利或是像海空運輸、保險、觀光、金融、電信、智慧財產權的提供或接受，都算是無形貿易又稱為服務貿易。

1.2　根據買賣當事人關係分類

1. 直接貿易

　　出口商直接把貨物出給進口商，中間不假手第三人或經過第三國。若以文件流來看，國際貿易流程當中的三種基本文件商業發票、裝箱單、海（空）運提單上面的買賣雙方，基本上會是真正的出口商跟進口商。

2. 間接貿易

　　出口商並不是把貨物直接出給最終買受人，而是中間經過第三地或第三者的轉介來完成。台灣跟中國大陸尚未開放直航之前，兩岸往來船隻必須彎靠香港或日本石垣島，因此類似的轉口貿易或是三角貿易都算是典型間接貿易：

(1) 轉口貿易

　　　出口商（或供應商）將貨物輸出到第三國，貨物有卸載而且大部分情形會利用當地的自由貿易港區（Free Trade Zone, FTZ）或是保稅區（Bonded Area）進行簡易加工、貼標、包裝等事宜。必須注意的是，貨物雖然有進行簡易加工或貼標，但是該產品是否可以打上該第三國為生產製造國，必須注意該第三國以及最終進口國的相關規範，避免有產地標示不實之虞。有些知名品牌大廠利用世界各國大型海空運交通樞紐的發貨中心，先把貨物運到該地區進行保稅儲存，等客戶下單時再把貨物從保稅倉庫提領同時報運出口，這也可以算是轉口貿易。

(2) 過境貿易

　　　「過境貿易」從字面上看就是運輸工具只停靠不卸貨，就廣義的解釋，空運如果非直航也可解釋為過境，當然這跟航線、航權、貨量

多寡都會有關係。過境貿易在一開始出貨時就已確定目的地或目地港，但是轉口貿易若是採發貨中心或保稅倉庫模式的話，目的地必須等客人下單時才會決定。

(3) 三角貿易

　　台商二、三十年前西進中國大陸設廠，或是結束台灣的工廠，整廠輸出（turn key）到中國大陸另起爐灶，但是原本海外的買家一樣下單給台灣的公司，台灣公司再下單給中國大陸子公司或其他配合的工廠，因此「台灣接單、中國大陸出貨」已成為三角貿易的代名詞。近幾年，台商陸續在泰國、越南、印尼、印度、墨西哥設廠，但是整體比例上，中國大陸還是以接近60%的比重位居海外據點第一名。此外，全球各大品牌廠商大都有在中國大陸設廠，母公司接單之後，由中國大陸地區出貨到全球各地，這也是典型的三角貿易。

1.3　根據經營風險不同分類

1. 利潤制貿易

　　貿易商在交易過程中，都是以自身名義成立交易契約且自負盈虧，既然貿易商是以自身名義銷售或是購買，財務上的作帳必須特別留意會計處理原則，同時對於提供產品的供應商是否已對該產品投保「產品責任險」也應該特別謹慎。二十幾年前，國內某家電子廠商因為生產的電子零件有瑕疵，該電子零件供給國內多家品牌電器廠商作為除濕機零件，可是該除濕機在正常使用的情況下，會突然起火燃燒，因此造成多起不幸的火災意外事故，所有銷售貨物的相關上下游業者，務必特別留意。

2. 佣金制貿易

　　貿易商以代理國內供應廠商或需求商名義與國外的進口商或出口商成立國際貿易契約，並從中賺取佣金（commission）的貿易方式。

1.4 根據交易的性質分類

1. 普通貿易

係指一般單純的出口或進口貿易，期間並不涉及到加工行為，貿易商主要的獲利來源為貨物出口後賺取的價差，或是購入產品後，銷售的差額利潤。

2. 加工貿易

國內外廠商間所成立，由進口商接受出口商委託加工所為之原料或半成品，進口加工後再將製成品依約回銷或輸往第三國的交易。目前有許多已開發國家廠商紛紛透過此種方式委託生產成本相對低廉的地區，生產製造後再行銷國際市場，藉以維持其在市場上的競爭優勢。

1.5 以貨物運送方式分類

1. 陸運貿易（roadway or railway）

凡是使用卡車、拖車、火車的任何陸上運送方式都可稱為陸運。歐盟許多國家陸陸相連，他們經常會有邊界火車上或是卡車上交易的貿易條件（Free On Rail, FOR or Free On Truck, FOT)，這二個都是舊式的貿易條件，目前最新國貿條規2020都已將這二個更改為FCA加交貨點，例如：FCA＋XXX rail station。

2. 海運貿易（seaway or by sea）

以海路運送貨物的型態，包括行走於內河河流或大海上的任何船隻都是。

3. 空運貿易（airway or by air）

以空運方式運輸貨物的貿易型態，包括空運貨物、快遞、郵包等等。

4. 複式或聯合運送（multimodal or combined transportation）

是指使用二種或以上的運輸方式，通常會是「海運＋陸運」或是「海運＋空運」，複合運送或聯合運送，其中一種運輸方式必須涵蓋海運。海陸聯運的提單很常見，只要看到提單上的目的地不是港口或是提單上出

現貨櫃號碼或是有類似CY/CY、FCL/FCL、CFS/CFS、LCL/LCL標註的，基本上就是複合運送。廣義的複式運送，只要是走海運且使用貨櫃裝載運送，就是複式運送，因為即便是港對港（port to port）的海運提單，實務上的操作也是有船公司或是貨櫃場利用拖車在出口地貨櫃場到出口港之間，以及卸貨港到貨櫃場之間進行短程運輸，例如：台灣桃園貨櫃場結關，出口港是基隆港，走海運到日本橫濱港口，海運提單上會這樣填寫：

(1) Place of Receipt：Taoyuan

(2) Port of Loading：Keelung

(3) Port of Discharge：Yokohama

　　至於海空聯運通常會是先海後空，例如：

(1) 台灣高雄港先走海運到杜拜，再從杜拜轉空運到歐洲各大機場。

(2) 中國大陸上海港到台灣基隆港或台北港，將貨物以保稅的方式拉到桃園之後，再從桃園機場走空運到美國各大機場。

　　會使用海空聯運，除非原出口國起運地空運艙位不足，且貨物又有一點點趕才會利用海空聯運，這樣的作法比走全空運便宜一些且比走全海運快一些，但是實務上，這樣的操作並不多見。

1.6　委託生產製造（OEM）的演進與宿命

1. 鴻海（中國大陸叫「富士康」，FOXCONN）目前是全球電子專業製造第一名，台灣專做代工製造的工廠不少，但是全球知名的大品牌卻不多見。「宏碁」創辦人施振榮早年前提出微笑曲線時，已經點出只有掌握微笑曲線兩端的「品牌」跟「研發」才會笑口常開，而製造端位在微笑曲線底部，通常是笑不出來的。台灣的電子五哥老闆們昔日笑稱電子代工業者是茅山道士（毛利只有3~4%），所幸近幾年來，台灣的高科技電子產業跟半導體產業已經逐漸擺脫低毛利的宿命，藉由產業升級轉型、科技創新與技術研發，慢慢拉開與競爭對手的距離，毛利率從3~4%成長10倍變成30~40%，甚至毛利率超過50%產業的上市櫃公司也不在少數。

2. 不只台灣有電子專業代工，韓國的「三星電子」（Samsung）、「樂金

電子」（LG）早在二、三十年前就已經替全球知名品牌家電廠商代工做冰箱、洗衣機。國內很多家電品牌廠商一開始把1~2個機型的洗衣機委請「樂金」純做代工，我們稱之為原廠委託製造（Original Equipment Manufacture, OEM），這些洗衣機進口之後，台灣品牌廠商發現不但品質優異而且價格比自製還便宜許多，於是接下來幾年，國內這些家電品牌廠商就把所有洗衣機型號全部委外製造，同時也慢慢把原本工廠內相關洗衣機製造部門，包括產線、設計、研發等全部裁撤並關閉。「樂金」有了多年製造經驗之後，開始往設計製造發展（Original Design Manufacture, ODM）邁進，同時也替國內家電品牌廠商設計新型號產品持續銷售。再過幾年，「樂金」開始發展自有品牌行銷全球（Owner Brand Marketing, OBM），大家走進大賣場應該很容易可以找到「樂金」（LG）的許多家電產品，包括電視、冰箱、洗衣機，應有盡有。

單元二　貿易相關機構

2.1　貿易主管機關

　　經濟部是我國貿易的主管機關，而其實際業務的承辦以及進出口廠商的管理都是由國際貿易局（Bureau of Foreign Trade, BOFT）負責掌理，簡稱國貿局（2023年9月更名為國際貿易署）。

2.2　其他與貿易有關的政府機構

1. 經濟部貿易調查委員會（簡稱貿調會，該會於2023年9月併入國際貿易署）

　　辦理產業受害調查及貨品進口救濟案件。2006年，台灣政府決定對中國大陸進口台灣的毛巾課徵反傾銷稅（Anti-Dumping Tax），進口產品有無傾銷的事實是由財政部負責調查，至於有無對國內相關產業造成實質損害，則是經濟部貿調會的職責。

2. 經濟部標準檢驗局

「經濟部標準檢驗局」（Bureau of Standards, Metrology and Inspection, BSMI），簡稱「標檢局」。掌理進出口貨品品質檢驗工作以及ISO國際標準的驗證。在稅則稅率輸出入規定欄位上有出現"C01"或"C02"者，必須經由標檢局檢驗核可之後才能放行，標檢局早期的名稱叫做「商品檢驗局」簡稱「商檢局」。

3. 財政部關務署

財政部關務署（Customs Administration, Ministry of Finance），掌理關稅稽徵、查緝走私、保稅、貿易統計及接受其他機關委託代徵稅費、執行管制。

4. 交通部港務局

交通部港務局（Ministry of Transportation and Communications），審理交通運輸工具及無線電訊器材的進出口、擴展國際交通電訊及航運業務。台灣進出口商走海運時，其中的一項「商港服務費」就是由該局港務組委外處理，於每一季結算後寄出繳費單，由進出口商於期限內，自行繳費。

5. 衛生福利部

衛生福利部（Ministry of Health and Welfare）簡稱衛福部。主要負責促進全民健康與福祉、審理藥品、醫療器材、食品、食品添加物及化妝品的進出口。稅則稅率欄位的輸出入規定若出現"F01"，必須經過「衛福部食品藥物管理署」簡稱（食藥署）檢驗核可，才准予放行。

6. 行政院農業委員會（2023年8月更名為農業部）

行政院農業委員會（Council Agriculture Executive Yuan）簡稱「農委會」，主管全國農、林、漁、牧及糧食行政事務，農產品進出口管制及進出口動植物及其產品的檢疫。稅則稅率欄位的輸出入規定若出現"B01"必須經過「動植物防疫檢疫局」檢驗核可，才准予放行。

7. 國家通訊傳播委員會

國家通訊傳播委員會（National Communication Commission, NCC），

負責通訊傳播監理政策之訂定、法令之訂定、擬訂、修正、廢止及執行。通訊傳播事業營運之監督管理及證照核發。經核准後之電信管制射頻器材輸入時，應自行報明頻率，並依照輸入規定代號"602"之規定辦理。

8. 中央銀行

　　中央銀行（Central Bank of the Republic of China, CBC），是中華民國的國家銀行，直屬於行政院，具有部會級地位，肩負穩定國家金融發展、維持物價平穩、維護國幣（新台幣）幣值、管理中華民國外匯存底等重要事務。截至2022年8月，台灣的外匯存底超過5,400億美元，位居全球第六名，前五大外匯存底國分別是中國、日本、瑞士、印度跟俄羅斯。

2.3　民間支援及服務性機構

1. 中華民國對外貿易發展協會

　　中華民國對外貿易發展協會（Taiwan External Trade Development Council, TAITRA），簡稱外貿協會或貿協。台灣進出口廠商如有貨物要出口參展，必須事先向貿協申請輸出許可證，日後參展結束退運回台灣，可以不用課徵關稅。

2. 台北市進出口商業同業公會

　　由於全台多數大企業的總公司都設在北部，尤其是台北市，中小型企業跟貿易商為數也不少，因此該協會底下的會員數超過6,300個會員，會員可享有免費的貿易雜誌月刊以及經貿電子週報，該會也經常舉辦演講活動、國貿相關課程授課、每年固定舉辦基隆海關或台北關的參訪活動等。有興趣的讀者可以自行上網瀏覽：https://www.ieatpe.org.tw。

3. 台灣省商業同業公會

　　台灣省商業同業公會（Taiwan Chamber of Commerce）簡稱「省商會」，是中華民國台灣省商業界的最高組織，配合國家經濟政策宣導商業法令，爭取政府授權委辦各項商業活動，推動商業現代化並協助反應業者心聲，爭取商界權益服務中小企業等。北部地區的出口通關，若是進口商有原產地證明書的需求，大多數出口商或報關行會到省商會申請原產地證

明書（Certificate of Origin, C/O）。

4. 中國輸出入銀行

中國輸出入銀行（The Export-Import Bank of Republic of China）簡稱「輸銀」，主要任務在於配合經貿政策，協助廠商拓展外銷市場，分擔貿易風險，促進我國產業升級及經濟發展。雖然稱為銀行，但它是一家專門的銀行，不從事一般銀行業的存放款外匯等業務，目前國內有三家國銀銀行，分別是中國輸出入銀行、台灣銀行跟土地銀行。

5. 外匯指定銀行

大家有聽過「省屬三商銀」嗎？若沒聽過，表示你還很年輕。早期台灣的公股銀行像是省立的三個商業銀行，彰化銀行、華南銀行、第一銀行，另外還有合作金庫、台灣企銀，這些銀行早已民營化並且股票上市，但是這些銀行的大股東仍以公家機關持股比重最高，我們稱它們叫泛公股銀行。另外原本屬國營的「交通銀行」（Bank of Communications Co., Ltd., BOCOM）跟民營的「中國國際商業銀行」（the International Commercial Bank of China, ICBC）也在2006年合併成為「兆豐國際商業銀行」（Mega International Commercial Bank），目前兆豐銀行也是上市的金融控股銀行。

6. 通關網路服務公司

台灣早期只有一家「關貿網路股份有限公司」，後來新增一家叫做「汎宇電商股份有限公司」。台灣在84年全面採行進出口通關自動化，進出口相關業者如報關行要進行投單報關之前，必須藉由這二家公司之一的通關網路系統才能連結關港貿單一窗口系統以及海關電腦專家系統。

7. 國際貨物運輸公司

本國貨櫃輪船公司：長榮、陽明、萬海、運達、德翔……。

外商貨櫃輪船公司：地中海航運（MSC）、馬士基（MAERSK）、達飛航運（CMA-CGM）、中國遠洋（COSCO）……。

國內散裝輪船公司：慧洋、裕民、四維航、益航、新興、德秀……。

海空運送承攬業：台驊投控、中菲行、沛榮、威航、律橋、華岡、亞

太通運、海得富、漢聯……。

8. 貨物運輸保險公司

國內知名保險業者有富邦、國泰、兆豐、明台、第一產物……。

9. 報關行

報關行是幫進出口廠商協助向海關投遞報單，經海關電腦專家系統判讀後，根據通關方式（C1、C2、C3）協助進出口廠商送件、配合海關查驗、代繳稅捐、提領貨物的一連串動作。貨物要出口或進口，報關是必要的流程。國內有多家績優老字號報關行或是已獲得AEO認證的報關行，進出口廠商若是長期委任給績優報關行報關，在文件審核通關（C2）以及貨物查驗通關（C3）的比例上，會有適度的降低。

10. 報驗行

貨物進出口報關是必要的，但是貨物需要報驗的情形則屬少數。報驗是針對產品本身的品質向權責單位（如標檢局、衛福部、農委會）提出文件，並協助處理檢驗程序。只有產品本身在稅則稅率輸出入規定欄位有出現代號，例如：C01、F01、B01等，才需要委請報驗行協助報驗處理，因此不要把報關跟報驗二者混為一談。

11. 公證公司

公證公司是survey company，公證人叫做surveyor。SGS集團是一家總部設在瑞士日內瓦，專門提供測試（testing）、檢驗（inspection）及認證（certification）服務的跨國集團。

12. 中華郵政公司

中華郵政公司一樣有提供類似快遞的服務，只是價格跟送達的時間會跟一般國際快遞不一樣，通常只適用於少量或是不緊急時才會用到。

13. 快遞公司

目前國際三大快遞公司分別是UPS、FEDEX、DHL。前二家是美商，DHL是德商。其實DHL最早期也是美商，它是由三位美國人創立，DHL就是取三位創辦人名字各一字母組合而來。DHL快遞公司對於寄件量大又多的企業，會直接在其公司或是附近設立一個小型收發站，像是

DHL在台塑大樓總管理處，就設有類似的服務站。

單元三 國際貿易商品標準分類

3.1 國際商品分類制度

　　國際貿易商品種類至少有好幾十萬種，而且各國語言文字不同，如果不加以規範或是統一分類，勢必會造成進出口通關極大的不便與困擾。世界各國原本採行不同版本的分類方式，其中二大分類是BTN跟SITC，於是關稅合作理事會（Customs Cooperation Council, CCC）自1973年起，開始推動調和商品說明及代號制度（Harmonized Commodities Description and Coding System），簡稱調和制度（Harmonized System, HS）。國際商品統一分類制度於1988年實施，我國也自1989年1月1日起正式採用。國際間共同採用調和制度（HS），不但可以統一國際貿易商品的認定標準，各國有關貿易、關稅、生產、運輸等資料也可以直接進行交換比對，有助於國際貿易的文件流更加順暢。

3.2 我國進出口貨品分類

　　我國現行的海關進出口稅則分類表也是按照國際商品統一分類制度（HS）加以擴編，亦即在原本的6碼加上2碼成為8位碼，以供海關課徵關稅用，在8碼之後再加上2碼成為10位碼，以供政府機關統計用，另外在第10碼之後列出第11位碼為檢查碼，作為檢核之用，亦即最後一位的檢查碼是根據前面10碼分別乘上某數字之後再給予加減乘除得出的商數或是餘數。很多東西都會有檢查碼，例如：紙鈔、貨櫃、身分證號碼、銀行存摺帳號等，檢查碼的作用跟功能有防偽、防呆、防繕打錯誤等。

　　以下列出台灣近幾年進口前五大類產品各一項提供給大家參考。稅則分類是一項艱困又複雜的工作，產品歸屬到正確的稅則號別對進口商而言相對是比較重要的，因為進口有關稅的課徵。國內的進出口廠商如果有從國外進

口大量原物料或零組件且關稅不低，製成成品後，大量外銷或部分外銷，記得出口時，要申請退稅副報單，向海關申請退還之前原物料或零組件進口時已繳交的關稅，國內也有專門的公司幫廠商處理退稅事宜。建議，假使公司本身有大量退稅案件，除了可以委外處理，也可以考慮訓練公司員工做好二件事：

1. 先針對目前已進口產品的稅則號別的正確與否加以核對，尤其是高關稅的原物料產品，遇有產品稅則難以認定的情況時，可向進口地海關，例如：基隆關或高雄關申請「稅則預審」，產品經過稅則預審被核定的這個稅則號別，就會變成是一張全國關區的通行證，也就是日後不管該產品從哪個關區進來，不管走海運或是走空運，就會以這個稅則號別（CCC CODE）作為課稅依據。

2. 可由公司自行處理退稅事宜，目前退稅作業已經可以採用線上申報，方便又快速。筆者有一位國中同學任職於貿易界，資歷超過三十年，之前的大客戶包括沃爾瑪（Walmart）、傑西潘尼（JC Penney）。由於他本身兼任採購與業務，所以不太會去注意進出口通關與稅費問題，這位同學的公司老闆竟然也不知道有「退稅」這件事。大約二年前，他們公司才把退稅作業委外處理，事後經過統計發現，每個月扣除委外公司的抽佣，還可以拿回好幾萬塊。試想，公司這二十幾年來，未注意到有退稅這件事情，其金額的損失恐怕已超過上千萬元了。

3.3　上網查到你想知道的產品稅則號別與規定

　　台灣進口廠商進口產品的稅則分類工作，幾乎都是由報關行協助處理。國際商品統一分類制度（HS）一共有98章，其中有些產品的稅則很容易找到或是很容易判定，例如：電視、冰箱、洗衣機，比較困難的會是原材料，尤其是像第六類（第28~38章）的化學或有關工業產品或是組合物品，例如：工業金屬混合物（銅、鋁、鐵、鎳不同比重）、食品混合添加物（麵粉、麥粉不同比重）或是餽贈用禮品（紅酒、威士忌、白蘭地混裝成組的禮

盒），產品該如何歸屬到某一個正確稅則呢？本書在第十二章特別針對「中華民國進出口稅則稅率」會做一個完整且詳細的解說。大家可以先試著在網路上找到你有興趣的產品或是想要進口的產品相關規定，網站路徑為：關務署基隆關→稅則稅率查詢→稅則稅率綜合查詢作業（https://keelung.customs.gov.tw/）。

(GC411)稅則稅率綜合查詢作業

- <u>方法二：分章查詢 (含歷程)</u>
- <u>方法三：稅則分章查詢</u>
- <u>方法四：(特種)貨物稅查詢</u>
- <u>方法五：類章目及增註查詢</u>

方法一：內容查詢

稅則號別：

(可鍵入 2～11 碼，例如：01、0101、0101110000 等)

中文貨名：

(可鍵入部分中文貨名做全文檢索查詢。例如：雞、酒、棉等)

英文貨名：

(可鍵入部分英文貨名做全文檢索查詢。例如：fowls、 alcohol、co

輸出入規定：

(請鍵入 3 位，例如：121、MP1 等)

進出口日期：(日期格式：yyyy/MM/dd，例如：2010/10/20)

表單的底部

以下按順序列出台灣進口前五大類產品，其中的某一項：

1. 第16類第85章：處理器及控制器（processors and controllers）

中華民國輸出入貨品分類號列CCC Code		檢查號碼 CD	貨名	Description of Goods	單位 Unit	國定稅率 Tariff Rate（機動稅率 Temporary Adjustment Rate）			稽徵特別規定 CR	輸出入規定 Imp. & Exp. Regulations		生效日 Valid Date
稅則號別 Tariff NO	統計號別 sc					第一欄 Column I	第二欄 Column II	第三欄 Column III		輸入 Import	輸出 Export	
85423100	00	2	處理器及控制器，不論是否併裝有記憶體、轉換器、邏輯電路、放大器、計時器及計時電路或其他電路	Processors and controllers, whether or not combined with memories, converters, logic circuits, amplifiers, clock and timing circuits, or other circuits	PCE KGM	免稅	免稅（PA, GT, NI, SV, HN, NZ, SG）	免稅			S01 S03	輸入規定生效日：2018-02-01 輸出規定生效日：2018-02-01 截止日期：9999-99-99

【說明】

(1) 大家會發現絕大部分的電子相關產品的關稅都很低，甚至都是0%關稅居多，原因是1996年世界貿易組織（WTO）第一屆（新加坡）部長會議通過「關於資訊科技產品貿易之部長宣言」（Ministerial Declaration on Trade in Information Technology Products, ITA），昭示資訊科技產品之貿易對資訊工業以及世界貿易之重要性，盼達到世界資訊科技貿易之最大自由化，將資訊、通訊、半導體、電子零組件等電子產業（未含消費性電子產品）及半導體製程設備業之上下游產品以每年

相同之降幅，平均分4階段在2000年將關稅降為零。ITA於1997年7月1日正式生效，ITA又稱作「資訊科技協定」（Information Technology Agreement）。降稅清單內產品包括電腦、通訊設備、電子零組件、軟體、半導體、半導體製造設備、科學儀器、測試設備等，但不包含家電產品。

(2) 產品的輸出規定欄位有"S01"、"S03"分別代表輸往北韓或伊朗敏感貨品清單內列管項目，出口或再出口至北韓、伊朗者，應向經濟部國際貿易局或經濟部委任或委託之機關（構）申請「戰略性高科技貨品輸出許可證」，並憑以報關出口。

(3) 台灣廠商出口該項產品至上述地區應當特別小心，尤其集團企業有在中國大陸設廠者，有可能因為中國大陸本身對於出口北韓、伊朗貨物並沒有特別管制，但是事後經由美國情報單位的監控得知後，如果發現有直接或間接出口敏感貨品到上述地區的黑名單公司的話，對於台灣母公司仍然會有一定的殺傷力。

2. 第15類第74章：精煉銅管（refined copper tubes and pipes）

中華民國輸出入貨品分類號列CCC Code		檢查號碼 CD	貨名	Description of Goods	單位 Unit	國定稅率 Tariff Rate（機動稅率 Temporary Adjustment Rate）			稽徵特別規定 CR	輸出入規定 Imp. & Exp. Regulations		生效日 Valid Date
稅則號別 Tariff NO	統計號別 sc					第一欄 Column I	第二欄 Column II	第三欄 Column III		輸入 Import	輸出 Export	
74111000	00	7	精煉銅管	Refined copper tubes and pipes	KGM	3%	免稅（PA, GT, NI, SV, HN, CN, NZ, SG）	7.50%				輸入規定生效日：2002-08-29 輸出規定生效日：1989-01-01 截止日期：9999-99-99

【說明】

(1) 雖然第15類產品是台灣進口前二大類，但不是精鍊銅管。精煉銅管是用在冷氣或冰箱的散熱裝置，目前台灣的進口關稅是3%，如果從列在第二欄位的國定稅率國家進口得享有0%關稅。國定稅率第二欄列出8個國家分別是巴拿馬（PA）、瓜地馬拉（GT）、尼加拉瓜（NI）、塞爾維亞（SV）、宏都拉斯（HN）、中國大陸（CN）、紐西蘭（NZ）、新加坡（SG），台灣進口的精鍊銅管大都是從中國大陸或是馬來西亞進口。

(2) 後面的稽徵特別規定跟輸出入規定都是空白，代表該產品可免證自行輸出入。

3. 第7類第39章：苯乙烯之聚合物（acrylonitrile butadiene styrene）

中華民國輸出入貨品分類號列CCC Code		檢查號碼 CD	貨名	Description of Goods	單位 Unit	國定稅率 Tariff Rate（機動稅率 Temporary Adjustment Rate）			稽徵特別規定 CR	輸出入規定 Imp. & Exp. Regulations		生效日 Valid Date
稅則號別 Tariff NO	統計號別 sc					第一欄 Column I	第二欄 Column II	第三欄 Column III		輸入 Import	輸出 Export	
39033000	00	6	丙烯腈－丁二烯－苯乙烯（ABS）共聚合物，初級狀態	Acrylonitrile - butadiene - styrene（ABS）copolymers, in primary forms	KGM	2.50%	免稅（PA, GT, NI, SV, HN, NZ, SG）	5%				輸入規定生效日：2002-02-15 輸出規定生效日：1989-06-05 截止日期：9999-99-99

【說明】

(1) 三十幾年前，台灣的「奇美實業」曾經是出口外銷苯乙烯（ABS）的世界冠軍，後來該企業採多角化經營，相繼投入冷凍食品、面板顯示器、大型醫院等。面板產業曾經是台灣的二兆雙星產業之一，但是面板是一個資本密集的高科技產業且價格起伏大，獲利隨著全球面板供需報價波動，如果無法進入全球前三大或是持續投入大量資金擴廠，

本身的競爭力或是產品單位成本根本無法跟世界大廠競爭，後來「奇美電子」被「群創光電」併購，但是市場上仍採用奇美品牌持續行銷。

(2) 該產品的關稅課徵是以量計價（ad valorem），所以如果進口是以重量課徵關稅，跟產品本身的價格高低無關。

4. 第6類第31章：氯化鉀（potassium chloride）

中華民國輸出入貨品分類號列CCC Code		檢查號碼 CD	貨名	Description of Goods	單位 Unit	國定稅率 Tariff Rate（機動稅率 Temporary Adjustment Rate）			稽徵特別規定 CR	輸出入規定 Imp. & Exp. Regulations		生效日 Valid Date
稅則號別 Tariff NO	統計號別 sc					第一欄 Column I	第二欄 Column II	第三欄 Column III		輸入 Import	輸出 Export	
31042010	00	3	氯化鉀，肥料用	Potassium chloride, for fertiliser use	TNE	免稅	免稅（PA, GT, NI, SV, HN, NZ, SG）	免稅		403	441	輸入規定生效日：2002-04-01 輸出規定生效日：2008-05-08 截止日期：9999-99-99

【說明】

(1) 輸入欄位有"403"，表示氯化鉀輸入應檢附「行政院農業委員會核發之肥料登記證影本（限原證持有者進口）或同意文件」。

(2) 輸出欄位有"441"，表示氯化鉀輸出必須檢附「行政院農業委員會同意文件」。

5. 第18類第90章：濾光鏡（filter）

| 中華民國輸出入貨品分類號列CCC Code | | 檢查號碼 | 貨名 | Description of Goods | 單位 Unit | 國定稅率 Tariff Rate（機動稅率 Temporary Adjustment Rate） | | | 稽徵特別規定 CR | 輸出入規定 Imp. & Exp. Regulations | | 生效日 Valid Date |
稅則號別 Tariff NO	統計號別 sc	CD				第一欄 Column I	第二欄 Column II	第三欄 Column III		輸入 Import	輸出 Export	
90022000	00	6	濾光鏡	Filters	PCE KGM	免稅	免稅（PA, GT, NI, SV, HN, NZ, SG）	5%				輸入規定生效日：1997-01-01 輸出規定生效日：1989-01-01 截止日期：9999-99-99

【說明】

(1) 3C消費性產品的生命週期（life cycle）很短，二十幾年前儲存資料用的隨身碟（Universal Serial Bus, USB）價格，若換算以每G（GIGA）計算，當年的價格大約是目前的60倍，雖然目前的3.0版儲存速度有變快，但是它的主要功能「儲存資料」並沒有改變，因此價格一樣還在緩跌當中。可是一樣是3C消費性電子產品的蘋果（Apple）手機（iphone）每年出新機，價格不但不跌還年年漲價，究其原因是科技創新，蘋果手機的功能一年比一年強、解析度一直在增加、造型每年有變化有更新，加上全球的蘋果粉絲確實也不少，自然造就了蘋果手機歷久不衰，蘋果股價屢屢創新高，有道是「一天一蘋果，醫生遠離我」，現在是「天天看蘋果，眼醫最愛我」。蟬聯全球手機前二大霸主的蘋果手機幕後，也隱然看得見台灣的許多知名大廠，例如：台積電、大立光、鴻海等。

(2) 濾光鏡關稅是0%，它應該也是被WTO歸類屬於「資訊科技協定」項目之一。

貿易契約的基本與一般交易條件

國際貿易的基本條件是雙方當事人在履行契約時所不可或缺的條件，如果在履行過程中有一方違反了基本條件，則該契約的目的將無法達成，有可能構成重大違約，遭受損害的一方即可主張解除契約並請求損害賠償。不過，在一份貿易契約書中，哪些才算是基本條件？其實是沒有受到任何法規的規範，畢竟交易的雙方只要你情我願、情投意合，不管有無訂定合約書，或是雙方只憑採購訂單（purchase order）或是銷售確認書（sales confirmation）的簽核之後，就可以開始進行交易。但是綜合國際貿易實務上的狀況，一般雙方約定的基本條件大概會有品質條件、數量條件、價格條件、付款條件、交貨條件、包裝刷嘜條件和保險條件這七項。雖然國際貿易交易的標的、性質可能殊異，以致於對契約中，哪些為基本條件，哪些是一般條件，在解釋或定義上可能會有不同。不過在一般的國際交易契約中，仍然以上述提到的這七項較為重要，而為每一個國際交易契約所應具備。除此之外，我們通常把匯率風險、索賠期限及程序、不可抗力的免責規定、仲裁或糾紛的解決約定、準據法的適用等這些條件視為一般的交易條件，這些條件除非雙方另有約定，否則對於雙方交易的進行並不會造成太大的影響，以下我們針對上述的七項基本交易條件與一般交易條件來作說明。

單元一　品質條件

一般所謂的商品品質可分成物理性質，例如：金屬材料的延展性、抗

壓性強度、彈性、密度，另外還有化學成分，例如：食品中的脂肪、澱粉、蛋白質、糖分及礦物質等，除此之外還包括外觀的尺寸、式樣、規格、顏色等，由於商品的價格主要取決於商品的品質，因此品質條件是買賣契約中最重要的條件，俗諺說：「俗物無好貨」，意思是價格低，通常品質不會太好，但是價格高，不見得買到的就一定是好貨。

1.1 品質的決定方法

1. 憑樣品決定品質

即以樣品（sample）作為貨物品質的標準。買賣雙方對於某一產品的描述不論用文字敘述多詳細、用料清單（Bill of Material, BOM）提供多完整，最簡單經濟的方式就是直接提供一個樣本給對方參考。筆者在三十幾年前到朋友上班的大型貿易公司拜訪，他帶我參觀公司的展示間，位於最高樓層的二個展示間占地好幾百坪，裡面堆滿了許多雜貨類產品，包括聖誕節的燈飾、玩具、馬克杯、玩偶等，他們的大客戶有沃爾瑪（Walmart）、傑西潘尼百貨（JC Penney）。台灣傳產業尚未大量西進時，他經常要帶一堆樣本給這些大咖們挑選，如果接獲客戶提出新的樣品，貿易商也會請幾家工廠先提供相對樣品（counter sample）給買方參考與確認。因為憑樣品約定品質時，必須注意日後出口所交付的貨物必須跟樣品一致，否則有可能會被認定品質不符，因此如果一開始是買方提供樣品，賣方最好按照原始樣品打造完成之後再寄給買方確認，待買方確認完成才可製造交貨。以下訂單是日本一家廠商跟台灣廠商下單的測試訂單（trial order）：

ORDER SHEET

Dear Sir:

We have the pleasure of placing the following order with you:

QUANTITIES	DESCRIPTION	UNIT PRICE	AMOUNT
100 pcs (2 cases)	Cotton White Shirts, sample No.123 Exactly as shown in the sample.	CIF Osaka in USD12/PC	USD1,200.-

Packing ： 10 pcs in a hessian bale, 5 bales in one wooden case.

MARKS:　／‾OTC‾＼

　　　　OSAKA

　　　　C/NO.1~2

　　　　Made in Taiwan

Insurance: ICC(A) for full invoice amount plus 10%

Shipment: During March, 2022

Terms: Draft at 30 days under usance L/C

Remarks: Certificate of quality inspection & shipment sample to be sent

　　　　　by courier prior to shipment

James Ho

Purchasing Dept. manager

Osaka Trading Co., Ltd.

第三章　貿易契約的基本與一般交易條件

【說明】

(1) 下單100 PCS分裝成二箱，商品是棉製白襯衫，依樣品產品編號123打造，總金額USD1,200.-。

(2) 貿易條件是CIF OSAKA, JAPAN。

(3) 嘜頭按照買方指示繕打：嘜頭部分通常會是買方公司全名的第一個字組合縮寫，之後打上三角形或長方形，接著會是目的港（OSAKA）、

箱數編號C/NO. 1~2，表示一共有二箱，但真正標示在箱體的編號會是C/NO. 1/2跟C/NO. 2/2。

(4) 付款方式：30天遠期附帶匯票的信用狀。

(5) 買方要求出貨前必須提供品質檢驗報告，另外出貨前先用快遞寄送樣品。

2. 憑標準品決定品質

這個方式適用於農產品或品質繁多且易受季節及氣候影響的商品交易，因為很難用樣品來精確表示其品質，所以只好用同種類物品來表示其品質的概況。此時用以表示品質概況之物品就稱為標準品（standard），以標準品表示品質所成立的買賣即稱為標準品買賣，表示標準品品質的方法有以下二種：

(1) 中等平均品質（Fair Average Quality, FAQ），係指所交付貨品的品質是以裝運地區相同季節出貨的中等平均品質為標準，大多用於穀物類買賣時，像中國、澳洲、俄羅斯以及印度的小麥，德國、法國、烏克蘭的大麥都是以FAQ條件輸往世界各地。

(2) 良好的適銷品質（Good Merchantable Quality, GMQ），則是賣方保證所交貨物的品質優良，而且適合市場銷售，通常適用於冷凍魚蝦或木材等交易。

3. 憑商標或品牌決定品質

採用已經註冊的知名商標或品牌（Trademark or Brand）作為貨品品質的決定標準，如果該品牌是世界知名又有相當高的信譽，大家對該貨品品質的認同度跟評價肯定很高。舉例：2021年全球前10大品牌依序分別是蘋果（Apple）、亞馬遜（Amazon）、微軟（Microsoft）、谷歌（Google）、三星（Samsung）、可口可樂（Coca-Cola）、和泰（TOYOTA）、賓士（Mercedes-Benz）、麥當勞（McDonald's）與迪士尼（Disney）。另外，歐、美、日國家許多大品牌也深得台灣消費者的青睞，像是日立（Hitachi）、索尼（Sony）、萬寶龍（Montblanc）、戴森（dyson）等，台灣的筆電雙雄華碩（ASUS）跟宏碁（acer），在歐美的

知名度跟市占率也是非常高。

4. 憑規格決定品質

　　以公認的特定規格或是每個國家、國際組織所認定的標準、規格來做為決定品質的依據，目前常用的標準規格有公司標準、團體標準（如ASTM、JIS、JAS、ASA）、國家標準（如CNS、BS、DIN、ANS、3C）、國際標準（如ISO9000系列標準）等。憑規格決定的買賣在交易時應注意將所使用的規格，包含年分等做明確的標註。以下列出部分規格代號名稱：

(1) ASTM美國材料和試驗協會國際組織（American Society for Testing and Materials International, ASTM）。

(2) JIS日本產業規格（Japanese Industrial Standards, JIS）。

(3) JAS日本農林規格（Japanese Agricultural Standards, JAS）。

(4) CNS中國國家標準（Chinese National Standards, CNS）後改名為「中華民國國家標準」（National Standards of the Republic of China, CNS）。這個"CNS"標章在台灣的家用電器、各式開關上經常見到。

(5) BS標準是由英國標準學會（Britain Standard Institute, BSI）制訂的英國標準。

(6) DIN德國標準化學會（Deutsches Institut für Normung, DIN）。

(7) ANS美國國家標準（American National Standard, ANS）。

(8) 3C中國強制性產品認證（China Compulsory Certification，CCC或簡稱3C，也稱中國強制認證）是中華人民共和國實施的國家標準。大家不要把3C認證解讀為3C產品（computer、communications、consumer electronics）。

(9) ISO國際標準化組織（International Organization for Standardization, ISO）。

5. 憑說明書或型錄決定品質

　　憑實體物件（圖）或照片來表示貨物的品質，一般都是由買方或賣方所提出詳細說明書並附上圖樣或照片，說明該商品的構造、原料、材質、

型態、尺碼、性能等來確定貨物的品質。通常是用於結構較複雜、較貴重或大型等不便以樣品來確定品質的資本財的交易，例如：機器設備、高科技產品或是交通運輸工具等。

1.2 品質決定的時間與地點

1. 出廠品質條件

　　以貨物製造廠商檢驗通過的品質為標準，這種方式對製造商最有利，對買方相對不利，但是除了某些產品本身較敏感會隨溫度、氣候、濕度、運送時間長短發生品質變異，像食品、農產品、蔬果、醫藥類以外，大多數產品基本上不會出現類似的問題。

2. 裝船品質條件

　　以貨物裝載於運輸工具時的品質為標準，賣方僅需負責貨物裝上船或飛機時的品質標準符合契約的規定就好，至於運輸途中發生貨物的損害，賣方不負責任，國際貿易上採用此一條件者相當普遍。國貿條規當中屬於裝船品質條件的有FOB、CFR、CIF三個貿易條件。

3. 起岸品質條件

　　以貨物在目的港貨物卸到碼頭，在港口或是倉庫的檢驗品質為標準。一般我們把CIF稱為起岸價格，但是這邊強調的是以貨物卸在目地港碼頭的品質為條件，跟CIF的風險分界點是不一樣的概念。

4. 買方品質條件

　　以貨物抵達買方工廠或倉庫的品質為判定標準，一般大型的機械設備經常採用這種方式，畢竟機械設備通常抵廠之後還要安裝測試，因此採用這種方式最普遍。

　　買賣雙方對於交易產品的品質若沒有特別約定，通常會按雙方約定的貿易條件的風險移轉點當成品質條件，因此可分為下述五項：

(1) EXW以工廠或倉庫交貨時的品質為準。

(2) FCA、CPT、CIP以貨物交給第一運送人時的品質為準。新版國貿條規（Incoterms 2020）是這樣解釋沒有錯，但這三個條件後面接的

點會是出口地的賣方工廠或是貨櫃場、機場，例如：FCA＋Keelung terminal，買賣雙方風險移轉點是基隆貨櫃場，品質認定也是以此地點來認定。CPT＋buyer's warehouse，雖然賣方要把貨物送到買方的倉庫，但是雙方的交貨點一樣是在出口地的貨櫃場或是機場。

(3) FAS以貨物放置於船邊或是駁船上的品質為準。

(4) FOB、CFR、CIF以貨物安全置於出口港船上的品質為準。

(5) DAP、DPU、DDP以貨物置於後面所接地點的品質為準。

1.3 檢驗品質的機構

產品品質應該是整個交易過程中買方最在意的一項，當然品質跟價格會有極高的正相關。世界各國對於食品、藥品、醫療器材等進口，除了關稅以外，會有較多的把關措施或是設立非關稅障礙，醫藥類產品如果可以取得美國食品和藥物管理局（Food and Drug Administration, FDA）的認證許可，日後要銷售到其他國家會比較容易。另外，全球頗具知名度的「瑞士通用公證行」是一家總部設在瑞士日內瓦，專門提供測試（testing）、檢驗（inspection）及認證（certification）服務的跨國集團，簡稱SGS。早期有些國家規定凡是輸往該國的產品，在供應商裝櫃之前必須委請公證公司配合公證並出示公證報告，之後上封條才可以報運出口。2008年中國大陸發生毒奶粉事件，2011年台灣也發生塑化劑事件，一時之間，食安問題才被官方與社會大眾重視與檢討，當年台灣許多賣吃的店家門口，如果有掛上SGS檢驗合格的證書，立即成為品質保證的響亮招牌。

單元二 數量條件

商品數量主要是以一定的度量衡所表示的商品重量、個數、長度、面積、容積或體積等。通常在國際貿易中，有關數量所規定的內容有下列幾點：

2.1　數量單位的選定

國際貿易常用以計算數量的單位有個數（number）、重量（weight）、長度（length）、面積（area）、體積（volume）、容積（capacity），其中只有「個數」屬於可屬的數量單位（countable unit），例如：個（piece）、套（set）、籮（gross）、打（dozen）、箱（case）、令（ream），一般我們常聽到的carton（ctn）是指紙箱。而木板箱會用wooden case（w/c）表示，木條箱是crate（crt）。其他非以個數為計量的單位，必須借助其他儀器的輔助才能精確測量出賣方交貨數量是否合乎規定。通常非以可計數單位交易的商品，大都會允許出貨數量有一定百分比的誤差範圍，誤差範圍大約是介於3~10%左右。

2.2　包裝貨物計價重量的選定

重量分成以下三種：

1. 毛重（gross weight）

產品本身加上內包裝，再加上外包裝的所有重量，外包裝是指為了方便搬運貨物或是加強安全性、防止碰撞的包裝材料，外包裝材料的重量稱為皮重（tare weight）。

2. 淨重（net weight）

產品本身加上內包裝的重量，淨重也稱「法定重量」。

3. 淨淨重（net net weight）

產品的淨重再扣除內包裝的重量，也稱裸重。

2.3　常見的單位數量與轉換

1. 重量

(1) 1公噸（metric ton）=2,204磅（pound）

(2) 1長噸（imperial ton）=2,240磅（英國常見）

(3) 1短噸（short ton）=2,000磅（美國常用）

(4) 1公斤（kilo gram）=2.204磅；1磅=0.454公斤

(5) 1盎司（ounce）=28.35公克

2. 長度

(1) 1英呎（foot）=12英吋（inch）

(2) 1英吋=2.54公分；1英呎=30.48公分

(3) 1碼（yard）=3英呎=91.44公分

(4) 1英里（mile）=1.6公里（kilo meter）

　　國際貿易交易產品的單位採公制、英制都有，但是海運費的材積數一律要換算為公制的立方公尺（cubic meter, cbm）計價，而且主航程的海運費基本上是以美元報價，但是美國內陸卡車運費大多採英鎊計費，通常以每100磅多少美元計費。如同問老美身高，他們習慣用幾英呎幾英吋回答，而不會講出身高是多少公分。台灣的傳統市場交易買賣習慣採台斤跟台兩計價，包括茶葉也是，台灣的一斤是600公克，而中國大陸的一斤是500公克，而咖啡的容量習慣用盎司來標示。各國文化的差異或是已經根深蒂固的習慣用法，一時要改變，其實不是很容易的事情。

單元三　價格條件

　　我們有提到國貿條規又稱為價格條件或是貿易條件，是因為採用不同的條規，報價會有差異。這單元要談的是價格的種類、幣別、計價單位以及約定價格條件應注意的事項。

3.1　價格的種類

1. 淨價

　　淨價是指不含佣金的價格，其表示方式是在價格之後加上"net"，例如：USD 10/per set, net CFR Los Angeles, USA.或是The price is USD 20/per pc, net CIF London, UK. without any commission.。

2. 含佣金價格

指在交易價格中包含有售貨佣金（selling commission），或購貨佣金（purchasing commission），是交易成立後給付中間商的退佣或酬勞。當詢價的一方不是真正的買家或是本身就是貿易商，詢價時，請賣方在報價上加上多少比例（%）的佣金，至於佣金的多寡跟比例會跟產品的種類、交易數量、交易手續的繁簡以及當地市場競爭的激烈程度有關。實務上會以FOB&C5或CIF&C3等方式來表示，其價格中包含了要給對方5%或3%的佣金，但是並未提到這5%或3%佣金計算的基礎，所以經常會引起不必要的爭執，建議不論採用哪一種貿易條件報價，最好把價格條件跟佣金計算分開表示，例如：USD 30/per set, CIF&C5 Tokyo, Japan.The above price includes 5% commission calculated on FOB basis. 雖然報價採CIF，但是成交後給付給中間商的佣金5%是採FOB的價格來計算。

3.2　價格的幣別

台灣進出口通關的幣別常見的有美元（USD）、歐元（EUR）、日幣（JPY）、英鎊（GBP）、澳幣（AUD）、加幣（CAD）、瑞士法郎（CHF），在台灣即便發票上是人民幣（RMB）或是台幣，一樣可以申報通關。

3.3　出口報價採用哪一種幣別

出口報價最好採強勢貨幣，假設美元看漲，出口商採美元報價而且事後有成交，日後匯入的美元轉換成台幣有利出口商，或是出口商在報價階段因為預期美元可能會升值，因此可以把價格報低一些，或許有更多機會爭取到新訂單或是較大的採購量；反之，進口採購就應該採弱勢貨幣計價，會比較有利。

3.4　約定價格條件應注意事項

1. 貿易條件中沒有明確規定的費用究竟應該由誰負擔？雙方在契約中應加以

明確規定，以免造成日後的不愉快或紛爭。

2. 對於契約成立以後因原料成本上漲或各種費用（率）調整所導致價格的變動，契約所約定的價格是否可隨之調整？調整的方法為何？契約中應加以明確規範。

3. 對於匯率變動所可能造成的損失，應由賣方或買方負擔？或是雙方平均分攤？雙方宜在契約中明確規定。實務上針對匯率問題，雙方通常不會載明在訂單或合約上，畢竟跨國交易匯率風險買賣雙方應該想辦法避險，自行承擔風險。

單元四 付款條件

關於付款條件大致上可分為付款時間與付款方式，說明如下：

4.1 付款時間

1. 交貨前付款

指買賣雙方契約簽訂後，賣方交貨前，買方就要先付款，我們通常用下單付款（Cash With Order, CWO）或是預先付款（Cash In Advance, CIA）來表示。國際貿易上如果是新的買家或是下單採購客製化商品時，通常賣方會要求先付款或是先預付貨款總價20~30%的訂金，而且強勢賣方出貨前，可能會要求買方必須將餘款付清才會出貨。交貨前的付款大都採用電匯居多，早期的付款方式信匯（Mail Transfer, M/T）、票匯（Demand Draft, D/D）目前已經很少見了，因為電匯速度最快又便宜，信匯、票匯速度慢且不見得划算，更何況票匯是由買方直接寄匯票給賣方，萬一把匯票寄丟了，會是很麻煩的一件事。

2. 交貨時付款

國際貿易因為買賣雙方位處不同國家，在實質交易上很難做到一手交錢一手交貨，但是可以利用相關的當事人，如進出口國兩地銀行、運輸業者的管道做到類似的方式，例如：

(1) 貨到付現（Cash On Delivery, COD）。

(2) 託收（collection）的付款交單（Document against Payment, D/P）。

(3) 即期信用狀（sight L/C）。

3. 交貨後付款

國際市場近幾年大都呈現買方市場的趨勢，所以賣方先出貨再收款的交易模式已逐漸成為國際貿易付款方式的主流，類似的方式有：

(1) 記帳（Open Account, O/A）。

(2) 託收（collection）的承兌交單（Document against Acceptance, D/A）。

(3) 遠期信用狀（usance L/C）。

(4) 分期付款（installment payment）。

(5) 寄售（consignment）。

4.2 付款方式

1. 預付貨款（Cash In Advance, CIA）

賣方出貨前要先收到貨款才會出貨，至於買方什麼時間點才應該匯出款項？

(1) 如果是標準品或庫存品，即使買方下了訂單，但是遲遲未匯出款項，賣方沒收到貨款就不會出貨。

(2) 客製化商品，賣方可能會要求出貨前一個月付清款項或是先預付30%訂金，買方若延遲支付貨款，原先賣方提出的這30天的前置期（lead time）當然也會順勢延期。

(3) 我們經常把下單付款（Cash With Order, CWO）解釋為買方下單後就要付款，但實務上仍然是有一些彈性的，關鍵一樣是在賣方投產、備貨到交貨這一段前置期會有多長，買方晚匯款，賣方當然就有權力晚出貨，目前付款採用電匯的方式超過90%以上。

2. 貨到付現（Cash On Delivery, COD）

出口商藉由進口國的承攬運送業者於貨到目的地，買方領貨前必須先付清款項才可以領貨。實務上確實有走空運的場合，賣方委託空運承攬業

者在買方領貨或是領單前，先由承攬業者代收貨款，之後再准予領貨的情況。如果賣方有這樣的委任方式，出口地發單的承攬業者在空運貨單上面會蓋上明顯的註記"COD"，也順便提醒進口地的承攬業者務必「收到錢，再放貨」。

3. 付款交單（D/P）

付款交單（Document against Payment, D/P），買賣雙方決定採用託收時，由出口商在出口地找一家銀行稱為託收銀行（remitting bank），進口商在進口地找一家銀行稱為代收銀行（collecting bank），出口商出貨之後，將所有文件請託收銀行直接寄給代收銀行，代收銀行收到文件請進口商前來付款贖單，買方一旦付款就把文件交給進口商，這樣的作為跟「一手交錢，一手交貨（單）」已經非常接近了。

4. 即期信用狀（sight L/C）

買方透過開狀銀行開出即期信用狀，開狀銀行透過通知銀行把信用狀轉交給賣方，賣方出貨之後將信用狀要求必須提示的文件，連同信用狀正本拿到往來銀行押匯，押匯銀行審單無誤之後，再把押匯文件寄給開狀銀行或指定銀行求償。開狀銀行收到押匯文件通知買方前來付款贖單，買方付款之後，開狀銀行將所有文件交給買方，接著買方可以進行「報關→（待）放行→領貨」的動作。這樣的操作跟「一手交錢，一手交貨（單）」也是非常類似。

5. 記帳（O/A）

買賣雙方先約定好，賣方先出貨，買方再付款，雙方約定的付款天數通常會是15天的倍數，有30天、45天、60天、90天、120天，甚至長達180天、270天的付款期限都有。

6. 分期付款（installment payment）

(1) 國際貿易買賣雙方針對高單價的精密設備、儀器、機械等等，因為有可能貨到之後還必須安裝、測試、運轉，事後還有保固等問題，所以買賣雙方約定貨款按期支付。如果該設備為客製化的高單價產品，賣方也會要求買方訂約後先支付20~30%不等的貨款，便於賣方購料、備

料與投產。

(2) 二、三十年前，台商的傳產業陸續西進到中國大陸拓展事業第二春，甚至把台灣的廠房設備全數拆除轉移到中國大陸另起爐灶，台廠的遷移工程浩大，不但要拆要運還要裝，加上台灣、中國大陸兩地的通關運輸等，通常台廠會把這樣的艱鉅任務委任給大型專業的海運承攬業者統包。承攬業者完成所有任務之後，台廠老闆只要在當地象徵性的啟動鑰匙就可以接續在中國大陸動工製造，通常我們把這種整廠輸出的作業模式稱為"turn key"作業模式，整廠輸出耗費的總金額肯定也是相當高，所以採分期付款也是合情合理。

7. 寄售（consignment）

品牌商或供應商研發出新的設備、器材，寄出這些新產品給全球各地的代理商，請他們大力推廣促銷，如果成功銷售之後把利潤扣除，再把餘款匯給供應商。買賣雙方採用這樣的方式雖然貨物已抵達買方（代理商），但是貨物所有權仍歸屬賣方，所以貨款何時可以匯出是個未知數，端看供應商跟買方（代理商）之間的合作關係以及新產品的銷售狀況而定。

8. 承兌交單（Document against Acceptance, D/A）

D/A的操作方式前半段跟上面的D/P類似，差別只是進口地的代收銀行收到文件之後通知買方前來承兌匯票，買方承兌匯票代表同意匯票到期時，無條件支付貨款給發票人（賣方）。

9. 遠期信用狀（usance L/C）

遠期信用狀跟即期信用狀的差別在於買方的付款期限。假設付款期限是提單裝船日後的90天（90 days after B/L date），表示到期日買方再支付貨款就好，但是融資期間這90天的利息是由誰支付，必須在信用狀上清楚表示。一般我們稱遠期信用狀大多數是賣方遠期信用狀，意即付款期間到期，買方只要支付貨款即可，賣方押匯時已取得的貨款是由押匯銀行墊款，墊款利息由賣方支付。

5.1 交貨地點

　　賣方究竟在哪一個地點履行交貨契約，應該要加以明確約定才好，尤其該地點也是攸關整個交易的危險負擔、費用負擔、訴訟管轄等問題的決定點，但是事實上除非雙方有異於慣例規定上的需要，否則只要雙方就貿易條件的選用達成合意，交貨地點就隨之確定。以下把國貿條規2020的可能交貨地點以及交貨方式以圖表方式列出：

國貿條規2020下的交貨地點與交貨方式
（走海運，假設出口港基隆，卸貨港東京）

貿易條件	通常後面接的點（風險移轉點）	實務上可能的交貨地點	實務上的表示方式	交貨方式
EXW	賣方工廠或倉庫	台灣賣方工廠或倉庫	seller's factory	實際交貨
FCA	賣方工廠或買方指定的貨櫃場	基隆貨櫃場	(1) seller's factory (2) terminal	實際交貨
FAS	船邊或駁船上	基隆碼頭邊或指定駁船上	(1) Keelung port (2) named barge	實際交貨
FOB	出口港買方指定的船上	基隆港	Keelung	實際交貨
CFR	出口港賣方指定的船上	基隆港	Tokyo	象徵性（單據）交貨
CIF	出口港賣方指定的船上	基隆港	Tokyo	象徵性（單據）交貨
CPT	出口地賣方指定的貨櫃場	基隆貨櫃場	(1) Tokyo (2) buyer's door	象徵性（單據）交貨
CIP	出口地賣方指定的貨櫃場	基隆貨櫃場	(1) Tokyo (2) buyer's door	象徵性（單據）交貨
DAP	目的地雙方約定的地點	(1) 東京港保稅倉庫 (2) 買方倉庫	(1) bonded warehouse (2) buyer's door	實際交貨
DPU	目的地雙方約定的地點	(1) 東京港保稅倉庫 (2) 買方倉庫	(1) bonded warehouse (2) buyer's door	實際交貨
DDP	目的地雙方約定的地點	日本買方工廠或倉庫	buyer's door	實際交貨

5.2 交貨期限

1. 少用不確定的用詞

有些訂單經常會出現立刻裝運（prompt shipment）、立即裝運（immediate shipment）、愈快愈好（as soon as possible, asap），這樣的用詞不妥而且買賣雙方對於上述用詞的解讀也不一定一致，建議少用。信用狀統一慣例600第3條也規定：「除非要求在單據上使用，否則prompt、immediate、as soon as possible此類用詞，銀行將不予理會。」

2. 約定某期限之前出貨

雙方約定某一個確切的日期之前出貨，對買賣雙方應該是最方便的方式，例如：

(1) 2022年10月31日（含當天）前出貨（shipment by Oct.31.2022）。

(2) 2022年10月31日（不含當天）前出貨（shipment before Oct.31.2022）。

3. 約定固定期間出貨

如果買方希望按照訂單規定的期間內出貨或分批出貨也是可行，例如：

(1) 2022年10月上旬（1日~10日）出貨（shipment during the beginning of Oct.2022）。

(2) 2022年10月上半月（1日~15日）出貨（shipment during the first half of Oct.2022）。

5.3 延遲交貨如何處理

1. 買賣雙方如果採信用狀交易，通常不會約定賣方晚交貨時該如何賠償或罰款，因為在信用狀的場合，如果賣方晚出貨算是一個文件提示上的重大瑕疵，按信用狀的遊戲規則，買方可以拒絕接受瑕疵不贖單不付款。當然，實務上如果因賣方的晚出貨，導致買方已經對國內的第三方產生違約的風險，或是該進口產品的市況因為晚出貨，已經呈現價格嚴重下跌的話，確實買方有可能不贖單不付款或是要求賣方降價，否則依正常的狀況而言，

大多數買方仍然會接受文件上的小瑕疵，並且前往開狀銀行付款贖單居多。

2. 買賣雙方如果不是採用信用狀交易付款，強勢買方會訂定延遲交貨處罰條款，罰款如果合情合理且訂有最高罰款金額上限的話，有可能較弱勢的供應商會默默地或是含淚接受。反之，如果供應商比較強勢，通常不會讓晚交貨處罰條款出現在任何訂單上面，或是不簽署訂單改提出銷售確認書，請買方回簽。

3. 雙方交易金額大且交期長的商品肯定會事先訂定交易買賣合約書，上面的內容訂定雙方違約的條款與罰金，這反而是很正常而且是相對必要的條件。

單元六　保險條件

　　國際貿易雙方在合約、訂單或是銷售確認書上面必須約定一個貿易條件做為雙方責任、風險、費用劃分的依據。新版國貿條規2020一共有11種，其中字面上只有CIF、CIP出現保險（insurance）字樣，因此採用這二個條件，賣方有投保的義務，除此之外的9個貿易條件，買賣雙方都應該為其本身的風險考量自行加買保險。有關保險，我們在第十一章的「國際貨物運輸保險」會做完整介紹與說明，在此我們只做以下的重點提示：

6.1　要保人應該買哪一種險

1. 台灣的貨物運輸保險保費相對便宜，如果走海運，盡可能買ICC(A)險＋戰爭險＋罷工險，因為即使買了最高等級的組合，ICC(A)條款本身仍然有一些除外不保的項目，除非是因為產品本身的特性因素，保險公司最高只允許購買ICC(B)險或ICC(C)險。如果走空運或是快遞，就只能購買ICC(AIR)險，順便提醒一下，如果走快遞，尤其是供應商免費提供的樣品，但是由買方支付快遞費時，買方務必請供應商不要輕易附加快遞運輸的保險項目，以下案例說明：

【案例】

　　台灣進口商A跟美國供應商B爭取到一個要價不斐的樣品，A公司提供給B公司自家使用的快遞公司專屬寄件號碼（Account Number, A/C NO.），快遞費由台灣A公司支付。美國B公司填單寄件時，也許是考量進口商買單付運費，也許是寄件人員做事太細心、考量太周到，他就順便在快遞託運單上的保險欄位上打勾。之後貨物安全抵達台灣A公司，次月快遞公司送來帳單時，A公司突然發現該樣品帳單的快遞費是NTD1,200，但是保險費卻高達NTD3,300，經詢問後才得知快遞公司的保險費率是1%。這次的樣品發票上的金額是USD10,000，匯率是@30，所以保險費是NTD3,300無誤。當年度台灣A公司的預約保險合約保險費率是0.05%，二者保險費率的差異是20倍。事後A公司向快遞公司說明公司進出口產品都已經涵蓋在預約保險合約（open policy）項下，要求快遞公司刪除這筆保險費用，快遞公司基於長期配合與互信基礎的原則下也欣然接受，並取消該筆高額的保險費用。

6.2　賣方除了CIF、CIP有義務投保，在哪些貿易條件下更應該投保

　　請記住D類的三個條件屬於目的地交貨條件，也就是賣方的責任、費用、風險延伸到進口國雙方約定的地點，因此賣方理所當然要為其本身的危險利益跟保險利益投保，且至少保到貿易條件後面所接的地點，例如：DAP＋東京港口貨櫃場，保險至少保到東京港口貨櫃場，但是如果保險單有加註「倉對倉條款」（from seller's warehouse to buyer's warehouse），那保險航程效力更可以延伸到買方倉庫，直到安全卸貨為止。

6.3　保險條件在合約或訂單上不一定會列出

　　買賣雙方一旦決定了貿易條件，就等同已經決定了風險移轉點，所以投保的大原則就是：

1. 風險移轉前，賣方應該為其自身風險考量是否該投保。

2. 風險移轉後，買方也應該為其自身風險考量是否該投保。

　　台灣出口商採FOB跟CFR的貿易條件比例很高，據了解大多數出口商於風險移轉前的風險，也就是貨物安全上船前的風險大都沒有加買保險。建議出口商應該自行購買貨物從工廠的上貨開始，接著是貨物離開工廠到貨櫃場的這一段陸上運輸，直到貨物安全置於船上之前的保險，原因是：

1. 貨物在路上行駛，出險的機率恐怕比海上運輸還要高一些。
2. 出口商不管出整櫃也好、併櫃也好，貨物於貨櫃場內的堆疊、搬運以及貨櫃在碼頭邊的吊掛過程中，萬一出險都可以迅速獲得理賠。

　　出口商如果不自行加保，可以把陸上運輸風險轉嫁給卡拖車公司，但必須確認被委託的卡拖車公司本身已投保完善且足額的陸上運輸險。

單元七　包裝條件

　　包裝是貨物本身的保護體，更是運輸途中避免碰撞損害的必要作為。海運若非整櫃運輸，如果在貨櫃場裝載貨物時發現外包裝有破損，會立即通知貨主或是報關行前來改善並復原，否則一旦有破損、生鏽、外觀凹陷等狀況被註記在提單上，這樣的提單稱作不清潔提單（unclean b/l、foul b/l、dirty b/l），於信用狀的場合，除非信用狀特別敘明，否則銀行只接受清潔提單。以下將包裝的內容做說明。

7.1　包裝的種類

1. 散裝貨物（bulk cargo）
　　此種貨物通常不需要包裝，而且大部分會使用散裝船運輸，例如：大宗物資的黃豆、小麥、玉米。另外，煤礦、鐵礦砂、木材、大理石礦也都屬於散裝貨物。

2. 裸裝貨物（nude cargo）

　　此類貨物在外型上自成件數，猶如已包裝貨物，例如：車輛、鋼材、鋁錠。

3. 包裝貨物（packed cargo）

　　需要經過包裝的貨物，大部分的貨物均為包裝貨物，常見的包裝種類或外觀，包括以下幾種：

　(1) 箱裝（case或carton）：出口貨物以箱裝最普遍，箱裝又可分為木箱、紙裝、木條箱。

　(2) 袋裝（bags or sacks）：一般所稱的袋裝多指大型的麻袋、布袋或是PE塑膠袋。

　(3) 捆包裝（bales）：對於蓬鬆密度小的羽毛、鵝毛、棉紗等通常會採用捆包裝。

　(4) 簍裝（basket）：簍裝主要是以竹片或其他植物材料編成之容器。

　(5) 其他包裝：例如：軸（reel），捲（roll）、桶（can）及瓶裝（bottle）等。

7.2　標準出口包裝條件

　　標準出口包裝條件（standard export packing）有以下六點：

1. 堅固完整。
2. 包裝材料適合貨物性質。
3. 應該盡量減少重量及體積不宜超長、超大、超重。〔不論走海運的併櫃（CFS）或是空運，針對長度通常都會有限制。〕
4. 在安全的原則下，應盡量節省包裝材料與費用。
5. 每個物件大小應盡量整齊劃一以方便裝卸堆積、計算檢量及識別。
6. 應合乎進口國家之海關規定。（多數國家規定：如果外包裝是木質材料，必須經過煙燻。）

7.3　裝船嘜頭

裝船嘜頭（shipping marks）是指為方便識別、裝卸而用油墨、油漆印刷在貨物外包裝上的各種文字及圖案，或是針對少量多樣的商品用紙張列印後，直接黏貼在外包裝上，嘜頭主要分為主嘜跟側嘜。

1. 主嘜頭（main marks）

(1) 明顯圖示標記

如果買方沒有指示賣方有關嘜頭的製作，賣方通常會根據一般嘜頭的製作原則，把買方公司全名稱英文的第一個字母組成簡稱，外圍加上三角形（triangle）、菱形（diamond）或方形（square）標示。

(2) 卸貨港或卸貨港（加）目的地

如果只到卸貨港，直接打上卸貨港，例如：Los Angeles，如果經由洛杉磯再到芝加哥就會打上：Chicago via Los Angeles。

(3) 外箱箱號（carton number）

整批貨物的箱數當分母，每一箱的編號從1開始填寫當分子，例如：一共出貨50箱，每一箱的箱號會從C/NO. 1/50~C/NO. 50/50，但是標示在發票、裝箱單以及提單上面的，會直接打上C/NO. 1~50。

(4) 原產國（地）標誌

表明該貨物在某國生產製造或加工的標誌，要注意的是必須符合出口國對原產地認定標準的相關規定，如果只是簡易加工沒有符合原產地規定，只能打上在該國組裝，例如：assembled in Taiwan或是packed in Taiwan。

2. 側嘜頭（side marks）

(1) 注意標誌（caution marks）

注意標誌的主要目的是提醒貨櫃場內負責裝卸貨的理貨人員（tally man）在搬運、移動、堆疊時，必須特別留意的要點，其中最常見到的有：

① 保持向上（this side up）。

② 保持乾燥（keep dry）。

③ 易碎品（fragile）。

④ 易燃品（flammable materials）。

⑤ 不可掛鉤（no hooks）。

⑥ 當心有毒（poison）。

(2) 淨毛重與體積標示（weight and measurement marks）

標示每一箱貨物的淨重、毛重、材積盡量用公制表示，其主要目的是作為櫃場堆疊貨物時的參考依據。另外，針對超大型的貨物還必須標示該物件的重心位置以及吊車吊掛時的施力點位置。

大型物件貼上嘜頭標示重心位置及吊車吊掛的施力點。

大型物件置於平板貨櫃上必須用特製尼龍纜繩牢牢固定。

圖片來源：筆者攝影。

單元八　一般交易條件

除了上述七種基本交易條件外，貿易契約的其他內容均屬於契約的次要條件，我們稱為一般交易條件。一般交易條件是否訂定，端看公司本身的規模大小，大企業有較完善的制度，很多合約不管是採購單或是銷售確認書，原則上都會事先會同法務單位再擬定出一份完整的買賣契約書，內容通常也會鉅細靡遺地臚列出詳細的契約條款，包括基本交易條件跟一般交易條件，以下我們稍作說明：

1. 不可抗力條款（force majeure）

　　所謂不可抗力，包括天災地變及戰爭恐怖活動、暴動、罷工禁運等，賣方無法事先防範的偶發事件。為了避免不可抗力事件，致使雙方對應負責任的認知有差距，宜事先在契約中約定不可抗力之種類及賣方可以免責之範圍。

2. 檢驗或公證條款

　　檢驗（inspection）通常是指產品於進出口國通關時，產品本身應符合進口國權責機構對該產品的相關規定。在台灣，針對農產品或食品有時候也必須請進口商提示出口原產地的認證書或檢驗報告，但是無論如何，進口國對產品的檢驗標準與要求，肯定會比出口國規定來得嚴格。至於公證報告通常是買方為求謹慎或是產品本身品質容易變質，特別要求賣方於貨物出廠裝櫃前，必須由公證公司配合裝櫃檢查，並出具公證報告後，才可以上封條裝運出貨，買方認為寧願花一點點小錢，確保品質安全可靠、符合要求，是划得來的。

3. 智慧財產權條款

　　智慧財產權（Intellectual Property Rights, IPR）泛指涉及著作權、商標、專利、地理標示、工業設計、積體電路邏輯及營業祕密等無形資產而言。世界貿易組織（World Trade Organization, WTO）所制定與貿易有關的智慧財產權協定（Agreement on Trade-Related Aspects of Intellectual Property Rights, TRIPS）於1996年1月1日開始生效，為現行國際上保護智慧財產權最為完整的單一多邊協定，我國已是WTO會員，自應遵守此一協定，因此買賣雙方宜在契約中明訂智慧財產權條款，保護自身的權利。

4. 索賠條款

　　索賠（claim）是指主張權利並要求賠償而言，也就是買賣雙方依據契約而向對方行使債權的請求權。關於賠償條款宜訂明包含買賣雙方索賠範圍，可主張之救濟範圍及索賠金額之限制等。

5. 仲裁條款

　　仲裁（arbitration）是指交易當事人於簽訂契約時，在契約中載入仲

裁條款，當國際貿易發生糾紛時，選定公正人士為仲裁人（arbitrator）來對該事件進行公平、合理的判斷。仲裁結果的效力等同法院的判決，其優點是：(1)快速有效率；(2)具保密性；(3)費用較便宜；(4)專家仲裁、切中要領，假設某一方對仲裁的判決不服，通常也必須接受，除非不服的一方可以提出該仲裁無效的有效證據。實務上合約或訂單出現有仲裁條款的，並不多，而多數的買方所下的訂單通常會出現以下的一般交易條件：「買賣雙方遇有貿易糾紛或爭議而無法妥善處理時，雙方同意以買方所在地的地方法院為第一審管轄法院。」

6. 準據法

　　準據法（Proper Law or Governed Law）是指貿易契約所依據成立的法律，由於中國大陸法系與英美法系對法理的解釋經常有很大差異，所以契約應就其準據法及管轄法院事先作約定，以免發生糾紛時，缺少可以遵循法律的依據。

第四章

新版國貿條規 Incoterms 2020

國際商會（ICC）在1936年首次出版一套有關解釋貿易條件的國際規則，這套規則經訂名為「1936年版國貿條規」。之後在1953年、1967年、1976年、1980年、1990年、2000年、2010年、2019年進行修訂以期該規則符合當前的國際貿易趨勢，目前最新版本是Incoterms 2020並且已經自2020年1月1日起正式啟用。筆者在課堂上經常跟學員強調國貿條規的重要性，尤其是從事國際貿易相關人員，如外銷業務、採購人員、海空運承攬業者、報關業者、銀行外匯人員等等，上述業者對國貿條規都應該要有基本的認識，否則如果一知半解或是有誤解，買賣交易多花了不應該給付的費用，如運雜費、報關費等等事情不大，但是如果某筆交易金額龐大且該投保而未投保，萬一發生意外事故，那事情就大條了。本章內容將逐一介紹國貿條規的11種類型、完整內容、重點整理以及如何選用最適當的貿易條件。

單元一　國貿條規能做哪些事

1. 新版國貿條規（Incoterms 2020）由三個英文字母組成，就貨物買賣在契約中反映企業與企業間實務的11種貿易條件，例如：FOB、CFR、CIF等。

2. 這個規則也定義了三件事：

   (1) 義務：賣方及買方誰應該做什麼事，例如：誰安排貨物的運送或保險；或是誰取得裝運單據及出口或進口許可證。

(2) 風險：賣方於何時或何地交付貨物。換言之，風險在何處由賣方移轉至買方。

(3) 費用：誰應該負責何種費用，例如：運輸、包裝、裝載、或者是費用，以及檢查或安全相關的費用。國貿條規將上述領域編成一套涵蓋十項條款分別編號為A1/B1等，A條款代表賣方的義務，B條款代表買方的義務。

　　一般進出口商比較在意的是採用哪一種條款時，哪些費用應該由誰支付？其實在11種國貿條規當中「主航程」的費用，譬如：跨國界的海運費或空運費由誰支付，這部分國貿條規規定得很明確絕對不會有問題。可是除此之外，發生在進出口國兩邊的運雜費，究竟該由賣方或買方支付，國貿條規的A1~A10以及B1~B10當中並沒有規定得很詳盡，導致有部分費用會產生小爭議。但筆者比較在意的是，買賣雙方對於風險的移轉點應該確實把它釐清，唯有這樣，才能在使用這些貿易條件時，確定買方或賣方該不該投保或是否要自行加買保險。

單元二　國貿條規不做或不規範哪些事

　　國貿條規規則本身不是買賣契約，所以不能取代買賣契約，國貿條規是屬於買賣契約中的一個必要條件，但是它本身無法處理以下事件：

1. 交易貨物的價格。
2. 貨款支付的時間地點方式及幣別。
3. 當買賣契約發生違約的救濟。
4. 制裁的效果。
5. 關稅的徵收。
6. 出口或進口禁令。
7. 不可抗力事件或災難。
8. 智慧財產權。

9. 如違約時，解決糾紛的方法、裁判地或法律。

10. 履行契約義務時，因滯延及其他違約事項引發的眾多後果。

最重要的是，必須強調國貿條規規則並不處理所售貨物的財產、權利、所有權移轉事項。

單元三 國貿條規2000、2010、2020的演進與主要差異

3.1 國貿條規2000

1. 這個版本一共有13條，它的特色是按照字母把它分成四大類，分別是E、F、C、D，採字母分類的好處是大家很容易記住E類的EXW，F類的FCA、FAS、FOB，這四種條件是買方負責指定運輸工具，買方付運費；另外的C類CFR、CIF、CPT、CIP，D類的DAF、DES、DEQ、DDU、DDP，這九種是賣方自己指定運輸工具，賣方付運費。

2. 這個舊版本雖然已停用了十幾年，且接續的版本2010跟最新版本2020它的分類方式跟2000已經完全不一樣，但是條規內容若按字母區分，一樣是四大類，「由誰指定運輸工具，就由誰付運費」的大原則不變。另外，令筆者比較好奇的是，大家對於2000年版本的DDU似乎情有獨鍾或是對它特別眷戀，即使從上一個版本2010到最新版本2020，早已經把DDU更改為DAP了，但是業界很多人仍舊用這個條款來跟DDP作相互的對照與比較，所幸2000年版本的DDU跟現行的DAP二個條件，它們的內容與規範基本上差異不大。

3.2 國貿條規2010

國貿條規2010把國貿條規2000原本的13條減少為11條，另外把分類原則從按字母區分變更為按運送方式區分，以下直接列出2000、2010、2020三個版本的條規與變化，方便讀者對照使用。

	按字母分四類（共13種）			
	(1)E類	(2)F類	(4)C類	(4)D類
Incoterms 2000	EXW	FCA	CFR	DAF (X)
		FAS	CIF	DES (X)
		FOB	CPT	DEQ (X)
			CIP	DDU (X)
				DDP

	按運送方式分二類（共11種）	
	第一類 （適用陸、海、空或複合運送）	第二類 （只適用於海運）
Incoterms 2010	EXW	FAS
	FCA	FOB
	CPT	CFR
	CIP	CIF
	DAT（取代DEQ）	
	DAP（取代DAF／DES／DDU）	
	DDP	

	按運送方式分二類（共11種）	
	第一類 （適用陸、海、空或複合運送）	第二類 （只適用於海運）
Incoterms 2020	EXW	FAS
	FCA	FOB
	CPT	CFR
	CIP	CIF
	DAP	
	DPU（取代DAT）	
	DDP	

3.3 國貿條規2020

1. 新版國貿條規已經從2020年1月1日起正式啟用，它跟上一個版本2010的主要差異有以下7點：

   (1) 原本的FCA TERM，賣方交貨之後，因為貨物尚未上船，所以賣方或許無法取得已裝載（shipped on board）的海運提單，2020新版國貿條規規定，若買賣雙方已在契約中約定，則買方必須指示其運送人簽發一份載有裝載註記（on board notation）或是貨物已經裝載於船上（shipped on board）的提單給賣方，方便賣方押匯使用。其實國際商會的解說就理論上而言沒有錯，但是以實務操作上來講，今天不管賣方採用FCA或FOB條件，儘管該二個條件訂定運送契約的責任是買方，但是就運輸業者而言，有一個大原則，那就是「由誰訂艙交運貨物，他就會把已裝船的海運提單交給誰」。

   (2) 新版2020在買賣雙方責任、費用、風險上的敘述更明確，尤其是把費用分別列在A9跟B9欄位，方便讀者查閱。

   (3) 前一版本CIF跟CIP，國際商會都規定針對保險險種，賣方只須投保協會貨物條款的C險〔ICC(C)〕即可。但是新版2020變更為CIF仍維持購買ICC(C)險，但是CIP要購買ICC(A)險。

   (4) FCA、DAP、DPU、DDP這四個條件允許買方或賣方採用自家的運送工具搭載雙方交易的貨物。（實務上早已經有買方或賣方這樣做，只是進出口商本身擁有自己運送工具的，應該是極少數。）

   (5) DAT的英文縮寫改成DPU（基本上內容不變）。

   (6) 在運送義務及費用內，納入與安全有關的要求（如VGM）。

   (7) 使用者的解釋性註記。

2. 目前最新版本2020跟上一個版本2010的差異不大，雖然仍維持11種，但是最常用的仍然是FOB、CFR、CIF，以下單元，我們把國貿條規2020做完整詳細的說明。

4.1　Incoterms 2020

目前最新版國貿條規Incoterms 2020，一樣是按運送方式分成11種：

適用方式	縮寫	全名	通常可接哪些點	例如
一、適用任何或多種運送方式	EXW	Ex Works	賣方營業處所或其他指定點	賣方5號倉庫
	FCA	Free Carrier	賣方營業處所或其他指定點	基隆長春貨櫃場
	CPT	Carriage Paid To	買方國家任意目的地（港口、機場、內陸點）	日本東京港
	CIP	Carriage & Insurance Paid to	買方國家任意目的地（港口、機場、內陸點）	日本成田機場
	DAP	Delivered at Place	買方國家任意目的地（港口、機場、內陸點）	美國洛杉磯港口
	DPU	Delivered at Place Unloaded	買方國家任意目的地（港口、機場、內陸點）	美國芝加哥城市
	DDP	Delivered Duty Paid	買方工廠、倉庫或指定點	買方總公司
二、適用海運或內陸水路運送方式	FAS	Free Alongside Ship	裝運港碼頭或駁船上	基隆港碼頭
	FOB	Free on Board	裝運港	台灣基隆港
	CFR	Cost & Freight	卸貨港	日本東京港
	CIF	Cost Insurance & Freight	卸貨港	日本東京港

4.2　任何或多種運送方式的規則（7種）

表格上半部的「一」，這7種條規可適用在買賣雙方使用單一的陸、海、空運送或海陸聯運或海空聯運，詳解如下：

1. EXW（EX Works）工廠交貨條件規則

(1) 這個條件是賣方責任最小，買方責任最大的一個極端條件。

(2) 賣方貨物備妥時務必通知買方，並告知貨物的儲存地點，買方在期限
內必須前往指定地點載貨。

(3) 買方至賣方工廠或倉庫取貨時，賣方沒有責任跟義務要把貨物裝載上
卡車，可是如果單件貨物過大或超重必須使用堆高機上貨時，實務上
賣方會協助用堆高機把貨物裝上卡車。

(4) 司機點交貨物完畢會在賣方的簽收單上簽名畫押，事後承攬業者會提
供賣方一張承攬業貨物收據（Forwarder Cargo Receipt, FCR），當賣方
取得這張FCR，代表賣方已完成交貨（delivered）責任。

(5) 司機載貨之後依指示把貨物運送到承攬業者的倉庫，事後承攬業者再
進行訂艙、併櫃、報關等出口作業。據了解，美國地區的出口報關等
物流作業管制比較不嚴格，或是說海關原則上相信承攬運送業者都是
守法的，海關允許承攬業者在已註冊登記的租用倉庫或自家倉庫進行
併櫃作業（consolidation），把好幾家出口商的貨物合併裝在一個貨櫃
出口。

(6) 歐美一些強勢賣方或知名品牌的大公司，他們對外報價經常採用EXW
貿易條件，優點是：

① 該公司聚焦在產品的研發與生產製造，產品完成後請買方前來工廠
或倉庫取貨，所以報價也最單純。

② 買方一旦把貨物載走，賣方就已經完成交貨。所以舉凡出口國的訂
艙、結關、報關、內陸運輸，甚至國際油價漲跌或運費高低，出口
港口有無罷工等與賣方完全無關。

(7) 買方跟賣方採用工廠交易條件時，必須慎選承攬運輸業者，因為承攬
運輸業者在這個工廠交貨條件下，扮演著很重要的角色。

(8) 出口報關雖然是買方的責任，但是如有必要，賣方必須給予買方必要
的協助並提供適當的資訊。

(9) 圖4-1解說：

① 假設美國A公司出貨給台灣B公司，貿易條件是美國賣方工廠交貨（EXW Seller's factory）。

② A公司貨物備妥之後會通知B公司，也會通知B公司在美國當地指定配合的承攬運輸業者（假設是C承攬公司）。

③ C承攬公司派卡車前來載貨，實務上賣方會協助把貨物裝載上卡車，雖然上貨不是賣方的義務。

④ 載貨完成卡車司機簽收單據，之後C承攬公司會提供一張承攬業者貨物收據（FCR）給A公司，A公司取得FCR代表A公司已完成交貨（delivered）責任。

⑤ 接著C承攬公司會完成訂艙、內陸運輸、報關等作業，把貨物利用海運或空運或陸海聯運方式出給台灣的B公司。〔美國中部或東部地區出口到台灣的貨物，會利用所謂的迷你陸橋（Mini-Land Bridge）方式，利用火車或陸運把貨拉到西岸再搭船到台灣。〕

圖4-1　EXW（EX Works＋賣方營業處所或倉庫或其他指定地）

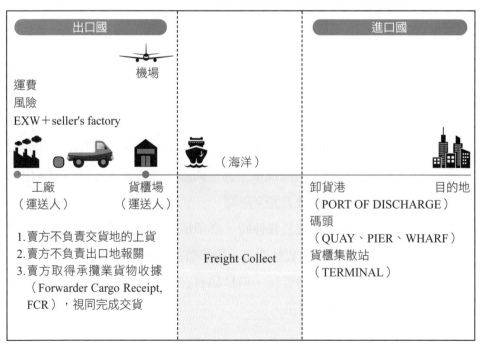

⑥ 買賣雙方採用EXW，可解讀為「買方全包，交貨地賣方不上貨」。

(10) 承攬業貨物收據說明：

① 抬頭標示Forwarder Cargo Receipt，這是一張承攬業貨物收據。

② 業者自行編號。

③ 託運人（shipper）是台灣某電機公司。

④ 受貨人（consignee）是美國一家客戶。

⑤ 實務上出口到美國時，貨到通知人（notify party）欄位上經常會打上協助該進口商報關跟提領貨物的另一家公司，但是這家公司看起來應該不是。

⑥ 貨物走海運從高雄起運，在西雅圖（Seattle）卸載，接著由火車轉運到美國中西部的堪薩斯州（State of Kansas）。

⑦ 廠商出二個40'大櫃從台灣到美國。

⑧ CY/CY，shipper's load and count，CY/CY表示賣方整櫃交／買方整櫃領，後者表示該內容是據託運人自行裝載與清點。

⑨ 標示每一貨櫃的毛重與材積，最後再加總。

⑩ also notify：另一貨到通知人。如果收據上有這樣的標示，則運輸業者在船到之前，必須二家公司都發給他們到貨通知書（arrival notice）。

⑪ 收據上的總件數或是總貨櫃數量屬於重要資訊，有些運送業者會在單據上用大寫再繕打一次。

⑫ freight collect，表示運費到付。

⑬ date of receipt:05/13/2009，美國習慣用月／日／年，歐美習慣用日／月／年。司機簽收單據的日期是2009/05/13。

⑭ 承攬業者正式發出FCR的日期是2009/05/21。

1. FORWARDER'S CARGO RECEIPT

2. FCR NO.　GGSJ00773TW009

3. SHIPPER
▓▓▓▓ ELECTRIC & MACHINERY CO., LTD.
10F, ▓▓▓▓, YUAN CYU ST.,
NAN-KANG, TAIPEI 115, TAIWAN

century

Century Distribution Systems, Inc.

4. CONSIGNEE
▓▓▓▓ SOURCING
11200 EAST ▓▓▓ HIGHWAY
KANSAS CITY, MO 64161
TEL#:▓ 02 ATTN:JESSICA QUINN

5. NOTIFY PARTY
E. ▓▓▓▓ & CO.
▓▓▓ MARTIN LANE,
ELK GROVE VILLAGE, IL 60007
ATTN:MIKE KOSECK / ATTN:GRACE KUCZYNSKA
TEL: 847-781-▓▓▓▓

RECEIVED BY CENTURY DISTRIBUTION SYSTEMS, INC. (hereinafter "Company") in apparent good order and condition unless otherwise indicated, the package(s) listed below, said to contain the goods hereinafter described, and marked and numbered as shown herein for shipment in accordance with explicit instructions of the owner of the goods as noted in the documents of transfer. These packages may be included in a container to be shipped under a Bill of Lading issued and signed by the carrier which is to transport the packages to their destinations; all terms, conditions and clause printed or otherwise inserted on the carrier's Bill of Lading to apply.

See terms on reverse

OCEAN VESSEL	PORT OF LOADING
OOCL BRITAIN **6.** V-16E20	KAOHSIUNG, TAIWAN

PORT OF DISCHARGE	PLACES OF DESTINATION	CONSIGNEE ORDER NO.	NO. OF ORIGINAL ISSUED
SEATTLE	KANSAS CITY		0

PARTICULARS FURNISHED BY SHIPPER

MARKS AND NOS. Container/Seal No	QUANTITY AND KINDS OF PACKAGE	DESCRIPTION OF GOODS	GROSS WEIGHT KGS	MEASUREMENT CBM
7. FBLU4132184/HLA1390692/40'S HLXU5080588/HLA1390643/40'S	**8.** 44 CRATES 41 CRATES 85 CRATES	CY/CY SHIPPER'S LOAD & COUNT **9.**	19112.00 19289.00 38401.00	36.64 35.63 72.27

- SEE ATTACHED -

ON BOARD DATE:MAY.21,2009

INDUSTRIAL MOTORS
INV NO.GR090501

DELIVERY ADDRESS:
GRAINGER GLOBAL SOURCING
GRAINGER DISTRIBUTION CENTER
11200 EAST 210 HIGHWAY
KANSAS CITY, MO 64161

12. FREIGHT COLLECT

10. ALSO NOTIFY:
GRAINGER GLOBAL SOURCING
100 GRAINGER PARKWAY, LAKE FOREST, IL 60045
TEL#:847-535-1402 ATTN:JESSICA QUINN

TOTAL NUMBER OF PACKAGES (IN WORDS) **11.** TWO (2) X 40'S CONTAINERS ONLY.
S/O NO.4541

IN WITNESS WHEREOF, the undersigned, signing on behalf of CENTURY DISTRIBUTION SYSTEMS, INC., has on the date indicated below affirmed to this cargo receipt.

FREIGHT AND CHARGES	PREPAID	COLLECT

Century Taiwan
As Agents for
Century Distribution Systems, Inc.

DESTINATION AGENT

BY

PLACE OF RECEIPT KEELUNG	**13.** DATE OF RECEIPT 05/13/2009	PLACE OF ISSUE TAIPEI	**14.** DATE OF ISSUE 05/21/2009

THIS CARGO RECEIPT IS NOT A DOCUMENT OF TITLE

國際貿易實務：附最新國貿大會考試題彙編詳解與重點整理

2. FCA（Free Carrier）貨交運送人條件規則

(1) 這個規則歸屬第一類，亦即適用任何運送方式，可是實務上走海運時，它真正被使用的機率並不高，原因是大家對它並不熟悉，也可以說大家還是比較習慣用FOB船上交貨這個貿易條件。

(2) FCA的定義，後面是接運送人（carrier），實務上後面會打上內陸的貨櫃場或是機場，也可以是賣方的工廠，就看買賣雙方如何約定。

(3) 國際商會建議，走海運而且是買方指定運輸公司時，如果貨物使用貨櫃裝載應採用FCA＋貨櫃場，不要採用FOB＋出口港，原因是當賣方把貨櫃交到貨櫃場之後，後續的作業都是貨櫃場人員在操作，採用FCA＋貨櫃場，當賣方安全把貨櫃交到貨櫃場之後風險就移轉到買方，但是採用FOB，賣方的責任跟風險必須在貨物安全置於出口港船上才移轉，顯然如果採用FCA，賣方的責任跟風險可以提前移轉給買方。但是為何目前業界不只台灣，包括世界各國進出口商絕大多數都習慣或喜歡採用FOB，卻很少或是根本不會改用FCA？筆者解釋一下真正的原因：

① 其實有很多人不知道這二者的真正差異在哪裡。

② 某條件對賣方較有利，相對於買方就不利，所以賣方通常不會只為了「風險可以提前移轉給買方」這一項優點，就將原本已經配合很久的客戶從FOB更改為FCA條件。

③ 國際商會是站在雙方交易的實際物流面提出貨櫃運輸採FCA比較適合，但是請注意國際商會並沒有「禁止」採用貨櫃運輸時不得使用FOB。

④ 台灣部分出口商針對FCA、FAS、FOB、CFR、CPT等條件，他們會自行投保或加保內陸運輸險，以FOB為例，貨物自工廠拉到貨櫃場，直到貨物安全置於出口港船上的風險可以由保險公司承擔。重點是FCA跟FOB二者的風險移轉點不一樣，所以內陸保險單涵蓋的保險範圍也會不一樣，也就是說賣方如果採FCA且自行加保內陸運輸險，當貨櫃安全置於貨櫃場之後保險單效力就終止，但是萬一貨

櫃在貨櫃場內發生意外事故，或是貨櫃在碼頭吊掛作業中出險，雖然責任歸屬在買方，但是賣方得不到保險公司的理賠，也無法順利取得已裝載的海運提單或甚至無法押匯。在這樣的情況下，如果賣方維持採用FOB，至少保險公司一定會理賠。（保險公司理賠的大原則是根據貿易條件來判定，貨物出險時是理賠給有保險利益的一方，亦即依貿易條件的風險分界點，來決定買方或賣方誰有保險利益。）

基於這些原因，或許按照國際商會對貨櫃運輸採FCA的建議用法理論上是完全正確的，但是實務上卻有筆者所提出的，不同貿易條件有不同理賠範圍的小差異，針對上述解釋，讀者可以花一點時間消化一下。

⑤ FCA跟FOB主要差別在風險沒有錯，但是還有一項費用也曾經發生一些小爭議，就是出口地的運雜費之一：「起運地貨櫃場處理費（Origin Terminal Handling Charge, OTHC）」，整櫃出口有吊櫃費，台灣目前統一收費是小櫃NTD5,600，大櫃NTD7,000，併櫃裝櫃費NTD380/W/M。國貿條規2020這本書對FCA費用的劃分是，只要賣方完成交貨之後，運輸相關費用就應歸屬買方，顯然國際商會認為這項吊櫃費用理應由買方支付較合理。但是實務上，筆者詢問過多家船公司跟承攬業者，他們原則上會跟出口商收，除非出口商在訂艙時直接告知運輸業者說：「貨櫃場處理費請向買方收費。」筆者在徵詢過程中，有一家國內知名上市船公司的資深專員這樣說：「針對吊櫃費，船公司一律會跟出口商收，因為買賣雙方之間採用FCA或FOB，他們不得而知。」筆者認為這個答案真正講到了重點。筆者也想起二十多年前也有一家船公司的業務主管跟我說：「除非出口商有特別交代，否則出口地的運雜費，他們會跟出口商收；進口地的運雜費，他們會跟進口商收。」船公司這樣的說法沒有錯，因為他們不會遇到或處理一些比較不常見的國貿條規像是EXW、DAP、DPU、DDP。這裡列出的這四個交易條件，運雜費的

支付就不適用上述船公司專員跟業務主管的說法了。

(4) 把FCA總結一下

① 若是出口商一直以來都跟進口商採FOB交易，在其他運雜費沒有增減的情況下，倒不一定要對方改成FCA，除非買方承辦人對FCA跟FOB二者的差異有一定的認知，否則雙方的溝通是需要時間成本的，況且買方也不見得會同意。

② 出口商對於日後新客戶的報價或已接受新訂單的客戶，在考量付款方式以及本身是否已投保內陸險的情況下，或許可以考慮採用FCA來取代FOB。（好處就是風險提前移轉給買方。）

③ 台灣出口，在空運的場合請不要再使用FOB＋桃園機場，因為國際商會已經非常明確地指出FAS、FOB、CFR、CIF這四個貿易條規只適用於海運或內陸水路運送。請大家記住，原本出口習慣用或目前還在用FOB＋桃園機場的，只要把FOB改成FCA就可以了。

圖4-2　FCA（Free Carrier＋賣方工廠）

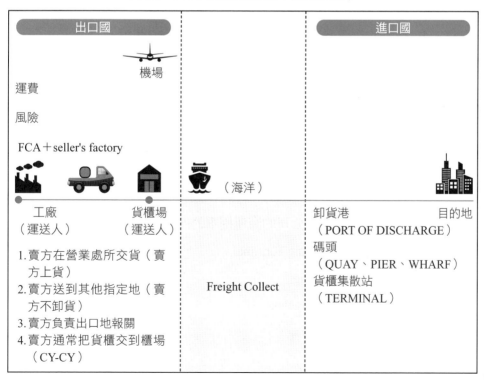

④ 圖4-2解說：

　　A. 我們假設台灣A公司出口給美國B公司，貿易條件是FCA＋seller's factory，有可能台灣賣給美國一個超級大馬達，所以雙方約定由買方派拖板車到台灣工廠載貨。

　　B. FCA賣方要負責上貨，從圖4-2可以清楚看見，而且賣方要負責出口地的報關。實務上，賣方一樣會主動聯絡買方事先指定的船公司或是承攬運送業者，把這票貨順利安排出口並取得已裝載的海運提單。

⑤ 圖4-3解說：

　　A. 我們假設圖4-3是台灣出口到日本，從基隆港到東京港。走海運時，大部分的FCA後面會接貨櫃場（FCA+Keelung terminal, Taiwan），如果走整櫃，賣方把貨櫃拉到基隆貨櫃場，司機把拖車頭開走，就沒有所謂卸貨問題。如果走併櫃，卡車司機把貨載到貨櫃場，貨櫃場人員會用堆高機把貨物卸下。事實上，這些卸載費用通常已經包含在出口地的裝櫃費當中。

　　B. 後續的作業還是一樣，請參照上述④圖4-2解說。

3. CPT（Carriage Paid To）運費付訖條件規則

(1) CPT的C是運費（carriage）的意思，表示賣方的報價已經涵蓋主要運費。這個條件後面可以接任何目的地，例如：台灣出口商A公司出貨給美國進口商B公司。貿易條件是CPT Chicago, USA。賣方選擇走陽明海運，結關地點是陽明貨櫃場，出貨港是高雄港（Kaohsiung），卸貨港口是洛杉磯（Los Angeles），目的地是芝加哥（Chicago），所以船開航之後，陽明發給A公司的海運提單的四個欄位會這樣打：

place of receipt:Yang Ming Terminal

port of loading:Kaohsiung

port of discharge:Los Angeles

place of destination:Chicago

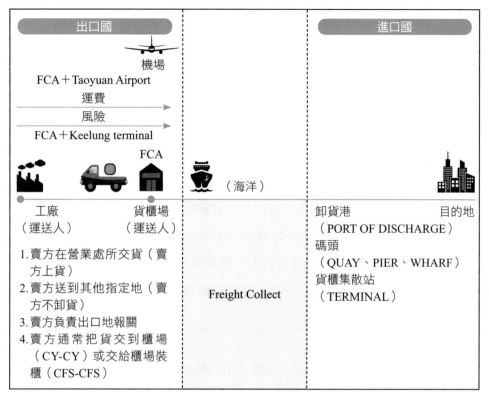

圖4-3　FCA（Free Carrier＋指定交貨地）

台灣出口商A一開始拉空櫃、裝櫃、交重櫃到陽明貨櫃場，等通關放行後，陽明貨櫃場會把貨櫃南拖到高雄碼頭，待船靠岸貨櫃上船之後，約航行14~16天抵達洛杉磯，接著陽明會安排當地鐵路貨運公司把貨櫃吊置於雙層火車（double stack rail），再把貨櫃運到芝加哥卸載。

(2) 這個條件大家或許不熟，但是可以這樣記：

① 原本若是雙方約定走海運採用CFR，如果改成走空運且維持賣方指定承攬業並支付空運費的話，請務必改成CPT＋目的地機場（CFR→CPT）。

② 如果雙方約定目的地的點不是港口而是內陸點、保稅倉庫或是買方工廠也是一樣，把原本的CFR改成CPT就可以。

③ 筆者在上課時，有學員問：「假設同樣是從台灣基隆港出口到日本東京港，採用CFR Tokyo跟CPT Tokyo有什麼差別？」

A. 賣方風險移轉點不一樣。CFR風險移轉點在「出口港船上」，CPT風險移轉點在「出口地貨櫃場」（如果雙方沒有特別約定的話）。按CPT條件的規定，當賣方把貨物交給第一運送人時就已經完成交貨，而實務上若雙方採用CPT Tokyo, Japan，賣方不會主動告知買方出貨港口，也不會告知出口結關的貨櫃場地點，因此買方更應該注意的是，投保時要明確告知保險公司，雙方的貿易條件是CPT而不是CFR。

B. 除了風險移轉點不一樣以外，其餘的條件大致上是相同的。

(3) 在台灣，出口商向進口商報價時，如果走海運而且貨價含海運費，肯定有90%以上的訂單或是合約，一樣會採用CFR而不會採用CPT，究其原因跟買賣雙方的貿易習慣，還有大家普遍對CPT貿易條件非常生疏有極大的關係。

(4) 圖4-4解說：

① 假設台灣A公司出貨給日本B公司一個20'貨櫃，貿易條件CPT Tokyo port, Japan，台灣A公司走萬海航運，A公司在長春貨櫃場領空櫃交重櫃並負責訂艙、內陸運輸、報關、支付海運費跟運雜費，把貨物運抵雙方約定的地點東京，但是雙方的風險移轉點一樣是在出口地的長春貨櫃場。

② 如果雙方約定的地點是買方的倉庫時，例如：CPT buyer's warehouse，待買方貨物報關放行，賣方必須安排拖車把貨櫃拉到買方的倉庫。國際商會出版的國貿條規2020在書本第35頁有提到聯運（through transportation），筆者稍作解釋：

A. 依本案例萬海的提單只提供基隆到東京的海上運輸，並非聯合運送契約（through contract of carriage），亦即並非由萬海負責全程從基隆到買方的倉庫。所以當貨櫃被放置在東京港口附近的貨櫃場時，萬海船公司就已經完成運送任務。

B. 當買方的貨物報關放行後，賣方必須安排第二運送人負責陸運，

圖4-4　CPT（Carriage Paid To＋指定目的地）

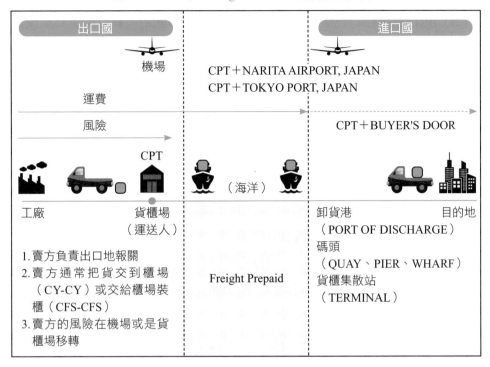

把貨櫃從東京貨櫃場拉到B公司的倉庫。

C. 一般而言，如果目的地是港口的話，使用CFR的比例比起CPT，CFR肯定超過90%以上，這應該算是習慣與認知問題，而且國際商會同樣沒有禁止：「使用貨櫃運輸不得使用CFR跟CIF。」

D. 貨櫃抵達買方B公司，拖車司機把板架跟貨櫃卸離車頭，後續拆櫃的工作是買方的責任。如果是併櫃貨物，那麼把貨物從卡車上卸載的責任一樣是在買方。（如圖4-4所示）

4. CIP（Carriage and Insurance Paid to）運保費付訖條件規則

(1) 國貿條規2020的11個條件中，只有 2 個條件有出現保險字眼"I"，那就是CIP跟CIF。在此先強調一下，其餘9個貿易條件雖然字面上沒有出現保險（insurance），並不表示買賣雙方可以不用投保，而是針對CIF跟CIP，國際商會規定賣方對買方有投保的義務，因為採用這2個條

件，貨價本身已包含賣方必須支付的保險費用。

(2) CIP比起CPT其實唯一的不同點只有一個，那就是「賣方至少必須投保協會貨物運輸保險的A險」。而且保額至少是貨價的110%。

(3) 跟CPT一樣，不管海運走整櫃（CY）還是併櫃（CFS），只要目的地是港口而且是賣方找船付運費、賣方投保付保費，幾乎沒有人會想到用CIP，仍然維持採用CIF。

(4) 圖4-5解說：

① CIP跟上述3.的CPT一樣，唯一差別就是賣方要負責投保付保費。上一個版本國貿條規2010的CIP，國際商會只要求賣方購買ICC的(C)險，新版國貿條規2020要求賣方要購買ICC(A)險。通常保險單的被保險人（assured）一開始都是填寫要保人（proposer），因為貨物運輸保險單的特性是它可以藉由背書轉讓保險利益（insurable

圖4-5　CIP（Carriage Insurance Paid To＋指定目的地）

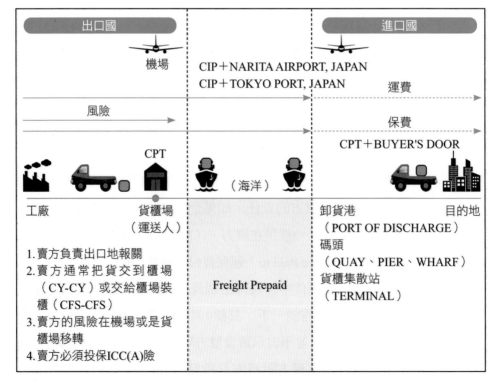

interest），所以賣方一開始投保時，保險單上面的被保險人是賣方，當賣方有必要寄出正本海運提單給買方時，會連同保險單正本寄給買方，建議保險單正本寄出一份即可，雖然保險單據正本非物權證書（document of title），但它是理賠時的一個重要文件，萬一出險，受益人持有一份正本保單即可申請理賠。

② 賣方的保險單保險範圍至少要買到運費付訖點，但是可以延伸到買方的工廠或倉庫，亦即投保時，請保險人在保險單上面加註（from seller's warehouse to buyer's warehouse）。目前在台灣投保貨物運輸險，保險公司附贈倉對倉條款應該已經成為基本標準備配或是基本贈品了，賣方延伸保險範圍，當然對買方是有利的。

③ CIP相較於CPT就是加買ICC(A)險，其他條件跟CPT是一樣的。

5. DAP（Delivered at Place）目的地條件交貨規則

(1) 國貿條規11種，只有D類的這3種（DAP／DPU／DDP）屬於目的地交貨契約，所謂目的地交貨契約是指風險移轉點在進口國目的港船上、碼頭、目的地機場或買方倉庫等雙方指定的地點，其餘8種條件都屬於裝運地交貨契約，也就是交貨地點或是風險移轉點在出口國的內陸點、機場或是出口港的船邊、船上。

(2) DAP這條件並不常見，筆者建議賣方在報價時，不要主動報D類的這三個條件。反之，如果買方針對所採購的物件或產品在運輸的安全性或品質上有特殊的要求，建議可以跟對方談DAP＋買方倉庫或DPU＋買方倉庫的貿易條件。以下用一個範例來說明採用CPT＋buyer's warehouse跟DAP＋buyer's warehouse，這二個貿易條件的差異，並且突顯D類條件的特性。

【範例】

假設CPT跟DAP這二個條件後面接的目的地同樣是買方倉庫，採CPT時，當賣方把貨物交給第一運送人就已經完成「交貨」，貨物安全被放置到出口國的貨櫃場之後，後面所產生的任何風險或意外事故，其責任歸屬一律在買方。但是採DAP時，賣方必須負責把貨物

安全送達買方倉庫才算完成「交貨」，因此買方如果購買大型機器設備，希望賣方用最安全的運輸方式，例如：使用的船公司貨櫃不要太過老舊、加強包裝、盡可能不轉船不轉機等，把貨物安全送達買方倉庫之後再進行拆櫃檢驗等動作的話，買方可以要求以這樣的貿易條件來訂約（DAP＋買方倉庫）。

(3) 這個條件大都會用在多國籍企業（Multi-National Enterprises, MNEs），他們將產品從生產地（國）採DAP的貿易條件出口後，儲放於該進口國的發貨倉庫、發貨中心或保稅倉庫，等當地客戶或周邊鄰近國家客戶下單時，再由發貨倉庫直接出貨。

(4) 圖4-6解說：

① DAP後面可接進口國的任意點，包括港口、機場、保稅倉庫、發貨中心、買方倉庫。賣方應該負責所有的運費、運雜費、風險、保費直到DAP後面所接的點。

圖4-6　DAP（Delivered at Place＋指定目的地）

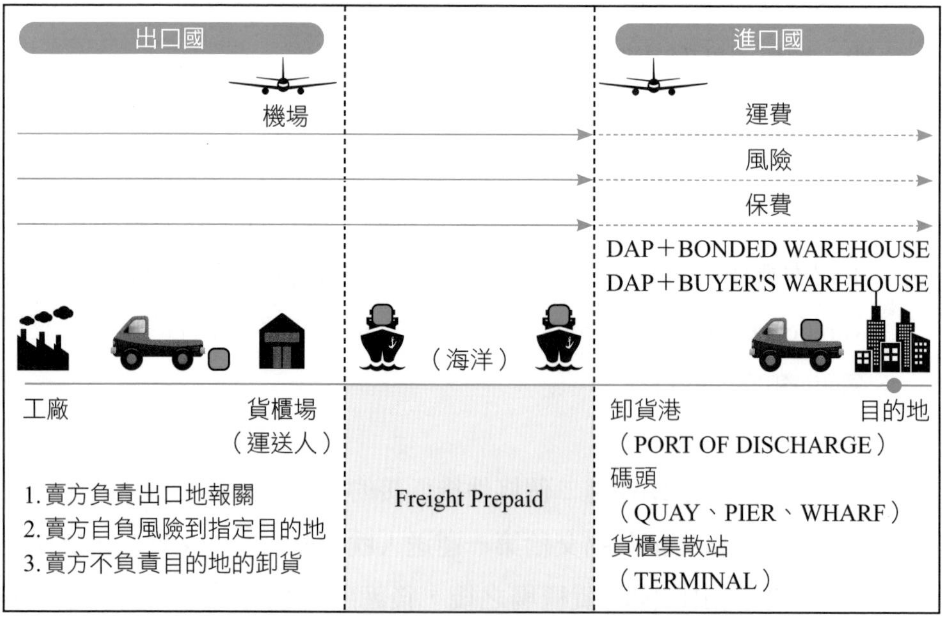

② D類貿易條件跟多數國貿條規一樣，貨物抵達目的地時，賣方不負責卸載貨物。但是如果目的地是買方倉庫，船抵達目的港時，因為買方要報關，有可能會前往運輸業者處所換取小提單，因此也有可能被收取了當地的運雜費。理論上，國貿條規的大原則是「賣方的風險到哪邊，運費、運雜費、保險費就應該支付到哪邊」，C類條款除外。所以進口國的換單費、吊櫃費、運雜費等等都應歸屬賣方，建議買方如果採用D類條款時，必須特別留意。

③ 圖4-6右邊卡車上貨物的卸載責任在買方，若是整櫃（CY），拖車司機把貨櫃留置於買方倉庫即可，真正的拆櫃作業一樣是買方負責。

6. DPU（Delivered at Place Unloaded）目的地卸貨交貨條件規則

(1) 這個條件是11個國貿條規2020當中，唯一要求賣方在目的地安排卸貨的唯一國貿條規。

(2) 國貿條規針對買賣雙方誰負責出口國工廠或倉庫的上貨，誰負責進口國最終目的地的卸貨規範還算清楚。但是11個國貿條規涉及上貨下貨一共會有22種情況，該怎麼記住呢？其實很簡單，一般而言，出口商的工廠或倉庫都會有堆高機，所以出口地的上貨理應由出口商負責（唯一例外是EXW），貨物出口到進口國不管是碼頭、機場或是買方工廠、倉庫也都有卸載的設備，因此進口國最終目的地的卸貨都是買方負責（唯一例外是DPU），這樣記就不會搞混了。

(3) 這一條是新版Incoterms 2020增加的一條，它用來取代Incoterms 2010的DAT，但是內容幾乎是一樣的。DAP跟DPU唯一的差異是：DAP貨抵目的地，賣方不卸貨；DPU貨抵目的地，賣方要負責卸貨。

(4) 圖4-7解說：

① 這個條件用來取代國貿條規2010的DAT。

② 賣方如果跟買方約定此一條款務必將進口的運雜費、換單費等先行併入成本，理論跟實務上，這些費用也是由賣方負責才是正確的。

圖4-7　DPU（Delivered at Place Unloaded＋目的港或目的地的指定終點站）

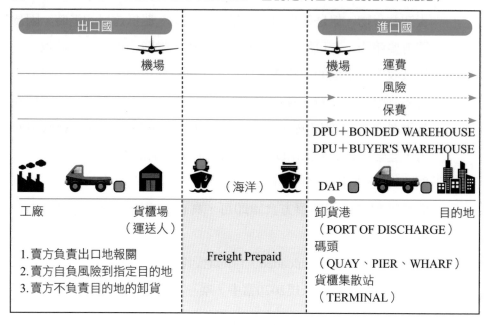

7. DDP（Delivered Duty Paid）稅訖交貨條件規則

(1) DDP是賣方責任最大，買方責任最小的一個極端條件，大家可以這樣記：「賣方全包，交貨地買方要卸貨」。

(2) 買賣雙方通常不會主動要求採用DDP條件來交易，原因是採用該條件，賣方除了負責進口國的通關，還要負擔所有稅捐及其他費用，當賣方估算好進口國所有通關稅費時，一樣會把它們全部加在產品價格上，與其這樣，倒不如買賣雙方的通關各自負擔，我想這會是一個比較適當的方式。

(3) 這個DDP會適用在賣方出貨給買方的賠償品，或是空運貨物的快遞服務（courier service or door to door service），目前盛行的網路跨境電商的小額交易基本上也是DDP的一種。針對空運，如果採用全球三大航空快遞業（UPS／FED／DHL）的服務，而且是由賣方支付快遞費，那麼發票上的貿易條件應該可以打上DDP buyer's door（excluded any duty & tax）或是DAP buyer's door（included customs clearance）。

(4) 假設買賣雙方針對某項產品的交易確實採用了DDP，這時買方應該特別留意的是「進口國的增值稅（Value Added Taxes, VAT）是否已涵蓋在貨價當中」，因為DDP買方不用支付任何費用，但是如果賣方已經把進口國的增值稅計入貨價成本，那麼通關放行後的稅單，雖然納稅義務人名稱一樣是買方，可是因為買方沒有支付任何費用，所以有可能不會拿到任何單據，造成無法申退銷項營業稅，這對買方而言，反而是一大損失。

(5) 圖4-8解說：

① DDP跟EXW算是國貿條規當中二個極端的條件，DDP是「賣方全包，交貨地買方要卸貨」，EXW是「買方全包，交貨地賣方不上貨」。

② 買方不用支付任何費用，包含進口國當地稅捐、增值稅，當然如果雙方事先約定好，可以把增值稅排除由進口商繳交，記得要在後面加註如下：DDP buyer's warehouse（V.A.T.is excluded）。

圖4-8　DDP（Delivered Duty Paid＋指定目的地）

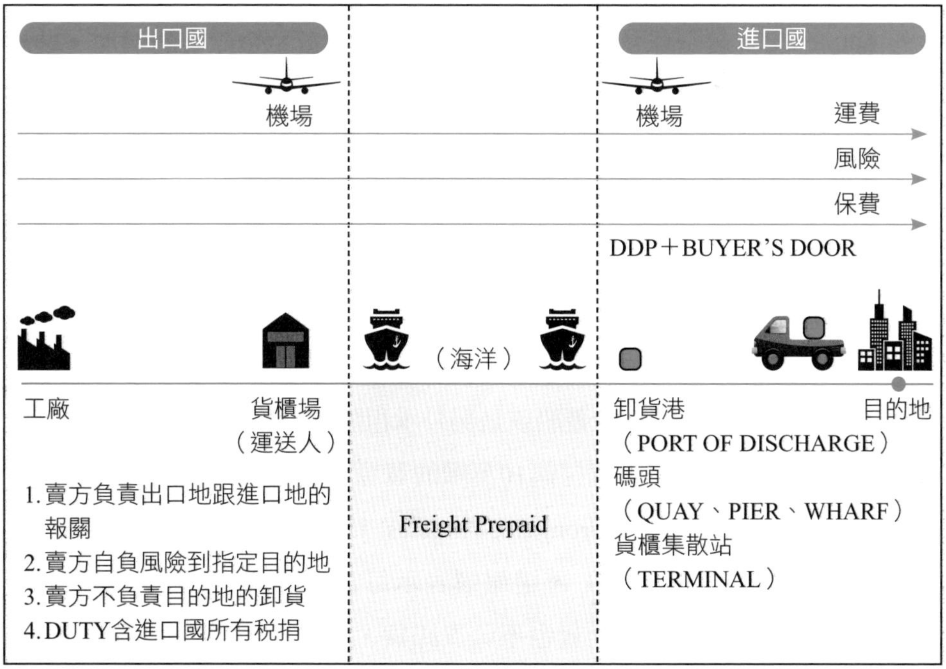

③ 從事貿易要懂得活用，貿易條件其實也是活的，只要買賣雙方對於原本的條規有加諸於對方的要求或是雙方已經達成協議，只要在原本貿易條件後面備註條件就可以，例如：雙方採EXW＋seller's warehouse，買方希望賣方要負責上貨，就可以這樣註記：EXW seller's warehouse（loaded by seller）。

4.3 海運及內陸水路運送的規則（4種）

這四種條規只可適用在買賣雙方使用海運的場合，台灣四面環海，所以從事進出口貿易一定會使用海運或空運，而全球貿易的貨物運輸絕大部分採用海運（海運占比超過90%），因此以下四個條件對台灣或是全球的貿易商而言，應該是最具代表性的貿易條件，尤其是FOB、CFR、CIF這三個。

1. FAS船邊交貨條件規則（Free Alongside Ship）

(1) 採用這個條件時，使用的船隻通常會是散裝船（bulk ship），而且裝載的貨物會是大宗物資、煤礦、鐵礦砂或是大型的機具設備，筆者的前東家從日本進口矽鋼片（silicon steel sheet）就是使用散裝船來承載。雖然貨櫃船自1958年開始營運至今，已歷經了六十餘載，貨櫃運輸的興起對於全球貿易的大幅進展以及在數量、金額上的增加，裝卸速度的改善等確實功不可沒，但是至今，仍然有部分產品比較適合用散裝船來裝載，大宗物資使用散裝船運送比起使用貨櫃船肯定是比較適當的方式，不管是在安全性、上下貨速度、船隻航行時間，還有最重要的是運費上的節省。

(2) 散裝船本身有些會配置吊桿設備，通常噸數愈大的船，吊桿承載重也較大，如果出口貨物超重而船上設備無法承載或吊掛時，就必須接洽有重吊設備的散裝船、薑船或是另外承租陸上吊車。

(3) 假設台灣進口商向美國採購10萬噸的黃豆，台灣某家海運承攬業報價如下：USD50/W/M，From Los Angeles, USA to Taichung port, Taiwan（Free in & Free out），這報價表示每重量噸或材積噸（取大者）USD50，賣方不負責上貨也不負責卸貨。對於10萬噸的黃豆如何上下

貨，一般而言可採用輸送帶、機械抓斗或利用有配置升降車斗的卡車採傾倒等方式。

(4) FAS條件賣方只要把貨物放置在船邊（通常是船上機具設備可及的地方）或是置於駁船上（barge or feeder）就可以，因為中國大陸或是東南亞沿海地區一些國家可能因為船隻或港口的大小、水域的深淺等因素，大船無法靠岸或是其他經濟因素考量，供應商必須先用小的駁船把貨先送到實際搭載貨物的散裝船旁邊，等待上貨。

(5) 圖4-9解說：

① 在台灣如果進出口貨物不是大宗物資、煤礦、鐵礦砂或是超大型機器設備的話，原則上不會使用到這個條件。

② FAS是Free Alongside Ship貨交船邊，FOB是Free On Board貨交船上，所以前者賣方不需要把貨物置於船上，後者賣方必須把貨物安全置於船上，除此之外，二個貿易條件的其他規定是一樣的。

圖4-9 FAS〔Free Alongside Ship＋指定裝船港（或駁船上）〕

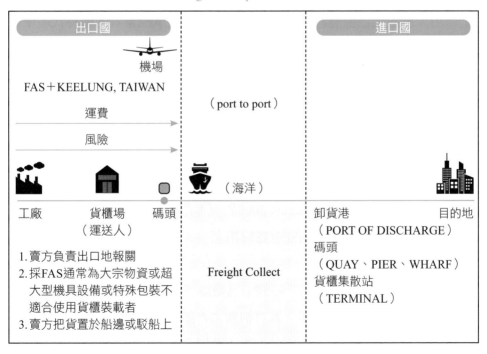

③ 台灣的散裝船運輸雖然也有好幾家公司，但是彼此之間的航線、船隻大小、載運貨物種類等差異比較大，相較於貨櫃運輸，它偏向寡占市場。

④ 假設台灣出口一批設備到中國大陸，貿易條件是FAS Keelung, Taiwan，賣方把貨物用板車載到碼頭邊，船東利用船上的機具把設備一個一個放進船艙，船上吊具也可以把堆高機吊進船艙，直接在船艙內進行貨物的堆疊、固定、墊艙或是剷平大宗物資的動作。

⑤ 建議從事進出口貿易的相關人員，如果有機會，盡可能到貨櫃場、碼頭邊、空運儲運站的現場去實地勘察，或是參加各地進出口公會舉辦的參訪活動，我想，聽過海關的簡報以及實際看過海空運的上下貨、裝卸櫃流程，相信對於整體進出口的物流作業會有更深刻的印象。

2. FOB（Free on Board）船上交貨條件規則

(1) 這個條件很普遍、很常用，我們從字面上很容易解讀，也就是當賣方把貨物放置於出口港船上，就已經完成交貨，因此之後的責任、費用、風險全都歸屬於買方。多年前曾經有位承攬業者的國外代理來公司拜訪，是個老外，他跟我說：「I like FOB very much. Because "Free on Bed" is most comfortable」，這位老外有點小幽默。

(2) 這個貿易條件歷史悠久，全球貿易人士對它的認知以及買賣雙方應該各自承擔的責任、費用、風險相對也較其他貿易條件明確。

(3) 早期，包括Incoterms 1990年之前的版本，都把FOB買賣雙方風險的移轉點定義為：「於吊掛作業當中，當貨物越過船舷時，賣方轉移風險給買方。」但是自Incoterms 2000的版本之後，已經把賣方承擔的風險擴大，改為「貨物必須安全置於船上」，這樣的改變是完全正確的，原因有二：

① 現代的貨櫃船所謂的「船舷」已變得不是那樣明顯或是那麼重要。

② 貨物在吊掛作業當中，其實很難去判斷貨物是否已越過船舷，何況那個年代監視器（monitor）也不普遍。

【案例1】

　　早期筆者去台北市進出口公會聽課，有一位講師分享了一個案例，民國80年左右，台灣某出口商出口一票貨物到美國，貿易條件是FOB Keelung, Taiwan，貨物使用散裝船裝載，該批貨物於吊掛作業中因風浪過大加上機械故障不幸摔落，且貨物剛好分成三批分別掉落岸邊、船上跟海上，買賣雙方對於貨物損失的責任歸屬與賠償沒有達成共識，事後委請仲裁機構解決。最後仲裁機構根據公證報告以及國貿條規1990年版本對FOB條件風險的解讀，判定如下：「(a)掉落岸邊貨物的損失由賣方承擔，(b)落海的那一部分責任歸屬買方，(c)掉到船上的損失買賣雙方共同分攤。」當場學員都笑了出來，但是這樣的判決是否也算是相當精準又公平？

【案例2】

　　許多年前，台灣貿易商A公司下單給菲律賓的子公司B採購20大箱的鴨仔蛋（已受精尚未孵化的鴨蛋），貿易條件FOB Manila, PH，準備要出口到香港機場，空運承攬公司業務員事先提醒A公司老闆說要不要改成FCA Manila, PH？可是A公司老闆因為經常用海運而且可能對FOB情有獨鍾抑或是根本不清楚什麼是FCA，所以就婉拒了業務員的建議維持FOB。事後這20箱鴨仔蛋被送到馬尼拉機場儲運站的保溫（冷）倉庫等待通關放行後上飛機，不幸的是當天下午機場儲運站突然停電，部分設施故障無法運作。待貨物通關放行後，倉管人員打開保溫（冷）倉庫卻聽見有小鴨子的呱呱呱叫聲，原來是鴨仔蛋置於停電狀態的倉庫下，因溫度過高，小鴨子提早破殼而出，因此鴨仔蛋都變成小鴨子了。顯然A公司的這票貨出不去，錢也賺不到了。

結論

　　雖然FOB不適用在空運，但是目前實務上還是有不少進出口業者在空運的場合採用FOB，針對這個問題，筆者請教了保險公司的理賠部門，他們會把走空運但使用FOB的風險移轉點比照海運，也

就是賣方必須負責把貨物安全上飛機之後，風險才移轉給買方，若以此見解來解釋，因為這批鴨仔蛋尚未上飛機，所以風險一樣歸屬賣方A公司（A跟B是關係企業）。

【案例3】

2018年9月4日，強烈颱風「燕子」入侵日本導致位於大阪灣的關西國際機場遭海水淹沒，機場設備與功能全數癱瘓。台灣進口商A公司跟日本出口商B公司採購貨物一批，貿易條件是FCA Osaka airport, Japan。9月5日進口商得知這個消息，透過台北市進出口商業同業公會詢問：「日本出口商這一票貨在機場發生事故且貨物全損，請問：責任歸屬是賣方還是買方？」顯然答案肯定是台灣買方A公司。

結論

① 買賣雙方針對空運使用了正確的國貿條規FCA，在這個案例中，顯然日本的賣方B公司幸運地躲過一劫，而且極有可能台灣A公司會立即下一張相同的訂單給日本B公司。

② 對台灣的A公司而言，如果有投保ICC(A)險，那應該也還好，擔心的是還沒投保或是對於FCA跟FOB的認知是一知半解。針對國際貨物運輸保險，筆者建議可以找保險公司採預約保單（open policy）方式投保，這部分我們留待第十一章「國際貨物運輸保險」再詳細介紹。

(4) 圖4-10解說：

先假設台灣出口商A公司出口一個20'小櫃給日本進口商B公司，貿易條件FOB Keelung, Taiwan。

① 儘管國際商會強調FAS、FCA、FOB這三個貿易條件，賣方沒有訂定運送契約的義務（這個說法有可能從事進出口貿易的相關人員是第一次聽到？）但是在實務操作上，當賣方貨物已備妥準備出貨時，肯定是依照買方事先指定的運輸業者，然後自己訂艙位並且以自己為託運人（shipper）的身分取得裝船提單，畢竟賣方把貨物交

図4-10　FOB（Free on Board＋指定裝船港）

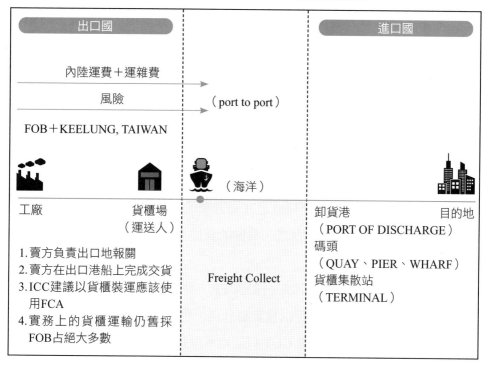

出口國	進口國

內陸運費＋運雜費

風險　　　　　　（port to port）

FOB＋KEELUNG, TAIWAN

（海洋）

工廠　　　　　　貨櫃場
　　　　　　　　（運送人）

卸貨港
（PORT OF DISCHARGE）
碼頭
（QUAY、PIER、WHARF）
貨櫃集散站
（TERMINAL）

目的地

1.賣方負責出口地報關
2.賣方在出口港船上完成交貨
3.ICC建議以貨櫃裝運應該使用FCA
4.實務上的貨櫃運輸仍舊採FOB占絕大多數

Freight Collect

給運輸業者，取得裝船的海運提單是重要而且是必要的。

②FOB廣被全球貿易界使用，筆者認為該貿易條件除了歷史悠久以外，買賣雙方對於這個條規的認知，包括責任、費用、風險也都很清楚，所以FOB再加上後面要討論的CFR跟CIF，這三個貿易條件應該占了所有海運運輸貿易條件的95%以上。

3. CFR（Cost and Freight）運費在內條件規則

(1) 這個貿易條件一樣也是很普遍、很常見，它表示賣方要找船付運費到雙方約定的目的港，但是必須注意的是，CFR條件有二個分界點（4個C類的貿易條件都有二個分界點）。一個分界點是裝運港（交貨點或是風險分界點），另一個分界點是目的港（運費付訖的分界點）。例如：台灣出口商A出貨給日本進口商B，雙方貿易條件是CFR Tokyo, Japan，因為字面上只會出現運費付訖點「東京」，但是台灣的裝運港（也是交貨點）可能是基隆港、台北港或是高雄港，後面這些裝運港

口通常不會出現在雙方一開始的訂單或合約上，但是基於買方投保的需求，建議買方事後應該跟賣方確認實際的裝運港，或是賣方訂艙後要主動告知買方出貨訊息，方便買方投保，這樣會比較妥當。

(2) CFR是成本＋運費（Cost＋Freight），這裡的「成本」包含最終產品貨價，出口國當地的內陸運輸費、報關費、稅費、運雜費以及出口商的利潤等等，亦即「貨物上船之前」的所有成本＋費用＋利潤，如果運費是由買方負擔，就變成是FOB，所以CFR減去運費（freight）就是FOB（CFR－Freight＝FOB or FOB＋Freight＝CFR）。

結論：FOB跟CFR的差異就是在海運費的支付，FOB是買方找船付運費，CFR是賣方找船付運費，其餘的條件大都是一致的。

(3) 圖4-11解說：

① 台灣出口到日本東京港，採用CFR，運輸業者由賣方指定，如果是整櫃（CY或FCL）可以直走船公司，也可以走承攬運送業者，如果是併裝貨物（CFS或LCL）只能走承攬運送業者。

圖4-11　CFR（Cost & Freight＋指定目的港）

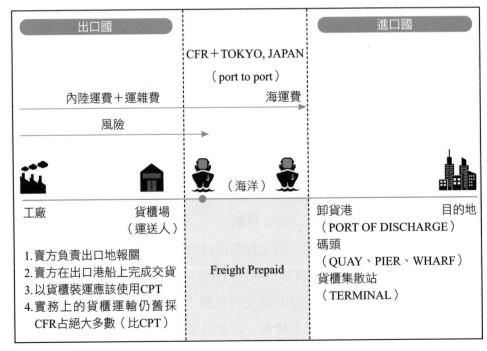

② 再次提醒，如果雙方約定的目的地不是港口或是採用空運時，請記得把CFR改為CPT。

4. CIF（Cost Insurance and Freight）運保費在內條件規則

(1) 這個條件是Incoterms 2020唯二出現有保險"I"的其中之一，另一個是CIP。

(2) 這個條件跟上一個CFR只多出一項保險，其餘的規範跟CFR是完全一致的，只是針對保險，我們一樣要知道三件事：

① 賣方投保金額至少是發票上貨價的110%。

② 賣方只要投保協會貨物條款的C險即可〔ICC(C)〕，如果買賣雙方在合約上有另外約定投保ICC(A)險或ICC(B)險，那當然就按照合約上的規定。

③ 保險費的計算如下：

假設發票金額USD100,000，投保金額是貨價加10%，保險費率是

圖4-12 CIF（Cost Insurance & Freight＋指定目的港）

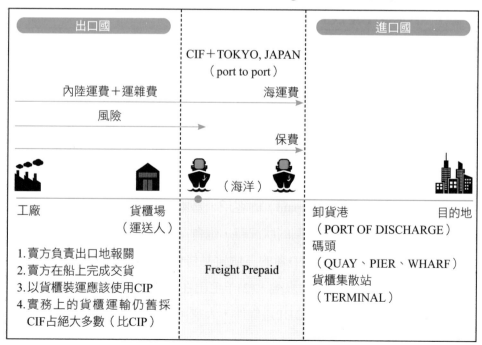

0.05%，美元兌換台幣匯率@30，那保險金額計算如下：

USD100,000×110%×@30×0.05%＝NTD1,650

（備註：台灣針對每筆投保的保費有最低收費規定，目前大約是
NTD400。）

單元五　如何選用適當的國貿條規

1. 全球進出口貿易使用海運跟空運的比例，海運超過90%，因此FOB、
CFR、CIF這三個貿易條件使用的比例，比起其他的八種多出許多，究其
原因不外乎：

(1) 存在的歷史久遠。

(2) 對責任、費用、風險的定義相對比較清楚。

(3) 貿易界人士對這三種條件比較熟悉。

　　所以原則上，走海運時，買方在詢價或賣方在報價時，可擇一使用，
但是請務必記住，若遇到空運的場合，請將上述三種轉換為相對應的貿易
條件（FOB→FCA；CFR→CPT；CIF→CIP）。

　　實務上雖然還有部分業者把FOB、CFR、CIF錯用在空運，但是既然
國貿條規已明確規範FOB、CFR、CIF只能用在海運，因此為了避免貨物
於運送途中發生意外事故，造成買賣雙方對於責任歸屬的理解分歧，產生
貿易上的紛爭，最好還是依國貿條規的規範來訂定契約會比較妥當。

2. 強勢或出貨量大的賣方可考慮選擇CFR或CIF來報價，因為出貨量大可選
擇多家運輸業者簽約或壓低海運費，而且船公司或是承攬業者對於運費是
在出口地預付（freight prepaid）的客戶，基本上服務都不會太差，甚至當
艙位不足或面臨可能被退關的狀況時，也會得到比較特別的關照。

3. 原則上，賣方不要主動報D類的三個貿易條件DAP、DPU、DDP，原因
是：(1)賣方承擔了較多的風險，(2)羊毛出在羊身上，尤其是DDP就是個
吃力不討好的條件，採用DDP這條件，大家可以這樣記：「賣方全包，交
貨地買方要卸貨」。

4. 工廠交易條件（EXW），台灣出口商用得少，但是台灣進口商接受歐美大廠採用EXW貿易條件交易的確實比較多。前面提到，有可能是全球強勢的供應商或是知名大品牌，他們對外的報價一律都是EXW，所以買方也沒有其他的選擇。買方接受這條件之後，我認為最重要的工作是要慎選一家價格合理、服務好、口碑好的海空運承攬業者，因為被選定的這家承攬業者（假設是台灣的F公司）跟這家承攬業者在出口國配合的代理業者（假設是美國的F'公司），未來都會扮演相當重要的角色。也就是說當美國的出口商貨已備妥準備出貨時，會通知台灣的買方跟美國的F'公司，當F'公司派車前往出口商工廠或倉庫取貨完成之後，後續從美國出口到台灣的全部運輸作業如裝櫃、訂艙、拉貨、報關等事宜，實際操作者都會是美國的F'公司，所以台灣的買方如果接受了EXW的貿易條件，建議務必慎選台灣在地的優質海空運承攬業者。

5. FAS大都用在非貨櫃運輸的場合，大家只要記住它的英文全名"Free Alongside Ship"是船邊交貨即可，它跟船上交貨"Free On Board, FOB"，差別就只是前者FAS賣方不用負責把貨物裝上船，後者FOB賣方必須負責把貨物裝上船。

6. 買方詢價時，有時候會請賣方報三種不同貿易條件的價格，走海運是FOB、CFR、CIF，若走空運或是目的地不是港口就是FCA、CPT、CIP。當然強勢的買方或賣方，他們會有比較偏好的貿易條件，有些外匯短缺的國家在政策上會要求出口商盡量採CIF方式出口，進口商盡量採FOB方式進口來增加外匯收入與減少外匯需求，也有些國家因為民族性使然，只要是C類條件出口，或是F類條件進口，他們必定選擇自己國家的船運公司來配合，韓國就是一個很明顯的例子。

7. 另外，當賣方或買方預期未來的幾年，運費可能會有明顯的漲價或跌價時，也可以選擇對自己有利的貿易條件來使用，畢竟買賣雙方貿易條件一旦確定了，幾乎很少再去變動。

最後，這三個貿易條件FCA、CPT、CIP雖然走海運時不是很常被使用，但是大家一樣要記住：

(1) 原本海運最常用的三個條件FOB、CFR、CIF，如果改成走空運，請記得這二組之間的對應（FOB→FCA；CFR→CPT；CIF→CIP）。

(2) 買賣雙方約定運費付訖的點如果不是港口而是機場或內陸點的話，也請記得把原本的FOB、CFR、CIF改成這一組FCA、CPT、CIP，例如：以下條件的正確（○）與錯誤（╳），舉例如下：

① FOB Taoyuan airport, Taiwan（╳）

　　→FCA Taoyuan airport, Taiwan（○）

② CFR Narita airport, Japan（╳）

　　→CPT Narita airport, Japan（○）

③ CIF Chicago, USA（╳）

　　→CIP Chicago, USA（○）

8. 圖4-13把國貿條規Incoterms 2020的11種貿易條件，買賣雙方從貨物在賣方工廠的交貨直到貨物抵達目的地的卸載做一個整理，希望對讀者有實質上的幫助。

圖4-13　國貿條規Incoterms 2020買賣雙方責任與費用劃分

按運送方式分類	國貿條規（Incoterms 2020）	出口國						國界	進口國				
		1.訂艙（洽船或飛機）安排貨物運送契約	2.在出口國賣方倉庫把貨物裝上陸上運輸工具（上貨）	3.內陸卡拖車安排與費用	4.貨抵櫃場或機場把貨物自陸上運輸工具卸下（下貨）	5.出口國當地費用(1)裝櫃（吊櫃）費用（OTHC）、(2)提單費（B/L）、(3)封條費、(4)預報艙單費、(5)電放費	6.出口報關（責任與費用）	7.海、空運費（主航程）	8.船或飛機抵達後，進口國當地運雜費(1)卸櫃（吊櫃）費用或拆櫃費用（DTHC）、(2)海運小提單換單費（D/O）	9.進口報關（責任與費用）	10.進口國報關放行後，所有應繳交稅費含增值稅（VAT）	11.運輸工具抵港口或機場卸貨後，再運送到目的地的陸上運輸費用	12.貨物抵目的地，將貨物自陸上運輸工具卸下的責任與費用
一、任何或多種運送方式的規則（7種）	EXW	買方(B)	●買方(B)	買方(B)	買方(B)	買方(B)	●買方(B)	買方(B)	買方(B)	買方(B)	買方(B)	買方(B)	買方(B)
	FCA	▲(買方)(B)	賣方(S)	賣方(S)	賣方(S)	賣方(S)	賣方(S)	買方(B)	買方(B)	買方(B)	買方(B)	買方(B)	買方(B)
	CPT	賣方(S)	賣方(S)	賣方(S)	賣方(S)	賣方(S)	賣方(S)	賣方(S)	買方(B)	買方(B)	買方(B)	買方(B)	買方(B)
	CIP	賣方(S)	賣方(S)	賣方(S)	賣方(S)	賣方(S)	賣方(S)	賣方(S)	買方(B)	買方(B)	買方(B)	買方(B)	買方(B)
	DAP	賣方(S)	賣方(S)	賣方(S)	賣方(S)	賣方(S)	賣方(S)	賣方(S)	賣方(S)	買方(B)	買方(B)	賣方(S)	買方(B)
	DPU	賣方(S)	賣方(S)	賣方(S)	賣方(S)	賣方(S)	賣方(S)	賣方(S)	賣方(S)	買方(B)	買方(B)	賣方(S)	●賣方(S)
	DDP	賣方(S)	賣方(S)	賣方(S)	賣方(S)	賣方(S)	賣方(S)	賣方(S)	賣方(S)	●賣方(S)	●賣方(S)	賣方(S)	買方(B)
二、海運及內陸水路運送的規則（4種）	FAS	▲(買方)(B)	賣方(S)	賣方(S)	賣方(S)	賣方(S)	賣方(S)	買方(B)	買方(B)	買方(B)	買方(B)	買方(B)	買方(B)
	FOB	▲(買方)(B)	賣方(S)	賣方(S)	賣方(S)	賣方(S)	賣方(S)	買方(B)	買方(B)	買方(B)	買方(B)	買方(B)	買方(B)
	CFR	賣方(S)	賣方(S)	賣方(S)	賣方(S)	賣方(S)	賣方(S)	賣方(S)	買方(B)	買方(B)	買方(B)	買方(B)	買方(B)
	CIF	賣方(S)	賣方(S)	賣方(S)	賣方(S)	賣方(S)	賣方(S)	賣方(S)	買方(B)	買方(B)	買方(B)	買方(B)	買方(B)

說明：
1. 前面有●符號者，是大原則當中的例外。
2. 前面有▲符號者，代表實務跟理論不太一致（國貿條規規定FCA／FAS／FOB三個條件，賣方對於貨物運送契約的安排沒有義務，但實務上仍由賣方主動處理居多）。

【圖表說明】

1.訂艙位

　　除EXW以外，其餘10種貿易條件因為賣方要負責出口報關並且把貨送交指定地點，所以貨物備妥時，必須跟海空運輸業者訂艙位敲定結關日跟開航日，所以不管是F類、C類或D類，大都是由賣方主動聯繫運輸業者訂艙位，這些動作就是所謂的洽訂艙位（booking space），安排貨物運送契約。國貿條規2020規定FAS、FOB、FCA這三個由買方指定運輸工具的

條件，賣方沒有義務做訂艙的動作，但是實務上確實都是賣方在執行。

2. 賣方工廠上貨責任

　　賣方備妥貨物準備出貨時，不管是走海運的整櫃或是併櫃、還是走空運，通常都是由賣方自行用堆高機把貨物裝上空貨櫃或是卡車，可是EXW規定上貨的責任在買方，由於前來載貨的卡拖車司機不會配備機具或額外的人力外，因此實務上，賣方會協助用堆高機把貨物堆疊到運輸工具上。如果買方希望把上貨的責任歸屬在賣方，可在訂單或合約上的貿易條件後面加註，例如：EXW seller's warehouse（included loaded cargo）。

3. 出口國內陸卡拖車安排與費用

　　除EXW以及FCA＋seller's warehouse以外，賣方必須負責內陸卡拖車的安排與費用，把貨物送到指定的交貨地點。

4. 貨物抵達出口國的貨櫃場或機場的卸貨責任

　　這可以分二部分說明：

(1) 整櫃貨物：司機把整櫃拉到貨櫃場，然後把車頭跟板架分開，留下板架與貨櫃，沒有卸貨的問題。

(2) 併裝貨物：卡車抵達貨櫃場或空運儲運站時，站內人員用堆高機把貨物卸到指定的地點，這項費用有可能已經涵蓋在出口地的海運裝櫃費或是空運的倉租費。

5. 出口國當地運雜費

　　針對這項費用，比較有爭議的會是FCA，尤其是賣方是否應該支付吊櫃費（OTHC）？筆者詳細看過國貿條規2020有關FCA買賣雙方費用的劃分（A9／B9），該內容並沒有明確指出出口地吊櫃費是由賣方或是買方支付，但是比較傾向由買方支付。可是台灣的運輸業者普遍認為應該是由賣方支付，尤其我們在前面內容有提到，船公司對於進出口國運雜費的收費原則是：出口地跟出口商收，進口地跟進口商收。

6. 出口報關（責任與費用）

　　除EXW外，其他10種貿易條件都是賣方負責報關與費用。

7. 海空運費（主航程）

這一項費用非常明確肯定不會弄錯，我們可以採用Incoterms 2000對於國貿條規採字母分類的4種類型來記住它：

(1) E類（EXW）：買方指定、買方付費。

(2) F類（FCA、FAS、FOB）：買方指定、買方付費。

(3) C類（CFR、CIF、CPT、CIP）：賣方指定、賣方付費。

(4) D類（DAP、DPU、DDP）：賣方指定、賣方付費。

8. 進口國當地運雜費

一樣先記住大原則：

(1) 出口國運雜費由出口商負責（EXW除外）

(2) 進口國運雜費由進口商負責，可是D類的三個條件例外，以下說明：

① DAP跟DPU因為是在進口國交貨，所以賣方間接委任的承攬業者有可能等買方報關放行後，直接拿小提單提領貨物交給買方。也有可能賣方是一樣寄提單給買方，由買方自行換單報關，此時的運輸業者有可能直接跟買方收取進口國當地運雜費（包含吊櫃費、小提單費等等），所以賣方採D類報價時，請先將進口國運雜費估算進去。

② 採DDP時，因為是賣方全包，所以進口國所有運雜費肯定都是由賣方付費。

9. 進口報關（責任與費用）

除DDP以外，其餘的10種都是由買方負責。

10. 進口國課徵的所有稅費（含增值稅）

除DDP以外，其餘10種都是買方負責，買方付費。

11. 進口國的內陸運輸費用

這一項是運輸工具抵達港口或機場之後，待買方通關放行再利用陸上運輸工具載到買賣雙方指定地點的費用。很顯然的若是C類（CPT、CIP）跟D類（DAP、DPU、DDP）後面接雙方約定地點，則賣方必須負責把貨物送達該指定地點並承擔費用。

12. 貨物抵達最終目的地的卸貨責任與費用

　　除DPU以外，其他10種貿易條件都是由買方負責。

單元六　其他貿易條件

　　目前全球的國際貿易採用國貿條規Incoterms 2020作為雙方合約的一部分占絕大多數，但是仍有其他不同的二種貿易條件也應該認識一下：

6.1　1932年華沙－牛津規則（Warsaw-Oxford Rules 1932）

　　此一規則是由國際法協會（International Law Association）所制定的。本規則是為了對那些願意按CIF條款進行貨物買賣，但目前缺乏標準契約格式或共同交易條件的人們提供一套可在CIF契約中易於使用的統一規則。該規則由於只針對CIF有規範且年代久遠，目前幾乎已經沒有國家在使用。

6.2　1941美國對外貿易定義修正本

　　該貿易條件對以下6種術語作了解釋，所以一共也是11種。

1. SX（point of origin）：產地交貨價。
2. FOB：運輸工具上交貨價，本規則又分為六種。
3. FAS：船邊交貨價。
4. C&F：成本加運費（目的港）價。
5. CIF：成本加保險費、運費（目的港）價。
6. EX DOCK：目的港碼頭交貨價。

　　該慣例在美洲國家影響較大，建議如果有跟美國地區的客戶或供應商往來，在簽約時，務必確認雙方合約上所使用的條規是採用國貿條規Incoterms 2020，還是採用美國對外貿易條款。

【案例】

　　十幾年前，台灣有家電機公司跟美國供應商訂定合約，採購一批機器設備進口，貿易條件是FOB TERM，採購人員告知大概的材積重量，請進出口單位協助詢價，詢問貨物從美國洛杉磯港口到台灣基隆港的併櫃海運費。事後進出口單位提供了報價給採購單位，並將指定的承攬業者資訊，包含台灣公司跟美國公司，一併告知採購單位。一個月之後，該公司進出口單位收到到貨通知書（arrival notice）才發現，原來這票貨是從美國的密爾瓦基縣（Milwaukee County）到台灣的基隆港，真正的貿易條件是FOB Milwaukee, USA而不是當初採購人員解讀的FOB Los Angeles, USA。因此，這票貨該公司多支付了貨物從內陸點密爾瓦基縣到西岸港口洛杉磯的內陸運輸費用，大約是3萬元新台幣。

6.3　變體的國貿條規2020

1. 國貿條規2020在引言（Introduction）中的47、48跟78條分別做了以下的說明：

   ※47.使用國貿條規規則中最常見的問題之一，係就特殊形態的契約選擇錯誤的規則。

   ※48.例如：一FOB內陸地點（例如：一航空港或一倉庫）的買賣契約不具意義：買方必須做出何種型式的運送契約？買方是否應為賣方訂立運送契約，在該契約下，運送人務必要在該指定的內陸地點或在離該地點最接近的港口接受貨物？

   ※78.有時當事人需要改變一項國貿條規規則，國貿條規2020並未禁止，但如此作為是有危險的。為避免任何不受歡迎的意外，當事人必須在契約中非常清楚說明此改變預期效果。因此，倘若在契約中改變了國貿條規2020規則中費用的分配，當事人也應該清楚敘明是否亦想要改變交貨的地點與風險移轉給買方之時點。

2. 上面三個引言跟筆者在本章節說「國貿條規是可以活用的」並沒有互相牴觸。我們是採用了原本的正常條規之後，在其後面備註買方或賣方約定

好，加諸於對方責任的增加或減少，亦或是費用的增減，這完全是正確的作法。但是實務上有部分進出口商採用了國貿條規的變體，例如：C&I？從字面上看，它好像是成本加保險（Cost＋Insurance），那究竟是CFR＋I？還是FOB＋I？答案是FOB＋I。這是賣方出貨給買方，原本條件是FOB，但是買方要求賣方幫他加買保險，並且把保費加在發票上，等同於FOB＋I，使用國貿條規的變體是有風險的，因為萬一出險，可能相關當事人對它的解讀都不同，而且賣方代買方投保時，被保險人只能直接寫買方，不能先填寫要保人再經由背書轉讓給買方。建議與其用C&I，倒不如直接用國貿條規的FOB然後加註（insurance is cover by seller, but insurance fee will be paid by buyer）。

單元七　總結

7.1　觀念釐清

國貿條規這章節，筆者在某機構已講課好幾年，發現不管國貿從業人員、銀行外匯人員、船公司以及承攬業者，對11種國貿條規的內容大都不是很熟悉。十幾年前，筆者有位任職海空運承攬業界三十幾年的好友，邀請我去幫他們公司員工講解國貿條規2010，當下我想，海空運承攬業的業務肯定經常對外報價，理應對國貿條規相當熟悉才對，當時心中有一點小小壓力，所以當天上課前，我先來一段小小測驗加有獎徵答，其實真正的目的是想測試一下他們的實力，測試完之後，筆者的自信心頓時爆增了20%（原本信心只有80%）。

【題目】

1. 請問：海運出口採FOB跟FCA二者最大的差別是？

2. 出口走空運用FOB Taoyuan airport, Taiwan不對，應該把FOB改成？

3. 台灣出口到美國芝加哥，運費由賣方支付，如果走海運，不含進口國報關，依Incoterms 2010的解說，正確的條規應該如何表示？

4. 台灣出口到日本成田機場，空運費由賣方負責，請任意寫出一個正確的國貿條規2010的表示方式。

5. 國貿條規2000版本的DDU，在新版的國貿條規2010當中已變更為？

　　以上5題的答案，我把它列在本章節最後面，相信讀者詳閱本章節內容之後，這些題目會覺得異常簡單。

7.2　使用哪一種國貿條規比較好

1. 國貿條規沒有好或不好，只有適合不適合，買方如果被要求只能用EXW交易，並不一定會吃虧，處理起來也沒有特別麻煩，因為在出口地的訂艙、內陸運輸、出口報關等作業也都是當地配合的承攬運輸業者在處理，而且所有費用明細都掌控在買方手中，買方在一開始要跟賣方配合時，建議在台灣多花點時間詢價，畢竟貨比三家（更多也行）不吃虧，而且台灣在海空運承攬業界彼此之間的競爭也算激烈，買方要找到一家服務好、專業強、價格合理的海空運承攬業，其實不會太難。

2. 賣方不要輕易或主動採D類條件報價，除了麻煩以外，買賣雙方對D類條件的認知跟共識，多多少少還是有點差異。

7.3　了解11種國貿條規的風險分界是重要的

　　買賣雙方當事人了解國貿條規風險分界點，才知道該如何投保？該不該加保？以下用圖4-14把11個國貿條規的風險界定點標示出來：

（備註：有加括號的3個貿易條件FCA、DAP、DPU，表示實務上都是有可能的分界點。）

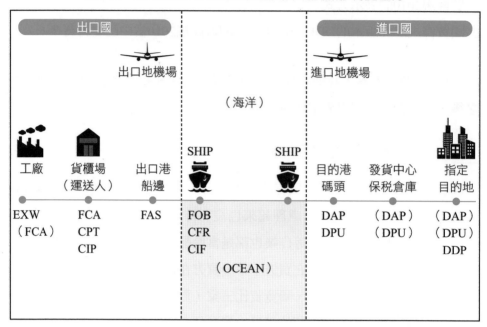

圖4-14　Incoterms 2020的11種國貿條規風險移轉點區分

【解答】（題目詳見第四章單元七，7.1。）

1. 風險。

2. FCA。

3. CPT／CIP／DAT／DAP＋Chicago, USA任選一都可。

4. CPT／CIP／DAT／DAP＋Narita airport, Japan任選一都可。

5. DAP。

（備註：答案3跟4會出現DAT，因為是Incoterms 2010；若是Incoterms 2020，就是DPU。）

第五章

國際貿易進出口流程

從事國際貿易不難，但是要賺錢很不容易，記得往年報名上國貿實務課程的學員有少數是第一次接觸國際貿易，或許本身有一些管道或來源，希望上完課之後有機會成立貿易公司進口產品到台灣銷售。在台灣要設立貿易公司很簡單，只要資料齊全，一週之內就可辦妥，要進口產品也很容易，但是要考慮的事情，真的很多，包括採購所需資金、客戶來源、銷售管道、產品競爭力等。筆者建議有志自行創業從事國際貿易的讀者應該要先想清楚一件事，必須要自尋藍海市場，做出市場區隔與定位，否則貿然進入門檻低又是販售很普遍產品的話，肯定競爭不過大型貿易商、商品總代理以及遍布在台灣各大街小巷的連鎖商店。本章節會提到從事國際貿易前的事先準備流程，但真正的內容要強調的會是賣方從買方手中接獲訂單的那一刻起，後續的實務流程會包括金流、物流、文件流。

單元一　市場調查

1.1　利用次級資料

1. 透過定期刊物，如外貿協會發行的「貿易快訊」或「貿協商情周報」或是台北市進出口商業同業公會發行的「貿易雜誌」，廠商只要加入公會會員就可以免費獲得該月刊，也可以向公會諮詢貿易相關的問題，另外也可透過「聯合國或區域組織發行的年鑑資料」查詢。

2. 透過以下網站獲取資訊

    (1) 台灣經貿網（https://info.taiwantrade.com）。

(2) 貿協全球資訊網（https://www.taitraesource.com）。

(3) 國際經貿服務網（https://wto.cnfi.org.tw）。

1.2　利用初級資料

　　所謂的初級資料就是自己或公司本身實地蒐集而得的資料，包括派員工出國調查訪問、實地考察當地市況、了解風俗民情、籌設辦事處等，也可以委託專業調查機構，如中華徵信所代為調查，雖然成本較高，但是得到的資訊會比較貼近市場現況。

單元二　招攬客戶

1. 主動寄出公司型錄（catalogue）、價格表（price list），建議最好是寄給某部門、有職務抬頭、有姓名的特定人，否則寄出的文件被當成垃圾信件的機率非常高，這種方式若是採電子郵件方式，基本原則也同樣適用。

2. 參加國際展覽會

　　國際四大展覽會分別是：

(1) 消費電子展（Consumer Electronics Show, CES）。

(2) 世界移動通訊大會（Mobile World Congress, MWC）。

(3) 柏林國際廣播展（International Funkausstellung Berlin, IFA）。

(4) 台北國際電腦展（Computex）。

參展是一件大事且所費不貲，可是有時候效果卻經常不如預期，假使公司產品沒有亮點、沒有特色，很有可能像是參加了一場大拜拜，事後老天沒保佑，訂單也沒到手。不過各產業的大龍頭與全球大品牌或是有推出新產品的新創公司，肯定都會把握這個難得的年度盛會，藉由參展打開知名度或是掌握更多具備潛力的大客戶。

單元三 買方詢價、賣方報價

3.1 詢價的意義

通常指買方直接向賣方發出查詢，即稱為詢價（inquiry），俗稱探盤，即要求賣方報價（Request for Quotation, RFQ）。目前很多公司已自建系統或是採用甲骨文（ORACLE）或司威普（SAP）連結所有供應商與客戶，所有詢報價、下單、出貨情況可以一目瞭然、隨時追蹤流程，甚至供應商報價前，還要事先經過審核與註冊後才能取得報價的資格。透過系統報價當然具有公開透明、防止徇私舞弊的優點，但是往往價格的高低幾乎決定了關鍵性的勝負，因此如何在價格以外多加入一些實際關鍵性的評量點數，或許是許多大企業應該想辦法改善的目標之一。

3.2 報價

1. 報價的法律意義

所謂「報價」（offer or quote），係指買賣當事人之一方向另一方提出條件，表示願意依所提條件與對方成立買賣契約之意思表示。此即我國民法上之「要約」或「要約之引誘」行為，中國大陸習慣稱為「發價」。

2. 發出報價之一方稱「報價人」或「要約人」或「發價人」（offeror），被報價之對象稱「被報價人」或「被要約人」（offeree）。根據我國民法第154條第2項規定：「貨物標定賣價陳列者，視為要約。但價目表之寄送，不視為要約。」另外，民法第154條第1項規定：「契約之要約人，因要約而受拘束。」因此報價人一發出要約，便受要約條款之約束，只要該要約經被要約人接受（承諾），買賣契約即告成立，對雙方當事人便具有法律上之約束力。

從上面的敘述，我們也可以學到一些基本概念，爾後到夜市逛街買衣服，如果看到店家牆上掛一件你喜歡的衣服或褲子，但是你覺得價格有

點貴，在你跟老闆殺價前，請先想好你自己可以接受的價格後，再開口殺價或還價，例如：標價NTD 2,000，你如果問老闆說：「1,800賣不賣？」老闆二話不說且笑嘻嘻地說：「好啦！反正今天生意不好，算你便宜一點（後面這一句通常都是老闆早已想好的台詞之一）。」這時候當下的你會不會覺得好像殺太少了，有點後悔不想買……。請特別注意，當你跟老闆還價 NTD 1,800時，你已經從被報價人（offeree）變成報價人（offeror）了，這時老闆如果說：「好」，理論上，你應該要買下來才對。上述情況在日常生活上肯定有真實上演過，有道是殺價是一門藝術，也是一門學問跟技巧。提一下實務上的作法，殺價時第一次喊價應該要比你願意支付的價格再少一些，也許一開始是NTD 1,500或NTD 1,600，再慢慢往上加，當然啦，如果出價之後，老闆完全不理你或是出現不悅的表情，有可能是你不識貨或是殺太兇了。總之，逛夜市或市集等日常生活的購物，討價還價很正常也很自然，國際貿易上，賣方一開始的報價通常也會留一些空間讓對方砍價。

3. 報價的種類

(1) 依發價人的不同而分

　① 售價報價（seller's offer or selling offer）

　　　國際貿易上的報價，大部分由賣方所發出。

　② 購貨報價（buyer's offer or buying offer），又稱為出價 "bid"。

(2) 依報價條件是否確定而分

　① 確定報價（firm offer），又稱穩固報價

　　　係指報價人明確指出特定之被要約人、貨物內容、數量、價金、有效期限及相關之交易條件，並毫無保留地表示願意按報價單所列載之各項條件訂立契約，只要被報價人表示承諾，契約即告成立。此種報價除非取得被報價人同意，否則報價人不得任意撤銷（revoke）或修改（amend）其所報出之任何條件。

　　A. 穩固報價的生效時點

　　　a. 對話報價：我國民法係採了解主義，即以報價內容讓對方了

解為生效時點，但中國大陸及英美法系則採到達主義。

　　讀者看到這裡不用懷疑，因為國際貿易的詢報價肯定不會採用對話報價，對話報價可以把它想像為：「某麵攤老闆一早開店前打電話給雜貨供應商，確認好當天需求食材的數量與價格。」貨物送達時，店家簽收付現或是採月結付款方式結帳。

b. 非對話報價：即以報價內容到達對方時為生效時點。

B. 穩固報價的效力

　　只要對方有效接受，契約即成立，報價人不得拒絕。穩固報價在生效後不能片面撤銷或變更。但是穩固報價在生效前可以撤回（因為我國是以到達為生效時點）。例如：假設報價人11月7日寄出報價單，11月9日對方才會收到，如果報價的一方事後發現報價單有誤，他可利用較快速的電子郵件或傳真在11月9日當天或之前讓對方收到，如此便可撤回（withdraw）原報價，若成功撤回原報價，該報價就可被撤銷（revoke）。

② 未確定報價（non-firm offer）

　　報價型態為民法上之「要約之引誘」，即報價單上未載明確定之交易條件或無特定之對象，報價人可任意變更報價內容，被報價人之承諾須經報價人確認，契約始能成立。對於未確定交易條件之報價，在報價人未澄清之前，僅視為價格通知單，為要約之引誘，而非要約。

　　有下列情形之一者，即為非穩固報價：

A. 未定期限之報價

"free offer"

B. 依市價調整之報價

"offer subject to market fluctuation"

C. 需經確認之報價

"offer subject to seller's confirmation"

D. 有權先售之報價

　　　　"offer subject to prior sale"

　　　　（意思是告知對方數量有限，欲購從速）

　　E. 有權變更條件之報價

　　　　"offer subject to change condition without notice"

(3) 依報價之方向不同而分

　①原報價（original offer）

　　　　報價人在修改或變更報價前，向對方所提供的報價，為反報價的相對用語。

　②反報價（counter offer）

　　　　被報價人不能接受報價人所提的一部分條件，但尚有意交易時，由被報價人變更報價人所提條件，或附加新的條件而向報價人反提出報價。反報價在法律上視為新要約，而在國際貿易上也視為新報價，這時原報價自動失效，原被報價人成為報價人，原報價人成為被報價人，「反報價」又稱為「還價」。

4. 報價時效之終止

(1) 報價有效期屆滿時

　　　　超過報價單上所載明之有效期限，該報價便自動失效。

　　　　例如：This offer is valid until Nov. 30, 2022

(2) 被報價人提出還價

　　　　即被報價人接到報價後，相對報價一經提出，將立即使原報價失效。

(3) 報價之撤回（withdraw）與撤銷（revoke）

　　　　即報價人發出確定報價後，若欲撤回報價，則必須「及時」對被報價人發出撤回（withdraw）通知，方能使報價不生效或失效。對於「及時」之解釋，中國大陸法系認為撤回通知必須比報價先抵達或同時抵達被報價處，方可撤回報價（我國採此一規定）。而英美法系認為，撤銷通知抵達被報價人時，若被報價人尚未發出承諾通知，即可

撤銷（revoke）該報價。

(4) 報價人宣告破產或死亡

　　　即報價人發出確定報價後，在報價有效期間內，被報價人尚未發出承諾之通知前，若報價人喪失行為能力或宣告破產、倒閉或死亡，則原報價自然失效。

單元四　接受

接受（acceptance）在法律上稱為「承諾」，即被報價人（offeree）願依報價人所開條件成立契約的意思表示。

4.1　有效接受的條件

1. 接受報價的人須為被報價人。
2. 必須無條件接受報價人所開出的一切條件。
3. 須在穩固報價有效期限內接受。
4. 須依報價人所指定的方法或交易習慣接受的生效時點。

4.2　對話接受

　　我國民法採了解主義，中國大陸法系與英美法係採到達主義。跟報價一樣，國際貿易極少使用對話報價跟對話接受。

4.3　非對話接受

　　我國民法及中國大陸法系係採到達主義，但英美法系卻採發信主義。意思是，在我國報價人必須收到被報價人的接受通知或文件才生效，英美法系只要被報價人寄出文件或通知，就算生效。

　　實務上，目前的詢報價與接受幾乎都已經採用電子郵件方式進行，上述的說法似乎早已不合時代潮流，事實確是這樣沒錯，在此提供買賣雙方在詢報價上的一些注意事項以及實務上的作法：

1. 賣方發出報價信函之前應該仔細審核，而且最好經過主管複核（double check），並且畫押簽名或是線上簽核後再發出。

2. 萬一事後賣方發現報價內容有誤，應該立即跟對方連絡，並且迅速發出更正後的新報價，同時在往來的訊息中表示歉意，並請對方依照更新後的報價單下單。

3. 萬一發出的報價單價格有誤，可能忘了調漲或繕打錯誤，且對方不久後隨即下了訂單，事後賣方才發現，建議作法：

   (1) 買方下單，數量正常且跟以往差異不大，如果雙方溝通後，買方不太願意接受，賣方為了維持信用，在不虧本的情況或少賺的情況下，或許就考慮接下訂單。

   (2) 如果因為價格錯誤，導致賣方有可能發生小額虧損的話，建議還是可以跟對方商量更改價格或減少數量，之後再決定是否接單。

   (3) 如果賣方因為繕打錯誤，導致交易後會有鉅額虧損，賣方只好考慮不接單，因為不管是買方下給賣方的採購訂單（purchase order）或是賣方提供給買方的銷售確認書（sales confirmation）都必須要有雙方的簽字才成立，只有單方的簽署，嚴格來說還不能算是一個有效的契約文件。以下分享一個實際的案例。

   【案例】

   某國內上市機電大廠A公司向日本三菱（Mitsubishi）B公司購買馬達零組件，A公司下訂單給B公司後，因為訂單內容有出現A公司單方面的制式晚出貨違約處罰條款，因此B公司不想在訂單上回簽，反而提出銷售確認書請A公司回簽，但是A公司內部有規定，對於類似合約的簽署文件必須先會法務單位然後再層層往上審核，因此A公司也沒有回簽銷售確認書給B公司，但是後來生意照做而且雙方已經配合多年。

   我舉這樣的例子只想說明一件事情，真實的貿易其實是靈活而且是可以適度變通的。以上例而言，二家都是知名大公司，若因為交易發現產品品質問題，雙方肯定會負責，若是因為意外事故造成損失，

原則上會有保險公司來承擔風險。但是仍然要建議，對於大筆金額的交易，買賣雙方最好事先擬定合約書，正本一式二份，買賣雙方各執一份，這會是比較正式而且是比較有保障的作法。

4. 以下是對話與非對話的報價跟接受內容整理，分成我國、英美法跟中國大陸法。

對話跟非對話的報價與接受的生效時點

方式		我國	通則	
			英美法	中國大陸法
對話	報價	了解主義	到達主義	
	接受	了解主義	到達主義	
非對話	報價	到達主義	到達主義	
	接受	到達主義	發信主義	到達主義

單元五　買方下採購訂單

從上面的詢價、報價、接受，我們得知儘管報價人的報價單已生效而且被報價人也有效接受，但是並不意味著買方的訂單會立刻到手，因為報價單上假設有10項產品，買方只需要其中的5項，這時買方會再下一個正式的採購訂單給賣方，賣方接獲正式的採購單之後，才會啟動後續的金流、物流、文件流等實質上的貿易流程。

單元六　海運進出口流程（採記帳方式付款）

我們用以下範例來說明台灣的出口流程與日本的進口流程：

【範例】

台灣出口商A出口貨物一批給日本進口商B，總計200台的工業馬達裝在一個20'貨櫃，貨價USD100,000，雙方約定走海運，貿易條件CIF TOKYO,

JAPAN（Incoterms 2020），從台灣台北港到日本東京港，付款方式採電匯，付款期限是發票日後60天（O/A 60 days after invoice date）。

我們同時也假設：

發票日期：2022.07.22；結關日期：2022.07.22；

報關日期：2022.07.22；開航日期：2022.07.25；

到達日期：2022.07.28；付款日期：2022.09.20；

6.1 賣方出貨

1. 買賣雙方約定先出貨再付款（O/A），所以當賣方接獲買方正式訂單之後會開始備料、生產、包裝，當賣方貨物備妥之前，會向運輸業者（整櫃可直走船司或海運承攬業）預訂艙位（booking space），目前大部分船公司都有線上訂艙系統（e-booking），業者註冊後訂艙成功會有一份提單指示（b/l instruction）或是訂艙確認單（booking confirmation），如果跟海運承攬業者訂艙，會有一份裝運單（Shipping Order, S/O），上面會有以下資料：

(1) S/O號碼：一般是四位阿拉伯數字。

(2) 結關日：賣方原則上必須在結關日之前（含當天）完成二件事：①貨物進倉；②報關放行，貨物才能順利出口。

(3) 船公司名稱、船名航次：即使已知道確定會轉船，提單上不會出現「將轉船」或「可能轉船」的註記，更不會出現轉船後的船名。

(4) 業者訂艙是走整櫃或併櫃，連同數量標示：20' or 40' or CFS（大約多少立方公尺CBM）。

(5) 領空櫃地點跟領櫃號碼。

(6) 交重櫃的地點。

(7) 預計開航日（Estimated Time of Departure, ETD）。

(8) 預計到達日（Estimated Time of Arrival, ETA）。

(9) 其他注意事項：如木質外箱包裝必須經過煙燻。

賣方有了S/O資料，請拖車司機到指定貨櫃場領回空櫃，司機領交櫃時會填寫一份「貨櫃交接單」（Equipment of Interchange Receipt, EIR），貨櫃交接單用途是請司機領櫃前檢查貨櫃外觀是否良好、貨櫃內部是否有破洞損毀等等，如果沒有，出站時必須簽名畫押交給管理員其中一聯。司機領回空櫃後，通常由工廠或倉庫自行用堆高機（forklift）裝貨，裝貨完畢再加上海關封條（customs seal）。接著司機將重櫃交回指定貨櫃場，完成之後一樣會取得一聯貨櫃場蓋過章的貨櫃交接單。

6.2　出口報關

貨物進倉後，報關行根據出口商提供的商業發票、裝箱單，還有裝運單（S/O）上面的訊息投單報關，運輸業者或是貨櫃場必須等貨物放行之後才會有下一步的動作。

6.3　運輸業者提供正本海運提單給出口商

台灣出口走海運，就北部而言有基隆地區跟桃園地區二個貨櫃場大本營。船公司在開航前，會把這二地貨櫃場的貨櫃拉到出口港碼頭邊，等船靠岸後利用橋式起重機（bridge crane）把貨櫃一個一個吊上船。船開航之後發給出口商三張正本海運提單（如果出口商事先已告知運輸業者採電報放貨，就不會領取正本提單），正本海運提單上會有二個日期，一個是發單日期（issue date），一個是開航日期（on board date），通常二個日期是同一天，如果不是同一天，請記住「先開航，再發單」。

6.4　出口商寄送出貨文件給進口商

1. 出口商可以在取得裝運單（S/O）的同時，將此一出貨的訊息告知進口商，尤其是船名航次、預計開航日、預計到達日，方便進口商投保（如果雙方採FCA、FAS、FOB、CFR、CPT貿易條件時）。待出口商取得三張正本海運提單後，將一張海運提單正本、一張保險單正本連同數份商業發票、裝箱單、以及進口商要求的其他單據，如產地證明書或產品檢驗報告

等，一起用快遞寄送給進口商。只寄出一張保險單是萬一出險，買方只須提示一張保單即可索賠，只寄出一張正本海運提單的原因是通常在進口地只要提示一份正本就可以換取小提單（D/O），但是有些中南美洲地區的國家規定必須提供全套（三張）正本才可以換單，如果進口商有這樣的要求，我認為出口商應該考慮以下幾件事：

(1) 正本提單遺失，誰要負責？（雖然機率很低）

(2) 貨款是否已付？

(3) 是否可採電報放貨方式取代正本的寄送？

(4) 是否可將傳統海運提單（bill of lading）改為海運貨單（seaway bill）？因為全套正本海運提單遺失，補發的程序非常麻煩而且出口商必須押款。

2. 船抵達日本東京港之前，日本長榮海運會發到貨通知書（arrival notice）給進口商B，上面會有確定的到船日、貨物進儲地點，同時也請進口商核對到貨通知書上面的資料是否有誤，如果有錯誤，必須在船到24小時前提出更正（日本海關也許有不一樣的規定），否則待進倉報關時，若發現數量有誤或「貨證不符」等情事，有可能會被海關罰款。

3. 船抵達東京港之後，進口商拿一份正本海運提單到日本長榮繳完當地運雜費（吊櫃費、小提單費……），接著就可以換到小提單。

6.5　日本進口通關

日本比台灣更早實施通關自動化，進口商手邊持有小提單，待進口通關放行後，拿小提單到貨櫃場把貨櫃提領回去。（香港國際貨櫃碼頭 "Hong Kong International Terminals, HIT" 已有部分貨物採無紙化的電子提貨單方式領貨，而非採用傳統紙本小提單領貨。）

6.6　電匯貨款

日本進口商按照雙方約定的付款日期2022.09.20（發票日期後加計60天，7月分9天＋8月分31天＋9月分20天＝60天），透過銀行把貨款直接匯給台灣出口商。實務上，如果出口商在2022.09.20當天或是之後再加計3~5

天內才收到貨款的話，通常不會太在意，因為有可能遇上例假日或是進口國的特別假日或是作業上的延誤。另外，出口商真正收到的貨款有可能不等同於發票上的貨款（USD100,000）而是少了USD15~USD25。原因是日本進口商的匯出銀行跟台灣出口商所指定的匯入銀行之間沒有直接通匯關係，所以這個差額被中間轉匯的銀行給賺走了，只要不是扣得太誇張離譜的話，大部分的出口商都會接受。有些強勢的出口商在訂約前就明確表示買方支付的貨款，一毛也不能少，所以假設貨價是USD100,000，出口商會在前面加上NET USD100,000，表示匯入的款項必須是USD100,000。

以上6.1~6.6的敘述大概就是目前全球貿易進出口走海運，而且是「先出貨，再收款」的一般作業流程。請參考以下圖5-1。

圖5-1　直接貿易（走海運，CIF TOKYO, JAPAN，O/A方式付款）

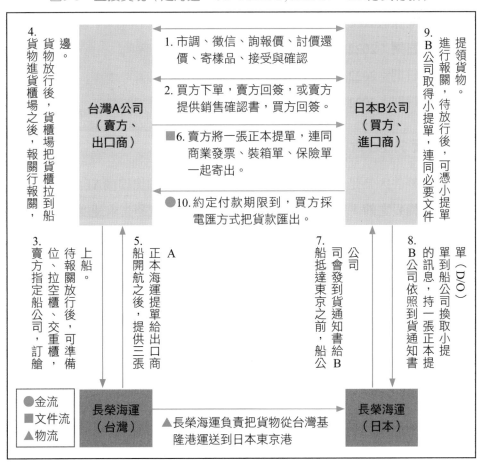

空運出口跟海運出口因為單據本身性質的差異，所以作業上會有一些不同，我們一樣用一個範例來說明。

【範例】

台灣出口商A出口貨物一批給日本進口商B，總計20台的工業用馬達，分裝成二個棧板，貨價USD20,000，雙方約定走空運，貿易條件CPT NARITA AIRPORT, JAPAN（Incoterms 2020），貨物從台灣桃園機場到日本成田機場（NARITA AIRPORT, JAPAN），付款方式採電匯，付款期限是發票日後60天。

我們同樣假設：

發票日期：2022.07.22；結關日期：2022.07.22；

報關日期：2022.07.22；起飛日期：2022.07.23；

到達日期：2022.07.23；付款日期：2022.09.20；

7.1 賣方出貨

貿易條件因為是CPT，所以空運承攬運送人是由出口商A自己決定，出口商貨物備妥之前，直接向亞太通運公司訂艙位。空運講求速度跟效率，所以出口商訂艙後會有一份訂艙單（booking note or booking form），上面有主提單（master airway bill）跟分提單（house airway bill）號碼、航班資料、進儲地點。出口商若是搭當天下午以後起飛的班機，只要在班機起飛前6~8小時進倉且報關放行就來得及，如果是搭隔天上午起飛的班機，只要在前一天下午6點前進倉且報關放行就好。

7.2 出口報關與電傳文件

1. 北部出口商走空運出口，貨物會進儲以下3個航空貨運站之一，分別是華

儲股份有限公司（華儲）、長榮空運倉儲股份有限公司（榮儲）、遠雄航空自由貿易港區股份有限公司（遠雄），貨進哪一個儲運站，除非航空公司有指定，否則大都可由承攬業者自行安排。貨物進儲之後會貼標籤、丈量每一箱貨物的材積、過磅，計算出計費重量（chargeable weight），待報關放行後，貨物會經過X光機器掃描或是爆裂物偵檢儀（ETD）的安檢，接著打盤或裝箱、套上透明PE塑膠膜，最後必須用繩索將貨物固定在盤櫃上，避免飛行途中的晃動影響飛安，最後拉到停機坪等待上機。

2. 空運出口為求效率與速度，不管承攬運送業是賣方決定，還是買方指定，通常承攬運送業者會兼著一起作出口報關業務（因為相較於海運的進出口，進出口商多數會指定長期委任的報關行負責進出口報關作業）。報關放行後，承攬業者會電傳空運貨單給出口商，出口商連同商業發票、裝箱單以及買方要求的單據，如產地證明書或品質檢驗報告等等一起電傳給進口商。大家可以比較一下上一個單元六的6.4，走海運時，出口商是寄送出貨文件給進口商，因為正本海運提單是物權證書，所以如果雙方沒有事先採取電報放貨的話，出口商必須寄出正本提單給進口商，但是空運單據本身非物權證書，所以出口商只要電傳給進口商即可，空運貨單正本第二聯（original 2:for consignee）會跟隨搭載貨物的班機同時抵達目的地機場。

7.3 進口商通關領貨

班機飛抵日本之前，日本亞太通運一樣會發到貨通知書給進口商，實務上，日本空運進口領單提貨的真正流程，我們無法得知，但是可以確定的是該批貨物的進口商就是B公司，班機抵達機場後，B公司只要報關放行且繳交當地運雜費之後，就可以提領貨物。

7.4 進口商到期匯款

雙方約定的付款期限到時，進口商一樣把貨款USD20,000直接透過銀行匯出款項。

以上7.1～7.4就是目前台灣出口走空運，賣方付運費，雙方付款方式採O/A的一般流程，請參考以下圖5-2：

圖5-2　直接貿易（走空運，CPT NARITA AIRPORT, JAPAN，O/A方式付款）

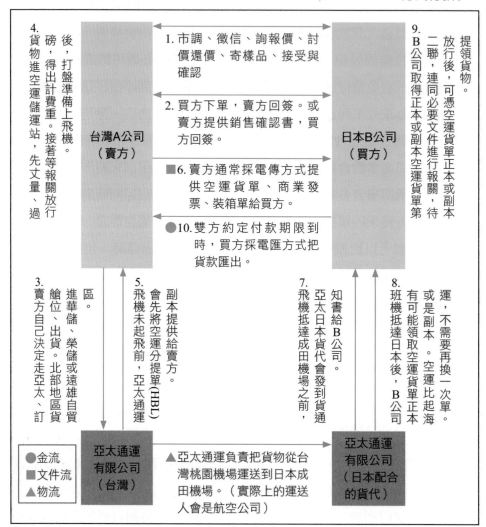

單元八　信用狀方式交易流程

看過單元六跟單元七，雙方採電匯方式（T/T）付款，流程相對簡單，我們只要專注在買賣雙方的物流以及文件流就好，但是雙方採用信用狀付款

國際貿易實務：附最新國貿大會考試題彙編詳解與重點整理

時，相對就會複雜許多，尤其是在金流跟文件流部分。以下流程是依據國貿業務丙級檢定術科「信用狀結算的貿易流程」圖示內容加以編輯與說明，希望有了前面的解說，讀者對於單元八的信用狀付款流程，應該會更容易進入狀況。

流程解說

我們一樣先假設一個題目再加上日期對照，大家會比較容易理解。

【範例】

台灣出口商A出口馬達一批給美國進口商B公司，訂購單上標示：貨價USD100,000，貿易條件CIF Los Angeles, USA，買方必須在期限內開出即期信用狀給賣方。並且約定使用海運運輸，貨物全數裝載在一個40'貨櫃，出口港是台北港。美國進口商B在2022.09.05（一）開出信用狀給台灣出口商A，信用狀到期日是2022.12.05（一），最晚出貨日是2022.10.31（一），以下我們依照流程的標示序號來解說。

1.~3.這部分在前面單元已提過，此處就不再贅述。

4. 申請開狀

雙方若採信用狀交易，買方必須在規定或是合理的期間內開出信用狀給賣方，而且當賣方已接獲訂單時，賣方應該提供給買方一份預期發票（Proforma Invoice, P/I）或是銷售確認書（Sales Confirmation, S/C），買方憑預期發票或銷售確認書，填寫好信用狀申請書之後，向開狀銀行申請開發信用狀。

5. 開狀銀行將申請書內容轉檔成SWIFT格式的信用狀，並利用SWIFT系統把信用狀內容電傳給通知銀行。

6. 台灣的通知銀行收到電文會把信用狀列印成紙本，並且經授權主管畫押簽名加蓋騎縫章之後交給出口商A。

7. 預售外匯（避險操作）

這個動作並非必要，因為出口商會作這個動作，有可能是預期日後押

匯時，美元可能貶值，所以希望以目前還算不錯的美元匯率向銀行敲定交割匯率，如果出口商認為美元有可能續漲或是本身也有美元外幣的需求，就不需要作這個動作。

8. 洽訂艙位

雙方貿易條件是CIF，所以運費是賣方負擔，運輸業者也是賣方決定。貨快備妥之前，賣方就可以向運輸業者訂艙位（booking space）。

9. 投保並取得投保單據（CIF）

國貿條規2020規定只有CIF跟CIP賣方有投保的義務，這是正確的，但是當買賣雙方採用D類貿易條件（DAP／DPU／DDP）時，賣方更應該為自己的保險利益投保。有些信用狀雖然採用D類條款，但是買方也有可能在信用狀的需求單據SWIFT 46A欄位（required documents）上，要求出口商必須提示保險單作為押匯文件之一。

9'. 開狀前投保（FOB、CFR）

雙方若採FOB或CFR是由買方投保沒錯，但是除了FOB、CFR之外，雙方若採用EXW、FCA、FAS、CPT貿易條件時，買方也必須記得要投保。實務上，如果買方已經跟保險公司簽訂開放型合約保單或是事先提供切結書給開狀銀行，開狀銀行不一定要求買方在開狀時就完成投保動作，當然買方為了安全起見或是擔心萬一漏保，可事先向保險公司投保待宣告保單（To Be Declared, TBD），亦即先就預期發票或銷售確認書上的資料向保險公司投保，等賣方通知船名、航次，再告知保險公司即可。

10. 貨物進儲指定地點

假設賣方工廠離桃園貨櫃場比較近，且船公司允許有兩地以上的貨櫃場可選擇時，一般出口商會選擇桃園地區貨櫃場結關領交櫃，但是有些船公司針對基隆、桃園結關的海運費會有價差，出口商應該自行計算省下的拖車費比起海運費的價差，哪一個比較划算？

11. 出口報關

世界各國海關對於出口的查驗比重肯定比進口來得寬鬆，如果本身

是上市櫃公司、績優廠商、具優質認證企業（AEO）廠商，出口通關免審免驗（C1通關）的機率至少會有90%以上。

12. 放行

通關系統顯示「放行」之後，後續一連串的作業都是由船公司或是貨櫃場在操作，可是採用CIF的貿易條件只要貨物（貨櫃）沒有安全放置於船上，責任歸屬還是在賣方。這也是國貿條規2000年版本至今，國際商會（International Chamber of Commerce, ICC）一直建議使用貨櫃運輸不要採用FOB、CFR、CIF的原因，因為這三個貿易條件的風險移轉點都是在出口港船上，而應該採用FCA、CPT、CIP來取代，可是就筆者實務上的觀察與了解，貨櫃運輸採用FOB、CFR、CIF這一組的，比起採用FCA、CPT、CIP這一組的進出口廠商多出許多，甚至業界很多從業人員不清楚這二組的差異，這部分筆者在第四章新版國貿條規Incoterms 2020的章節寫得很詳細，請讀者自行參考閱讀。

13. 裝船

台北港於1998年開始營運，目前是台灣第三大港口，也是全球第100大港口。船靠台北港之後，利用船邊的橋式起重機把貨櫃從碼頭吊到船上，另外台北港因為興建較晚，所以設備較新，操作人員在辦公大樓裡直接用電腦設備操控，一人可同時操作三組門式起重機（portal crane），使得其作業效率大幅提升。

14. 交付海運提單（B/L）

船開航後，船公司會提供三張正本海運提單給出口商，這三張正本提單非常重要，出口商務必要妥善保管，萬一全套正本遺失，賣方必須登報作廢並且押款，若因此而延誤了押匯期限或是造成信用狀的過期，後果是難以想像的。

15. 裝船通知

這邊的裝船通知，實務上，出口商除了電傳訊息告知貨物已如期出貨以外，會將買方所需要或是信用狀上所規定的押匯文件掃描後，先電傳給買方。

16. 辦理押匯

    台灣的出口商針對押匯文件有些是自行製作，有些是委任給報關行，根據了解，大多數是委任給報關行製作繕打居多。

17. 墊付押匯款項

    早期台灣的中小型企業、貿易商對於資金需求可能比較急迫，所以大部分都需要銀行的融資墊款，即使台灣二、三十年前墊款的利息非常不便宜。

18. 寄單求償

    押匯銀行受理押匯應該盡可能嚴格把關，避免單據有瑕疵遭到買方或開狀銀行拒付（unpaid）的狀況，押匯銀行審單無誤之後，會把押匯文件用快遞的方式寄給開狀銀行求償。

19. 單據到達通知

    開狀銀行收到押匯文件，通知進口商前來付款贖單，實務上，開狀銀行一樣會審查單據，如果發現單據有瑕疵（discrepancy）而買方同意接受瑕疵時，開狀銀行可賺取瑕疵費，目前瑕疵費行情大約在USD100上下。

20. 進口贖單（付款或承兌）

    本範例採即期信用狀，所以買方付款後可取回所有押匯文件，在台灣實務的操作上，因為UCP第14條審查單據之標準：「……開狀銀行應各有自提示日之次日起最長五個銀行營業日以決定提示是否符合……」，買方如果跟開狀銀行配合多年且信用良好或是進口商本身是上市櫃公司，通常買方只要在到單通知書上蓋上公司大小章之後，開狀銀行就會把所有押匯文件先提供給買方，方便買方進行報關領貨程序。如果是遠期信用狀，買方只要按照開狀銀行的指示，完成同意付款的承諾之後，一樣可以領回押匯文件。買方取回押匯文件之前，開狀銀行會在其中一張正本海運提單（提單受貨人欄位打上待開狀銀行指示"consignee:to the order of issuing bank"）背面畫押簽名或蓋章完成背書動作，買方憑著這張背書過的正本海運提單，才能到船公司換取小提單。

21. 提示提單

　　進口商拿這張開狀銀行背書過的海運提單到船公司繳完當地運雜費之後，可換到小提單。

22. 發行小提單

　　在台灣，小提單只有船公司可以發行，所以如果直走船公司，就會到船公司換單；如果是走海運承攬運送業，通常就會到他們的辦公處所換單。

信用狀結算方式的貿易流程（勞動部公布試題範例）

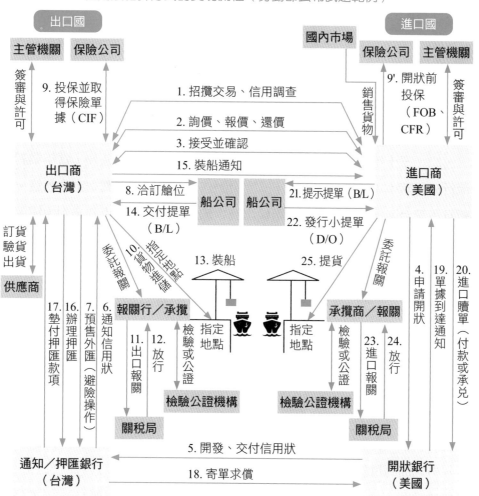

信用狀貿易流程圖

資料來源：勞動部，丙級國貿業務技術士檢定術科範例。

23. 進口報關

　　進口商取得小提單之後，後續動作一樣是報關→（待）放行→領貨。

24. 放行

25. 提貨

　　這裡順便提一下，國貿業務丙級檢定術科部分「信用狀結算方式的貿易流程」就是考上述的這個流程圖，只要記住這25個程序，應考時依照出題，寫出指定的5個空格答案，這樣就可以拿到10分，讀者覺得好不好得分？

單元九　三角貿易

9.1　台灣接單、中國大陸出貨

　　二、三十年前，台灣傳統產業大量西進中國大陸另起爐灶，當年業者間流行一句話：「過去中國大陸不一定會賺錢，但是留在台灣一定會虧錢。」暫且不管台廠是結束營業後整廠輸出到中國大陸，還是結束營業到中國大陸找到配合的協力廠商。總之，歐美客戶持續對台灣廠商下單，但是台灣早已經將生產基地轉移到中國大陸，所以才會出現「台灣接單、中國大陸出貨」的三角貿易代名詞，以下我們用三個圖表來介紹。

1. 中國大陸直接出貨日本，三方沒有商業機密考量

　　我們先假設台灣廠商是A公司，日本進口商是B公司，中國大陸供應商是C公司，台灣A公司有可能是把工廠遷移到中國大陸另設C公司，也有可能是在當地找到一家配合的供應商C公司，日本進口商B一樣向台灣出口商A下單，貨物直接從中國大陸供應商C公司出貨給日本進口商B公司，三方之間的付款都是採先出貨再收款，所以流程就是：

(1) B公司下單給A公司，A公司本身是賣方也是買方，接著A公司向C公司下單並指示C公司直接出貨給日本B公司，因此就金流跟文件流而言，

A公司必須提供發票給B公司，C公司必須提供發票給A公司。B公司付款給A公司，A公司付款給C公司，物流直接從中國大陸到日本。詳見以下圖5-3：

圖5-3　三角貿易：A、B、C公司三者之間互通沒有商業機密

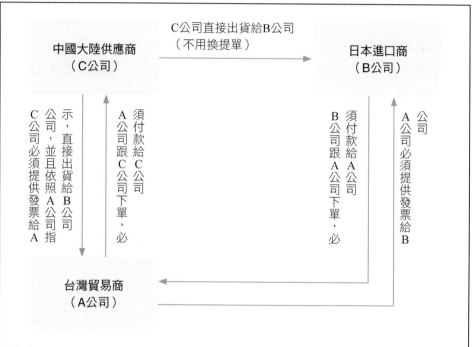

說明：
(1) C公司的發票跟裝箱單一樣是對A公司，提單的託運人：C公司，提單的受貨人：B公司。
(2) A公司一樣要提供發票跟裝箱單給B公司。
(3) 因為A、B、C三者之間是透明的，不用考慮商業機密，因此三方之間採用的貿易條件就不是考量的重點。

大家是否會覺得奇怪，目前網路發達、資訊透明，日本買方B公司為何不直接找中國大陸供應商出貨，還要讓台灣公司或貿易商賺一手？根據了解，早期台灣貿易商有很大比例是買低賣高賺價差，但是在競爭激烈之下，很多貿易商改採賺佣金的方式，幫歐美或是日本的客人在中國大陸尋找廠商、溝通協調、品質把關、安排現檢、合併多家供

應商一起出貨節省費用等事宜，這樣的方式省去日本進口商很多時間與精力，畢竟全世界最懂中國大陸人，溝通最順暢的，當然是非台灣人莫屬。

2. 中國大陸直接出貨日本，考量商業機密在台灣換領提單

　　台灣廠商不願意讓日本進口商知道中國大陸真正的供應商，同時也不會讓中國大陸供應商知道日本真正的買方，這時候的文件流就必須做出一些改變：

(1) 台灣A公司請中國大陸C公司一樣直接出貨到日本（例如：從上海出口到東京），但是所有文件針對台灣A公司，包括發票、裝箱單以及海運提單，海運提單受貨人欄位直接打上A公司，並要求C公司所有產品上不可出現供應商相關的資料或任何標記。

(2) 台灣A公司請中國大陸C公司將所有文件連同全套海運正本提單寄給A公司，A公司在台灣請承攬運送業者更換海運提單，把託運人（shipper）從C公司改為A公司，把受貨人（consignee）從A公司改為B公司，之後寄出一張正本提單給日本B公司或是直接在台灣採電報放貨方式處理。詳見下圖5-4。

3. 日本買方要求產品必須是台灣製造（MIT）

　　日本B公司跟台灣A公司下單並要求A公司二件事：(1)產品必須是台灣製造（MIT）；(2)貨物必須直接從台灣出到日本。

　　因為A公司在台灣已經沒有工廠，所以想辦法從中國大陸進口半成品或半散裝料（Semi Knock Down, SKD）或全散裝料（Complete Knock Down, CKD），船抵達台灣後，貨物進儲「自由貿易港區」（Free Trade Zone, FTZ）或「保稅倉庫」（bonded warehouse）進行加工、貼標、組裝等工作。待製成成品後再從台灣申報出口給日本進口商B公司。但是就台灣而言，產品要變更產地國別，必須符合以下二個原則：

(1) 原材料經加工或製造後所產生之貨物與原材料歸屬之海關進口稅則號別，前六位碼相異者。

(2) 貨物之加工或製造雖未造成前款稅則號別改變，但已完成重要製程或

圖5-4 三角貿易：避免B公司跟C公司直接接觸（有商業機密）

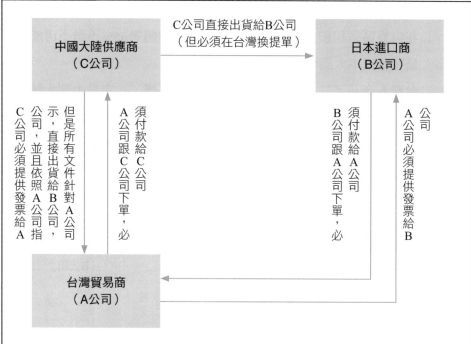

説明：

(1) C公司所有文件都針對A公司，產品本身以及外包裝不得出現C公司任何標章。

(2) C公司提單的託運人：C公司，提單的受貨人：A公司。

(3) A公司收到所有文件（主要是C公司寄出的全套正本海運提單）後，進行換單工作。

(4) A公司請承攬運送人把提單託運人改為A公司，提單受貨人改為B公司，然後寄出正本給B公司，也可以採用電放方式。

(5) 強烈建議這種方式的三角貿易，A公司對C公司採FOB，A公司對B公司採CIF方式，也就是運送業者由台灣A公司指定會比較安全。

附加價值率超過百分之三十五以上者。

前項(2)附加價值率之計算公式如下：

〔貨物出口價格（FOB）－直、間接進口原料及零件價格（CIF）〕÷貨物出口價格（FOB）＝附加價值率。

例如：台灣A公司自中國大陸購入成本CIF價格USD65/set，出口日本FOB價格USD100/set，附加價值率等於：

（USD100－USD65）÷USD100＝35%，如果A公司符合這樣的條

件，該出口產品就可標示為台灣製造（Made in Taiwan）。實務上，台灣進口商這樣操作的實例不多，原因是：

① 在自貿區做組裝加工貼標要達到附加價值超過35%不是不可能，而是花費成本太高。

② 台灣廠商花了二次的海運費，二次的報關費，一次是中國大陸→台灣，一次是台灣→日本，台灣廠商多出的這些費用即使真正交易成功，恐怕利潤也是相當有限。交易流程詳見以下圖5-5：

圖5-5　轉口貿易：買方考量品質與產地因素

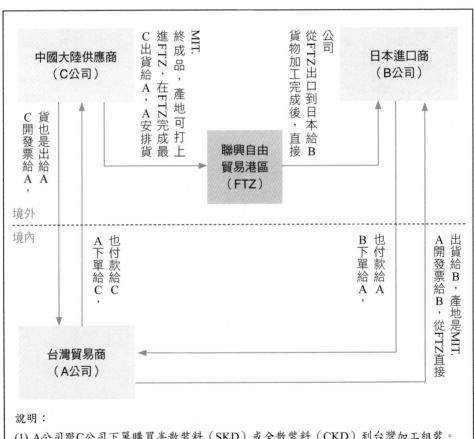

說明：
(1) A公司跟C公司下單購買半散裝料（SKD）或全散裝料（CKD）到台灣加工組裝。
(2) 貨物直接進儲自由貿易港區，方便成品完工後的出口流程。
(3) 產品要打上台灣製造（MIT）必須符合台灣對原產地的認定標準。
(4) 進儲自貿區或保稅區的產品一樣要報關，有經驗的報關行都知道如何申報一進一出。

9.2 從事三角貿易應注意事項

從事三角貿易時，中間的貿易商應該要對貿易條件特別下過功夫，才能降低商業風險。以上述9.1的情況1.「中國大陸直接出貨日本，三方沒有商業機密考量」而言，台灣中間貿易商跟中國大陸供應商以及日本買方，採用哪一種貿易條件差別不大，但是仍然建議對中國大陸供應商採FOB，對日本買方採CIF，優點是：(1)台灣中間商找熟識的承攬業者在處理或聯繫上會比較方便，(2)貨物從中國大陸直接出到日本，由台灣的中間商負責投保付保費感覺比較安心。如果是9.1的情況2.「中國大陸直接出貨日本，考量商業機密在台灣換領提單」的話，就強烈建議台灣對中國大陸供應商採FOB，對日本買方採CIF，亦即海運承攬運送業由台灣A公司指定，這樣的作法不論是在溝通、聯繫、保密上，都會有比較好的效果。如果換成由日本B公司指定（A跟B採FOB＋中國大陸港口），或是由中國大陸C公司指定（A跟C採CIF＋日本港口），因為B公司或C公司透過某一方熟識的承攬業者去處理物流，海運提單上的資訊很容易就曝光，難保日後中國大陸供應商C公司跟日本買方B公司不會直接搭上線，從事三角貿易再次突顯了貿易條件的重要性。

單元十　總結

1. 國際貿易進出口流程很重要，走空運流程比較簡單，走海運因為海運提單是物權證書的關係，所以相對會複雜一些，尤其是雙方或是三方分別都使用信用狀當成付款工具時。

2. 從事國際貿易不管直接貿易、三角貿易、四角貿易還是多角貿易，必須把握以下二個大原則：

   (1) 買方跟誰下單就付款給誰，賣方接受誰下單，發票就應該開給誰。

   (2) 物流的彈性就比較大，通常會是直接從供應地出口給最終使用者（end user）的地區，除非是轉口貿易、加工貿易，或是有變更產地的必要。

第六章

國際貿易相關單據

國際貿易常見的單據有商業發票、裝箱單、海運提單，這三種單據不管買賣雙方採用哪一種付款方式，基本上都應該是賣方必須提供給買方的基本文件。除此之外，還有空運貨單、保險單、產地證明書、產品檢驗報告、輸出入許可證、小提單等等。上述文件當中，會以海運提單最為重要，因為它本身具備一個特性就是「物權證書」，只要買賣雙方使用海運，海運提單就會成為貨物所有權的表徵，誰擁有提單，誰就擁有貨物所有權。另外，國內舉辦國貿相關的證照考試以及政府的高普考、特考國貿相關類別當中，海運提單肯定也是命題出現率很高的單據之一，本章節我們會逐一探討各式單據並且加以詳細說明。

單元一　商業發票（commercial invoice）

在台灣，貨物在國內銷售原則上應該開出統一發票，營業稅率5%，有些產品稅已內含，有些產品稅要外加，倘買受人非最終消費者或是需要報帳時取得三聯式發票，營業稅必須單獨列出。外銷出口營業稅率是0%，而且進出口商本身還可以把外銷0%稅率的營業稅稅額跟國內採購或自國外進口時已繳交的進項營業稅稅額互相沖抵。

早期電視新聞或報章雜誌經常會報導海關查獲某廠商申報鉅額貨物出口，但是實際上出口的產品卻是一些二手貨物或是毫無實際價值的一些廢棄物，廠商藉由此一方式出口來申請大額出口退稅，亦即所謂的「假出口，真退稅」。因為不肖廠商知道，海關對於出口通關查驗比例相較於進口通關查

驗比例要來得低，只要順利出口一次，就有機會申退可觀的營業稅金額。以下我們只針對外銷出口賣方必須提供給買方的必要文件「商業發票」來作討論。

1.1 商業發票的意義

商業發票是買賣雙方（交易）成交後於貨物裝運時，由出口商開給進口商作為貨物清單及帳單之文件，為所有貿易單據之中心。發票也有債務通知書（debit note）、收帳通知單及帳單（statement of account）的性質，原則上，商業發票上面會有以下的資訊：

1. 出口廠商名稱及地址。
2. 進口廠商名稱及地址：經常填在發票上"for account and risk of messrs"這個欄位的後面。
3. 發票日期（invoice date）：發票日期一般會跟進倉日期、報關投單日期同一天。
4. 發票號碼（invoice no.）。
5. 簡要的貨品名稱及數量（commodity & quantity）：通常填在"invoice of"的後面。
6. 船名或其他運送工具名稱。
7. 開航日期（sailing date）。
8. 裝運地（from）。
9. 卸貨地（to）。
10. 裝運標誌及件號（marks & no.）：併裝或併櫃貨物外包裝一定要有嘜頭。
11. 全部貨物的敘述（description of goods）。
12. 數量（quantity）。
13. 單價（unit price）：通常在這個欄位上方填上貿易條件，建議使用國貿條規最新版本Incoterms 2020。

14. 幣別＆總金額（currency & amount）：有時會打上大寫總金額，但是沒有規定一定要打大寫金額。

15. 出口商簽署：台灣出口商開出的商業發票通常會簽署，如果是台灣的進口商，務必要求國外供應商提供的商業發票必須簽署，因為台灣海關有這樣的規定。

1.2 UCP600以及ISBP2013對商業發票的重要規定事項

賣方製作商業發票並沒有一定的規範或是制式的表格，只要發票上面正確顯示出買賣雙方交易內容充分的資訊即可。可是一旦買賣雙方使用信用狀交易，就必須受到信用狀內容、信用狀統一慣例600，還有國際銀行標準實務上面的補充說明所規範，以下列出部分重點提示：

1. 須顯示由受益人（beneficiary）簽發。
2. 須以申請人（applicant）為抬頭人。
3. 須以信用狀同一貨幣表示，且無須簽署。
4. 商業發票上貨物、勞務或履約行為之說明，須與信用狀所顯示者相符合。
5. 若信用狀要求提供發票（invoice）而未進一步說明時，則提示任何類型之發票，例如：商業發票（commercial invoice）、海關發票（customs invoice）、稅務發票（tax invoice）、確定發票（final invoice）、領事發票（consular invoice）等均符合要求，但不應表明為臨時（provisional）或預期、預立（pro-forma invoice）或類似者。

國外有些海關規定，出口國提示的發票抬頭務必打上海關發票（customs invoice）或領事發票（consular invoice）才准予報關進口到該國。其目的之一是為防止該國的進口商低報貨價，藉以逃漏高關稅產品關稅的課徵。

筆者當初看見書上寫的這段話，感覺印象中並沒有上述這些發票，於是把之前進口的檔案找出來，果真發現有海關發票（customs invoice）

跟稅務發票（tax invoice），台灣海關並沒有這樣的規定，這應該是某些出口國家的特殊要求與規定。目前台灣出口絕大多數只會標示發票（invoice），或商業發票（commercial invoice）。

6. 信用狀要求提示"commercial invoice"，賣方提示的文件只顯示"invoice"是符合要求的。

7. 顯示於發票上之貨物、勞務或履約行為之說明，應與顯示於信用狀中之說明相符合。但是並無「如鏡子影像（mirror image）般之要求」。

　　筆者之前到某一家企業講解信用狀實務，發現裡面的員工竟然認為發票上的大小寫跟單複數必須跟信用狀完全一致。我舉例說明"SET"寫成"set"是可以的，"100 PCS"寫成"100 PC"也是絕對可以的。因為他們公司有跟幾個客戶採信用狀交易，我就建議他們趕快買二本書好好閱讀，一本是《信用狀統一慣例（UCP600）》，另外一本是《國際標準銀行實務（ISBP 745）》，這二本書對銀行外匯部門而言，應該都算是聖經了。在此也建議，在公司負責進出口業務而且有接觸到信用狀的，也把這二本工具書好好看一下，遇有不懂的地方，直接跟開狀銀行或押匯銀行的專家請教，假以時日保證會功力大增。

8. 發票上之貨物勞務或履約行為之說明，應反映業已實際裝運發送或提供之貨物或勞務。例如：信用狀貨物的說明是：

　　10輛卡車及5輛牽引車（10 trucks and 5 tractors），如果部分出貨是允許的話，而本次出口商只出貨6輛卡車跟2輛牽引車，則以下發票上(1)跟(2)的打法都是正確的。

(1) 10 trucks and 5 tractors（原信用狀上數量、品名先打上去）

　　 6 trucks and 2 tractors（發票上實際出貨數量、品名再打上去）

(2) 6 trucks and 2 tractors（發票只打上實際出貨數量、品名）

9. 發票上對於「貨物品名」的敘述，可以有額外的資料，但是不能顯示出跟原貨物有不同性質分級或是類別為限，例如：

(1) 信用狀要求裝運麂皮鞋（Suede Shoes），但發票上寫仿麂皮鞋（Imitation Suede Shoes），這當然不行。〔麂（讀作ㄐㄧˇ），是指皮

革（動物皮）型態中的分層皮。〕

(2) 信用狀要求裝運液壓鑽機，但發票上寫二手液壓鑽機，這當然也不行。

10. 信用狀敘明貿易條件作為貨物說明的一部分時，發票上也應該如實填寫，例如：

(1) 信用狀上面表示"CIF Tokyo Incoterms 2020"，發票上務必全部照打"CIF Tokyo Incoterms 2020"。

(2) 信用狀上面只表示"CIF Tokyo"或"CIF Tokyo Incoterms"時，則發票上多打上最新版本"CIF Tokyo Incoterms 2020"也是可行。

　　建議：買賣雙方在一開始的詢報價當中，最好把貿易條件約定清楚，而且把適用的版本也一併標示。雖然Incoterms 2010跟Incoterms 2020的版本內容差異不大，但是萬一發生意外事故，且如果有一方忘了投保，就有可能因為版本的差異，造成雙方責任歸屬不清。

11. 發票不應敘明信用狀未要求之貨物、勞務或履約行為。實務上，買方下單向賣方採購成品，例如：冷氣、冰箱、洗衣機等等，業界的常規經常會有滿百送一或二，亦即採購的數量每滿一百台，可要求賣方免費加贈一台或二台。可是這一台或二台有時並非以成品方式直接進口，而是拆散或是未組裝的成套產品，它可作為日後進口成品不良或保固期限內的零件更換備品（spare parts）。這時候，買方開狀時，務必要把這一項免費的備品（free of charge spare parts）填上去，否則如果信用狀沒寫，賣方在發票上加上去，會有單據瑕疵被拒付的風險，如果賣方不在發票上加上去，進口報關被抽中C3查驗時，會有「貨證不符」的風險存在。

附件6-1 商業發票

COMMERCIAL INVOICE

1) Shipper / Exporter	8) NO. & DATE OF INVOICE	
DAEWOO ELECTRONICS CORP. 12-14TH FL.,NARAKEYUM JEODONG BUILDING, JEODONG 1 GA JUNGGU, SEOUL 100-031, KOREA	BIAJS80138K1	OCT. 27, 2008

9) NO. & DATE OF L/C

8FAGG2253-8130   OCT. 16, 2008

2) For Account & Risk of messers	10) L/C ISSUING BANK
▆▆ ELECTRIC AND MACHINERY CO., LTD. 5F, NO.▆▆, SAN CHONG ROAD, NAN-KANG, TAIPEI TAIWAN	AUSTRALIA AND NEW ZEALAND BANKING GROUP LTD., TAIPEI BRANCH, TAIPEI TAIWAN

3) Notify Party	11) REMARKS
▆▆ ELECTRIC AND MACHINERY CO., LTD. 5F, NO.▆▆, SAN CHONG ROAD, NAN-KANG, TAIPEI TAIWAN	ORIGINAL

4) PORT OF LOADING   KWANGYANG, SOUTH KOREAN PORT
5) FINAL DESTINATION   KEELUNG, TAIWAN
6) VESSEL / VOY NO.   WAN HAI 203 S249
7) SAILING ON OR ABOUT   OCT. 31, 2008

Marks and Numbers of PKGS	Description of goods	Quantity / Unit	Unit - Price	Amount
- NO MARK -	▆▆ BRAND WASHING MACHINE SHIPMENT TERMS : FOB SOUTH KOREAN PORT (SUBJECT TO INCOTERMS 2000)			
	MODEL NO. : W DETAILS AS PER P/O NO. : TX8KD049 1 PCT SPARE PARTS (FOC) : 2 CARTONS	204 SETS	@USD	USD 50,184.00
(206 CTNS)	TOTAL :	204 SETS		USD 50,184.00
	* L/C NO. : 8FAGG2253-8130			

DAEWOO
DAEWOO ELECTRONICS CORPORATION

Signed by   *S. C. Lee*

_____
AUTHORIZED SIGNATURE

國際貿易實務：附最新國貿大會考試題彙編詳解與重點整理

1. 這張單據是韓國出口商DAEWOO出給某台灣家電廠商的商業發票，產品是洗衣機，DAEWOO幫這家廠商代工（OEM），做好的成品一樣打上該家電廠商的品牌。

2. 這張發票格式有點面熟，上半部是不是很像海運提單？而且(3)的欄位還打上"Notify Party"，實務上，一般的發票很少會打上"Notify Party"欄位。

3. 交易產品名稱數量是204台洗衣機，但是因為附加了"1 PCT SPARE PARTS (FOC):2 CARTONS"，所以二個40'大櫃裡面一共裝了206 CARTONS，內含204台（箱）洗衣機加上2箱洗衣機零件備品。

4. 大部分的發票都會有日期，還有賣方的簽署。

單元二　裝箱單（packing list）

2.1　裝箱單

　　裝箱單（Packing List, P/L）又稱包裝單，係由出口商所編製，記載一批貨物各件包裝內容的文件，且為商業發票的補充文件。買賣的貨物如有不同內容，而以紙箱或木箱包件方式裝運時，商業發票上雖載有貨物數量或件數，但這些貨物分別裝載於第幾號箱，就需要靠裝箱單來補充說明。

2.2　功能

　　裝箱單主要功能是當成商業發票的搭配文件，商業發票上面記載出了多少項產品，總共出了幾件幾箱？必須在裝箱單上清楚明白的標示出來，也就是要把每一項產品裝在第幾箱號標示清楚。同時在裝箱單上面標示出淨重（net weight）、毛重（gross weight）、材積數（measurement）。

2.3　作用

　　裝箱單亦為常用的出口押匯文件之一，其作用如下：

1. 海關驗貨通關的參考文件。

2. 進口商核對貨物件數的參考文件。

3. 運送人點收或點交貨物的參考文件。

4. 運送人核計運費的參考文件。

5. 可做為公證行查對貨物包裝件數的參考文件。

6. 保險公司理賠時的必要文件。

2.4 其他

　　UCP600對於裝箱單沒有特別規定，但是在國際銀行標準實務上，有以下幾個要點：

1. 若信用狀要求提供裝箱單（packing list）時，則以提示包含有關貨物包裝之任何資訊，顯示符合裝箱單功能之單據為已足。亦即賣方提出的裝箱單上面的抬頭不管是packing note、packing slip都可以，只要具備上述2.2的功能就好。

2. 銀行只審查總值，包括但不限於總數量、總重量、總容積或總包裝數，以確定可適用之總值不與信用狀及任何其他規定單據上所顯示之總值相牴觸。

　　實務上，每一種單據具有不同的功能，發票上不需要顯示材積、重量；同樣的，裝箱單也盡可能不要打上單價或總金額，以免單據之間數字不一致，反而容易造成單據瑕疵問題。

2.5 裝箱單實例解說

附件6-2 裝箱單

PACKING LIST

1) Shipper / Exporter DAEWOO ELECTRONICS CORP. 12-14TH FL.,NARAKEYUM JEODONG BUILDING, JEODONG 1 GA JUNGGU, SEOUL 100-031, KOREA	8) NO. & DATE OF PACKING LIST BIAJS80138K1	OCT. 27, 2008

	9) NO. & DATE OF L/C 8FAGG2253-8130	OCT. 16, 2008

2) For Account & Risk of messers ■■■■ ELECTRIC AND MACHINERY CO., LTD. 5F, NO. ■■■■ SAN CHONG ROAD, NAN-KANG, TAIPEI TAIWAN	10) REMARKS

3) Notify Party ■■■■ ELECTRIC AND MACHINERY CO., LTD. 5F, NO. ■■■■ SAN CHONG ROAD, NAN-KANG, TAIPEI TAIWAN	ORIGINAL

4) PORT OF LOADING	KWANGYANG, SOUTH KOREAN PORT
5) FINAL DESTINATION	KEELUNG, TAIWAN
6) VESSEL / VOY NO.	WAN HAI 203 S249
7) SAILING ON OR ABOUT	OCT. 31, 2008

Marks and Numbers of PKGS	Description of goods	Quantity/ Unit	Net- Weight	Gross- Weight	Measure ment
— NO MARK —	'■■■■ BRAND WASHING MACHINE ———————————————— MODEL NO. : W DETAILS AS PER P/O NO. : TX8KD049 1 PCT SPARE PARTS (FOC) : 2 CARTONS	204 SETS			
(206 CTNS)	TOTAL :	204 SETS	9,996.00KGS	11,016.00KGS	100.000CBM

* L/C NO. : 8FAGG2253-8130
* THE MODEL AND QUANTITY OF EACH CONTAINER :
GATU4458731 / 104794 (MODEL : W1420UW AND 102 SETS)
WHLU4217335 / 809671 (MODEL : W1420UW AND 102 SETS)

	Signed by
# DAEWOO DAEWOO ELECTRONICS CORPORATION	*G. C. Lee* ————————————————— AUTHORIZED SIGNATURE

1. 這張裝箱單是上一張發票的搭檔，它的上半部跟發票長得一模一樣，不同的地方是裝箱單必須顯示出內外包裝所對應的產品項目或名稱，如果本次出貨有二個型號分裝二個貨櫃，就必須標示出哪一個櫃號裝載哪一個型號。

2. 本裝箱單只標示出總淨重、總毛重、總材積，因為只有一種型號，所以還好。基本上應該標示出每一個貨櫃的淨重、毛重跟材積。

3. 裝箱單左邊有打上"NO MARK"，整櫃貨（CY）不需要嘜頭，但是併裝貨（CFS）務必要打上嘜頭。

單元三　海運提單（ocean bill of lading）

3.1　分類

　　一般我們把貨物走海運時，運輸業者發給出口商的提單一律稱為海運提單，但是海運提單理論上可以分成以下三種：

1. 由定期輪船（liner ship）含卸載責任（berth term），或是有固定航次的運送人或承攬運送業者所發行的「港對港海運提單」（port to port ocean bill of lading）。

2. 由定期輪船（liner ship）含卸載責任（berth term），或是有固定航次的運送人或承攬運送業者發行的「複合式運送提單」（multimodal or combined transport bill of lading）。

3. 由不定期輪船（tramp ship）適用鉤到鉤（tackle to tackle）條件方式的業者所發行的「傭船提單」（charter party bill of lading）。

3.2　說明

　　上述的1.跟2.其實就是走貨櫃船，運輸業者發給託運人的海運提單，差別只是第1種海運提單（port to port bill of lading），運輸業者只負責港口到港口之間的運送。第2種複合式運送提單（multimodal or combined transport bill of lading）指的是，除了負責用船運從出口港到卸貨港以外，運輸業者還可能要負責港口前後兩端的內陸運輸，不管是用拖車還是火車。目前絕大多數的海運運輸業者都會提供這種海陸聯運的服務。

3.3 海運提單（ocean bill of lading）

1. 海運提單是運送人（carrier）或其代理人（agent）所發行交給託運人（shipper）的運送貨物收據，同時亦為運送人與託運人所訂定，將貨物由一地運至另一地的契約憑證，更重要的是海運提單本身是物權證書（document of title），萬一出口商已領取全套正本提單而不慎遺失，補發的程序非常麻煩，通常出口商必須登報作廢，另外還要押款（押款發票貨價的一倍或二倍）給發單的運輸業者，所以出口商拿到全套正本海運提單時，務必要保管好。出口商要寄提單給進口商時，原則上只要寄出一份即可，除非某些國家的進口商要求全套正本提單都要寄出，如果進口商有這樣的要求，出口商可考慮採用電報放貨的方式，以避免全套單據寄丟，後續補發的複雜程序。

【案例1】

　　某台灣出口商A出口一票貨要給德國客戶B公司，船開航後，出口商A直接寄出三張正本提單給A公司在德國的子公司C，德國子公司C收到之後，用一般郵件把三張正本提單寄給客戶B公司，不幸三張正本提單全部遺失。該海運提單的受貨人（consignee）欄位是直接打上客戶名稱B公司，也就是該提單是記名式提單。事後，台灣母公司A直接跟船公司「韓進」（Hanjin，按韓進海運已在2016年宣告破產）交涉，A公司已經將提單遺失事件登報作廢並告知韓進：「該提單是記名式提單，無法經由背書轉讓物權，請盡快協助補發提單或是在德國直接放小提單給客人。」台灣韓進不敢作決定，說要徵詢韓國母公司意見，一下子又問A公司是否直接押款比較快，可是台灣A公司是國內上市公司，要負責處理此一單據遺失事件的進出口單位去說服高層主管同意押款，不是一件簡單的差事。雖然「韓進」船公司是A公司指定與付運費，理應有權宜應變措施才對，但是

整件事情拖了將近一個月，最後台灣A公司跟德國B公司雙方都出具切結書給「韓進」之後，「韓進」的德國分公司才把小提單給放了。至於在德國碼頭貨櫃場產生的貨櫃延滯費（demurrage），經台灣韓進給予打折後，由台灣出口商A公司買單，支付大約2萬元新台幣，整個遺失單據的補發事件才告落幕。

結論

(1) 三張正本海運提單非常非常重要，公司取得全套正本海運提單後，務必要收好，千萬千萬要小心，不要被中午用餐的員工拿去當墊便當的用紙。

(2) 雖然正本海運提單都是物權證書兼有價證券，可是實務上萬一遺失，補發的程序其實是有一些差別的，從難到易排列如下：

① 走船公司，受貨人欄位打上"to order" or "to order of shipper"。

② 走船公司，受貨人欄位打上買方（記名式提單）。

③ 走承攬業，受貨人欄位打上"to order" or "to order of shipper"。

④ 走承攬業，受貨人欄位打上買方（記名式提單）。

原因是，船公司針對補發程序通常按規定制度走，不願意冒險或跟客戶套交情，承攬運輸業的小提單在船到後，已從船公司處換到，承攬業者通常為了方便客戶，會請客戶提供切結書之後，就有可能把小提單給放了，當然如果遺失提單的客戶是承攬業長期配合的大客戶的話，那處理起來可能會更輕鬆了。正本海運提單因為是有價證券，船公司要求客戶補發小提單的作法依法有據，但是正本提單如果真的遺失被路人甲拾獲，且順利報關並且把貨領出的情況，基本上是不太可能發生的。但是指示式（to order）提單是100%的物權證書，經由背書可轉讓貨物所有權，因此船公司對於遺失補發提單的作法相對保守是可以理解的。

（備註：如果出口商不是把三張正本一次全數寄出，正本寄丟一次、二次都還有救，絕大多數國家在進口地，買方只要提示一張正本海運提單，就可換取小提單。）

【案例2】

　　二十幾年前，台灣某知名電腦廠商A公司出口筆電給美國買方B公司，走海運整櫃（CY-CY），貿易條件FOB KEELUNG, TAIWAN，買方指定使用「美國總統號輪船股份有限公司」（APL）當運送人。海運提單是記名式提單亦即受貨人欄位（consignee）是美國B公司。當船抵達美國，買方B公司尚未收到A公司寄出的正本海運提單，遂要求APL先行放小提單（Delivery Order, D/O），美國APL未徵詢台灣出口商A是否同意，就逕行把小提單放給B公司。事後因台灣A公司跟美國B公司雙方有財務上的糾紛，A公司才沒有立即寄出正本提單，但是事後竟然發現美國APL已經把小提單直接放給B公司，而且貨物也被領走了。台灣A公司對APL提告，結果當然是APL敗訴。

結論

　　只要是正本海運提單（origina b/l）都屬物權證書、有價證券，不論是指示式提單（to order b/l）或是記名式提單（straight b/l），進口地運輸業者放小提單之前，務必要非常謹慎小心。

2. 海運提單具備以下三種功能：

(1) 收據（receipt）。

(2) 運送契約（contract）。

(3) 物權證書（documents of title）。

　　台灣海商法第53條稱為「載貨證券」，也可把它稱之為「有價證券」。

3. 海運提單的當事人

(1) 運送人（carrier）

① 負責運送貨物的當事人，通常為船公司或船務代理承攬業者。在台灣，船公司跟承攬業者大都會自行發海運提單，如果出口商走整櫃（CY）而且是直接跟船公司訂艙位，船開航之後，船公司會發給出口商海運提單，由船公司發出的海運提單，我們稱它是主提單（master bill of lading）。如果出口商是跟承攬業者訂艙，船開航之

後，船公司會發主提單給承攬業者，承攬業者再發分提單（house bill of lading）給出口商。

早期信用狀有時會規定：「賣方提示押匯的海運提單必須是由船公司發行，承攬業者發行的提單不接受。」如果是這樣的話，承攬業者就會要求船公司將海運主提單的託運人直接打上該出口商。但是這樣作的風險是原本客戶是屬於承攬業者的客戶，承攬業者把客戶的資料完全提供給船公司，日後承攬業者也會擔心，客戶會不會有一天被船公司給搶走？

② 海運提單右下角的簽署方式

如何判定拿到的海運提單是船公司發的主提單或是承攬業者發的分提單？日後大家拿到海運提單時，可以稍微留意一下提單右下角的簽署，還有單據事先印製的文字也會不太一樣的，原則上可分成以下幾種：

A. as carrier（本身是船公司或是以船公司身分發單）。

B. as agent for the carrier（代替船公司的代理業者發單）。

C. as agent on behalf of the carrier（代表船公司的代理業者發單）。

亦即如果發提單的業者本身是船公司、船公司本身指定的貨代，就會以as carrier身分發單，如果承攬業者本身只是代替或代表船公司發單的話，就必須事先打上as agent for the carrier或是as agent on behalf of the carrier的文字，而且發提單的代理業者必須在提單空白處把代替或代表哪一家船公司發單的船公司名稱打上去。（參照UCP600的第20條）

(2) 託運人（shipper）

指委託運送人運送貨物的當事人，通常就是出口商或是信用狀的受益人，在三角貿易下，有可能是真正的供應商或製造商。

(3) 受貨人（consignee）

指有權憑提單正本，要求運送人交付小提單的當事人，通常是進口商。這個欄位會有以下幾種標示方法：

① 雙方若是以信用狀交易，該欄位通常會打上"to order of issuing bank"，這時候真正的進口商就打在提單貨到通知人（notify party）的欄位。

② 雙方一樣以信用狀交易，該欄位直接打上進口商（假設是B公司）的全名，這種方式也是可行，不過必須注意的是，出口商（假設是A公司）收到的信用狀上面若規定：「海運提單受貨人欄位（consignee）要直接打上進口商B公司，並且要求出口商A要直接寄出一張正本海運提單給進口商B」這時候出口商應該慎重考慮是否要接受這樣的信用狀。因為進口商B收到一張海運正本提單時，船到港之後，就可以不用經過開狀銀行背書，直接拿正本提單換取小提單，這樣的信用狀對出口商而言，完全沒有保障，通常我們把信用狀有類似這種敘述或是風險很高的條件，稱為該信用狀有投降條款。

③ 雙方以託收（D/P or D/A）或是匯付（T/T）當成付款方式時，該欄位同樣有以下三種表示方法：

A. to order of shipper

　　賣方寄出海運提單之前，必須作空白背書（blank endorse）

B. to order

　　打上to order跟to order of shipper完全一樣，都是由賣方在提單背面作空白背書。

C. 直接打上買方公司全名

　　受貨人欄位直接打上買方或是進口商全名，我們稱之為記名式提單。理論上，記名式提單不得經由背書轉讓物權。但是在台灣，如果進口商（假設是B公司）進口這一票貨物之後，準備要將該批貨物直接轉賣給國內某家公司（假設是C公司），且發現由C公司直接報關進口，可能比較適合或是可省下一些稅費（C公司有可能是保稅工廠或是竹科的廠商），若決定由C公司報關進口時，有以下二種作法：

a. 可以在船到之前，請船公司把原受貨人名稱（B公司）直接改為另一家公司（C公司），船到之後，就由這家C公司的名義直接報關進口。

b. 萬一船到之後，原進口商B公司才決定要將這票貨改由這家C公司報關進口也是可行的。但是這時候，原進口商B公司要提出切結書＋貨物出讓書，另一家承接的C公司要提出貨物受讓書，把這三份文件同時提供給船公司跟海關，代表買賣雙方同意將該物權轉讓，而且是由受讓人C公司直接報關領貨。

上述a.跟b.的情況不多見，因為一旦由C公司直接報關進口，國外供應商的資訊跟價格都會一覽無遺，除非國外供應商、B公司、C公司三方是透明無商業機密的交易。

（備註：上述a.跟b.的作為，原本的進口商B公司必須提供全套正本海運提單，船公司才會受理更改受貨人。）

(4) 貨到通知人（notify party）

① 這個欄位跟受貨人欄位是有關聯的，亦即受貨人欄位若是打上to order of issuing bank、to order of shipper、to order，船抵港時，船公司不會通知打在該受貨人欄位的開狀銀行，而會直接把到貨通知書（arrival notice）發給位於該欄位的公司。

② 假設受貨人欄位（consignee）是A公司，貨到通知人欄位（notify party）是B公司的話，那船公司的到貨通知書，原則上是直接通知B公司，也有可能是A跟B都會通知。

③ 歐美許多公司行號，他們的分工比較細，受貨人欄位打上進口商，貨到通知人直接打上進口商配合的貨代或是報關行，而且船到之後，後續的換單、繳費、報關、提貨等作業，全部委由該貨代或是報關行來處理。

3.4 海運提單的分類

1. 已裝船提單（shipped b/l）

　　絕大多數出口商拿到的海運提單，都是已裝船的提單，這類的提單會事先印製shipped on board、laden on board等字樣在提單上，因為買賣雙方不管採用哪一種付款方式，賣方提供給買方的海運提單，務必會是貨物已經上船，而且是船已開航，由運輸業者發出的海運提單。

2. 備運提單（received for shipment b/l）

　　出口商貨物已進貨櫃場但實際尚未裝船，因為結關日距離開航日可能會有2~7天，甚至更長的天數（視近洋線、遠洋線以及貨櫃輪的大小會有不同的差異），如果出口商有急需領取海運提單的話，理論上，可請求運輸業者先發給備運提單。

　　據了解，台灣早期的出口商除了經常跑銀行趕三點半前軋支票以外，也經常趕著出口押匯。所以當出口商已經把貨（櫃）交到貨櫃場時，要求船公司先發給他們備運提單。出口商拿這份備運提單連同押匯文件，拜託往來的押匯銀行先行墊款（押匯動作），銀行主管基於老客戶的請託以及服務至上的原則，通常也會先同意墊款。等船開航之後，銀行再拿這份備運提單到船公司加註「裝載註記（on board notation）」或「裝船背書（on board endorsement）」，船公司在備運提單上面把裝載港、裝載日期、實際裝載的船名航次打在提單上。備運提單如果已加註「裝載註記」或「裝船背書」，其效力等同已裝船提單。或是有些船公司會直接收回備運提單之後，重新改發一套完整的已裝船提單來取代。

　　但是，可能因為近年來信用狀使用的比例已大量減少，或是銀行基於風險的考量，或是出口商也沒有這樣的需求，據了解，目前船公司已經不傾向發出備運提單給出口商了。

3.5 詳式提單與簡式提單

1. 詳式提單（long form b/l）

　　詳式提單是指提單背面有打上密密麻麻的運送契約，而且從提單外觀上會看出以下幾個特點：

(1) 通常會雙色或三色套印。

(2) 正面會打上original、duplicate、triplicate或是original、second original、third original。

(3) 右下角會有手寫親簽或畫押的字樣。

2. 簡式提單（short form b/l）

　　是指提單背面沒有印製密密麻麻的運送條款，除此之外，其正面與詳式提單完全相同。實務上，絕大部分的正本提單都會是詳式提單，因為正本提單本身是物權證書，誰持有提單，誰就擁有貨物所有權，所以發單的運輸業者為了慎重起見，比較不會出現簡式的正本提單。

3.6 運費已付與運費到付提單

1. 運費已付（freight prepaid）

　　海空運提單必須在單據上顯示主航程運費是否已支付。這項費用是依照買賣雙方的貿易條件來區分，運費該由誰支付，建議按舊版的國貿條規2000（Incoterms 2000）以字母區分比較容易判別。例如：

C類：CFR、CIF、CPT、CIP

或

D類：DAP、DPU、DDP

　　上述7種是由賣方支付（主航程）運費。

2. 運費到付（freight collect）

E類：EXW

或

F類：FCA、FAS、FOB

　　上述4種是由買方支付（主航程）運費。

3.7 海運提單實例說明

附件6-3 海運提單

Shipper.	B/L No.

Shipper:
DAEWOO ELECTRONICS CORP.
12-14TH FL., NARAKEYUM JEODONG
BUILDING, JEODONG 1GA JUNGGU
SEOUL 100-031, KOREA

B/L No.
0058028263
23

萬 海 航 運 股 份 有 限 公 司
WAN HAI LINES LTD.
BILL OF LADING

RECEIVED by the Carrier from the Shipper in apparent good order and condition unless otherwise indicated herein the Goods, or the container(s) or package(s) said to contain the cargo herein described to be carried subject to all the terms and conditions provided for on the face and back of this Bill of Lading by the vessel named herein or any substitute...

Consignee
TO THE ORDER OF AUSTRALIA AND NEW
ZEALAND BANKING GROUP LTD., TAIPEI
BRANCH, TAIPEI TAIWAN

Notify party (carrier not to be responsible for failure to notify)
████ ELECTRIC AND MACHINERY CO.,LTD.
5F, NO.███ SAN CHONG ROAD,
NAN-KANG, TAIPEI TAIWAN

SHIPPING AGENT REFERENCES (COMPLETE NAME AND ADDRESS)
WAN HAI LINES LTD
10TH FLOOR, 136, SUNG CHIANG ROAD TAIPEI,
TAIWAN
TEL : 25677961   FAX : 25216000

Ocean vessel / Voy No.	Pre-carriage by
WAN HAI 203 S249	

Port of loading	Place of receipt
KWANGYANG, SOUTH KOREAN PORT	KWANGYANG, SOUTH KOREAN PORT

Port of discharge	Place of delivery	Final destination (for the Merchant reference)
KEELUNG, TAIWAN	KEELUNG, TAIWAN	

Container No. Seal No. Marks and Numbers	Number of containers or packages	Kind of Packages; Description of goods	Gross weight/ Measurement
FCL/FCL GATU4458731 40SD86 WHLN104794 WHLU4217335 40SD86 809671 -NO MARK-	2 CTRS (206 CTNS)	"SHIPPER'S PACK LOAD COUNT & SEAL" "SAID TO CONTAIN" █████ BRAND WASHING MACHINE MODEL NO.: W 204 SETS DETAILS AS PER P/O NO.:TX8KD049 1 PCT SPARE PARTS (FOC) : 2 CARTONS *FREIGHT COLLECT *L/C NO.: 8FAGG2253-8130 SAY : TWO CONTAINERS ONLY "FREIGHT COLLECT"	11,016.00 KGS 100.000 CBM

ORIGINAL

Freight payable at	Ex. Rate	No. of original B(s)/L	Place and date of issue
DESTINATION	1428.5	THREE (3)	KOREA OCT 31 2008

ALL AS ARRANGED

Laden on board	
Date OCT 31 2008 WAN HAI 203 S249 KWANGYANG, SOUTH KOREAN PORT	WAN HAI LINES KOREA LTD. By **AS AGENT FOR THE CARRIER** WAN HAI LINES LTD.

1. 這張海運提單是前面發票跟裝箱單的搭檔。從左上方三個欄位，我們知道這票貨是一開始台灣某家電廠商透過一家澳洲紐西蘭銀行的台北分行（AUSTRALIA AND NEW ZEALAND BANKING GROUP LTD. TAIPEI BRANCH.）開出信用狀給韓國的大宇公司（DAEWOO），所以絕大部分的開狀，台灣廠商都會在信用狀上要求賣方在海運提單的受貨人（consignee）欄位打上待開狀銀行指示（TO THE ORDER OF AUSTRALIA…），然後在貨到通知人欄位打上申請人，也就是該進口商。

2. 中間左邊部分一樣是船名、航次，貨物從韓國光陽港（KWANGYANG）到台灣基隆港。中間加框的敘述2 CTRS (206CTNS)，表示二個貨櫃共裝載206箱用紙箱包裝的洗衣機加備份零件。

3. 這張海運提單是正本，是由萬海船公司的代理（AS AGENT FOR THE CARRIER…WAN HAI LINES LTD.）在韓國所發出三張正本海運提單的其中一張。

單元四　複合式運送單據（multimodal or combined transport document）

　　所謂複式運送：單一運送人承擔之貨物運送服務，涵蓋二種或二種以上之運送方式，而其中至少有一種是海上運輸（即為複式運送）。若海運提單除了載有貨物裝運港和卸貨港，同時亦載有貨物收受地（place of receipt）及／或交付地（place of delivery）也是複合式運送提單。

　　單元四複合式運送單據跟單元三的海運提單，基本上差異不大，只要是由定期貨櫃輪船業者本身、業者代理或是海運承攬運送業者發行，而且貨物本身裝載於貨櫃所發出的提單，基本上都可以算是複合式運送單據，但是我們一般還是統稱或是直接稱它們為海運提單。

　　目前大多數運輸業者在他們所發行單據的最上方抬頭部分也已經事先打上"port to port or multimodal (combined) transport bill of lading"，差別就在於

該提單有無涉及真正的內陸運輸而已。

4.1　複合式運送單據內容介紹

　　載運貨櫃的相關運輸業者所發行的提單，基本上都是複合式運送單據，像是長榮、陽明、萬海，他們都可以提供複合式的運送服務，亦即利用二種以上的運輸方式（海運＋陸運）把客人的貨物從出口國的內陸或港口送到進口國的卸貨港或是內陸大型的集散站（hub or depot），例如：台灣出口商A從高雄港出口一個40'貨櫃要到美國芝加哥給進口商B，貿易條件CPT Chicago, USA，出口商A選擇走長榮海運。物流可能會是：

1. 台灣出口商領空櫃在自家工廠或倉庫裝好貨，再把重櫃交到桃園長榮貨櫃場。
2. 長榮貨櫃場用拖車把貨櫃從長榮貨櫃場南拖到高雄貨櫃場。
3. 待出口報關放行後，長榮再利用貨櫃場內的拖車把貨櫃拉到高雄碼頭邊準備上船。
4. 船開航14天之後抵達美國西岸洛杉磯（Los Angeles），貨櫃從船上卸下後再吊上雙層貨櫃火車（double stack train），火車從西部沿途開往東部，當貨櫃抵達芝加哥卸載後，長榮海運就完成這個陸運＋海運＋陸運的複合運送任務。

　　長榮海運發行的複合式運送提單部分欄位的標示如下：

place of receipt: Taoyuan

loading port: Kaohsiung

discharge port: Los Angeles

place of destination: Chicago

　　所以實務上，只要是貨物裝載於貨櫃所發行的提單，基本上都是複合式運送提單。而部分貨物如大宗物資、黃豆、小麥、玉米、煤礦、鐵礦砂、矽鋼片等等，習慣以散裝輪船運輸，或是採用散裝船運輸比較經濟實惠又方便上下貨的話，船公司發給託運人的海運提單稱為傭船提單（charter party ocean bill of lading）

（備註：即便是傭船提單，單據表面不會顯示charter party字樣。）

4.2　複合式運送單據實例說明

附件6-4　複合式運送單據EMC

1. "BILL OF LADING-NOT NEGOTIABLE UNLESS CONSIGNED TO ORDER"該正本提單標示「除非受貨人欄位以"TO ORDER"型態出現否則該提單不得轉讓」。我們先看一下附件6-4的3.確實有出現"TO THE ORDER OF FIRST COMMERCIAL BANK HEAD OFFICE (TAIPEI)"，所以該提單只要有第一銀行的背書，就可轉讓物權。

2. SHIPPER：泰國XXX公司出貨給台灣XXX公司。

3. CONSIGNEE：買賣雙方採信用狀交易的方式，這個欄位大都會這樣標示。有些開狀銀行允許申請人在受貨人這個欄位直接打上進口商。

4. NOTIFY PARTY：在信用狀的場合，這個欄位出現的通常會是真正的進口商。亦即台灣的XXX進口商透過第一銀行開出信用狀給泰國的XXX出口商。

5. Document Number.：提單號碼可作為進出口商跟船公司詢問船舶預計到達日、進儲地點、發放小提單日期的依據，即便實務上有轉船，船名會更改，但是提單號碼不會變。

6. 在右上方的空白處貼了二張印花，泰國出口的海運提單會貼上印花稅證。

7. 這些欄位顯示了船名、航次而且收貨點是泰國曼谷（BANGKOK, THAILAND），出口港是LAEM CHABANG，台灣譯為蘭加鎊，是泰國最大海港，也是曼谷外港之一。卸貨港是基隆港，最終目的地也是基隆。

8. 因為出口二個40'大櫃，所以在這地方打上貨櫃號碼跟封條號碼就好。

9. quantity and kind of packages

　　走海運時，不論採整櫃或併櫃，若外觀包裝使用pallet、skid、bundle、package等單位表示，必須把內包裝件數打上去。例如本例的(207SETS)或207CARTONS。

10. Description of Goods

　(1) 貨物的描述不用跟發票完全一模一樣，只要寫出簡要的型號、規格、品名、件數就好，但是如果信用狀有規定，就必須按信用狀規定繕打。

　(2) 這個區塊有打上P/O NO.、L/C NO.、INVOICE NO.等，因為是採信用

狀交易，所以賣方的所有文件必須依照買方的指示繕打。

(3) 其下出現"shipper's load and count"表示「拖運人自行裝載與清點」，因為整櫃運送時（CY/CY），託運人自行裝櫃上封條之後，就交給運輸業者，運輸業者依照託運人的指示，在提單打上品名、件數、材積，所以會標註該段文字。

11. Measurement（M）、Gross Weight（KGS）

　　必須把每一貨櫃的毛重跟材積數打上去，最後還要加總。

12. Service Type/Mode：運送模式

(1) FCL/FCL代表出口商整櫃交泰國曼谷貨櫃場／進口商通關放行後，自基隆地區貨櫃場整櫃提領。

(2) R/O代表：Ramp/Ocean或是Rail/Ocean，泰國首都曼谷（BANGKOK），它只是河港大船進不去，所以通常用拖車或是火車拉到蘭加鎊（LAEM CHABANG）上船，再用海運出口到卸貨港基隆。

13. Numbers of Original B(s)/L

(1) 正本海運提單是物權證書，所以船公司一共發出多少張正本，必須清楚的標示，這裡打上THREE(3)，表示泰國的長榮海運發給託運人三張正本提單。在進口國只要提示一張正本給船公司換取小提單之後，另外二張正本就失效。

(2) 如果賣方有押匯需求，信用狀通常會要求賣方必須提示全套（full set）正本海運提單押匯，那到底全套正本提單是發行多少張正本？實務上99.99%都是發行三張正本，但理論上，如果出口商真的有需求的話，可以請公司加發正本張數，只是目前筆者問過許多船公司，都說從來沒有遇過就是。

14. Place of B(s)/L Issue date

　　走海運務必記住，先開船再發單，雖然發單日跟開船日經常會在同一天，如果不是同一天，發單日必須在開船日後面。

15. Laden On Board

　　船公司在這個位置把提單上標示的船名航次、出口港、開航日打上去，也可稱這樣的標示叫做「裝載註記」或是「裝載背書」，意思是如果欄位7.的Pre-carriage by有出現陸上或海上運輸工具時，船公司會在第15欄標示真正的船名航次、出口港、開航日。

16. Exchange Rate

　　雖然打上換算匯率USD1=THB31.36，不過因為該海運提單的海運費是到付（ocean freight collect），所以泰國託運人不需要負擔泰國到台灣的海運費。

17. EVERGREEN SHIPPING AGENT (THAILAND) CO.,LTD. As agent for the carrier

　　發出正本海運提單的是長榮海運在泰國的代理，所以它代替長榮海運船公司發出提單（As agent for the carrier）。

單元五　不可轉讓海運貨單
（non-negotiable sea waybill）

5.1　前言

　　除傳統海運提單外，另外有一種海運單據使用在關係企業之間或是買賣雙方長期交易且採預付貨款（advance payment）或是先出貨再收款的記帳方式（O/A）時，可選擇採用海運貨單（seaway bill）來取代海運提單（ocean Bill of Lading）。因為採取傳統海運提單時，賣方通常必須寄出一張正本海運提單給買方，有時候船舶航行天數短，往往造成船已到，但是買方尚未收到正本提單，導致無法換取小提單報關領貨的窘境，因此會以這種海運貨單來取代海運提單。

　　出口商要申請改發海運貨單時，每家船公司的規定不太一致，通常必須提出申請書告知船公司買賣雙方之間的關係，甚至買賣雙方之間的貿易條件

也會是個考量的重點。實務上，如果是關係企業之間的交易或是買賣雙方都是當地知名企業的話，大致上不會有太大的問題。另外，船公司跟海運運送承攬業之間原本應該發行的主提單，因為出口地跟進口地的承攬業者原本就是相互配合的夥伴，所以大都會採用海運貨單或是電放方式來取代海運主提單的發行。

5.2 海運貨單的特色

1. 只有船公司或船公司指定的代理業者才可以發行，一般的海運承攬業者不能發行海運貨單。

2. 一定是不可轉讓（non-negotiable）的記名式貨單，例如：A公司出貨給B公司，貨單上的受貨人欄位（consignee）只能打上B公司，不可打上to order、to order of shipper、to order of issuing bank等等。

3. 它是「非物權證書」（non-document of title）

　　船公司發給出口商海運貨單，出口商只要電傳給進口商即可。船到時，進口商憑海運貨單副本（有可能再加上切結書以及證明本身就是進口商的簽樣文件），就可以換取小提單。所以大家經常把傳統海運提單（bill of ladig）換取小提單稱為「認單不認人」，而海運貨單（seaway bill）換取小提單時，稱為「認人不認單」。

5.3 海運提單 vs. 海運貨單 vs. 電報放貨

　　海運貨單早在三十幾年前就已經出現，感覺上它比傳統海運提單方便，但是礙於本身使用上的一些限制，目前就這二種單據使用上的比例，其實仍以傳統海運提單占多數。以下我們把這二種單據再加上實務上經常使用的「電報放貨」來作一個比較：

	海運提單 （bill of lading）	海運貨單 （seaway bill）	電報放貨 （surrendered b/l）
收據	○	○	×
運送契約	○	○	×
物權證書	○	×	×
賣方藉由單據掌控貨物所有權	○	×	×
藉由背書可轉讓貨物所有權 （記名式提單straight b/l除外）	○	×	×
環保、類數位化	×	○	○
作為信用狀押匯文件 （運送單據）	○	理論上不適合 實務上極少見	理論上不適合 實務上極少見
發行或使用條件	正常	有限制	正常
單據費用	海運提單費	海運貨單費	海運提單費 ＋電放費
使用比例	相較於電報放貨約40%~60%	很少	相較於領取正本提單約60%~40%

備註：2020年因為疫情的影響，採電報放貨的比例超過70%。

20151001　　0948

3 Shipper
TECO ELECTRIC & MACHI..RY CO., LTD.
10F, NO.3-1, YUANCYU ST., NAN-KANG,
TAIPEI 115, TAIWAN

2. WAYBILL No.
8522　　KKLUTW3008878
WAYBILL

K "K" LINE
KAWASAKI KISEN KAISHA, LTD.

4 Consignee
TECO-WESTINGHOUSE MOTOR COMPANY
5100 NORTH IH35, ROUND ROCK,
TEXAS 78681 U.S.A.
TEL:1-800-573-8326

1. WAYBILL

DRAFT NON-NEGOTIABLE

5 Notify Party
EXPEDITORS INTERNATIONAL
C/O:BROKERAGE DEPT 8000 CENTRE
PARK DRIVE, SUITE #150
AUSTIN, TX 78754
TEL:512-491-8610

RIC0014504

6.

Pre-Carriage by	Place of Receipt KEELUNG, TAIWAN CY
Ocean Vessel　　Voy No. V.015A HANGZHOU BAY BRIDGE	Port of Loading KAOHSIUNG, TAIWAN
Port of discharge SAVANNAH, GA	Place of Delivery SPARTANBURG, SC DOOR

Final destination (for the Merchant's reference)

7. Container No. Seal No.
Marks and Numbers

No. of Containers or pkgs.

8. Kind of packages; description of goods

9.

Gross weight(KGS)　Measurement(CBM)

KKTU7891559　CBL00686
(20DRY86)
KKTU7942403　CBL00662
(20DRY86)

TWMC
(IN DIA.)
CHARLESTON
C/NO.1-31,901,
301-302,401,
501-502
MADE IN TAIWAN

30CRT

7CRT

"SHIPPER'S LOAD AND COUNT"
2 CONTAINER(S)
37 CRT
AC INDUCTION MOTOR
INV NO.LTC018/15G,LTC021/15L

2 CONTAINER(S) (37 CRT)

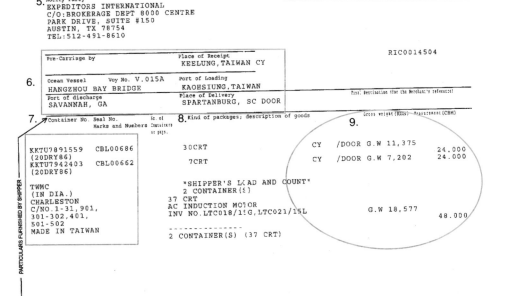

CY　/DOOR G.W 11,375　　24.000

CY　/DOOR G.W 7,202　　24.000

G.W 18,577　　48.000

Total No. of Containers or Packages（in words） **10** TWO (2) CONTAINER(S) ONLY

G.W 18,577　　48.000

11

Freight and Charges	Revenue Tons	Rate	Per	Prepaid	Collect
O.FRT	2.000	USD2,520.00/P20			USD5,040.00
FAF	2.000	USD616.00/P20			USD1,232.00
THC	2.000	TWD5,600/P20		TWD11,200	
CONTAINER SEAL CHARG	2.000	TWD195/SL		TWD390	
ORIGIN DOC FEE	1.000	TWD1,500/BL		TWD1,500	
		"FREIGHT COLLECT" TOTAL		TWD13,090	USD6,272.00

Ex. Rate	Prepaid at TAIPEI	Payable at RICHMOND	Place and date of issue TAIPEI
	Total prepaid in local currency	**12** No. of Original WAYBILL(s) NIL	**13** KAWASAKI KISEN KAISHA, LTD. AS CARRIER
Shipped on board the vessel			

BY
"K" LINE (TAIWAN) LTD.
AS AGENTS FOR THE CARRIER

BY
"K" LINE (TAIWAN) LTD.
AS AGENTS FOR THE CARRIER

1. 貨單上面直接打上"WAY BILL"而且標註是"DRAFT NON-NEGITIABLE"非正本不可轉讓，是由日本"K LINE"船公司發行。

2. 右上方一樣有提單號碼。

3. 出口商是台灣的TECO。

4. 進口商是美國的"TECO-WESTINGHOUSE"（TECO-WESTINGHOUSE是台灣母公司TECO的美國子公司）。

5. 貨到通知人：EXPEDITORS，美國分工細，貨到之後，直接由EXPEDITORS公司處理報關及後續內陸運送事宜。

6. 接管地是基隆貨櫃場，因為船只靠高雄，所以船公司必須把貨櫃從基隆南拖到高雄碼頭。海運部分會從高雄港到美國東部的薩凡納港口（SAVANNAH），貨櫃卸下後再由火車或是拖車拉到斯巴達堡（SPARTANBURG）。這也是一張典型的複合式運送單據「陸運＋海運＋陸運」。

   〔備註：高雄港到薩凡納港口是走全水路（all water）經過巴拿馬運河抵達，有別於利用美國的迷你陸橋（mini-land bridge），貨櫃在美國西岸卸下後，利用火車載往東部港口或大城市。〕

7. 走整櫃嘜頭非必要，只要打上櫃號跟封條號碼就好，該提單也打上了嘜頭，有可能是貨物抵達美國斯巴達堡時是要進儲倉庫，因此打上嘜頭方便倉儲人員拆櫃後的辨識與堆疊作業。

8. 這地方是敘明產品的箱數、型號、品名以及一些必要的資訊，如果是整櫃運輸，船公司或承攬業者會在這地方先打上「託運人自行裝載與清點」（shipper' load and count）或是「據託運人告知」（said to contain），表示該提單內容完全是根據託運人提供的資料繕打，船公司的責任只要將貨櫃原封不動，重量不減的狀況下，運到提單標示的最終目的地即可。

9. 這地方要把每一個貨櫃的毛重與材積打上去，最後再加總。

10. 商業發票的總金額很重要，所以有些發票除了數字，還會把大寫金額打上去。對海運提單而言，件數或櫃數相對重要，所以有些會把大寫的櫃數或箱數數量打上去。

11. 這張提單很特殊，為什麼？絕大多數的海運提單上面不會打上海運費跟其他費用，因為不管運費是賣方預付（freight prepaid），還是買方到付（freight collect），都沒有義務讓對方知道。這張提單之所以打上海運費還有兩地的運雜費是因為買賣雙方是關係企業，雖然運費是到付，但是實際上是賣方在台灣幫買方詢價，因此要求船公司打上主航程海運費跟兩地的運雜費，順便也藉由提單上的價格告知美國的子公司，海運費照提單標示支付就對啦！

12. 如果船公司有發行海運提單正本，必須標示發行多少張正本，"NIL"代表沒有發行正本，因為海運貨單非物權證書，所以沒有發行正本貨單的需求。

13. 右下角KAWASAKI KISEN KAISHA, LTD.是日本一家船公司「川崎」，大家習慣稱為"K LINE"，原本應該簽名的地方打上"K LINE (TAIWAN) LTD. AS AGENTS FOR THE CARRIER"。表示「台灣川崎」代替「日本川崎船公司」簽發海運貨單，因為海運貨單不需要正本，所以也就不用簽名。

單元六　傭船提單（charter party bill of lading）

6.1　說明

自從貨櫃發明且大量使用在海運運輸之後，確實讓海運運輸成本大幅下降且運送效率跟速度大幅提升。可是部分產品像大宗物資的黃豆、小麥、玉米，因為單次的運輸量大、產品本身單價不高、包裝成本也不便宜，若使用貨櫃裝載，除了效率不高以外，運費成本也會增加。另外，像是製造馬達必須使用的原物料矽鋼片（silicon steel），每一卷重量大約有5噸重，材積約2立方公尺，外觀呈現圓柱體狀。假設某公司一次採購100公噸矽鋼片至少要用到25個20'小櫃來裝載，先撇開運費問題，單是要把4捲矽鋼片裝進一個20'小櫃就要先一捲一捲用堆高機放進去，然後再一捲一捲牢牢固定在貨櫃

內的木板上。當船抵達目的地時，類似的卸櫃作業還要重新再來一次，所以矽鋼片走貨櫃肯定是不划算的。另外，像煤礦、鐵礦砂、鋁錠、汽車等等，同樣也不適合用貨櫃裝載。

6.2　傭船提單特性

1. 傭船提單（charter party bill of lading）是散裝船運輸業者提供給託運人的收據、運送契約也是物權證書。

2. 正本傭船提單背面雖然也有運送契約，但是託運人如果有跟運送人簽訂傭船契約時，該契約的效力優於提單背面的運送契約。

3. 右方圖片是某公司自日本進口矽鋼片，船抵達基隆港時，在碼頭卸貨的情形。

圖片來源：筆者於基隆碼頭散裝船上與船邊攝影。

附件6-6 傭船提單

Shipper
█████ INTERNATIONAL TRADING CO., LTD.
ROOM ███ █-███ HUBIN SOUTH RD. XIAMEN CHINA
TEL:86-5922██████ FAX:86-5922██████

B/L No.
AMKH-01

AS CARRIER:
DERYOUNG MARITIME CO., S.A.

Consignee
█████ ENTERPRISE CO., LTD.
NO. 3, ███ ████ 1ST TA FA INDUSTRIAL ZONE
KAOHSIUNG CITY 831, TAIWAN.

BILL OF LADING

SHIPPED on board the vessel, the Goods, or the total number of Containers or other packages or units enumerated below in apparent external good order and condition except as otherwise noted for transportation from the Port of Loading to the Port of Discharge subject to all the terms and conditions hereof (including the terms and conditions on the reverse hereof).

Notify Party
█████ ENTERPRISE CO., LTD.
NO. 3, ███ ████ 1ST TA FA INDUSTRIAL ZONE
KAOHSIUNG CITY 831, TAIWAN.

One of the original Bills of Lading must be surrendered duly endorsed in exchange for the Goods or Delivery Order unless otherwise provided herein. In accepting this Bill of Lading the Merchant expressly accepts and agrees to all its terms and conditions, whether written, stamped, printed or otherwise incorporated, as fully as if signed by the Merchant.
IN WITNESS whereof the number of original Bills of Lading stated below have been signed, one of which being accomplished, the other(s) to be void.
(TERMS OF THIS BILL OF LADING CONTINUED ON THE BACK HEREOF)

Local Vessel*	From
Ocean Vessel DERYOUNG SUNFLOWER	Voy. No. V-288	Port of Loading XIAMEN PORT OF CHINA

Port of Discharge
KAOHSIUNG PORT, TAIWAN

For Transhipment to (if on-carriage) *

Final Destination (for the Merchant's reference only) *

Marks / Numbers	No. of P'kgs or Units	Kind of Packages or Units; Description of Goods	Gross Weight	Measurement
GT	3 PCS vvvvvvvv	ROUGH MARBLE BLOCKS CRYSTAL WOODEN	84,940KGS	24.241M3

NON-NEGOTIABLE COPY

ON BOARD DATE: 05/DEC/2017

"FREIGHT PREPAID"

SAY TOTAL: THREE (3) PIECES ONLY.

TOTAL NUMBER OF PACKAGES OR UNITS (IN WORDS)

Declared value USD_____ subject to Clause 21(1) overleaf. If no value declared, liability limit applies as per Clause 21(2).

FREIGHT & CHARGES	Revenue Tons	Rate	Per	Prepaid	Collect
				AS ARRANGED	

| Number of Original B(s)L THREE (3) | Payable at HONG KONG | | | Place & Date of issue XIAMEN, CHINA | 05/DEC/2017 |

*See Clause 19

AS AGENT FOR THE CARRIER:
DERYOUNG MARITIME CO., S.A.

國際貿易實務：附最新國貿大會考試題彙編詳解與重點整理

PARTICULARS FURNISHED BY SHIPPER BUT NOT ACKNOWLEDGED BY THE CARRIER

7.1 前言

先說明一下，聯運指的是一種運送方式，實務上看不到提單上面有標示聯運的提單（through b/l）。聯運提單跟複合或聯合運送單據（multimodal or combined transport document）基本概念是一樣的，只是前者有可能只是海運＋海運的轉船，例如：從韓國釜山港（Busan）到中國大陸鹽田港（Yantian），貨物在香港轉船後，再用接駁船（feeder）從香港拉到鹽田，而所謂的聯運指的是後段香港到鹽田這一段的轉運（船）作業，它是根據前段韓國運輸業者發給託運人（shipper）的全程海運提單（釜山到鹽田），然後在香港發出轉運提單，所以這個轉船的作業加上這二份提單的接續作業，這過程就是所謂的「聯運」。

7.2 海運提單條款（clauses of bill of lading）

早期正本海運提單背後的運送契約條款之一有寫道"Through Bill of Lading" as used herein refers to this contract of carriage when it covers the carriage of the goods from the place of receipt from the merchant to the place of delivery to the merchant by the carriers plus one or more underlying carriers。據長榮海運前船長邱展發的解釋：「聯運提單在本提單所表彰的契約運送，指由運送人加上一個或多個相繼運送人所承運，包括貨物自貨方交運地至運送人交付予貨方之交付地的運送過程。」

另外邱船長也對聯運提單作了以下的說明：「聯運提單具有與傳統提單相同之功能。一般而言，聯運提單所表彰的契約運送，為自貨物交運地至交付地的運送過程中包含至少兩個不同運送方式，而其中至少有一個方式必須是海上運送。例如：貨物由遠東經海上運送至美國西岸，再經鐵路運至東岸，即典型的複式運送，所簽發的提單通常即為聯運提單。」由此可

見，聯運就是複式運送（multimodal transport），也是聯合運送（combined transport）。

7.3　筆者對於聯運提單的解讀

海運提單背面的運送契約部分內容是根據1924年的海牙規則、1968年海牙威士比修正案以及1936年批准通過的美國海上貨物運送法（Carriage of Goods by Sea Act, COGSA）擬定，那個年代貨櫃輪尚未出現或是剛在啟蒙階段，因此聯運運送作業演進到今日，我們用複式（multimodal）或聯合運送（combined）的名稱來取代聯運。讀者可參考信用狀統一慣例（UCP600）第19條，針對「涵蓋至少二種不同運送方式之運送單據」有作了非常詳細的說明，其內容跟聯運的運作方式應該也是大同小異。

7.4　聯運提單實例說明

1. 台灣本島面積範圍不大，有些船北、中、南部港口都會停靠，有些船只停靠北部或南部港口，之後再用拖車南拖或北運。香港本身貨運量很大，香港國際貨櫃中心（HONG KONG INTERNATIONAL TERMINAL, HIT）可以24小時停靠船舶與進行通關作業，但是費用較高。很多大船抵達香港後不停靠HIT，直接用接駁船（feeder）在海上作業，把要轉運到中國大陸的貨櫃利用躉船上的吊具從大船上把貨櫃直接吊掛到接駁船，再由接駁船負責後段的行程，我們從以下三張連貫的提單內容就可以很清楚看出來，「聯運」其實指的就是貨物從韓國到香港，再由香港轉船到深圳鹽田一連串的運輸作業，而聯運提單指的就是一開始韓國DONGSHIN承攬業者發給韓國託運人A的全程海運提單。

2. 聯運提單(3-1)：

附件6-7　DONGSHIN

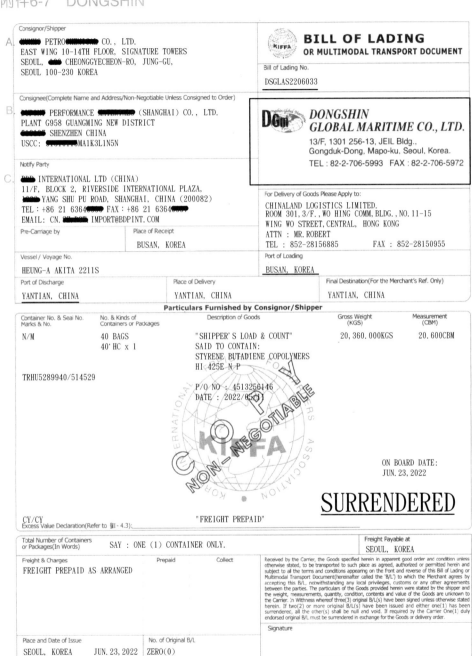

Consignor/Shipper
███████ PETRO██████████ CO., LTD.
EAST WING 10-14TH FLOOR, SIGNATURE TOWERS
SEOUL, ███ CHEONGGYECHEON-RO, JUNG-GU,
SEOUL 100-230 KOREA

BILL OF LADING
OR MULTIMODAL TRANSPORT DOCUMENT

Bill of Lading No.
DSGLAS2206033

Consignee(Complete Name and Address/Non-Negotiable Unless Consigned to Order)
██████ PERFORMANCE ██████████ (SHANGHAI) CO., LTD.
PLANT G958 GUANGMING NEW DISTRICT
██████ SHENZHEN CHINA
USCC: ████████MA1K3L1N5N

DONGSHIN GLOBAL MARITIME CO., LTD.
13/F, 1301 256-13, JEIL Bldg.,
Gongduk-Dong, Mapo-ku, Seoul, Korea.
TEL : 82-2-706-5993　FAX : 82-2-706-5972

Notify Party
BDP INTERNATIONAL LTD (CHINA)
11/F, BLOCK 2, RIVERSIDE INTERNATIONAL PLAZA,
████ YANG SHU PU ROAD, SHANGHAI, CHINA (200082)
TEL : +86 21 6364████ FAX : +86 21 6364████
EMAIL: CN.████████IMPORT@BDPINT.COM

For Delivery of Goods Please Apply to:
CHINALAND LOGISTICS LIMITED.
ROOM 301, 3/F., WO HING COMM. BLDG., NO. 11-15
WING WO STREET, CENTRAL, HONG KONG
ATTN : MR. ROBERT
TEL : 852-28156885　　　FAX : 852-28150955

Pre-Carriage by	Place of Receipt BUSAN, KOREA

Vessel / Voyage No. HEUNG-A AKITA 2211S	Port of Loading BUSAN, KOREA

Port of Discharge YANTIAN, CHINA	Place of Delivery YANTIAN, CHINA	Final Destination(For the Merchant's Ref. Only) YANTIAN, CHINA

Particulars Furnished by Consignor/Shipper

Container No. & Seal No. Marks & No.	No. & Kinds of Containers or Packages	Description of Goods	Gross Weight (KGS)	Measurement (CBM)
N/M TRHU5289940/514529	40 BAGS 40' HC x 1	"SHIPPER'S LOAD & COUNT" SAID TO CONTAIN: STYRENE BUTADIENE COPOLYMERS HI 425E N P P/O NO : 4513256146 DATE : 2022/05/11	20,360.000KGS	20.600CBM

ON BOARD DATE:
JUN. 23, 2022

SURRENDERED

CY/CY
Excess Value Declaration(Refer to §Ⅱ-4.3):

"FREIGHT PREPAID"

Total Number of Containers or Packages(In Words)	SAY : ONE (1) CONTAINER ONLY.	Freight Payable at SEOUL, KOREA

Freight & Charges	Prepaid	Collect
FREIGHT PREPAID AS ARRANGED		

Received by the Carrier, the Goods specified herein in apparent good order and condition unless otherwise stated, to be transported to such place as agreed, authorized or permitted herein and subject to all the terms and conditions appearing on the front and reverse of this Bill of Lading or Multimodal Transport Document(hereinafter called the 'B/L') to which the Merchant agrees by accepting this B/L, notwithstanding any local privileges, customs or any other agreements between the parties. The particulars of the Goods provided herein were stated by the shipper and the weight, measurements, quantity, condition, contents and value of the Goods are unknown to the Carrier. In Witness whereof three(3) original B/L(s) have been signed unless otherwise stated herein. If two(2) or more original B/L(s) have been issued and either one(1) has been surrendered, all the other(s) shall be null and void. If required by the Carrier One(1) duly endorsed original B/L must be surrendered in exchange for the Goods or delivery order.

Signature

Place and Date of Issue SEOUL, KOREA　　JUN. 23, 2022	No. of Original B/L ZERO(0)	*DONGSHIN GLOBAL MARITIME CO., LTD.*
Bill of Lading No. DSGLAS2206033		As a Carrier

Authorized By Korea International Freight Forwarders Association 1997 (210 × 297㎜)

韓國A公司出口一票要給中國大陸深圳的B公司，貿易條件可能是CFR YANTIAN, CHINA，所以A公司找了DONGSHIN承攬運送業者協助出貨到深圳鹽田。這張提單特性：

(1) A公司找DONGSHIN負責全程從韓國釜山到中國大陸鹽田。

(2) DONGSHIN如何安排香港到鹽田的後段航程，出口商不一定會過問或不一定會知情。

(3) 貨抵達鹽田，只要賣方確保買方可以換取小提單領貨即可。

3. 聯運提單(3-2)：

Shipper
DONGSHIN GLOBAL MARITIME CO.,LTD.
O/B OF KUMHO PETROCHEMICAL CO., LTD
SEOUL, KOREA.

B/L NO.
HASLK01220603459

興亞LINE株式會社
HEUNG A LINE CO., LTD.
As Carrier

Consignee
CHINALAND LOGISTICS LIMITED.
ROOM 301,3/F.,WO HING COMM,BLDG.,
NO.11-15 WING WO STREET,CENTRAL,
HONG KONG ++

BILL OF LADING
COPY
NON-NEGOTIABLE
ALL TERMS, CONDITIONS
AND EXCEPTIONS AS PER
ORIGINAL BILL OF LADING.

Notify Party
SAME AS CONSIGNEE
++
ATTN : MR.ROBERT
TEL : 852-28156885
FAX : 852-28150955

Pre Carriage by

Place of receipt
BUSAN, KOREA

Ocean Vessel　　　Voy No.
HEUNG-A AKITA 2211S

Port of loading
BUSAN, KOREA

Port of discharge
HONG KONG

Place of delivery
HONG KONG, TACKLE

Final Destination (for the Merchants refference only)
HONG KONG

Container No.	Seal No Marks and Numbers	No of containers of pkgs	Kind of packages description of goods	Gross weight	Measurement
	40'HQX1	40 BAGS	SHIPPER'S LOAD, COUNT & WEIGHT SAID TO CONTAIN	20,360.000 KGS	20.6000 CBM
40H TRHU5289940 514529			STYRENE BUTADIENE COPOLYMERS HI 425E N P		
N/M			TRANSSHIPMENT CARGO VIA HONG KONG TO YANTIAN		

PARTICULARS FURNISHED BY MERCHANT
(=) Total No. of Containers
or Packages (in words)　SAY : ONE (40'HQ X1) CONTAINER ONLY.

SURRENDERED

CY/TACKLE

Freight and Charges

	Revenue Tons	Rate	per	Prepaid	Collect
FREIGHT PREPAID					

Ex rate	Prepaid at SEOUL, KOREA	Payable at	Place and date of issue SEOUL, KOREA　JUN.23.2022
	Total Prepaid in	No. of original B(s)/L ZERO(0)	HEUNG A LINE CO., LTD
Date JUN.23.2022	Laden on board the Vessel		

DONGSHIN找了香港配合的貨運代理CHINALAND，實際上是透過「興亞LINE株式會社（HAL）」船公司把貨櫃從韓國釜山運到香港，因此HAL發出的主提單是給韓國的承攬業者DONGSHIN。該提單內容明確標示：Transhipment cargo via Hong Kong to Yantian.目的地香港（place of delivery:Hong Kong, tackle），Hong Kong後面加tackle代表採中流作業，中流作業就是前面提到直接在海上把貨櫃從大船吊到小船，貨櫃不進HIT，HAL只負責前段韓國到香港的作業，後段香港到鹽田的物流，HAL本身不負責。

4. 聯運提單(3-3)：

附件6-9　南洋國際

Shipper (Name and Address)	
CHINALAND LOGISTICS LIMITED.O/B DONGSHIN GLOBAL MARITIME CO.,LTD Room301,3/F,Wo Hing Commercial Bldg No. 11-15 Wing Wo Street, Central, Hong Kong.	B/L No.NYC2214734

南洋（國際）船務有限公司
NANYANG INTERNATIONAL SHIPPING LIMITED
香港皇后大道中340號華泰國際大廈13樓1301-04室
ROOM 1301-04, 13/F., HUA QIN INTERNATIONAL BUILDING.,
340 QUEEN'S ROAD, CENTRAL, HONG KONG.
電話 TEL: 2850 7872　　傳真 FAX : 2851 0863, 2851 3076
網址 WEB: http://www.nanyang-shipping.com

Consignee
HOLDER OF ORIGINAL
DONGSHIN GLOBAL MARITIME CO.,LTD'S
B/L NO. DSGLAS2206033

Notify Party
B. 杜邦化工產品（上海）有限公司
ATTN:　　蔡小姐Tel:+86-020-
E-MAIL: -wx@.com

BILL OF LADING

Pre-carriage by	*Place of Receipt by Pre-carrier	
Ocean Vessel　　　Voy. No.	Port of Loading	
海邦達 318 (413496740) v.H264	香港	ORIGINAL

Port of discharge	*Final destination (if goods to be transhipped at port of discharge)	Freight payable at	Number of original Bs/L
鹽田，深圳	鹽田，深圳	香港	ONE (1)

Marks and Nos.	Number and kind of packages: description of goods	Gross weight kgs	Measurement m³
TRHU5289940 /514529	/40'HQ　/TACKLE/CY		
	SHIPPER'S LOAD & COUNT & SEAL S.T.C. : -		
40 包	苯乙烯和丁二烯的共聚物	20360.000	20.600
	========== T/S CARGO FM BUSAN,KOREA TO YANTIAN VIA HKG EX HEUNG-A AKITA V. 2211S		
	UNDER THRU B/L NO.DSGLAS2206033 ISSUED BY DONGSHIN GLOBAL MARITIME CO., LTD.		

Particular Furnished by Merchants

"FREIGHT PREPAID"　　　　　　　　　　SHIPPED ON BOARD :Jul 02,2022
TOTAL PACKAGES (IN WORDS) ONE(1X40'HQ) CONTAINER(S) ONLY
Freight and charges

FREIGHT PREPAID AS ARRANGED
Agent 深圳市俊勵國際船舶代理有限公司鹽田分公司
深圳市鹽田區鹽田港海港大廈主樓
603-606
TEL:0755-25291711
FAX:0755-25293097
俊勵船代

Shipped on Board the Vessel named above in apparent good order and condition (unless otherwise indicated) the goods or packages specified herein and to be discharged at the above mentioned port of discharge or as near thereto as the vessel may safely get and be always afloat. The weight, measure, marks, numbers, quality, contents and value, being particulars furnished by the Shipper, are not checked by the Carrier on loading. The Shipper, consignee and the Holder of this Bill of Lading hereby expressly accept and agree to all printed, written or stamped provisions, exceptions and conditions of this Bill of Lading, including those on the back hereof.

In witness whereof, the Carrier or his Agents has signed Bills of Lading all of this tenor and date, one of which being accomplished, the others to stand void.

Shippers are requested to note particularly the exceptions and conditions of this Bill of Lading with reference to the validity of the insurance upon their goods.

Place and date of issue

July 02, 2022　　香港
Signed for the Carrier

*) Applicable only when document used as a Through Bill of Lading.

(1) 第二段提單是從香港到鹽田，提單內容明確標示：T/S (Transhipment) cargo from Busan to Yantian via HKG ex HEUNG-A AKITA V.2211S.; under through b/l no.DSGLAS2206033 issued by DONGSHIN GLOBAL MARITIME CO., LTD.。

(2) 這張提單是香港貨代CHINALAND透過南洋（國際）船務有限公司安排，將貨櫃從香港拉到鹽田。貨到鹽田之後，真正的進口商B可以到提單左下方的「深圳市俊勵國際船舶代理有限公司　鹽田分公司」領取小提單（因為韓國託運人A公司一開始在韓國訂艙時，就已經採提單電放的方式放貨給B公司了）。

7.5　結論

1. 國際貨物運輸轉船或轉機都是常態，貨櫃運輸目前是海運運輸的主流，走海運時，只要貨物抵達出口港之前還有一段陸運（包括貨物從鄰近的貨櫃場拉到碼頭），或是貨物抵達卸貨港之後仍有一段陸運（包括貨物從卸貨港拉到鄰近的貨櫃場），基本上就可以稱之為複合式運送，也可稱為聯合運送。

2. 出口商或託運人（shipper）把貨交給船公司或是承攬運送人，只要全程是由一套單據涵蓋就可以，後續的轉船、轉運、聯運作業肯定都是由第一運送人或是發單的公司去接洽或處理，萬一運輸途中發生事故，託運人也一定是找第一運送人或發單的公司負責，重點是進出口商務必要作好投保的先前作業，才能避免貨物於運輸途中必要的轉船或轉機所發生的意外損害。

單元八　小提單（delivery order）

8.1　小提單的作用

1. 小提單是船抵卸貨港之前，運輸業者發出到貨通知書給進口商，進口商依

照到貨通知書上面指示的換單日期，持一張正本海運提單到指定地點繳完費用之後，所換到可以憑以領貨的單據。

2. 報關行繕打進口報單時，報單上的欄位大約有4~5個必須依據小提單上面的資料填寫。例如：船舶呼號、海關掛號、艙單號碼（manifest no.）、貨存地點、進港時間、匯率（這個匯率是運輸業者將美元換算台幣時的匯率，用來計算海運相關費用，不是報關行投單報關時的貨價換算匯率）。其餘的欄位都是依照海運提單填寫，例如：船名航次、開航日期、出口港、卸貨港、提單號碼、進口商等等〔海運提單上的受貨人跟貨到通知人如果不一致，理論跟實務上都必須填寫受貨人，除非是待指示提單（to order b/l），才會填寫貨到通知人欄位的公司。〕

8.2 進口商未收到海運提單正本時

如果船已到，但是進口商尚未拿到正本海運提單，進口商想要預先報關時，可請運輸業者事先電傳小提單，有些運輸業者比較謹慎，會事先將正本小提單拷貝後，在上面蓋上「只准報關、不准提貨」字樣，再電傳給進口商。有些船公司直接發送小提單通知書給進口商，通知書上面只要有通關必填的資料即可。

8.3 小提單若不慎遺失

在台灣，走海運進口時，進口商在貨物通關放行後是憑藉小提單到貨櫃場把貨物提領出來，可見這張小提單的重要性。但是萬一小提單不慎遺失，其實還好，只要進口商提供切結書給運輸業者，就可申請補發，畢竟小提單不像海運提單（bill of lading）具物權證書的特性，所以小提單遺失的補發程序也就相對簡單。

8.4 走海運，進口商如何換取小提單

我們分成二部分來說明，一部分是買賣雙方採非信用狀的付款方式，例如：匯付、託收。第二部分是買賣雙方採用信用狀的付款方式。

1. 非信用狀付款方式

　(1) 進口商手上有正本海運提單

　　　　在非信用狀的付款方式，實務上提單受貨人（consignee）欄位直接打上進口商，會比打上"to order"或是"to order of shipper"還要多，進口商在提單背面簽名或蓋上公司大小章之後，就可以直接換單。

　(2) 買賣雙方採電報放貨方式（電放）

　　　　在這裡解釋一下，什麼是電報放貨（cable release、telex release、surrendered、express b/l）？可以分成事前買賣雙方已約定電放以及事後才改電放二種：

　　① 事前約定電放

　　　　買賣雙方如果針對貨款已事前電匯（T/T）或是採記帳（O/A）方式，雙方約定賣方不用再寄出正本海運提單給買方，船到港之後，買方依照到貨通知書上面的指示，憑海運提單副本＋切結書（此為台灣運輸業者對進口商的要求），就可換取小提單。

　　② 事後才改電放

　　　　買賣雙方原本仍然採用傳統慣例，賣方出貨之後，寄出一張正本提單給買方，但有可能太晚寄出或是忘記寄出，若此時船已抵達目的港而買方急著換單報關領貨，這時候賣方可以把三張正本再繳還給運輸業者，請他們改做電放，出口地運輸業者收回三張正本，會電傳訊息（早期網際網路尚未普及，所以會以拍發電報方式通知，這個名詞一直沿用至今）通知進口國的分公司或是貨代告知：「某某提單號碼三張正本已繳回本公司，請將小提單直接放給提單上的進口商。」

　(3) 進口商手邊持有海運貨單（seaway bill）

　　　　海運貨單因為本身有許多限制，包括：

　　① 只有船公司或是船公司代理才能發行。

　　② 走整櫃時，才有機會使用到海運貨單。

　　③ 在信用狀的場合，幾乎不會採用海運貨單當成押匯文件。

所以整體使用比例並不高，它比較適合用在關係企業之間或是國內船公司跟海運承攬運送業之間。

(4) 我們把上述如何換取小提單的不同狀況作成一個比較表如下：

非信用狀的付款：走海運進口商如何換取小提單（台灣的慣例）

付款方式	進口商手邊的單據	提單受貨人欄位（consignee）	換單時由（誰）簽名或背書	實務上可能需要搭配的文件
非信用狀	1. 正本海運提單（original b/l）	進口商	進口商	✕
		to order	出口商	✕
		to order of shipper	出口商	✕
	2. 已電放副本海運提單（surrendered b/l）	進口商	✕	切結書
		to order	✕	切結書
		to order of shipper	✕	切結書
	3. 海運貨單（seaway bill）	進口商	✕	切結書

2. 採信用狀付款方式

對於運輸業者而言，誰持正本海運提單來換單，他就必須把小提單換給提單持有人。如果進口商手邊沒有正本，但是提單受貨人欄位打上"to the order of XXX bank"運輸業者若考量風險不大以及方便客戶提貨的形況之下，只要開狀銀行願意幫進口商擔保且提供切結保證書，運輸業者通常可通融先行放單。

(1) 進口押匯文件寄達開狀銀行，開狀銀行通知買方前來付款或承兌之後，直接在一張正本海運提單背面背書後，交給進口商前往運輸業者處換單。

(2) 進口商手邊持有一張由出口商直接寄出的正本海運提單，提單受貨人欄位一樣打上"to the order of XXX bank"，因此換單前，必須經由開狀銀行背書轉讓物權，才能持單前去換單。因為這張正本是出口商直接寄給進口商且押匯文件尚未寄達開狀銀行，押匯文件有無瑕疵不得而知，銀行為了方便他的客戶趕緊報關提貨，通常會幫客戶背書，但是

銀行會要求客戶先填妥「副提單背書申請書」，這份申請書最重要的一個內容條款就是：日後押匯文件寄達後，不論文件是否有瑕疵，客戶務必要接受瑕疵且付款。客戶填妥申請書待開狀銀行背書後，進口商持正本提單到運輸業者處換發小提單。

(3) 進口商手邊沒有正本只有副本，但是船已抵港，進口商可以向開狀銀行填寫「擔保提貨申請書」＋「運輸業者的切結保證書」，這張運輸業者的「切結保證書」需要開狀銀行以及進口商的簽名畫押，但是主要的保證人還是開狀銀行，之後進口商拿「切結保證書」向運輸業者換取小提單。日後押匯文件寄達開狀銀行，開狀銀行直接在一張正本提單上面背書後，持該正本提單到運輸業者處，換回當初進口商提供給運輸業者的「切結保證書」，以解除開狀銀行本身對運輸業者的擔保責任。以下把信用狀付款方式的換單情況整理如下：

付款方式	進口商手邊的單據	受貨人欄位（consignee）	換單時由(誰)簽名或背書轉讓	進口商必須提供的文件			是否可換小提單
				(1)擔保提貨申請書（提供給開狀銀行）	(2)副提單背書申請書（提供給開狀銀行）	(3)切結保證書（提供給運輸業者）	
信用狀	1. 正本海運提單（original b/l）（銀行到單文件的正本）	進口商	進口商	×	×	×	○
		to order	出口商	×	×	×	○
		to order of shipper	出口商	×	×	×	○
		to order of issuing bank	開狀銀行	×	×	×	○
	2. 正本海運提單（original b/l）（出口商直接寄給進口商的正本）	進口商	進口商	×	×	×	○
		to order	出口商	×	×	×	○
		to order of shipper	出口商	×	×	×	○
		to order of issuing bank	開狀銀行	×	○	×	○
	3. 副本海運提單（copy b/l）	進口商	×	×	×	×	×
		to order	×	×	×	×	×
		to order of shipper	×	×	×	×	×
		to order of issuing bank	○	×	○	○	○

8.5 小提單實例說明

附件6-10 陽明小提單

小提單 DELIVERY ORDER

聯成燊記船務代理有限公司
LIEN CHEN SHIN CHI SHIPPING CO., LTD.

聯發船務代理有限公司
LIEN FA SHIPPING AGENCIES CO., LTD

1. 倉單號碼 CALL SIGN: 3FRY6
   MANIFEST NO. 0065

2. 提單號碼
   B/L NO. COSU602776583004

3. 受貨人：
   MESSRS
   C:TECO ELECTRIC & MACHINERY CO.,LTD.
   1568-1 SEC 1 CHUANG SHAN RD
   KUANG-IN HSIANG TAO-YUAN HSIEN

   N:SAME AS CONSIGNEE

請將經上列受貨人背書並繳清一切費用後，將下開貨物交與受貨人
Please deliver the under-mentioned cargo to the above person upon endorsement and payment of all freight and charges.

4. 船名 Vessel:	航次 Voy. No.	裝貨港 Port of Loading	卸貨港 Port of Discharge
CHAO SHAN HE	470S/470N	CNTAO	Keelung

4. 倉單日期 Manifest Tendered on	5. 交貨地點 Place of Delivery	6. 海關掛號 Customs Reg. No.	裝船日期 On Board Day
98/08/18	017A1150 (尚志貨櫃場)	983048	98/08/08

託運人所提報之貨物內容 Particulars furnished by Shipper

標記及號碼 Marks and Numbers	貨物件數 Number of Packages	包裝式樣 Description of Packages	貨 品 Contents	重 量 weight (kgs)	尺 碼 Measurement (CBM)	附記 Remt
TECO ELECTRIC C/NO:A MADE IN CHINA	1PLT		GLASS TERMINAL C.BHU5820489/2/2200	315.0 KGM	1.0 MTQ	
					FREIGHT PREPAID	

AMOUNT OF FREIGHT & CHARGE	
PREPAID	COLLEC

貨物如發生短損請在提貨當時即以書面通知本公司。如短損並不顯著，則請在提貨後三天之內以書面通知本公司。所有索賠資料並請在通知後三十日內送達本公司，逾期恕不受理。

放貨憑單

業務主辦人　會計主辦人

聯成燊記船務代理有限公司
LIEN CHEN SHIN CHI SHIPPING CO.,

1. 艙單號碼：船抵港前，船公司送交給海關的艙單（manifest）。

2. 提單號碼：小提單會備註海運提單號碼。

3. 受貨人（MESSRS）：這個欄位船公司會依照海運提單上面的受貨人（consignee）欄位繕打，而不是按貨到通知人的欄位，除非受貨人欄位是 to order、to order of shipper、to order of issuing bank時，才會打上貨到通知人欄位的公司名稱。

4. 艙單遞交海關日期。

5. 交貨地點：報關時，該欄位是必填項目之一。北部進口商有些離基隆貨櫃場比較近，有些離桃園貨櫃場比較近，在整櫃運送的情況下，進口商可以事先選擇離自家工廠比較近的貨櫃場通關，但是船公司基於內陸運輸費的增加，通常在海運費的報價上會有差異。

6. 海關掛號（Customs Reg. No.）：報關時，必填項目之一。

7. 船舶呼號（CALL SIGN）：報關時，必填項目之一。

　　其餘的內容都是根據原本的海運提單資料轉檔而已。

單元九　空運貨（提）單（air waybill）

9.1　空運貨單介紹

1. 空運貨單也稱空運提單，它的英文名稱有"airway bill"、"air waybill"或"air consignment note"。它跟海運貨單"seaway bill"在本質上是很相似的，在本書當中，為了有所區別，因此，我們把seaway bill稱為海運貨單。同樣的，就把airway bill稱為空運貨單。這二種單據都是收據跟運送契約，但都不是物權證書。

2. 空運貨單的正本一定是三聯

   (1) 第一聯正本（original 1:for issuer），發行單位自行留底，通常就是出口地空運承攬業者自行留存。

   (2) 第二聯正本（original 2:for consignee），第二聯正本連同貨物搭同一班

機抵達目的地機場，事後由進口國的空運承攬業者取回這些正本，然後直接在機場附近的辦公處所，把這些正本空運貨單交給進口商委任的報關行或是採電傳的方式提供給進口商或是進口商委任的報關行。

(3) 第三聯正本（original 3:for shipper），第三聯正本通常是空運承攬業者於月底送帳單給客人時一併轉交，除非客戶針對某一票出口貨物需要押匯，這時候該正本空運貨單第三聯就直接當成空運貨單的全套單據（full sets of airway bill）。

3. 認人不認單

　　大家都聽過走海運換小提單是「認單不認人」，走空運領貨是「認人不認單」，可是空運的儲運站或倉管人員如何「認人不認單」呢？我們稍作說明（以台灣的空運進口為例）：

(1) 如果進口商手中持有正本空運貨單，受貨人欄位也是進口商本身，報關放行後，一樣要拿空運貨單正本第二聯到空運儲運站或倉庫，才能提領貨物。

(2) 如果進口商手中是正本空運貨單，受貨人欄位打上"consigned to XXX bank"（UCP600有提到：因為空運貨單是不可轉讓單據，所以不應該打上待指示"to order of XXX"的方式），那麼進口商一樣要把正本空運貨單拿到開狀銀行，請開狀銀行完成「委任背書」的動作，等報關放行後，再拿這張已背書過的正本空運貨單才能提領貨物。

(3) 如果進口商手中是副本空運貨單，受貨人欄位也是進口商本身，進口商報關放行提領貨物之前，必須先拿到發單的空運承攬業者處，請他們在副本上蓋上二個章（承攬業者公司章＋暫代正本章），拿這樣的副本才能到空運儲運站或是倉庫提領貨物。

(4) 如果進口商手中是副本空運貨單，受貨人欄位打上"consigned to XXX bank"，那進口商或委任的報關行必須先請承攬業者在副本上蓋上二個章（承攬業者公司章＋暫代正本章），再拿到開狀銀行作好「委任背書」的動作，待報關放行後，才能拿這張副本前往空運儲運站或是倉庫提領貨物。

(5) 結論：進口商手邊如果拿的是正本空運貨單，領貨時，一樣要繳回正本，進口商手邊如果是副本，領貨之前必須要先請承攬業者在副本貨單上蓋章確認，才能提領貨物。因此實務上，對於空運儲運站或是倉庫的管理人員而言，似乎也算是認單不認人？是吧！以下將空運貨單如何領貨，作出表格。

走空運進口商如何提領貨物（台灣的慣例）

付款方式	進口商手邊的單據	空運貨單受貨人欄位（consignee）	是否需要開狀銀行作委任背書（endorsed）？	是否需要空運承攬運送業者蓋二個章〔(1)公司章+(2)暫代正本章〕？	進口商拿單到倉庫提領貨物	備註
非信用狀	1. 正本空運貨單（original 2 for consignee）	進口商	×	×	○	走空運不像走海運，賣方可藉由正本海運提單掌控貨物所有權
	2. 副本空運貨單（original 2 for consignee）	進口商	×	○	○	
信用狀	1. 正本空運貨單（original 2 for consignee）	進口商	×	×	○	走空運雖然受貨人打上開狀銀行，但是國外對於空運貨單領貨的處理方式不一，仍然要特別留意
		consigned to issuing bank	○	×	○	
	2. 副本空運貨單（original 2 for consignee）	進口商	×	×	○	
		consigned to issuing bank	○	○	○	

9.2　空運貨單說明

附件6-11　空運貨單直飛

1. Master Air Waybill- 297-55804534	**2. House Air Waybill YES-0004819**

3. Shipper's Name and Address　Shipper's account Number

ELECTRIC & MACHINERY CO.,LTD.
10F, , YUAN CYU ST.,NAN-KANG,TAIPEI
115,TAIWAN TEL:886-2-6615-

Not Negotiable House Air Waybill (Air Consignment nots) Issued by

YES LOGISTICS CORP. 好好國際物流股份有限公司

5F., No.243, Sec. 2, Chongqing N. Rd., Datong District, Taipei 10359, Taiwan (R.O.C.)
台北市大同區重慶北路二段243號5樓　Tel: 886-2-2557-5666　Fax: 886-2-2557-3566
航空貨運承攬業許可證字號：貨字第1901號

4. Consignee's Name and Address　Consignee's account Number

ABEGG SE
HEINZ-ZIEHL-STRASSE KUNZELSAU GERMANY
VAT NO.:DE146280211
ATTN:DIPL.WI.-ING.LARS BRUGMANN TEL.+49

Copies 1,2, and 3 or this Air Waybill are originals and have the same validity

It is agreed that the goods described herein are accepted in apparent good order and condition (except as noted) for carriage SUBJECT TO THE CONDITIONS OF CONTRACT ON THE REVERSE HEREOF THE SHIPPER'S ATTENTION IS DRAWN OF THE NOTICE CONCERNING CARRIER'S LIMITATION OF LIABILITY Shipper may increase such limitation of liability by declaring a higher value for carriage and paying a supplemental charge if required. Carrier is not liable the goods until they are received at its town terminal or airport office.

5. Issuing Carrier's Agent Name and City

YES LOGISTICS CORP.

Accounting Information

Notify:ZIEHL ABEGG SE
HEINZ-ZIEHL-STRASSE 74653 KUNZELSAU GERMANY VAT
NO.:DE146280211
ATTN:DIPL.WI.-ING.LARS BRUGMANN TEL.+49 7640 16-78

Agent's IATA Code　Account No.

6. Airport of Departure (Addr. of first Carrier) and requested Routing
TAIWAN TAOYUAN INTERNATIONAL AIRPORT

7. **8.** By first Carrier Routing and Destination	to	by	to	by	**10.** Currency	CHGS Code	WT/VAL PPD COLL	Other PPD COLL	**11.** Declared Value for Carriage	Declared Value for Customs
FRA CI5521 10/11/2015					TWD	PP	PH	PP	N.V.D	AS PER INV

9. Airport of Destination　Flight Date (For Carrier Use only) Flight/Date
FRANKFURT,GERMANY

Amount of Insurance
NIL

INSURANCE-If shipper requests insurance ina accordance with conditions on reverse hereof, indicate amount to be insured in figures in box marked amount of insurance.

Handling Information
COO & PAL ATTD

No. of Pieces RCP	Gross Weight	kg lb	Rate Class	Commodity Item No.	Chargeable Weight	Rate / Charge	Total	Nature and Quantity of Goods (Incl. Dimensions or Volume)
12. 1 CARTON	191	K			191 K		AS ARRANGED	THREE-PHASE ELECTRIC MOTORS
13. TNL IN DIA IPO#PI500377/N150 906G GERMANY MADE IN TAIWAN C/NO.1							**14.** FREIGHT PREPAID	INVOICE NO.:N150906G QTY: 5 PCS
							15. V= 121 K SIZE:114* 92* 69(CM)/1	

Prepaid	Weight Charge AS ARRANGED	Collect	Other Charges
	Valuation Charge		
	Tax		
	Total other Charges Due Agent		Shipper certifies that the particulars on the face hereof are correct and that insofar as any part of the consignment contains restricted articles, such part is property described by name and is in proper condition for carriage by air according to the International Air Transport Association's Restricted Articles Regulations.
	Total other Charges Due Carrier		
			YES LOGISTICS CORP.
Total prepaid AS ARRANGED	Total collect		Signature of Shipper or his Agent
Currency Conversion Rates	co charges in Dest. Currency		2015/10/11　　TPE
For Carriers Use only in Destination	Charges at Destination	Total Collect Charges	Executed on　(Date)　at　(Place) Signature of Issuing Carrier or Its Agent

YES-0004819

16. **1.-ORIGINAL-FOR ISSUING CARRIER**　(表單編號：4YBAF503)(2014.09)

1. 主提單號碼

前3碼是每一家空運公司的代碼，後8碼是流水編號，主提單是航空公司發給空運承攬業者的提單，目前大都是由空運承攬業自行上網填單列印。

2. 分提單號碼

由每家空運承攬業自行編列，假設某家空運承攬業跟空運公司包盤取得一個主提單號碼（master airway bill no.），該空運承攬業收了20家出口商的貨物，就會以他自己的名義發出分提單（house airway bill）給這20家出口商。

3. 台灣某家電機公司出貨給德國客戶。

4. 德國客戶全名跟地址一樣打在受貨人欄位（consignee）。

5. 海運提單左上方第三個欄位是貨到通知人（notify party），空運提單左上方第三個欄位填寫的是發單運送人代理的資訊。

6. 起飛地機場名稱：「桃園國際機場」（Taoyuan International Airport），早期名稱是「中正國際機場」（CKS International Airport）。

7. 第一段目的地機場，如果有轉機，該欄位會填上轉機機場。

8. 每家航空公司都有英文代號跟數字代碼，以下列出台灣常見的幾家航空公司資料：

台灣常見空運公司代碼與代號

代碼	代號	航空公司	航空公司（英文）
BR	695	長榮航空	EVA AIRLINES
CI	297	中華航空	CHINA AIRLINES
CV	172	盧森堡航空	CARGOLUX AIRLINES
CX	160	國泰航空	CATHAY PACIFIC AIRWAYS
KA	43	港龍航空	HONG KONG DRAGON AIRLINES
KL	74	荷蘭皇家航空	KLM ROYAL DUTCH AIRLINES
SQ	618	新加坡航空	SINGAPORE AIRLINES
TG	217	泰國航空	THAI AIRWAYS INTERNATIONAL

9. 目的地機場，德國法蘭克福機場。如果沒有轉機，這欄位跟第7欄位的第一段機場名稱會一致。

10. 台灣出口空運報價以台幣計收。PP是PREPAID的簡稱，代表運費已支付。

11. N.V.D.表示No Value Declared。一般走空運不會特別申報貨價，如果是昂貴的貨物、有價證券、黃金、紙鈔等，必須特別申報，航空公司會有運費的加價。

12. 框線內會有件數、毛重（gross weight）、計費重（chargeable weight），請大家先對照第15欄：V=121K，SIZE=114×92×69(CM)/1=120.612≒121（KGS），走空運必須將毛重跟材積重分別算出，然後取大者計費，毛重很簡單，直接過磅，材積重必須丈量每一箱的材積長寬高（CM），然後除以6,000，得出的數值就是材積重。位於空運貨單上計費重欄位的表示方法只有二種，一種是整數、一種是小數點後面是"5"，如果經換算出來小數點後2位＞0.50，就直接進位，例如：121.51→122。如果經換算出來，小數點後2位≦0.50，就直接寫成0.5，例如：120.45→120.5。本例因為毛重191公斤＞121公斤，所以計費重欄位打上191K。

13. 進出口空運務必在外包裝上標示嘜頭，作法跟海運一樣，這裡就不再贅述。

14. 海空運提單的運費是否已支付，必須清楚標示在單據上，作為進口國運輸業者是否該收取運費後，再給予放單或是放貨的依據。

15. 標準的空運貨單上面必須把每一箱材積的長寬高逐一標示，列出計算式，作為計費重的判斷依據。

16. 空運正本貨單第一聯1.ORIGINAL-FOR ISSUING CARRIER.。

9.3 空運貨單實例說明

附件6-12 空運貨單轉運

TECO ELECTRIC & MACHINERY CO., LTD.
10F,NO.3-1, YUAN CYU ST., NAN-KANG,
TAIPEI,115 TAIWAN
TEL:0266159111 FAX:0266151033

AIR WAYBILL (AIR CONSIGNMENT NOTE)

COOP

飛鴻國際海空運有限公司
COOP FREIGHT LOGISTICS LTD.
台北市南京東路二段216號10樓
10FL, No. 216, Sec. 2, Nan King E. Rd., Taipei, Taiwan.
Tel:886-2-2506-2000
Fax:886-2-2506-1121 · 886-2-2506-1150
航空貨運承攬業許可證貨字第1087號

Consignee's Name and Address

...... ANTRIEBSTECHNIK AG
BRUEGGLIWEG 18, ... GUEMLIGEN/BERN
SWITZERLAND
ATTN:J.R.FOCTER TEL:4131958......
FAX:4131958......

If The carriage involves an ultimate destination or stop in a stop in a country other than the country of departure, the Warsaw Convention may be applicable and the Convention governs and in most cases limits the liability of carriers in respect of loss of or damage to cargo. Agreed stopping places are those places (other than the places of or departure and destination) shown under requested routing and/or those places shown in carrier's timetables as scheduled stopping places for the route. Address of first carrier is the airport of departure.
SEE CONDITIONS ON REVERSE HEREOF.

Also Notify

MAWB	Flight/Date	Accounting Information
618-22190431	SQ 0879	"FREIGHT COLLECT"

Airport of Departure (Addr. of First Carrier) and requested Routing

CKS AIRPORT,TAIWAN

to	By First Carrier	Routing and Destination	to	by	to	by	Currency	CHGS Code	WT/VAL PPD COLL	Other PPD COLL	Declared Value for Carriage	Declared Value for Customs
SIN	1 SQ 0879/AUG 2	2 ZRH SQ 0342/3		by		by	USD	CP	CC	PP	N.V.D.	N.C.V.

Airport of Destination	Amount of Insurance	INSURANCE - If shipper requests insurance in accordance with conditions on reverse hereof indicate amount to be insured in figures in box marked amount of insurance
ZURICH,SWITZERLAND	NIL	

Handling Information

DOCUMENT ATT'D

No. of Pieces RCP	Gross Weight	Kg lb	Rate Class Commodity Item No.	Chargeable Weight	Rate / Charge	Nature and Quantity of Goods (Incl. Dimensions or Volume)
2 CTN	316.00	K Q		V.400K		TECO BRAND INVERTER INVOICE NO. 08J1169 DIM: L:114xW:114xH:117CM/1 L:104xW:73xH:116CM/1

Prepaid	Weight Charge	Collect	Other Charges
	Valuation Charge AS ARRANGED		
	Tax		
	Total other Charges Due Agent		
	Total other Charges Due Carrier		

Shipper certifies that the particulars on the face hereof are correct and that insofar as any part of the consignment contains dangerous goods, such part is properly described by name and is in proper condition for carriage by air according to the International Air Transport Association's Dangerous Goods Regulations, or the International Civil Aviation Organization's Technical Instructions For The Safe Transport of Dangerous Goods By Air, as applicable.

.... COOP FREIGHT LOGISTICS LTD.
Signature of Shipper or his Agent

Total Prepaid	Total Collect
Currency Conversion Rates	CC Charges in Dest. Currency AS ARRANGED
For Agent Use only at Destination	Charges at Destination	Total Collect Charges

Executed on Aug.21,2008 at TAIPEI Signature of Issuing Carrier or its Agent

Copies 1, 2, and 3 of this Air WAYBILL are originals and have the same validity.

ORIGINAL 3-FOR SHIPPER

CFT- No. 568407

Received in good order and condition at _____ on _____
(Signature of Consignee or his Agent) _____

1. 本張空運貨單是台灣某廠商出貨給瑞士客戶，空運費客戶負擔（freight collect）。

2. 毛重316KS，計費重400KG，大家如果實際計算一下，應該是400.5KG才對，但是既然空運承攬業者自行打上400KG，這當然不是問題。

3. 大家看一下中間航班的資料：

   to:SIN ; first carrier:SQ0879/AUG

   to:ZRH ; by SQ0342/B

   airport of destination:ZURICH, SWITZERLAND

   第一段從桃園飛到新加坡，航班番號是SQ0879/AUG。

   第二段從新加坡飛到蘇黎世，航班番號是SQ0342/B。

   請注意：轉機不一定代表有換機，但是空運承攬業者跟航空公司詢問後，可以得知有無換機。另外，台灣出口商走空運詢價，通常承攬業者的報價會分直航跟轉機二種，直航運費肯定比有轉機的運費貴一些。

單元十 保險單（insurance policy）

10.1 說明

　　保險單的正式名稱是"insurance policy"，如果公司或企業有跟保險人（insurer）簽定預約保險單或開放式保險單（open policy），在這個情況下，如果被保險人（insured or assured）有保單需求，例如：要保險人是出口商，他跟進口商採CIF或CIP，可要求保險人提供保險單，這時候的保險單可稱之為保險證明單（insurance certificate）或是保險聲明書（insurance declaration）。這三種保險單的名稱使用在信用狀付款的押匯文件，基本上都可被接受，但是如果單據名稱只顯示保險通知書"insurance cover note"，是不被允許的。

10.2　貨物運輸險保單的特性

在貿易條件是CIF的情況下，賣方有投保的義務，該保險會是以買方的風險為前提下，購買保險，這樣的說法似乎只對了一半。我們先來複習一下，貿易條件的CIF，賣方跟買方風險的移轉點是在出口港船上，亦即當賣方把貨物安全置於船上之後，風險就歸屬買方。但是貨物安全上船前的風險是歸屬賣方，因此賣方購買的保險單如果有加註倉對倉條款（from seller's warehouse to buyer's warehouse）時，賣方享有貨物安全上船前的保險利益（insurance interest），也就是說，萬一貨物在賣方工廠或倉庫於陸上運輸途中發生意外事故，賣方享有保險利益，船舶開航後，萬一發生意外事故，買方享有保險利益。所以購買國際貨物保險，保險單一開始的被保險人通常會是要保人本身，當船舶順利開航之後，賣方如果必須提供保險單給買方或是提示給銀行押匯時，賣方必須在保險單背面作空白背書（blank endorse or endorse in blank），貨物運輸保險的特性就是購買保險的賣方經由背書後，可以將保險利益轉讓給買方。

附件6-13 保險單

MINGTAI

明台產物保險股份有限公司
MINGTAI FIRE & MARINE INSURANCE CO., LTD.

COPY
(NOT VALID FOR PURPOSES OF CLAIMS)

Head Office : No.1 Jen Ai Road, Sec. 4, Taipei Taiwan Tel:(02)2772-5678 Fax:(02)2771-2828 URL:www.mingtai.com.tw

Marine Cargo Policy

POLICY
No. 0073MCOEP81166
Claim, if any, payable in USD Currency
at/in SHANGHAI

1. Assured   ELECTRIC & MACHINERY CO., LTD.

2.

CLAIM AGENT BY:
MCW MARINE SERVICES LTD.

ROOM 302, NO.181 XU CHANG
QIAO, HONG CAO ROAD,
XU HUI, SHANGHAI
FAX:(021) 6485 0743
TEL:(021) 6495 7050

Invoice No.   08E0307
Amount Insured   USD 3,050.30
U.S. DOLLARS THREE THOUSAND FIFTY AND CENTS THIRTY
ONLY

3. Ship or Vessel   SITC SHANGHAI
V-444N
Sailing on or about 27 Mar. 2008
From KEELUNG TAIWAN   to SHANGHAI CHINA

Any claim documents should be presented through our appointed agent.

Subject-matter Insured   (Warranted all brand-new unless otherwise specified)   Marks and Numbers as per Invoice No. specified above.

BRAND
可程式控制器件
PARTS FOR PROGRAMMABLE
LOGIC CONTROLLER
P/O NO.: TW-083E002
TOTAL: 70 PCS
PACKED IN: 1 CTN
L/C NO: TAIAN CLAIM

4.

Conditions: Subject to the following clauses, for the contents please refer to the appendixes as per back hereof.

INSTITUTE CARGO CLAUSES (A)
INSTITUTE WAR CLAUSES (CARGO)
INSTITUTE STRIKES CLAUSES (CARGO)
FROM SELLER S WAREHOUSE TO BUYER S
WAREHOUSE

Warranted shipped under deck unless otherwise specified or containerized shipment.   Valued at the same as Amount Insured.   Covering Marine risks

signed in TAIPEI ON   26 Mar. 2008   Numbers of Policies Issued in DUPLICATE

Covering the following Clauses please refer to the appendixes
as per back hereof.
Institute Radioactive Contamination, Chemical, Biological,
Bio-Chemical and Electromagnetic Weapons Exclusion Clause
Institute Cyber Attack Exclusion Clause
Institute War Cancellation Clause (Cargo)
Institute Classification Clause (cargo shipped by vessel)
Cargo ISM Endorsement (cargo shipped by vessel)

IMPORTANT
PROCEDURE IN THE EVENT OF LOSS OR DAMAGE FOR WHICH
UNDERWRITERS MAY BE LIABLE
LIABILITY OF CARRIERS BAILEES OR OTHER THIRD PARTIES

☞ The Assured is requested to read this policy and if it is incorrect return it immediately for alteration.

INSTITUTE REPLACEMENT CLAUSE (applying to machinery)
In the event of loss of or damage to any part or parts of an insured machine caused by a peril covered by the Policy the
sum recoverable shall not exceed the cost of replacement or repair of such part or parts plus charges for forwarding and re-
fitting, if incurred, but excluding duty unless the full duty is included in the amount insured, in which case loss, if any, sustain-
ed by payment of additional duty shall also be recoverable.
Provided always that in no case shall the liability of Underwriters exceed the insured value of the complete machine.

LABEL CLAUSE (applying to labeled goods)
In case of damage from perils insured against affecting labels only, loss to be limited to an amount sufficient to pay the
cost of reconditioning, cost of new labels and relabelling the goods.

CO-INSURANCE CLAUSE (applicable in case of Co-insurance)
It is hereby understood and agreed that this policy is issued by Mingtai Fire & Marine Insurance Co., Ltd. on behalf of the co-in-
surers who, each for itself and not one for the others, are severally and independently liable for their respective subscriptions
specified in the policy.

Notwithstanding anything contained herein or attached hereto to the contrary, this insurance is understood and agreed
to be subject to English law and practice only as to liability for and settlement of any and all claims.
This insurance does not cover any loss or damage to the property which at the time of the happening of such loss or
damage is insured by or would but for the existence of this Policy be insured by any fire or other insurance policy or
policies except in respect of any excess beyond the amount which would have been payable under the fire or other
insurance policy or policies had this insurance not been effected.
We, MINGTAI FIRE & MARINE INSURANCE CO., LTD. hereby agree, in consideration of the payment to us by or on
behalf of the Assured of the premium as arranged, to insure against loss damage liability or expense to the extent and
in the manner herein provided.
In witness whereof, I the Undersigned of MINGTAI FIRE & MARINE INSURANCE CO., LTD. on behalf of the
said Company have subscribed My Name in the place specified as above to the policies, the issued numbers thereof
being specified as above, of the same tenor and date, one of which being accomplished, the others to be void, as of the
date specified as above.

For MINGTAI FIRE & MARINE INSURANCE CO., LTD.

Steven Chang
President

053236

CUSTOMER SERVICES:
(02)2772-4136
(2-1-49)95.10.10B

1. 海運保險單全名"Marine Cargo Policy"，被保險人（assured）一樣是先填寫要保人：XXX公司。

2. 保險公司的求償代理處所，通常都會設在進口國（中國大陸上海），方便發生意外事故時，協助保險受益人（買方）的求償與理賠事宜。

3. 打上船名航次、開航日以及最重要的保險範圍或航程（from Keelung Taiwan; to Shanghai China）。

4. 要保人投保的險種是ICC(A)險＋戰爭險＋罷工險＋附加險（從賣方倉庫到買方倉庫條款）。

單元十一 　輸出許可證（export permit）

　　台灣針對外銷產品採原則准許，例外限制的負面表列，亦即只要不是列入表訂的產品，一律可以免證出口。目前可免證輸出產品項目的比例已達94.63%，只有5.37%是被限制出口或是必須申請輸出許可證之後，才准予出口。

單元十二 　輸入許可證（import permit）

12.1 台灣採原則准許，例外限制原則

　　跟出口一樣，針對進口產品，一樣採原則准許，例外限制的負面表列，亦即只要不是列入表訂的產品，一律可以免證進口。目前台灣可免證輸入產品項目的比例已達98.95%，只有1.04%是被限制進口或是必須申請輸入許可證之後，才准予進口。

12.2　中國大陸產製禁止進口的貨物，必要時可專案申請進口

　　大家都知道，進口產品若是稅則稅率欄位的輸出入規定欄位有 "MW0"，代表該產品不得自中國大陸進口，或是有MP1時，也要符合規定的條件，才能進口，但是如果某廠商於生產過程中，確實有需要用到該產品，但是國內廠商並無製造或販售此一原物料，這時候廠商可以向國貿局申請專案輸入許可，取得核可證之後，一樣可以進口，但只限於自用不得轉售，以下實例是某電機公司為生產馬達，透過中國大陸子公司無錫廠進口「玻璃纖維聚酯纖維交織帶」。

12.3 輸入許可證實例說明

附件6-14 輸入許可證（MP1）產品

輸 入 許 可 證
IMPORT PERMIT

國際貿易局網站印製參考用聯　　　　　　　　　　　　　　　共1頁第1頁

1 申請人Applicant　　　　統一編號: ▆▆▆▆▆		2 賣方名址seller	CN
▆▆電機股份有限公司		WUXI ▆▆▆ ELECTRIC & MACHINERY CO., LTD.	
▆▆▆ ELECTRIC & MACHINERY CO., LTD.			
台北市南港區三重路▆▆▆號五樓		▆▆▆▆ CHANG▆▆▆ SOUTH ROAD WU XI NATIONAL HI-TECH. INDUSTRIAL DEVELOPMENT ZONE.	
電話 : 2655▆▆▆▆			

3 起運口岸 Shipping Port	CNWUX	輸入許可證號碼 Import Permit No. FTX204W0071468
Wuxi		許可證簽證日期 Issue Date 2015/07/28
		許可證有效日期 Expiration Date 2015/11/30

4 檢附文件字號 Required Document Ref. No.	簽證機構簽章 Approving Agency Signature
1031114經授貿字第10340033710號	參考用聯無簽證機構簽章

簽證機構加註有關規定 Special Conditions

5 項目 Item	6 貨品名稱、規格、廠牌或廠名等 Description of Commodities Spec. and Brand or Maker, etc.	7 貨品分類號列 及檢查號碼 C.C.C. Code	8 數量及單位 Q'ty & Unit	9 單價 Unit Price	10 金額及條件 Value & Terms	11 生產國別 Country of Origin
1	GLASS FIBER POLYESTER FIBER CO- WOVEN TAPE 玻璃纖維聚酯纖維交織帶 0.▆▆A-0.10mm厚*▆▆-▆mm寬*33m長/每卷	70195100003	6000 COL	0.71	4260 CIF USD	CN

中華民國輸出入貨品分類號列 CCC Code		檢查號碼 CD	貨名	Description of Goods	單位 Unit	國定稅率 Tariff Rate（機動稅率 Temporary Adjustment Rate）			稽徵特別規定 CR	輸出入規定 Imp. & Exp. Regulations		生效日 Valid Date
稅則號別 Tariff NO	統計號別 SC					第一欄 Column I	第二欄 Column II	第三欄 Column III		輸入 Import	輸出 Export	
70195100	00	3	其他玻璃纖維製紡織物，寬度不超過30公分者	Other woven fabrics of glass fibres, of a width not exceeding 30 cm	KGM	5%	免稅（PA, GT, NI, SV, HN, NZ, SG）	7.50%	MP1			輸入規定生效日：2008-12-31 輸出規定生效日：2002-01-01 截止日期：9999-99-99

1. 輸出入許可證雖然是向國貿局申請，但是國貿局只是承辦單位，國貿局會根據廠商申請的產品，向相關的局、處、會、部徵詢意見，通常就是由相關單位來決定是否可以專案進口。

2. 輸入許可證有效期限四個月，可分批進口。

單元十三　產地證明書（certificate of origin）

產地證明書的主要用途有二種，一是減免關稅用，二是證明該產品是在出口國完成最後的實質轉型。

13.1　減免關稅用的產證（ECFA）

1. 台灣進口商針對列入早收清單的產品（如壓縮機），務必請中國大陸供應商於出口前，取得ECFA特殊產證之後，將正本寄給進口商，進口商通關時，提示ECFA特殊產證，可享0%關稅優惠。萬一船已到但是ECFA特殊產證尚未寄達時，可向海關申請先行押款後准予放行，但是正本ECFA特殊產證必須在一個月之內補齊。

2. 壓縮機一般稅率與優惠稅率

台灣某家電廠商向供應商採購壓縮機，壓縮機的稅則號別是

8414.8019.00-6，有列入早收清單享優惠關稅稅率。因此一般進口關稅是4%，但是從中國大陸進口關稅是0%。

中華民國輸出入貨品分類號列 CCC Code		檢查號碼 CD	貨名	Description of Goods	單位 Unit	國定稅率 Tariff Rate（機動稅率 Temporary Adjustment Rate）			稽徵特別規定 CR	輸出入規定 Imp. & Exp. Regulations		生效日 Valid Date
稅則號別 Tariff NO	統計號別 SC					第一欄 Column I	第二欄 Column II	第三欄 Column III		輸入 Import	輸出 Export	
84148019	00	6	其他壓縮機	Other compressors	SET KGM	4%	免稅（PA, GT, NI, SV, HN, CN, NZ, SG）	7.50%	T* Z	MP1		輸入規定生效日：2002-02-15 輸出規定生效日：1992-01-01 截止日期：9999-99-99

13.2 ECFA特殊產地證明書實例說明

附件6-15 壓縮機ECFA產證

海峡两岸经济合作框架协议原产地证书

正 本

补发

如有任何涂改、损毁或填写不清均将导致本原产地证书失效

1.出口商（名称、地址）： 丹佛斯（天津）有限公司 武清开发福源路5号 电话：+86-22-82197□□ 传真：+86-22-82197□□ 电子邮件：Njuba□□@danfoss.com	编号：H913114304002851 签发日期： 2013年09月17日 有效期至： 2014年09月17日
2.生产商（名称、地址）： 同上 电话： 传真： 电子邮件：	5.受惠情况： ☑ 依据海峡两岸经济合作框架协议给予优惠关税待遇； ☐ 拒绝给予优惠关税待遇（请注明原因）
3.进口商（名称、地址）： □□电机股份有限公司 台北市松江路□□□号 电话：+886 3 473 □□□ 传真：+886 3 473 □□□ 电子邮件：LESLIE8660□□□.COM	进口方海关已获授权签字人签字
4.运输工具及路线： 从 天津港 江海运输 至 基隆 离港日期：2013年09月12日 船舶/飞机编号等：UNI-ADROIT 0249-316A 装货口岸：天津港 到货口岸：基隆	6.备注：

7.项目编号	8.HS编码	9.货品名称、包装件数及种类	10.毛重或其他计量单位	11.包装唛头或编号	12.原产地标准	13.发票价格编号及日期
1	84143020	44木托 压缩机 Reference no./TM13L110 SM112A3ALB 48台 SM112A9ALB 8台 SM112A4ALB 40台 SM147A9ALB 16台 *** □□ ELECTRIC &MACHINERY CO LTD SUNG CHIANG ROAD 328 TAIPEI	112台		PSR	02237628 2013年08月30日 USD57839.36

| 14.出口商声明：
本人对于所填报原产地证书内容的真实性与正确性负责。本人声明原产地证书所载货物，系原产自本国或双方，且货物属符合海峡两岸经济合作框架协议之原产货物。

出口商声明授权签字
天津协词词60列词语词

地点和日期 | 15.证明：
依据《海峡两岸经济合作框架协议》临时原产地规则规定，兹证明出口商所做申报正确无讹。

天津2013年09月17日
签发地点和日期，签字和印章
022-23307011
电话：022-23120056
天津市河西区尖山路94号 天津贸促会认证中心
地址： |

No.11140023491

190

1. 某家電廠商從中國大陸進口壓縮機，出口商提供ECFA產地證明書正本寄給台灣家電廠商。

2. 不管可減免的關稅稅率是高還是低，只要進口廠商要適用免關稅，台灣海關務必要收回正本，但允許正本未寄達時，先行押款放行，再後補正本。

13.3　普惠制原產地證明書格式A（FORM A）

FORM A是普惠制原產地證明書格式A，它的全名稱是「普遍優惠制原產證明（申報與證明之聯合格式）格式A」，英文為"GENERALIZED SYSTEM OF PREFERENCES CERTIFICATE OF ORIGIN, GSP FORM A"，它是受惠國的原產品出口到給惠國時，享受普惠制減免關稅待遇時，必備的官方憑證，所有的給惠國都接受。目前從中國大陸出口到許多國家的產品，只要提供FORM A，一樣可以享有進口關稅上的優惠。

附件6-16　GSP FORM D

Original   01675703

1. Goods consigned from (Exporter's business name, address, country)	Reference No. 070681
▇▇▇ (SUBIC) ELECTRIC, INC. ▇▇▇ SUBIC BAY INDUSTRIAL PARK ARGONAUT HIGHWAY CORNER BRAVEHEART ST. SUBIC BAY FREEPORT ZONE	ASEAN COMMON EFFECTIVE PREFERENTIAL TARIFF SCHEME CERTIFICATE OF ORIGIN (Combined Declaration and Certificate) FORM D
2. Goods consigned to (consignee's name, address, country) ▇▇▇ TECHNOLOGY CO. LTD. LONG THAN INDUSTRIAL ZONE DONG NAI PROVINCE VIETNAM	Issued in PHILIPPINES (Country) See Notes Overleaf

3. Means of transport and route (as far as known) Departure Date APRIL 19, 2007 Vessel's name/Aircraft etc. ANY AVAILABLE CRAFT Port of Discharge MANILA PHILIPPINES	4. For Official Use
	☐ Preferential Treatment Given Under ASEAN Common Effective Preferential Tariff Scheme
	☐ Preferential Treatment Not Given (Please state reason(s))
	Signature of Authorized Signatory of the Importing Country

5. Item number	6. Marks and numbers on packages	7. Number and type of packages, description of goods (including quantity where appropriate and HS number of the importing country)	8. Origin criterion (see Notes overleaf)	9. Gross weight or other quantity and value (FOB)	10. Number and date of invoices
	VIM-070402 VIETNAM C/N: 1 MADE IN THE PHILIPPINES	1 PALLET MAGNETIC CONTACTOR AND PARTS 8 SETS 10 PCS ▇▇▇ HARMONIZED CODE 8542.9000	44KG USD 643.0804		INVOICE 4960

11. Declaration by the exporter	12. Certification
The undersigned hereby declares that the above details and statement are correct; that all the goods were produced in ....PHILIPPINES........... (Country) and that they comply with the origin requirements specified for those goods in the ASEAN Common Effective Preferential Tariff Scheme for the goods exported to VIETNAM (Importing Country) PHILS. 04/20/07 Place and date, signature of authorized signatory	It is hereby certified, on the basis of control carried but, that the declaration by the exporter is correct. LUIS R. SEMAÑA JR. OIC Export Unit Place and date, signature and stamp of certifying authority APR 23 2007

1. 某機電廠商的關係企業菲律賓公司，出貨給該公司位於越南的子公司。
2. 早期台灣出口到歐美各國，也有申請過類似的普惠制優惠產證，目前已經很少或是已經不適用了。

13.5　一般產地證明書

　　進口商如果要求出口商提供產地證明書，但是目的並非減免關稅用的話，可能的原因會是：

1. 證明該產品確實是在某國家生產製造或完成最終實質轉型。
2. 進口商有可能已經得到私人或公家機關標案，標案當中規定某些產品必須是由哪些國家所生產製造，而且必須提供產地證明書作為驗收的文件之一。

　　例如：某台灣的機電廠商得到高鐵維修站的標案，合約中規定發電機內部的引擎必須是德國或是義大利製造，進口商就必須取得該供應商的產地證明書，以便驗收時合乎規定。

13.6 一般產地證明實例

附件6-17 出口一般產證

B905110

1.Exporter's Name and Address TECO ELECTRIC & MACHINERY CO., LTD. 10F, NO.3-1, YUANCYU ST., NAN-KANG, TAIPEI 115, TAIWAN	CERTIFICATE NO. EB09 A05567 Page 1 of 1
2. Importer's Name and Address CHAFT FT-ENERGIETECHNIK WESTRING 7 - WE 2 67227 FRANKENTHAL GERMANY	**CERTIFICATE OF ORIGIN** (Issued in Taiwan) **ORIGINAL**

3. Shipped on Board	6. Port of Discharge HAMBURG, GERMANY
4. Vessel/Flight No. YM UNITY V-18W 5. Port of Loading KAOHSIUNG, TAIWAN	7. Country of Destination GERMANY, FEDERAL REPUBLIC OF

8. Description of Goods; Packaging Marks and Numbers	9. Quantity/Unit
BESTELL-NR.: INDUCTION MOTORS 007/4501168045 3-PHASE/50HZ/6000V PROJECT:EL TEBBIN ASCK F#710A 4P-4750KW 2 MOTORS 4750 KW TECO SERIAL NO.FE092705T1 (ASCK 710A-04) CONSISTING OF: HAMBURG MOTOR X 2 PCS C/NO.:1-4 T-BOX X 2 PCS MADE IN TAIWAN SAY TOTAL : FOUR (4) CASES ONLY.	2 SET 2 SET vvvvvvvvvvvvvvvv

This certificate shall be considered null and void in case of any alteration.

Certification

It is hereby certified that the goods described in this certificate originate in Taiwan.

TAIWAN CHAMBER OF COMMERCE

Authorized signature

MAR 31 2009

1F., No.17, Lane 164, Songjiang Rd., Jhongshan District, Taipei City 104, Taiwan
Tel: 886-2-25812832   Fax: 886-2-25679375

產證真偽驗證網址-https://cosystem.trade.gov.tw/BOFTCO/Program/COE0160/COE0160.asp   產證驗證碼 95213091A

北部出口商習慣在台灣省商會申請產地證明書（C/O），其實各地的進出口公會也一樣可以申請產證。

單元十四　到貨通知書（arrival notice）

走空運或是走海運，在運輸工具抵達之前，進口國的運輸業者都會事先發出到貨通知書給進口商，我們依照提單欄位的不同，分成以下三種：

1. 受貨人欄位上面是A公司，貨到通知人欄位也是A公司，有時候貨到通知人欄位會打上"same as consignee"，運輸業者會直接通知A公司。
2. 如果受貨人欄位是A公司，貨到通知人欄位上面是B公司，運輸業者原則上是通知B公司，部分承攬業者是二家公司都會通知。
3. 如果受貨人欄位打上待指示（to order）、待託運人指示（to order of shipper）、交付予……（consigned to XXX bank）、待銀行指示（to order of XXX bank）的話，運輸業者不會通知銀行，只會通知貨到通知人（notify party）欄位上的公司。

14.1　到貨通知書的功能

1. 更精確的抵達時間。
2. 何時可換小提單？
3. 是否要更改整櫃貨物的進儲（存）地點？
4. 請進口商核對資料，如有錯誤，應在限期內提出更正，通常會有以下的通知內容：
   (1) 貨物包裝方式，如係pallet、skid、bundle、package，請速告知內包裝數量，例如：10 pallet (100 cartons)。
   (2) 本通知單內容如與貴公司持有正本提單或通關文件不符者，請於船到前24小時（或48小時）內提出更正，以免遭海關罰鍰。

14.2　進口商收到海運的到貨通知書該如何處置

　　實務上，目前的到貨通知書絕大部分採電傳的方式通知，這樣的方式非常好，因為對於上市櫃公司、大企業、大型進出口商，每天進口貨物可能有好幾十件，不太可能逐一去核對而且也不太需要，畢竟到貨通知書上面的內容也是按照原本的海運提單內容去轉檔而已，除非船到前，出口商已經明確告知原始提單上的品名或件數有誤，這時候，進口商就趁運輸業者發到貨通知書時，採用書面方式提出更正，如果沒有適時提出更正或是船已到才提出更正，會有以下幾種狀況發生：

1. 船到前進口商已提出更正的話，在船公司尚未提供進口艙單（manifest）給海關前，應該不太會影響到該批貨物的通關方式。
2. 船已到港進口商才提出更正，這票貨物的通關方式變成C2或C3的機率會大增。

14.3　進口商收到空運的到貨通知書該如何處置

　　方法跟海運差不多，只是貨物在出口端發生失誤而由出口商在班機未抵達前，要求進口商更正的情況並不多見。

14.4 到貨通知書實例

附件6-18 到貨通知書

共 1 頁第 1 頁

TO: 東元　　　ATTN: #3231邱S
FM: 萬達國際物流股份有限公司 / 葉'S 小姐　分機：1313

Shipper QINGDAO [redacted] INDUSTRIAL&TRADE CO., LTD	非電放 B/L No. QDKEE12030014 進口匯率 0.000
Consignee TECO ELECTRIC & MACHINERY CO LTD 10F, NO. 3-1, YUAN CYU ST., NAN-KANG, TAIPEI 115, TAIWAN	萬達國際物流股份有限公司 Panda LOGISTICS PANDA LOGISTICS CO., LTD. TEL:(02)2772-0999 FAX:(02)2740-1991, 2772-2432 1998 年通過 ISO 9002 ARRIVAL NOTICE (到貨通知書)
Notify Party SAME AS CONSIGNEE	

Pre-Carriage by	Place of Receipt QINGDAO	"FREIGHT PREPAID"	
Ocean Vessel　Voy. No. YM HAWK V-117S		**截止更正日期　時間** 2012/03/05 14:00	**進儲載場**
Port of Loading QINGDAO	**Port of Discharge** KEELUNG, TAIWAN	**Place of Delivery** KEELUNG, TAIWAN	**抵港日期 (預計)** 2012/03/06

Marks and Numbers	No. of pkgs. or units	Kind of Packages; description of goods	Gross weight	Measurement
	1 PKG		76.000 KGS	0.450 M3
AS ADDR.		BLADES		

為反應營運成本及維護對 貴公司之服務品質，本公司自99年3月份起調整進口文件費為NTD2100/SET

台北總公司:10492台北市中山區市民大道三段209號5樓 TEL:2772-0999 傳真專線(02)27720899 /(02)27722470

客戶服務/報價 湯羽柔'S #1315　林欣慧'S #1309　許文馨'S #1310　陳育葳'S #1312　林秋玉'S #1316

文件修改:吳柏蓁'S #1308 美國，加拿大，澳洲，香港
周欣怡'S #1311 上海
葉小姐'S #1313 韓國，寧波，天津，青島
王純萍'S #1317 韓國，泰國，越南，新加坡，馬來西亞，印尼，印度，東南亞雜!
龔素娥'S #1318 日本，大陸雜點
許家瑜'S #1319 蕭莉萍'S #1314 歐洲，廈門

支票抬頭請開立:萬達國際物流股份有限公司　或將款項匯入:萬達國際物流股份有限公司
中國信託商業銀行(822)敦南分行(0163)　帳號:163350004541

台中分公司 TEL:(04)2310-1567 FAX:(04)2310-1219　DEPT:曾瓊(EXT.152)張秋禎(EX.245)
高雄分公司 TEL:(07)339-4131 FAX:(07)332-3495　DEPT:梁育綾(EXT.208)林靜宜(EXT.204)

請注意下列事項:

1) 請收到 ARRIVAL NOTICE 後詳細核對資料，若與 貴公司資料不符，請於船到日二天前(例假日不算)以書面提出申請更正，逾時船公司不受理更改任何資料，將遭受海關罰款(約NTD20,000)
2) 請於換單日，攜帶正本提單蓋大小章(如提單電放者，請攜帶電放切結書或副本提單蓋大小章)，私人行李請帶護照影本蓋收貨人私章，至本公司以現金或即期支票換取小提單並速辦理提貨，以免有延滯費或倉租產生。如未攜帶以上任何單證恕不發放小提單。
3) 進口貨如需轉高加，柚加，潭加，南料，竹料請加註在更正申請書上。
4) 船到之後如需更正，需另外支付EDI FEE NTD 210-315/SET(依船公司規定)，也務必請報關行於船到48小時之內攜更正切結書至代理行書寫更正艙單；如需押款也請於船到48小時之內至代理行做好押款之動作，如有延誤造成無法修正或是海關罰款，本公司恕不負責!!

世界各國對於醫藥、醫療、食品、農產品、兒童玩具等等，相對會有比較多的進出口規定與要求。進口國海關除了要求進口商事先提供出口地相關的合格證明文件外，在進口商進口報關時，肯定會加強檢驗查察，因此從事這類產品買賣交易的進出口商或是貿易廠商，對於上述產品品質的要求或是通關程序以及相關法令規章務必要熟稔，避免稍有疏失，就有可能無法順利通關放行。

單元十六 驗證登錄或型式認可（registration of product certificate or type approval product）

在台灣，要進口家電產品，尤其是大家電如冷氣機、電冰箱、冷氣機、洗衣機等，通常必須經過標準檢驗局（BSMI）的檢驗合格之後，才予以放行（稅則稅率稽徵特別規定欄位出現C01、C02）。可是進口大家電的檢驗時間肯定不會太短，所以進口商在進口之前，可以依照該產品的預計進口總量或是市場預估銷售量，來採行以下二種方式，讓產品進口後，可以快速通關放行：

1. 事先申請產品的「驗證登錄許可證」

　　進口商事先將該產品的樣機連同型錄、規格、說明書等基本詳細資料送請經濟部標準檢驗局（BSMI）檢驗，如果順利取得該產品的驗證登錄許可證，日後該產品進口時，就可以免予檢驗。（請注意，進口通關時，針對產品的「報驗」跟「報關」是兩回事，報驗程序是相關單位針對產品品質作把關；報關是海關人員針對實際到貨產品跟文件上申報的品名規格是否一致，是否「貨證相符」作查驗。）

2. 事先申請產品的「型式認可證書」

　　同上述1.，若進口商準備進口的這項產品數量不大，或是進口小量先試水溫，初期不想花太多錢取得驗證登錄許可證，可以先花小錢取得型式認可證書，核准之後，該產品實際進口報關時，標檢局仍然會進行抽驗，但是進口商必要時，可以採用切結的方式，於海關通關放行後，先將貨物提領回去。但是因為產品檢驗尚未合格，且合格證尚未核發，所以還不能對外銷售。雖然採型式認可不像驗證登錄方便，但是費用較低而且可以避免貨物留置貨櫃場期間可能產生的高昂貨櫃延滯費（demurrage）。

單元十七　輸入商品合格證書（certificate of import inspection）

1. 某家電廠商自國外進口電冰箱，因事先已申請「型式認可證書」，所以產品經標檢局（BSMI）認證檢驗核可之後，發給「輸入商品合格證書」（CERTIFICATE OF IMPORT INSPECTIION）。
2. 合格證書有效期限三年。
3. 商品合格證書實例，如以下附件6-19：

經 濟 部 標 準 檢 驗 局
THE BUREAU OF STANDARDS, METROLOGY AND INSPECTION
MINISTRY OF ECONOMIC AFFAIRS

輸入商品合格證書
CERTIFICATE OF IMPORT INSPECTION

證書號碼 Certificate No.	204T6000628-00-9	
發證日期 Date of issue	106年05月31日 15:36	進口報單 Import Customs Declaration　AL/ /06/338Y/0953

報驗義務人(統一編號)　███電機股份有限公司
Applicant　████ ELECTRIC & MACHINERY CO., LTD.　　　統一編號:███████

品　名　電冰箱
Commodity　REFRIGERATOR

貨品分類號列/項次
C.C.C. Code 84182190006A　　項次:1

規　格 Specifications	239L	型　式 Types	R2551HS
厚　度 Thickness	NIL	等　級 Grades　NIL	廠牌 Brand

製造廠名稱　HAIER ELECTRIC (THAILAND)
Name of Manufacturer　PUBLIC COMPANY LIMITED.　　製造廠代號 Code of Manufacturer

數　量　Total:276　SET (276 SET)
Quantity　(TWO HUNDRED SEVENTY-SIX SET)

總　淨　重
Total Net Weight　15,180　　　　KGM

起運口岸及代碼
Port of Embarkation　THAILAND (TH)

生產國別
Country of Origin　THAILAND (TH)

製造日期或批號
Manufacturing Date or Batch Nos. 2017

商品檢驗標識號
Commodity Inspection Mark Nos. 型式認可：TA104410030159　　(T) C2 5744531~5744806

檢　驗　日　期
Date of Inspection　May 31, 2017

備　註　ALL BLANK
Remark

本證所載商品經檢驗合格，證書有效期　109年05月31日止。
It is hereby certified that the commodity listed above complies whith related requirements after inspection. This certificate expires on　　NIL

由經濟部標準檢驗局或所屬發證機關發證
This certificate is issued by the BSMI or its branches.

本證書必須加蓋發證機關鋼印後生效
This certificate become effective only when stamped with this BSMI's seal

第七章

國際貨物運輸實務

台灣四面環海，因此貨物的進出口只能仰賴海運或空運，全球國際貨物運輸，使用海運的比例超過90%，鄰近區域間或是近洋線的航程，走海運的話，快者1~3天，慢的話7~12天也會抵達，但是從台灣或遠東地區出口到歐美國家的航程，通常需要15~45天，因此有時候廠商為了時效性或是急件的需求會使用空運來替代。另外，基於某些產品本身的特性、價值、包裝、材積、重量等因素，很多貨物反而是以走空運為主，例如：半導體、電子產品、資通訊材料、高檔漁獲食材等。

　　本章節我們會介紹船公司、定期輪、散裝輪、海空承攬運輸業，也會介紹海、空運費如何計價，最後提供目前全球貨櫃運輸的主要航線給讀者參考。

單元一　貨櫃運輸

1. 早在1956年之前，美國少數業者已經試著把貨櫃使用在改造過的商船來承載貨物，但是由於缺乏搭配吊掛的機具，還有內陸運輸業者的反對，除了成效不佳，實際上也沒有省下太多的成本跟裝卸貨物時間。直到1956年4月26日，美國海陸運輸公司（Sea-Land）的麥可連（Malcom McLean）先生，用一輛吊車把58個鋁製的卡車車體吊上停泊在紐澤西州紐華克（Newark）的一艘舊郵輪上。5天後，這艘名為「理想一號」的油輪駛進休士頓（Houston）。58輛卡車等著裝載那些金屬盒並把它們拖到目的地，往後的十幾年，一場運輸革命就這樣開始了。

2. 貨櫃是一套高度系統化的核心，藉著貨櫃，我們得以用最低的成本與化繁為簡的方式，把任何地方的產品運送到任何地方，貨櫃讓船運變得便宜，因而改變了世界經濟的面貌。從前那些隨著商船浪跡天涯的船員，每到異國港口，就可以上岸休個幾天假，如今卻只能在荒僻的貨櫃泊船場停靠幾個小時，一旦高速吊車（橋式起重機）處理完船上的大金屬盒，就得立刻起錨再度出航。

3. 貨櫃被大量使用在海洋運輸至少有50~60年的時間，海運的貨櫃輪船（container ship）運輸也已經成功取代早期的散裝船舶（bulk cargo ship）。雖然目前海運的主流是貨櫃輪船，但是仍然有部分產品，例如：煤礦、鐵礦砂、矽鋼片、木材、原物料、黃豆、小麥、玉米、咖啡等等，因為產品本身的價格跟特性，還有運費的考量，基本上還是適合使用散裝船的運輸方式。

單元二　全球前十二大貨櫃輪船公司

2022上半年，全球三大航運公司聯盟控制著亞洲和北美之間82.3%的市占率：

★2M聯盟33.8%　●海洋聯盟30.1%　■THE聯盟18.4%

排名	公司	英文	國別	裝運能力（TEU）	貨櫃船數量	市占率
1	★地中海航運公司	MSC	瑞士	4,475,902	692	17.30%
2	★快桅	MAERSK	丹麥	4,265,460	727	16.50%
3	●法國達飛海運集團	CMA-CGM	法國	3,321,284	585	12.90%
4	●中國遠洋海運集團	COSCO	中華人民共和國	2,875,703	466	11.10%
5	■赫伯羅特	Hapag-Lloyd	德國	1,762,712	250	6.80%
6	●長榮海運	EMC	中華民國	1,581,205	203	6.10%
7	■海洋網聯船務（日本郵船、商船三井、川崎汽船）	THE ALLIANCE NYK / MISC / K LINE	日本	1,497,162	201	5.80%
8	■現代商船	HYUNDAI	韓國	818,075	76	3.10%
9	■陽明海運	YML	中華民國	696,543	94	2.70%
10	以星綜合通運股份有限公司	ZIM	以色列	515,902	139	2.00%
11	萬海航運	WHL	中華民國	436,790	157	1.70%
12	太平洋國際航運	PIL	新加坡	297,163	91	1.20%

資料來源：Alphaliner TOP 100，2022年9月3日，網址取自：https://alphaliner.axsmarine.com/PublicTop100。

說明：

1. 早期船公司之間，有所謂運費同盟（freight conference），或稱為航運同盟（shipping conference），是指在同一航線上或相關航線上，經營定期

船運輸的船公司，為了抑止同業競爭或維持一定的利潤，透過制定統一費率或最低費率以及在營運活動方面簽訂協議而組成的卡特爾（Cartel）組織。但是歐盟委員會從2008年起，正式廢除定期船的運費同盟享有的反托拉斯（Anti-Trust）豁免權，亦即運費同盟會員不得再從事固定海運費等影響市場競爭力的活動。

2. 2008年金融海嘯之後，全球經濟大衰退，船公司藉此減少航線的航次，多家船公司另組策略聯盟，聯盟船公司彼此之間共享艙位，盡可能把每次的航線艙位填滿，近十幾年當中，全球各大船公司之間也更換過好幾次的策略聯盟夥伴。上頁是2022上半年全球前12大船公司，包括2M聯盟、海洋聯盟、THE聯盟三大聯盟。內容涵蓋最新的貨櫃船可裝運20'貨櫃數、貨櫃船數量包含自有船（owner）以及租賃船（charter），以及全球市占率的排名順序，台灣的貨櫃三雄：長榮、陽明、萬海，分居全球第6、9、11名，長榮跟陽明主要以遠洋線為主，萬海的主力在近洋線。萬海深耕亞洲線已經有很長一段時間，早期的貨櫃船也都委由日本造船廠打造，早期聽說有很多日本公司把萬海誤以為是日本當地的企業。

單元三　海運運輸業者分類

3.1　船公司

在台灣，我們經常會聽到或是使用到的船公司有台灣貨櫃三雄：長榮、陽明、萬海，還有規模較小的貨櫃輪船公司：正利、德翔、運達，另外也經常聽到許多知名的外商貨櫃輪船公司，像是瑞士地中海航運（MSC）、丹麥馬士基航運（MAERSK）、法商達飛海運（CMA-CGM）、香港商台灣東方船務（OOCL）、中國遠洋（COSCO）等。我們習慣稱它們是船公司，但是實務上，他們不只有海運運輸，還包含了船舶抵達目的港之後，負責把貨物從目的港送到內陸點的服務，因此實際上，他們都應該稱作複式或聯合運送業者（Multimodal or combined Transport Operator, MTO）。

3.2 台灣海運承攬運送業者（forwarder）

除了船公司，進出口商最常聽到或是使用的業者，就是海空運承攬運送業者（ocean/air freight forwarder），台灣也有不少知名的大型海空運承攬業者，例如：台驊、中菲行、沛華、崴航、萬達等，我國針對船舶運送業、船舶代理業，還有海運承攬運送業者的定義以及規範如下：

※航業法第3條：

一、航業：指以船舶運送、船務代理、海運承攬運送、貨櫃集散站經營等為營業之事業。

二、船舶運送業：指以總噸位二十以上之動力船舶，或總噸位五十以上之非動力船舶從事客貨運送而受報酬為營業之事業。

三、船務代理業：指受船舶運送業或其他有權委託人之委託，在約定授權範圍內，以委託人名義代為處理船舶客貨運送及其有關業務而受報酬為營業之事業。

四、海運承攬運送業：指以自己之名義，為他人之計算，使船舶運送業運送貨物而受報酬為營業之事業。

單從上述的定義及規範看來，海運承攬運送業本身似乎不算是運送人，也因此早期信用狀的內容如果是走海運而且是整櫃（CY）的情形，偶而會出現類似的條款：海運提單必須是船公司發行，不接受承攬業者發行的海運提單（Bill of Lading must be issued by carrier , forwarder's Bill of Lading is not accepted）。因為進出口商基本上對於船公司的信任度，比起海運承攬運送業者來得高一些。但是如果我們再根據民法對於承攬運送業者的定義及規範，基本上已經可以把海運承攬運送業者視為運送人了。

※民法第660條：「稱承攬運送人者，謂以自己之名義為他人之計算，使運送人運送物品而受報酬為營業之人。」

※民法第663條：「承攬運送人，除契約另有訂定外，得自行運送物品。如

自行運送，其權利義務，與運送人同。」

※民法第664條：「就運送全部約定價額，或承攬運送人填發提單於委託人者，視為承攬人自己運送，不得另行請求報酬。」

※航業法第41條：「海運承攬運送業除船舶運送業兼營者外，不得光船承租船舶，運送其所承攬貨物。」

因為台灣的海空運承攬業者，絕大多數以賺取差價為目的，並且以自己名義代替或代表船公司（for or on behalf of carrier）簽發提單給客戶，甚至還有報關、倉儲、陸上運輸等，盡量提供給客戶最完善的一條龍服務（total solution）。因此承攬運送業者除了本身不得經營「光船承租船舶，運送其所承攬貨物」之外，把它視為運送人，應該不會有太大的問題。

3.3　美國的無船公共運送人（NVOCC）

美國把海運運送業者分為海運承攬業（ocean freight forwarder）以及無船公共運送人（Non-Vessel Operation Common Carrier, NVOCC）二種身分，前者類似承攬人，而無船公共運送人一詞是在1984年的美國航業法首次出現，另外美國也於1988年的海運改革法（Ocean Shipping Reform Act, OSRA1988），把上述二者合併為海上運輸中間人（Ocean Transportation Intermediary, OTI），同時在營運方面也有嚴格的管理制度，海運承攬業者（Freight Forwarder）和無船公共運送人（NVOCC）均須向美國聯邦海事委員會（FMC）申請取得經營許可證，並交納保證金。相較於NVOCC，如果本身有經營船舶業務，就變成船舶公共運送人（VOCC），就等同我們一般所認知的船公司了。

3.4　中國的海運運送業者

中國大陸將承攬運送人分為「國際貨物運輸代理業」以及「無船承運業」二種，前者為貨主的貨運代理人，簡稱「貨代」，類似我國「承攬運送

人」的角色，後者其實就是運送人，簡稱為「承運人」。中國大陸的規範跟台灣一樣，「承運人」本身並不經營船舶。

單元四　定期貨櫃輪船公司

1. 目前全球貿易走海運的話，一般散雜類貨物大都會裝載於貨櫃，並且使用貨櫃船來運輸，所以貨櫃輪船公司在它們公司的網站上會刊登船期、航線、起運港、卸貨港、結關日、開航日等訊息，或是在《台灣新生報》或《中華日報》的航運版也會刊登各航線訊息。這二種航運版日報，早期各大公司行號幾乎都有訂閱，後來網路普及後，船公司除了刊登在二大報紙外，也都已經上網刊載，目前會訂閱這二種日報的，大概只剩下海運承攬運送業者，建議進出口商可以跟往來配合的承攬運輸業者索取一份來瀏覽（因為市面上已經沒有零售了），保證很有趣並且可以發現紙上新大陸，順便複習一下國高中唸過的地理。

2. 貨櫃輪船運送的貨物種類多樣化，大多以成品或半成品的傳產業為主，例如：家具、玩具、面板、電器、機械、工具機等等。原則上，只要產品最後是以棧板為外箱包裝且裝得進一般普通貨櫃（regular container）的話，都會使用貨櫃船運送。

3. 出口商使用貨櫃輪船公司的服務，船方要負責把貨櫃從結關交貨地點拉到碼頭邊，等船舶靠岸時，利用船邊的橋式起重機（bridge crane）把貨櫃吊到船上，船抵達卸貨港之後，船方也要負責把貨櫃從船上卸下。貨櫃吊上吊下的費用是屬於貨櫃場處理費（Terminal Handling Charges, THC）的其中一項，船公司會把貨櫃場處理費跟主航程海運費（美元計價）分開報價，而且通常會以進出口國當地幣別報價。

4. 船公司的總部（head office）通常設有企劃室，除了擬定運價策略以外，他們在意的是每條航線、每艘船舶如何作最佳的調配，可以搭載到最大的貨量，所以他們只接受客人整櫃（CY或FCL）數量的訂艙。台灣的出口商走海運時，如果貨量足夠且預估可以裝滿一個20呎貨櫃空間的6~8成以

上，亦即當貨物總材積只要超過15立方公尺（Cubic Meter, CBM）以上，就可以考慮採用一個20呎貨櫃來裝載。尤其是該產品不適合堆疊時，但是該批貨物的總重量也同時要考慮進去，最好不要超過20公噸（Metric Ton, MT）。必須注意的是，每一家船公司對於40'大櫃跟20'小櫃最大的承載重量規定，可能會有小差異，建議出口商出貨之前，最好先確認清楚。另外，有些國家對於道路承載重量也有不同的規範，例如：貨櫃載重22公噸或許船公司可以接受，但是載重22公噸的20'小櫃可能不一定被允許行駛在美國或是部分歐盟國家的道路或是高速公路上。

5. 船公司除了只能接受整櫃（CY）的訂艙以外，對於買賣雙方約定的部分貿易條件，原則上也是沒有辦法提供服務的。例如：涉及到進出口國都要報關的工廠交易條件（EXW），以及關稅付訖條件（DDP）。另外，買方要求貨抵港口或是機場，待買方貨物清關放行後，賣方還必須負責使用運輸工具運到買方的工廠或是雙方約定的地點，例如：CPT／CIP／DAP／DPU條件時，通常也是沒有辦法提供這一類的服務，這些情況或是貿易條件就有賴海空運承攬運送業者來解決問題。

6. 船公司有時為了航線因素或是稅費成本問題，會把船舶的船籍設立在他國，船上懸掛該國國旗，稱為權宜船旗（flag of convenience），例如：設籍在巴拿馬、賴比瑞亞、巴哈馬等地。

單元五 不定期散裝輪船公司

1. 1960年代，貨櫃輪船還沒有興起之前，海上運輸是散裝輪船的天下，當時貨主必須自行用陸運的方式，把貨物拉到船邊方便船上的吊具或碼頭邊陸上的機具，可以把貨物吊到船上，所以走散裝輪船的運送方式，我們也把它稱之為鉤對鉤條件（tackle to tackle或hook to hook）或是船台（錨位）條件（tramp term）。國內有許多知名上市櫃的散裝輪船公司，像是慧洋-KY、正德、四維航、東鹼、益航、新興、裕民、中航、台航等等。

2. 散裝船本身有些船上有配備吊具、起重機或機械式抓斗，但是有些船上是

沒有配置吊掛設備的，貨物走散裝船時，船方的報價單可能會是：

QUOTATION

From: Port Klang, Malaysia

To: Keelung, Taiwan

Commodity: pala kernel expeller（棕櫚粕）

(1) O/F: USD50/W/M

(2) B/L fee: NTD2,500/per bill

PS: F.I.O.S.T.

說明：

(1) F.I.=Free In，代表船方不負責將貨物裝上船。

(2) F.O.=Free Out，代表船方不負責將貨物自船上卸載。

(3) S=Stowed，積載；大型機具設備或大宗物資，如：黃豆、小麥、玉米等，貨物進船艙後，必須使用機械或堆高機把貨物推擠或移動到適當的位置擺放，針對大型機具設備還必須做好捆綁（lashing）、墊艙（dunnage）等安全防護措施（securing）。

(4) T=Trimmed，剗平；如(3)所述，大宗物資如：黃小玉等穀物，堆擠後還必須剗平，讓可裝載的重量或數量達到最大。

單元六　空運承攬運送業

6.1　定義

1. 台灣民用航空法第66條第1款：「經營航空貨運承攬業者，應申請民航局核轉交通部許可籌設，並應在核定籌設期間內，依法向有關機關辦妥登記後，申請民航局核轉交通部核准，由民航局發給航空貨運承攬業許可證

後，始得營業」。

2. 另外民法的第17節「承攬運送」第663條：「承攬運送人，除契約另有訂定外，得自行運送物品。如自行運送，其權利義務，與運送人同。」還有第664條：「就運送全部約定價額，或承攬運送人填發提單於委託人者，視為承攬人自己運送，不得另行請求報酬。」的規範，一樣適用在空運運送承攬業。

3. 海運承攬運送業者的主管機關是交通部航政司，設立的條件之一是實收資本額不得低於NTD750萬；空運承攬運送業者的主管機關是交通部民航局，設立的條件之一是實收資本額不得低於NTD500萬。

6.2　特色

　　台灣進出口業者走海運時，若是整櫃（CY），進出口商可以直接找船公司報價，但是走空運時，不管貨量多重多大，原則上還是要先找空運承攬業詢價，除非貨量大到可以採包機方式。空運承攬業跟海運承攬業一樣，規模有大有小，規模大且出口量多的，可以直接跟空運公司先行議價，談好每個貨載大盤櫃跟小盤櫃的價格。之後該承攬業者可以接受直接出口客戶的訂艙，也可以接受同業或同行轉單客戶的訂艙。這種情形跟台灣的旅遊業很類似，如果小規模的旅行業者某次招攬不到16位成員可組團成行時，會把這些成員轉給其他大型旅遊同業一起合併出團。空運公司也會跟幾家大型空運承攬業者簽約作為主要代理商（key agent）或稱作主併貨莊家（master co-loader）。

單元七　海運運費計價

1. 全球海運報價都是以美元為計價幣別，這裡的美元計價指的是主航程運費，當然也包含採複合運送的海＋陸或是海＋空的運輸費用，至於進出口國二地的運雜費，因為大部分是由買賣雙方各自負擔，因此會以當地幣別計價支付居多。

2. 海運費有最低基本運價的收費（minimum charge）

　　通常是以一個立方公尺（Cubic Meter, CBM）或一公噸（Metric Ton, MT）為單位，亦即假設貨物的材積未滿1CBM或重量未滿1公噸，必須按承攬業報價收取最低運費，報價單如果寫海運費：USD20/W/M，（W代表Weight重量，M代表Measurement材積），從基隆港到大阪港。表示海運費每單位USD20按重量或材積取大者計費，如果材積不滿1CBM或重量未達1公噸，最低海運費就是USD20。

3. 部分偏遠地區或是承攬業者併裝開櫃不易，貨量很少的地區，有時候最低收費會以2CBM或3CBM收費。畢竟貨量少的點，願意開櫃的海運承攬業者也少，自然就形成寡占或獨占市場了。

4. 除了主航程運費，還有哪些費用？

　　以下我們用一個報價單來說明複合運輸（海＋陸）各項費用。

QUOTATION

Trade Term:CPT Chicago, USA

Mode:40'×1 & 20'×1 container

From/To:from Kaohsiung Taiwan via Los Angeles to Chicago, USA

(1) O/F（海運費）：USD6,000/20', USD8,000/40'

(2) OTHC（出口地吊櫃費）：NTD5,600/20', NTD7,000/40'

(3) DDC（目的地運送費）：USD300/20', USD600/40'

(4) B/L FEE（提單費）：NTD2,500/per bill

(5) AMS FEE（自動艙單系統申報費）：USD25/per bill

(6) ISF FEE（進口安全申報費）：USD35/per bill

說明：

(1) 出口到美國的整櫃貨通常以40'大櫃居多，美國把40'貨櫃稱為標準櫃，假使40'大櫃的報價確定了，20'小櫃的運費是40'大櫃的75%（少數船公

司以80%計價），所以40'大櫃是USD8,000，20'小櫃就是USD6,000，如果是40'高櫃（40'HQ）就乘上1.125（USD9,000），45'高櫃的價格就乘上1.25（USD10,000）（少數船公司以1.266計價）。

(2) 目的地運送費（Destination Delivery Charges, DDC）指的是貨櫃船抵達美國西岸的洛杉磯（Los Angeles）或是長堤港（Long Beach），貨櫃從船上卸下的費用加上貨櫃拉到貨櫃場或是附近鐵路集散站的內陸運費。類似目的地貨櫃場處理費（Destination Terminal Handling Charge, DTHC）。這項費用理應是買方負擔，但是出口到美國的海運報價卻經常會出現這一項費用。

(3) 起運港吊櫃費（Origin Terminal Handling Charges, OTHC），吊櫃費屬於貨櫃場處理費的一種，進出口如果是整櫃（CY或FCL）會產生這項費用，如果是併裝貨物（CFS或LCL）會產生裝櫃費（stuffing或loading fee）或是卸櫃費（unstuffing或unloading fee）。這一項吊櫃費用如果是發生在進口國，我們就稱它為目的地處理費（Destination Terminal Handling Charges, DTHC），類似上述美國線的DDC。

(4) 出口不論是直走船公司或是走承攬運送業、不管是走整櫃或是走併櫃，都會有提單費用產生。即使出口商要求作電報放貨（cable release、telex release、surrendered、express）仍然要繳交提單費用，另外再加上電放費用。

(5) 美國艙單預報系統（American Manifest System, AMS）這是2001年911恐怖襲擊美國雙子星大廈事件之後，美國要求任何國家出口到美國的貨物在開船前24小時，必須向美國海關及國土安全局申報以下資訊：
① 賣方公司名稱和地址。
② 買方公司名稱和地址。
③ 進口商的海關登記號。
④ 收貨人的美國政府稅號。
⑤ 貨櫃的裝櫃地址。
⑥ 拼箱的公司名稱和地址。

⑦ 貨物送達的公司名和地址。

⑧ 工廠的公司名稱和地址。

⑨ 所有貨品的原產地。

⑩ 海關關稅編號（至少六碼）。

(6) ISF申報

ISF是Importer Security Filing的縮寫，即「進口安全申報」也叫反恐申報。是美國海關對美國進口商的要求，這是「911事件」之後，美國海關和邊境保護局（U.S. Customs and Border Protection，簡稱CBP）加強進口到美國貨物的安全而提出的一項措施，這是美國特有的一個申報，其目的是提高安全監管。內容包含12項，10項由進口商提供，2項由船公司提供，所以ISF又稱10＋2。

進口商提供的10項訊息：

① 製造商的名稱和地址（Manufacturer name and address）。

② 賣方的名稱和地址（Seller name and address）。

③ 買方的名稱和地址（Buyer name and address）。

④ 貨物送達的公司名稱和地址（Ship to name and address）。

⑤ 美國進口商的海關登記號（Importer of record number）。

⑥ 美國收貨人的美國保稅號碼（Consignee number）。

⑦ 所有貨品的原產地（Country of origin of the goods）。

⑧ HS商品編號（前六位）（Harmonized Tariff Schedule No. 6 digit）。

⑨ 集裝箱的裝櫃地址（Container stuffing location）。

⑩ 拼箱的公司名稱和地址（Consolidator name and address）。

船公司提供的2項訊息：

① 船舶積載計畫（Vessel stow plan）。

② 裝載集裝箱的狀態訊息（Container status message）。

1. 以台灣出口空運報價為例

　(1) 空運出口報價一律採台幣計費。

　(2) 假設從台灣桃園機場出口到日本成田機場，報價單可能會是：

　　① 空運費（air freight）：NTD100／公斤。

　　② 燃油附加費（FAF）：NTD20／公斤。

　　③ 出口報關費（customs clearance）：NTD500／票。

　　④ 報關連線費（EDIC）：NTD200／票。

　　⑤ 內陸卡車費：NTD1,000／趟（依貨量跟距離遠近報價）。

　　在台灣，出口商若是走空運出口，不管該承攬公司是自己決定的，或是依照買方指示，基於時效與方便原則，都會將出口報關以及內陸卡車運輸作業委任給同一家空運承攬業負責。

2. 空運運費報價級距

空運運費一般報價級距

重量／價格	<	≧	≧	≧	≧	≧
KG	45	45	100	300	500	1,000
NTD	50	40	35	30	25	20

　　計費重愈大，單位報價肯定愈低。假設出口商本身有一票大貨準備出口而且發給5家承攬業者詢價郵件，在承攬業回覆的報價當中也許會發現，走相同一家航空公司，但是某一家承攬業者的報價卻特別低，原因可能是這一家承攬業者剛好事先已經承攬到一票毛重（gross weight）特別重，但是材積重（volume weight）卻特別輕的重貨，此時若該出口商的這一票大貨剛好是毛重特別輕，但是材積重卻特別大的輕貨（拋貨），這時候的承攬業者就有可能報一個特別便宜的價格來爭取這票大貨，因為承攬業者的運費成本是按照事先跟航空公司議訂好的大小盤櫃價格來收費，只

要重量跟材積不超過規定即可，所以客戶的貨物形態愈多元（重貨、輕貨兼具），承攬業者的利潤空間就會愈大。

3. 貨物走空運，假設計費重（chargeable weight）不滿45公斤則適用國際航空協會訂定的統一價格IATA rate（International Air Transport Association, IATA）。這個價格是公訂價且非常不便宜，因此建議承擔主要空運費用的賣方（採CPT、CIP、DAP、DPU、DDP條件），或是買方（採EXW、FCA條件），如果貨量真的很少，還有以下二種方式可考慮：

(1) 假設計費重在40公斤上下，但是<45公斤，可考慮採用45公斤以上的報價級距來計費，如果試算後比較划算，就請業務將該筆出口空運運費當成45公斤來計費，這種方式大家習慣稱之為as 45公斤，亦即實際出口計費重量不滿45公斤，但是如果把它當成45公斤來計費，整體空運費用反而比適用IATA rate更便宜。例如：有一票貨計費重40公斤按報價走IATA rate，運費是40公斤×50＝NTD2,000，如果計費重可以as 45公斤，運費變成45公斤×40＝NTD1,800。

(2) 直接問快遞運費價格，空運快遞的特色是戶對戶或是門到門服務（door to door service），亦即涵蓋了進出口國二地的通關手續費用以及內陸運輸費用。不過依筆者經驗，除非貨重低於20公斤，走快遞有可能比較划算，超過30公斤的貨物走快遞，費用都不會太便宜，當然這價格跟出口亞洲、歐美地區也會有關係。以上經驗僅供參考，實際上的空運運費一樣要經過真正比價後才能定勝負。

4. 假設計費重超過45公斤，原則上在原屬重量級距算出運費之後，可以跟下一階級距的報價比較，如果相對便宜，可以跟業務爭取選擇對出口商本身有利的報價級距來支付空運費用。例如：有一票貨重95公斤。按上述報價計算，95公斤×40＝NTD3,800，如果as 100公斤，100公斤×35＝NTD3,500，原則上多數承攬業者都會接受這樣的計費方式。

5. 進口空運報價

(1) 進口空運報價，原則上採出口國當地幣別報價，但是如果該出口國幣別顯然非國際上普遍的通用貨幣時，例如：韓元、馬來西亞幣、泰國

幣等，可要求業務直接採美元報價。

(2) 進口空運費的計價方式跟出口一樣，進口商有機會或是盡量爭取選擇對自己較有利的報價級距來支付運費。

(3) 針對進口空運的案件，進口商如果全年進口件數多，有可能長期委任給某家報關行報關，內陸運輸也有可能委任給某家貨運公司承載。針對內陸運輸在此提醒一下，進出口業者不管採用哪一種貿易條件，如果確認內陸運輸是沒有涵蓋在賣方或買方已經投保的「國際貨物運輸保險」當中的話，應當慎選績優而且確實有投保陸上運輸險的卡（拖）車公司，作為長期配合的策略夥伴，以避免貨物於陸上行進間發生意外事故之後，貨主索求無門或是理賠金額不符預期。

單元九　船公司vs.海空承攬運送業

針對這個問題，先評估一下公司本身的狀況，例如：

1. 海運是整櫃？還是併櫃？如果是併櫃貨物，只能選擇走海運承攬運送業者。

2. 貿易條件是一般常見的FOB／CFR／CIF？還是有其他像是EXW／FAS／DAP／DPU／DDP等條件，因為船公司受限於服務範圍，無法滿足貨櫃送達買方倉庫或是後段陸運鐵路公司固定路線未抵達的小城市，以及需要進出口二地辦理清關的要求。

3. 出口商普遍會認為如果走整櫃（CY或FCL）直接找船公司報價肯定比較便宜，事實上不一定。船公司報價會根據客人的貨櫃數量多寡、有無簽約、是否長期配合等狀況報價，而這些客人當中當然也包含了國內許多大型的海運承攬業者，因此當出口商某次的出口需求只有一個20呎貨櫃的時候，或許也可以試著找一些國內大型的海運承攬業者報價，因為大型承攬業者有時跟好幾家船公司都有簽約，在市況不佳或是競爭激烈的情況下，或許有機會取得比船公司還便宜的價格，反正記住「貨比三家通常不會吃虧」。

9.1 整櫃（CY或FCL）走船公司優缺點

1. 優點

(1) 如果進出口櫃數多，拿到的運費價格肯定不會太差。各大船公司肯定會主動積極上門找國內各大上市櫃公司、大型貿易商、進出口商，並且提供一個好價格。

(2) 船公司對於長期配合的大客戶，遇有艙位不足或是船公司超量接受訂艙（over booking）而必須於某航次做出退關作為時，肯定也不會輕易得罪這些大客戶（VIP）。

(3) 除了價格上的優惠，如果屬買方指定付費的貿易條件，如FCA、FOB等條件，進口商本身如果有貨櫃免費置櫃期間（free time）拉長的需求，也可以在詢價時，一併談妥條件。

〔備註：台灣某家電進口廠商，早期因為每次進口貨櫃多達20~30個大櫃，向船公司爭取到總共45天（而且還是工作天）的免費場內重櫃置櫃天數。〕

(4) 進口商交還空櫃時，遇有貨櫃卸貨之後，沒有將內部空間或地板清洗乾淨，或是貨櫃木地板有沾上油汙時，一通電話打給船公司的承辦業務員，原則上船公司也會把這筆小錢直接給刪除掉（waive）。

(5) 2016年9月，當時全球第七大航商，也是韓國最大的船公司「韓進」（Hanjin）因為財務問題宣告破產，導致全球海運業務頓時大亂且運費狂飆，韓進的船或租賃的船抵達卸貨港之後，直接被船東扣押，更由於許多港口也不再允許韓進的船靠港，讓許多貨主的貨在海上漂流了好幾十天。因為當時的「韓進」是遠東出口到北美載運貨量前三大的船公司，因為破產後也造成了遠東出到北美的貨櫃呈現一櫃難求的現象，且當時正逢美國聖誕節前的拉貨潮，這時候跟船公司有長期配合簽約的大客戶，而且運費是賣方付費的CFR或CIF的狀況下，通常會分配到比較充裕的貨櫃量，其他像是買方指定付費的FOB，或是出貨量很少的一般客人，即便願意多付運費也不保證一定會有艙位可以順

利安排出口。

2. 缺點

(1) 直走船公司針對運費的支付，一般都是付現，即便有些大公司可申請記帳，但是期限也不會太長。

(2) 中小企業全年進出口櫃量如果不到二位數，或許得不到船公司的青睞，受重視的程度跟服務也不會像走海運承攬運送業那樣貼心。

9.2 走海運承攬運送業的優缺點

1. 優點

(1) 走海運承攬運送業不管該公司名片上面的抬頭是海運或是空運，在台灣大部分的承攬業者都是進出口、海空運全包居多。只是如果細分的話，每一家承攬運送業的強項都只會偏重在其中一項或二項，例如：台灣的二家上市櫃承攬運送業者，中菲行國際物流股份有限公司（DIMERCO），它的最強主力應該是空運，例外一家「台驊國際投資控股股份有限公司」（T3EX Global Holdings），它的最強主力應該是海運，另外有一家「鴻霖海運承攬運送股份有限公司」（MORRISON），它也是老字號的承攬運送業者，國內海攬登記證編號第1號就是它，但後來它在空運方面的發展顯然是比海運強過許多。至於承攬運送業者本身的強項在哪一方面，或許進出口商在經過年度招標或是多次的詢比議價之後，大概就心裡有數了。

(2) 進出口商如有海空運費、運雜費月結的需求，通常會比走船公司好商量。

(3) 中小企業進出口貨量不大或是因為貿易條件的因素，也必須跟承攬運送業者配合。目前台灣登記在案的承攬業者多達1,200家，因此要找到價格合理服務好的承攬業者，應該不難。

(4) 國內有少數大型承攬業者，他們的企業規模龐大，分公司家數遍及海內外，甚至員工人數都已經超越小型船公司。他們跟多家船公司簽約取得不錯的運費價格，而且不同船公司有不同的結關日、開航日等

等，可以配合貨主不同期間的出貨需求。

2. 缺點

除了海運的整櫃，進出口商可選擇直走船公司或是走承攬業者以外，海運的併裝貨物或是空運貨物，都只能選擇走承攬運送業。所以嚴格說來，沒有絕對的缺點，以下只提出進出口業者在選擇配合海空運承攬業者時，應該考量的一些重點：

(1) 先查一查該業者是否有合格登記證？

台灣登記在案的承攬運送業者真的很多，據筆者了解，規模最小的業者，校長兼撞鐘、老闆兼業務的情形還真的有，太太當會計兼出納，再加上一位員工當業助兼客服，總計三位成員就可以成立一家公司了，尤其是承作以進口為主的海空承攬運送業者。如果本身不是登記有案的合格業者身分，基本上該公司是不能夠直接發行出口海空運提單的，但因為進口案件的提單都是國外的代理發單，所以貨主要配合之前，建議請承攬業者先提供基本資料，必要時可前往拜訪一下該公司的辦公處所，就可以一窺全貌了。

(2) 準備要配合或是已經在配合的承攬業者，它本身是自行開櫃當莊家（master co-loader）？還是以拋貨給同行（co-load）為主？走海運可自行開櫃的大型承攬業者或是走空運可自行包盤櫃的空運承攬業者，其實不是很多，雖然找自行開櫃包盤的業者配合的話，在價格上或許比較有彈性，但是筆者也認為專業、服務、熱忱、誠信應該是進出口商更應該要重視的幾個要點。

(3) 配合的承攬業者，他們的業務或是運務人員（OP）是否經常更換？筆者覺得海空運承攬業者是百分之百的服務業，有些公司你從打電話進去的那一刻，轉接電話當中或是員工應對的語氣跟態度，就可以感受出這家公司的企業文化。

10.1   普通貨櫃或乾貨櫃（Regular Container or Dry Container, DC）

1. 目前實務上以20'、40'、40'HQ最普遍，出口歐洲主要以20'貨櫃居多，出口美洲線會以40'貨櫃為主。

2. 美國線把40'貨櫃稱為標準櫃，一個40'體積容量等於二個20'，可是40'貨櫃可承載重量只比20'貨櫃多出大約5公噸。

3. 實務上，輕貨或是拋貨，體積大重量輕的產品，也就是密度比較小的貨，例如：塑膠、玩具、成衣等等適合走大櫃，馬達、機械、工具機等產品適合走小櫃，原因除了貨載體積與重量的考量外，再來就是費用因素了：

   (1) 美國航線以40'為標準櫃，小櫃價格是大櫃的75%或80%。

   (2) 除美國航線以外，亞洲、歐洲、澳洲航線，大櫃的價格通常會是小櫃的一倍，但是大櫃經常會有一些折價或是可能比小櫃的多一倍價格便宜個幾百塊。

   (3) 台灣的拖車費不管一次拖一個大櫃或一個小櫃，價格是一樣的。

   (4) 目前台灣所有貨櫃碼頭，針對進出口整櫃（CY）的吊櫃費（THC）收費標準是：NTD5,600/20'；NTD7,000/40'。

   (5) 台灣航港局針對進出口廠商收取的「商港服務費」費用如下：NTD684/20'；NTD1,368/40'

   (6) 報關行收取的報關費用當中，有一項叫作整櫃的「理貨費」，基本上也是按櫃數多寡收費。

   　　基於上述的原因，即使用一個40'大櫃跟使用二個20'小櫃的海運費一樣，可是如果再把(3)拖車費、(4)吊櫃費、(6)理貨費的費用加上去的話，顯然使用一個40'大櫃會比使用二個20'小櫃划算，唯一要注意的是，必須在不能超重的情況下。以下圖表是一般貨櫃以及特殊貨櫃的尺寸與可承載

重量，必須注意的是，各家船公司貨櫃尺寸的標準是一致的，但是最大可承載重量，可能因貨櫃材質差異以及進口國道路限重等問題而有差異，出口商如果擔心重量有過重疑慮，應該事先跟運輸業者確認清楚。

一般櫃、開頂櫃、平板櫃的尺寸與可承載重量

| 貨櫃尺吋 | 貨櫃型態 | 外徑（英尺） | | | 內徑（公尺） | | | 公噸（MT） | 立方公尺（CBM） |
		長	寬	高	長	寬	高	可載重量（payload）	最大容積（volume）
20'	一般櫃	20'	8'	8'6"	5.898	2.352	2.385	21.6	33.2
	開頂櫃	20'	8'	8'6"	5.894	2.352	2.311	25.3	32
	平板櫃	20'	8'	8'6"	5.652	2.208	2.234	31.2	27.9
40'	一般櫃	40'	8'	8'6"	12.031	2.352	2.394	26.48	67.74
	開頂櫃	40'	8'	8'6"	12.028	2.352	2.311	26.42	65.4
	平板櫃	40'	8'	8'6"	11.786	2.336	1.968	40.5	51.9
40'HQ	一般櫃	40'	8'	9'6"	12.031	2.352	2.699	26.28	76.4
45'	一般櫃	45'	8'	9'6"	13.556	2.352	2.699	27.7	86.05

10.2 開頂貨櫃（Open Top container，OT櫃）

除了普通貨櫃以外，以下介紹的，都可稱之為特殊貨櫃（special container）。

有些貨物超高或是體積問題無法從普通貨櫃櫃門推拉或堆疊進去，這時候就可能會使用到開頂櫃，貨物可利用吊車從上方直接擺放進去，之後還必須用防水帆布蓋住貨櫃頂端，用繩索穿過帆布眼孔固定在貨櫃上方邊緣的支架上，避免該貨櫃置放於甲板上時，遭受海浪或雨水的侵蝕。如果貨物超高太多，原本櫃內配置的帆布無法全部蓋住貨櫃頂端時，出口商必須事先訂製帆布幫自家貨物做好安全措施。

圖7-1　開頂櫃（OT）標準的帆布固定作法　圖7-2　不合標準的開頂櫃（OT）帆布固定
方式

圖片來源：筆者攝影。

10.3　平板貨櫃（Flat Rack container，FR櫃）

1. 很多大型機械設備，像發電機、大馬達，有可能貨物本身不只超高又超寬，不但一般貨櫃放不下，就連使用開頂貨櫃一樣放不下，這時候就必須使用到平板貨櫃，也稱為超尺寸貨櫃（Out of Gauge, OOG）。（圖7-3）

2. 平板貨櫃底板特別厚，可承載重量也比一般40'貨櫃重。假設該貨物重量未超過一個平板櫃的限重，當堆高機或是吊車把貨物放到適當位置之後，必須在貨物底端的前後用木樁頂住，並且固定在平板貨櫃的木板上，之後還要用鋼索或是特製的尼龍纜繩把貨物牢牢固定在平板貨櫃上。（圖7-4、圖7-5）

3. 如果該件貨物的重量超出一個平板貨櫃的限重時，可能會用到二個平板貨櫃。這時候會把二個平板櫃於開船前先吊到船上，且因為方便施工作業通常會置於甲板的最上層，之後再把貨物吊到這二個平板貨櫃上面，由負責作業的廠商專業人員直接在船上做固定作業（lashing）。

4. 貨物使用特殊貨櫃的費用都不便宜，原因如下：

   (1) 特殊貨櫃本身造價不便宜，台灣出口使用特殊櫃的比例比起進口多出很多，所以經常必須由國外直接運空櫃回台，無形中也增加許多運輸成本。因此有些平板貨櫃在左右二端的Ⅱ字型支架設計成活動式，當國內缺櫃需要由國外載空櫃回台時，將平板貨櫃二端的Ⅱ字型支架擺放成水平狀態，就可以將7個20'特殊貨櫃或是4個40'貨櫃堆疊在一

起，節省運輸空間及成本（圖7-6）。

圖7-3　特殊平板櫃吊掛作業

圖7-4　貨物擺放後必須固定在木地板上

圖7-5　用鋼索或尼龍纜繩固定（lashing）貨物

圖7-6　∏字型貨架可平放減少空櫃運輸空間

(2) 假設採用一個20'平板貨櫃裝載貨物，該貨物體積超高又超寬，有可能放置該平板櫃位置的上方跟左右兩邊的空間都已經無法再擺放其他的一般貨櫃，所以一個超高又超寬的20'平板貨櫃有可能含本身總共占據了6個20'艙位（slot），所以理論上，客戶應該支付20'×6的海運費，不過實務上，船公司不會收這麼多，而且船公司的艙位也不一定每一航次都是滿載，假使可以將這個平板貨櫃置於甲板上的最上層，那這個超高又超寬的20'平板貨櫃占據的艙位應該會少一些。

(3) 按照上述(2)的算法，一個40'超高又超寬的平板櫃有可能總共占據了12個20'的艙位，所以外銷業務人員在報價時，必須把經常會使用到特殊櫃的產品算好運費的加價比重。

5. 平板櫃的種類主要差別在於左右二側的形狀與構造，有支柱型、∏字型、實心面板。另外，國內進口大型吊車也會用特殊平板櫃裝載，而超重超高的大型貨物，必須租用有超低板架的拖車來承載。（圖7-7~圖7-10）

圖7-7　平板貨車載大馬達到指定貨櫃場裝櫃　圖7-8　進口日本吊車使用平板櫃裝運

圖7-9　角落四根支柱的平板貨櫃　　　　　圖7-10　超大件貨物必須使用超低板架承載

圖片來源：特殊平板櫃，筆者攝影。

10.4　冷（藏）凍貨櫃（reefer container）

冷（藏）凍貨櫃比較正確的說法，應該是保溫貨櫃（thermo container），也就是貨櫃本身配備了一些裝置，可以對貨櫃內的溫度加以控制，讓所裝運的貨物可以達到延長保鮮的目的。一般會使用到冷凍貨櫃的貨物可以分成三種：

1. 低溫冷凍貨物（deep frozen cargo）

海鮮、肉類、乳製品、冰淇淋等，一般冷凍貨櫃都可達到-35℃，有專為運送高級海鮮而設計的冷凍貨櫃，其制冷能力可以達到-60℃。

2. 生鮮冷藏貨物（perishable cargo）

生鮮農產品、蔬菜、水果、花卉、植物盆栽，有些農產品經果農從果園採收後仍有呼吸作用，所以保鮮的關鍵因素除了溫度外，還要考慮大氣

與濕度。

3. 特殊溫控貨物（temperature controlled cargo）

　　此類貨品對對溫度的控制有特別的要求，如果超出其溫度要求的範圍，貨品有可能變質而影響其價值，甚至因而造成危險，例如：血漿、生化製品、化學藥品、疫苗，2020年初開始，全球大流行的新冠肺炎（COVID-19），知名大藥廠如輝瑞（BNT）跟莫德納（mRNA）生產的疫苗，於運輸過程中必須保存在-70℃的環境下，而且整個運輸過程當中還要注意流程的設計與監控。

10.5　散裝貨櫃（bulk container）

　　一般裸裝之穀物如黃豆、小麥、大麥等，如果量大，通常會以散裝船載運，但如果量少有二種方式，一種是分裝打包後，裝進一般的普通櫃；另一種是考慮以散裝乾貨櫃來運送。這類貨櫃外觀是一密閉容器，在其頂端有一個注入孔，方便貨物的裝填，而且在底端或尾端設計卸出口，穀物可藉由其本身的重量壓力自行洩出，也可以經由加壓吹氣的方式加速洩出，如果洩出口設計於尾端，有時候也會以抬高貨櫃前端來加速穀物洩出的速度。

10.6　汽車貨櫃（car container）

　　台灣從國外進口汽車時，大都採用可以駛進駛出（roll in & roll out）的汽車專用船來運載。但是也有專門設計給高檔進口車使用的汽車專用貨櫃。通常是上下二層，底盤與地板周邊有扭鎖裝置，兩側前後端有捆綁環用以繫牢車輛之用。

10.7　槽體貨櫃（ISO tank container）

　　槽體貨櫃是用來裝載液體貨與氣體貨，兩者統稱流體貨。而所裝載的貨物又可分成食品類跟非食品類。食品類常見的有果汁（台灣的進口柳橙汁雖然標示100%原汁，但它是濃縮還原的，亦即出口時先將原汁的水分抽離減少體積，進口後再加入等量的水分還原成原來的果汁，這樣的100%原汁，

好還是不好呢？）；非食品類的有工業用油、化學品等。其所使用的槽體貨櫃因貨櫃屬性不同，各有不同的設計。

10.8　吊衣貨櫃（garment on hanger container）

某些高級服飾如西裝、禮服，因為考慮摺疊裝箱後經長時間的海上運送，恐怕會影響服裝原有的造型，所以會有此一特殊設計的貨櫃。它在櫃頂下方設計有多排吊桿及綁繩，可使該服飾避免折疊，全程以衣架吊掛於櫃內的吊桿上，確保運送途中的品質安全。

單元十一　全球貨櫃運輸主要航線

全球貨櫃輪船公司各有其主力航線，熱門航線肯定供給者多，冷門航線貨量少或是貨量不太穩定的區域供給就會少一些，以下把全球主要航線劃分為六大航線，並且把主要的港口或是目前有停靠的港口分別列出：

11.1　亞洲航線

1. 東北亞線

　(1) 日本

　　① 關東：東京（TOKYO）、名古屋（NAGOYA）、
　　　橫濱（YOKOHAMA）。

　　② 關西：大阪（OSAKA）、神戶（KOBE）、
　　　四日市（YOKKAICHI）。

　　③ 其他：門司（MOJI）、博多（HAKATA）。

　(2) 韓國

　　① 釜山（PUSAN）、仁川（INCHON）、
　　　光陽（KWANGYANG）。

　　② 其他：蔚山（ULSAN）。

2. 東南亞線

(1) 菲律賓：馬尼拉（MANILA）、南港、北港、宿霧（CEBU）、蘇比克灣（SUBIC BAY）。

(2) 越南：胡志明市（HO CHI MIN CITY）、海防（HAIPHONG）、峴港（DA NANG）。

(3) 泰國：曼谷（BANGKOK）、蘭加鎊（LAEM CHABANG）。

(4) 緬甸：仰光（YANGON）。

(5) 柬埔寨：金邊（PHNOM PENH）。

(6) 馬來西亞：巴生港（PORT KLANG）、檳城（PENANG）、柔佛（JOHOR）、丹絨柏勒巴斯港（TANJUNG PELEPAS）。

(7) 新加坡：新加坡（SINGAPORE）。

3. 中國大陸線

　　以下中國大陸六大港加上香港，同時也名列2021年全球前十大貨櫃量吞吐港，分別是：(1)上海（SHANGHAI）、(2)寧波舟山（NINGBO ZHOUSHAN PORT）、(3)深圳（SHENZHEN）、(4)廣州（QUANGZHOU）、(5)青島（QINGDAO）、(6)天津（TIANJIN）。另外，香港（HONG KONG）則位居全球第9名。

4. 中東印巴線

(1) 印度：加爾各答（CALCUTTA）、馬德拉斯（MADRAS）、清奈（CHENNAI）、那瓦夏瓦（NHAVA SHEYA）。

(2) 波斯灣：阿巴斯港（BANDAR ABBAS）、科威特（KUWAIT）、巴林（BAHRAIN）、達曼（DAMMAN）、杜拜（DUBAI）、阿布達比（ABU DABI）、吉貝阿里（JEBEL ALI）、舒艾拜（SHUAYAN）。

(3) 紅海：亞丁（ADEN）、蘇丹（SUDAN）、吉達（JEDDAH）、阿卡巴（AQABA）、哈瑪德（HAMAD）。

(4) 孟加拉：吉大港（CHITTAGONG）。

(5) 斯里蘭卡：可倫坡（COLOMBO）。

(6) 巴基斯坦：喀拉蚩（KARACHI）。

11.2　歐洲航線

1. 歐洲主要港口（MAIN PORT）

    (1) 德國：漢堡（HAMBURG）、布萊梅（BREMEN）。

    (2) 荷蘭：鹿特丹（ROTTERDAM）。

    (3) 法國：利哈佛（LE HARVE）。

    (4) 英國：佛列斯多（FELIXSTOWE）、南安普敦（SOUTHAMPTON）、利物浦（LIVERPOOL）。

    (5) 比利時：安特衛普（ANTWERP）。

2. 北歐線

    (1) 挪威：奧斯陸（OSLO）。

    (2) 瑞典：斯德哥爾摩（STOCKHOLM）、戈登堡（GOTHEBURG）。

    (3) 芬蘭：赫爾辛基（HELSINKI）。

3. 東地線

    (1) 希臘：皮瑞斯（PIRAEUS）、薩羅尼亞（THESSALONIKI）。

    (2) 土耳其：伊斯坦堡（ISTANBUL）、梅爾辛（MERSIN）、伊茲密爾（IZMIR）、蓋姆立克（GEMLIK）。

    (3) 敘利亞：拉塔基亞（LATTAKIA）。

    (4) 以色列：阿什杜德（ASHDOD）、海法（HAIFA）。

    (5) 埃及：塞德港（PORT SAID）、亞力山大（ALEXANDRIA）、達米埃塔（DAMIETTA）。

    (6) 賽普勒斯：利瑪索（LIMASSOL）。

4. 西地線

    (1) 義大利：熱內亞（GENOVA）、拉斯佩琪亞（LA SPEZIA）、威尼斯（VENICE）、利佛諾（LIVORNO）、那不勒斯（NAPLES）。

    (2) 西班牙：巴塞隆納（BARCELONA）、瓦倫西亞（VALENCIA）。

    (3) 葡萄牙：里斯本（LISBON）、奧博多（OPORTO）。

    (4) 法國：馬賽（MARSEILLES）（福斯FOS）。

11.3　北美航線

1. 加拿大線

溫哥華（VANCOUVER）、多倫多（TORONTO）、蒙特婁（MONTREAL）。

2. 美西線

美國：塔可馬（TACOMA）、波特蘭（PORTLAND）、西雅圖（SEATTLE）、奧克蘭（OAKLAND）、舊金山（SAN FRANCISCO）、洛杉磯（LOS ANGELES）、長堤（LONG BEACH）。

3. 美東線

波士頓（BOSTON）、紐約（NEW YORK）、巴爾的摩（BALTIMORE）、諾福克（NORFOLK）、威名頓（WILMINGTON）、查爾斯敦（CHARLESTON）、莎瓦娜（SAVANNAH）、邁阿密（MIAMI）。

11.4　中南美航線

1. 中美線

(1) 瓜地馬拉：庫特左港（PUERTO QUETZAL）、瓜地馬拉市（GUATEMALA CITY）。

(2) 薩爾瓦多：聖薩爾瓦多（SAN SALVADOR）、阿卡夫達（ACAJUTLA）。

(3) 宏都拉斯：汕阜市（SAN PEDRO）、庫特斯港（PUERTO CORTES）。

(4) 尼加拉瓜：馬拿瓜（MANAGUA）、柯琳多（CORINTO）。

(5) 巴拿馬：克雷斯多普（CRISTOBAL）、科隆自由貿易區（COLON FREEZONE）。

(6) 牙買加：金斯頓（KINGSTON）。

(7) 多明尼加：聖多明哥（SANTO DOMINGO）。

(8) 波多黎各：聖胡安（SAN JUAN）。

(9) 哥斯大黎加：聖荷西（SAN JOSE）、利蒙港（LIMON）、卡德拉斯港（PUERTO CALDERA）。

(10) 墨西哥：瓜達拉哈拉（GUADALAJARA）、曼薩尼尤（MANZANILLO）。

(11) 委瑞內拉：卡貝略港（PUERTO CABELLO）。

2. 南美東岸線

(1) 巴西：聖保羅（SAN PAULO）、里約格蘭（RIO GRANDE）、瑪瑙斯（MANAUS）、薩爾瓦多（SALVADOR）、里約熱內盧（RIO DE JANEIRO）、聖多斯（SANTOS）。

(2) 烏拉圭：蒙特維多（MONTEVIDEO）。

(3) 巴拉圭：亞松森（ASUNCION）。

(4) 阿根廷：布宜諾斯艾利斯（BUENOS AIRES）。

3. 南美西岸線

(1) 哥倫比亞：瓦拉塔港（BUENAVENTURA）。

(2) 厄瓜多：瓜亞基爾（GUAYAQUIL）。

(3) 秘魯：喀勞（CALLAO）。

(4) 智利：伊奎克（IQUIQUE）、瓦爾柏萊索（VALPARAISO）、聖地牙哥（SANTIAGO）。

11.5　紐澳航線

1. 紐西蘭：奧克蘭（AUCKLAND）、威靈頓（WELLINGTON）、基督城（CHRISCHURCH）。

2. 澳洲：布里斯本（BRISBANE）、雪梨（SYDNEY）、墨爾本（MELBOURNE）、佛利曼特（FREMANTLE）。

11.6　非洲航線

1. 東非線

 (1) 坦尚尼亞：三蘭港、達累斯薩拉姆（DAR ES SALAAM）。

 (2) 肯亞：蒙巴薩（MOMBASA）。

 (3) 吉布地：吉布地（DJIBOUTI）。

 (4) 烏干達：坎帕拉（KAMPALA）。

2. 南非線

　　南非：德本（DURBAN）、約翰尼斯堡（JOHANNESBURG）、開普敦（CAPE TOWN）。

3. 西非航線

 (1) 象牙海岸：阿畢尚（ABIDJAN）。

 (2) 安古拉：羅安達（LUANDA）。

 (3) 奈及利亞：拉格斯（ＬＡＧＯＳ）、提瑪（ＴＥＭＡ）、阿帕帕（APAPA）。

 (4) 甘納：柯納克里（CONAKRY）。

 (5) 塞內加爾：達卡（DAKAR）。

 (6) 喀麥隆：杜阿拉（DOUALA）。

第八章

進出口通關實務

世界各國對於貨物進出該國邊境，都設有海關作為准許貨物進出口的審查以及檢驗的機構，通關有人稱之為報關或清關，其實都是一樣的動作。本國貨物要外銷到國外或是從國外進口貨物到台灣，都要向海關申報產品的內容，並且將相關的資料填寫在制式的進出口報單上，透過通關網路公司傳輸到關港貿單一系統，之後再連結到海關的專家系統，經過海關專家系統判讀產生C1、C2、C3三種通關方式後，依照規定的程序辦理後續的動作。台灣海關自民國84年起，已全面採行通關自動化，是亞洲繼日本、新加坡之後第三個實施通關自動化的國家，這對於台灣廠商進出口貨物的快速流通有極大的幫助，通關自動化比起早期的人工通關作業在效率、速度、透明化、人力節省上面真正讓台灣的納稅、簽證、物流作業向前邁進了一大步。

單元一　台灣海關簡介

　　財政部關務署為辦理全國關務業務，特設基隆關、台北關、台中關、高雄關四個關區。本章圖表及部分內容，取材自財政部關務署網站。

1.1　基隆關

1. 基隆關底下設有四個分關分別是花蓮、桃園、八里、五堵分關。台灣北部的港口主要是基隆港跟台北港，大家對基隆港肯定不陌生，而台北港貨櫃碼頭目前是台灣第一個、也是投資金額最大的港埠BOT建設，於2009年3月正式啟用，並由台灣貨櫃三雄合資籌組，其持股比例分別為：長榮海運

50%、萬海航運40%、陽明海運10%。目前由台北港貨櫃碼頭股份有限公司經營。

2. 基隆關組織系統表

　　基隆關（AA）設關務長一位，下設二位副關務長，轄下有四個分關，分別是五堵（AW）、八里（AB）、桃園（AT）、花蓮（AH）。每個分關各有其通關代號，例如：五堵是AW。

1.2　台北關

1. 台北關位於台灣桃園國際機場，並成立松山分關及竹圍分關，主要辦理：
   (1) 桃園國際機場及台北松山機場空運進出口貨物通關業務。
   (2) 桃園國際機場及台北松山機場出入境旅客行李通關業務。
2. 台北關組織系統表

　　台北關轄下有松山分關（有退稅課、檢查課、業務課、郵務課）、桃園國際機場、自由貿易港區、新竹業務課。

1.3　台中關

1. 本關為財政部關務署所轄四個關之一，管轄中部國境大門，掌理台中港、麥寮工業港及台中國際機場之進出口貨物之通關業務，苗栗縣以南、雲林縣以北中部五縣市保稅工廠，台中潭子、台中港科技產業園區之保稅業務及中部地區（包括台中市、彰化縣、南投縣）國際郵包進出口通關業務，查緝範圍為苗栗縣以南、雲林縣以北之中部五縣市陸上及台中港、麥寮港區內海域，肩負關稅稽徵、查緝走私等任務。
2. 台中關的特色有二項
   (1) 進口化學油品最多。
   (2) 進口轎車稅收占本關稅收總額比率最高。
3. 台中關組織系統表

　　請參閱財政部關務署台中關網站 https://taichung.customs.gov.tw。

1.4 高雄關

1. 高雄關扼守台灣南部國境大門，肩負關稅稽徵、查緝走私、便捷通關及接受其他機關委託代徵稅費、執行邊境管制等任務；轄區廣闊，包括嘉義、台南、高雄、屏東、台東諸縣市、澎湖列島及金門地區。

2. 高雄關特色

   (1) 進出口貨櫃量居全國首位

   　　　高雄港為我國最大之國際商港及重要貨物樞紐港，107年本關轄管進、出口貨櫃量占全國業務量70.93%及71.75%，均為各關區之首。

   (2) 轄管碼頭及貨櫃集散站家數全國最多

   　　　高雄港港域遼闊，本關轄管116座碼頭、6大貨櫃中心，計有40家貨櫃集散站及其他相關業者，為全國最多。

3. 高雄關組織系統表

   　　高雄關轄下有小港分關（BC）、旗津分關（BE）、嘉南分關（BB）、高雄機場分關（BF）。

單元二　通關自動化

　　台灣海關自民國84年起，全面採行通關自動化，相較於早期的人工申報通關確實有許多優點。尤其是進口貨物，如果進口商本身是績優廠商或是被認證為AEO的優質企業者（Authorized Economic Operator, AEO）。這些業者進口的通關方式有可能超過90%以上的比例是C1（免審免驗），因此在運輸工具抵達的當天，如果是進口走海運整櫃（CY/CY）就有很高的機會把貨櫃從貨櫃場領回工廠或倉庫。進口走海運併櫃時（CFS/CFS），因為貨櫃抵達貨櫃場，櫃場人員必須安排拆櫃，因此有可能會比整櫃貨物晚1~2天才會放行。

2.1 關港貿單一窗口

關港貿單一窗口是由財政部主辦，推動在現有通關自動化良好基礎下，結合通關、簽審及港務等機關與民間相關業者之專業經驗與力量，共同推動建構符合國際經貿環境便捷與貨物供應鏈安全架構之優質進出口作業環境，以精進進出口便捷服務效能，提升國家整體經貿競爭力。

2.2 關港貿單一窗口與相關業者的通關流程圖

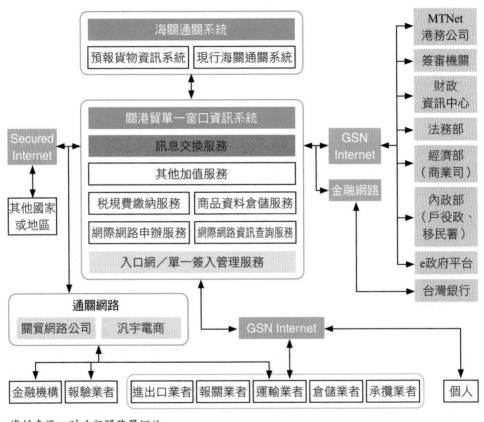

資料來源：財政部關務署網站。

根據以上流程圖，分別說明相關業者連結海關通關系統的一些概況：

1. 簽審機關

早期還沒有建置關港貿單一窗口時，進出口商針對產品如需申請進出

口許可證或其他證明文件，於通關時，必須請報關行連同核可文件正本一起送交海關。但是有了關港貿單一窗口，報關行只要在進出口報單打上核准文號即可，因為核准單位也會把文號透過該系統傳輸給海關通關系統，這樣可省下實質上的通關作業時間並提高通關效率。

〔備註：部分輸入許可證，例如：瀕臨絕種野生動植物國際貿易公約（CITES）、環保署核可的證明文件等，海關仍會要求提示實體文件。〕

2. 金融機構

進口商於通關放行之前，必須將所有稅費（關稅、貨物稅、推廣貿易服務費、營業稅等等）繳納完畢後，海關才會放行，針對繳納稅費，有以下主要幾種方式：

(1) 臨櫃繳交：通常會請報關行在海關大樓附設的台灣銀行櫃檯直接繳納。

(2) 先放後稅：絕大部分的上市櫃公司或是大型貿易商，因為進口次數多、納稅金額高，所以都會事先跟銀行申請納稅額度，請銀行在核可額度內，向海關提供擔保。報關行在繕打進口報單時，只要打上先放後稅代號，經海關通關系統確認且餘額足夠，就會顯示放行。日後待進口商收到稅費繳納單（上面會有繳款截止日期）之後，只要在規定的期限內繳清稅費，額度就會自動回復。

(3) 彙總清關：進口商直接跟海關申請，如果核准的話，進口商的繳納期間更長而且比起「先放後稅」，彙總清關不用繳交銀行手續費跟擔保的利息費用。

舉例：進口商在2022年3月分所有進口應該繳納的總稅費，海關會在4月5日前寄出繳稅單，進口商只要在4月19日（含）之前繳納完成，就可恢復額度。以下整理出進口商繳納方式與代號：

代碼意義	繳納方式	備註
1	先稅後放：銀行繳現（臨櫃線上扣繳）	全年進出口筆數少的，可能採用此一方式繳納
2	納稅人／報關業者帳戶即時扣繳（含預繳稅費保證金）	全年進出口筆數少的，可能採用此一方式繳納
3	先放後稅：銀行繳現（臨櫃線上扣繳）	全年進出口筆數少的，可能採用此一方式繳納
4	先放後稅：啟動納稅人帳戶扣繳（EDI線上扣繳）	大型企業通常採用此一方式繳納稅費
5	先放後稅：啟動報關業者帳戶扣繳（EDI線上扣繳）	有報關業者會採用此方式幫客戶先行代墊關稅
6	先稅後放：啟動納稅人帳戶扣繳（EDI線上扣繳）	扣款成功才會放行，用於網購業者或先估後驗案件
7	先稅後放：啟動報關業者帳戶扣繳（EDI線上扣繳）	扣款成功才會放行，報關業者代墊後，通常會請客戶立即匯款
8	彙總清關繳納	進出口商申請核可的難度最高

3. 報關業者

　　報關是一門相當專業的行業，台灣早期的經濟成長有好長一段時間是二位數，曾經被國際貨幣基金（IMF）讚譽為世界經濟奇蹟，近幾十年來，台灣進出口貿易總額占國內生產毛額（GDP）比重高達60%以上，因此報關行業在台灣也曾經歷過一段很輝煌又風光的時期。可是自1990年代起，台灣傳統產業陸陸續續外移到中國大陸以及東南亞，實際的通關與物流在台灣逐漸變少，加上民國84年台灣全面採行通關自動化，使得報關行的獲利也大為減少，近幾年休業或停業的報關業者為數不少，也因此目前仍在經營的多數報關行，都是經歷過大風大浪的績優報關業者。

　　筆者在民國90年左右，見證了某家小型報關業者活生生被業主給換掉的真實案例，因為業主要求這家小型報關行必須在半年的時間內作改善，把帳單、收據、發票等改用電腦列印，不要再用打字機，甚至是手寫方

式，可是這家報關行一樣不投資設備，一樣不改善，效法食品業的傳統特色，維持「純手工製造」，結果不到一年時間，就關門大吉了，因為原本的業主占了這家報關行90%以上的營業額。所幸這家老字號出口報關行是二人公司，一個負責打單工作，一個負責跑外務，而真正在基隆負責C2的送件或是C3的驗貨工作，全部委任給某家基隆在地的大型出口報關業者，所以這家報關行被淘汰三振出局，對該公司的影響或損失應該也不至於太大。

　　報關業者跟海關通關系統連線作業，中間還必須經過通關網路公司，早期只有一家叫「台灣關貿網路公司」，後來增加一家叫「汎宇電商」。報關行打好報單按下"enter"鍵之後，經過通關網路公司的系統作邏輯偵測或稱防呆機制，如果沒有問題，就會直接連結到海關通關系統，該系統很快就會出現C1、C2、C3的通關方式，從按下電腦的"enter"鍵到出現通關方式，所花的時間可能只有短短的2~3秒，因此通關自動化相較於早期的人工申報，確實可省下不少時間。

4. 進出口業者

　　在台灣有超過99%的進出口業者，會把報關業務委任給報關行，委任報關可分成個案委任跟長期委任，但是民國90年左右，海關開放給進出口業者可以申請「自行報關」。亦即進出口業者本身，如果全年進出口次數非常多，而且經評估後，採自行報關可省下的報關費用也很可觀的話，就可考慮。但是進出口廠商即使已經申請或已經在自行報關，對於C2通關（文件審核），還有C3通關（貨物查驗）的二種通關方式仍然必須跟報關行搭配，除非自行報關業者本身增聘人員跑外務送文件，並且在各關區派駐人員陪同海關驗貨，我想這樣的作法是不太划算又不切實際的。台灣目前有申請自行報關的業者有台塑集團、東元電機等等，至於大同集團在很早之前就已自行成立「大同報關有限公司」，專門承攬並負責大同集團旗下公司的報關業務。

3.1

報關行取得出口商的商業發票（commercial invoice）、裝箱單（packing list）、裝運單（shipping order）之後，開始繕打報單，接著傳送到通關網路公司再連結到海關專家系統，如果貨物也已經進倉並且登載進入通關系統（俗稱碰檔），這時候，海關通關系統在瞬間幾秒內，就會出現以下三種通關方式之一：

1. C1（免審免驗通關）

績優廠商的出口通關，有可能高達95%以上的機率會是C1通關放行。出口廠商可透過「出口報單通關流程查詢系統（GB309）」，網址https://portal.sw.nat.gov.tw/APGQO/GB309，查詢貴公司的出口報單通關方式。以下是出口通關C1的案例：

查　詢　結　果			
海空運別	海	營業稅記帳廠商編號	
海關通關號碼	111979	裝貨單編號	6615
報單號碼	AW 11217E2334	關區代碼	AW
報關業者箱號	2170（大順報關行股份有限公司基隆分公司）	運輸業者／代理行代碼	1303080（泓陽船務）
託運單主號	NIL	理單號碼	
託運單分號		申請審驗方式	（""）
報單類別	G5（"國貨出口"）	策略聯盟廠商註記	Y
放行附帶條件		是否為沖退稅e化報單	
貨物唯一追蹤號碼		得檢附電子附件之C2無紙化報單	
海關傳送出口報單資料至財政資訊中心的日期（惟實際提供國稅局使用日期，須依財政資訊中心併檔日期為準）			
第一次傳送日期	111/08/04	最後一次傳送日期	111/08/04

	處理日期時間	通關狀態代號	海關訊息回應控制碼	處理說明
1	111/07/29 10:39:17	EB F類錯單	8.01776E+17	
2	111/07/29 11:56:54	WC 貨物完成進倉	O20220729990715	進倉時間： 111/07/29 11:46:48
3	111/07/29 11:56:54	C1 通關方式C1		
4	111/07/29 11:56:54	F2 下檔補檔完成		
5	111/07/29 11:56:54	E1 收單建檔		
6	111/07/29 11:56:54	RL 放行		
7	111/07/29 11:56:54	RB 發N5204訊息	N5204-E7T53193	
8	111/08/03 21:16:33	CM 銷艙結關		
9	111/08/03 21:16:33	MS 免審報單審核完成		
10	111/08/03 21:16:33	SD 審核後送關務行政及電腦總額交查		

2. C2（文件審核通關）

　　若出現C2通關，報關行在翌日海關下班前，必須把相關文件送交給海關審核，或是利用海關的傳輸系統，將文件傳送給海關審核。海關審核文件後，如果沒有問題就會放行，如果有問題，原本的C2就有可能會更改成C3。

3. C3（貨物查驗通關），C3可分為二種：

(1) 先驗後估：大部分的C3都是先查驗再分估，亦即負責驗貨的海關先查驗實際的出口貨物跟文件上的敘述是否一致，也就是查驗貨物跟單證是否「貨證相符」，之後再由其他海關進行分類估價，海關從發票以及相關文件對照出口報單，審核產品稅則歸類（CCC CODE）是否正確，以及發票上產品貨價有無申報不實。

(2) 先估後驗：出口產品若不適合久放或是先行進倉的話，如漁貨海鮮、植物盆栽、蔬菜水果等，可以請報關行在報單打上先估後驗、機邊驗放或船邊驗放的代碼，船開航或班機起飛前，海關直接在現場查驗貨

物，如果沒有問題，貨物就可以直接上船或上飛機。

4. 針對C3的出口查驗分為人工查驗的C3（M）以及透過X光機查驗的C3（X）二種。

海運出口貨物通關流程圖
Flow Chart of Export Sea Cargo Clearance

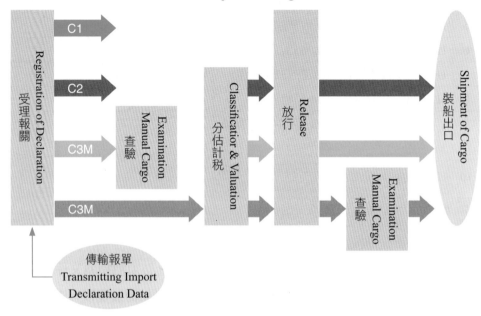

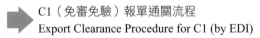
C1（免審免驗）報單通關流程
Export Clearance Procedure for C1 (by EDI)

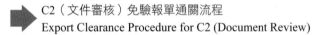
C2（文件審核）免驗報單通關流程
Export Clearance Procedure for C2 (Document Review)

C3M（貨物查驗）先驗後放報單通關流程
Export Clearance Procedure for C3 (Document Review and Cargo Examination Prior Release)

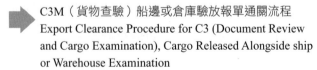
C3M（貨物查驗）船邊或倉庫驗放報單通關流程
Export Clearance Procedure for C3 (Document Review and Cargo Examination), Cargo Released Alongside ship or Warehouse Examination

資料來源：財政部關務署網站。

國際貿易實務：附最新國貿大會考試題彙編詳解與重點整理

3.2 出口報關有哪些費用

海關針對出口沒有課徵關稅或其他稅捐，只徵收以下二項費用：

1. 推廣貿易服務費（海運、空運都有徵收）

    出口按FOB貨價課徵0.04%，如果費用不滿NTD100，就不徵收。

2. 商港服務費（只有海運徵收）

    (1) 按出口貨量課徵：併櫃貨物每噸（MT）或每立方公尺（CBM）NTD80，如果整張報單出口貨量合計總費用未滿NTD100就不徵收，每一個20'貨櫃收費NTD684，每一個40'貨櫃收費NTD1,368。

    (2) 這一項費用不會顯示在出口報單上，而是出口放行後，由交通部航港局委外單位直接寄出繳費單給出口商，出口商必須在期限內完成繳費作業（採季繳方式）。

單元四　進口報關

4.1　說明

報關行取得進口商的商業發票（commercial invoice）、裝箱單（packing list）、小提單（delivery order）之後，開始繕打報單，接著按下"enter"鍵，先傳送給通關網路公司，再立刻連結到海關專家系統，如果貨物也已經拆櫃進倉，就會碰檔，這時候海關通關系統在瞬間幾秒內，一樣會出現以下三種通關方式之一：

1. C1（免審免驗通關）

    績優廠商或AEO的認證廠商，進口通關可能有高達90%以上的機率會是C1放行。台灣海關包括全球各國海關對於進出口通關的監控與查驗比重肯定是進口大於出口，其原因不外乎：

    (1) 進口有關稅的課徵，這關係到國家的稅收，因此對於產品的稅則歸屬以及貨價的申報理應嚴格把關。

(2) 防止不肖廠商違法進口槍砲、武器、彈藥、毒品等危害國家治安的違禁品。

以下是C1進口報單的通關流程。

<table>
<tr><td colspan="4" style="text-align:center">查　詢　結　果</td></tr>
<tr><td>海空運別</td><td>海運</td><td>營業稅記帳廠商編號</td><td></td></tr>
<tr><td>海關通關號碼</td><td>111326</td><td>艙單號碼</td><td>6129</td></tr>
<tr><td>報單號碼</td><td>AW 11338Y0936</td><td>關區代碼</td><td>AW</td></tr>
<tr><td>卸存地</td><td>001A1070 環球貨櫃集散站（環球貨櫃倉儲股份有限公司）</td><td></td><td></td></tr>
<tr><td>報關業者箱號</td><td>338（太祥國際報關有限公司）</td><td>船公司代號</td><td>1300260（義合船務）</td></tr>
<tr><td>主提單號碼</td><td>SITGSHKEP50239F1</td><td>理單號碼</td><td></td></tr>
<tr><td>分提單號碼
報單類別
放行附帶條件</td><td>G1（"外貨進口"）</td><td>申請審驗方式
貨物唯一追蹤號碼
得檢附電子附件之
C2無紙化報單</td><td></td></tr>
</table>

	處理日期時間	通關狀態代號	海關訊息回應控制碼	處理說明
1	111-06-06 10:49:13	E1 收單建檔	28157452202206000000	
2	111-06-06 10:49:13	C1 通關方式C1		
3	111-06-06 10:49:13	DC 計稅		
4	111-06-06 10:49:13	DG 先放後稅扣額度		
5	111-06-06 10:49:13	DH 產生待彙總稅單		
6	111-06-06 10:49:14	RL 放行	N0000-66035575	
7	111-06-07 03:49:30	MT 審核結案		
8	111-07-15 10:11:58	RT 登帳恢復額度		

2. C2（文件審核通關）

　　如果通關系統出現C2，報關行在翌日海關下班前，必須把相關文件送給海關審核，或是利用海關的傳輸系統，將文件傳輸給海關審核（但並非所有C2通關的案件都可以採用文件傳輸的方式送審）。據報關行人員表示，如果文件多而且必須針對產品作說明跟解釋的話，即便該案件允許網路傳輸，但是採用實體親送的方式會比網路傳輸效率好一些。海關審核文件後，如果沒有問題就會放行，如果有問題，原本的C2可能就會被更改成C3。以下是C2進口報單的通關流程。

查　詢　結　果			
海空運別	海運	營業稅記帳廠商編號	
海關通關號碼	111393	艙單號碼	37
報單號碼	AA 11338Y1046	關區代碼	AA
卸存地	KELW200F 中國貨櫃運輸股份有限公司（中國貨櫃基隆碼頭集散站）		
報關業者箱號	338（太祥國際報關有限公司）	船公司代號	1303080（泓陽船務）
主提單號碼	757210321394	理單號碼	AA11E0047101
分提單號碼		申請審驗方式	8（"申請「書面審查」"）
報單類別	G1（"外貨進口"）	貨物唯一追蹤號碼	
放行附帶條件		得檢附電子附件之C2無紙化報單	

	處理日期時間	通關狀態代號	海關訊息回應控制碼	處理說明
1	111-06-20 14:10:09	E1 收單建檔	2.81575E+19	
2	111-06-20 14:10:10	C2 通關方式C2	N0000-6K549561	
3	111-06-20 14:10:10	DC 計稅		
4	111-06-20 15:05:20	A2 C2補收單		
5	111-06-21 11:07:28	SU 報單資料連續更改		
6	111-06-21 11:07:31	DC 計稅		
7	111-06-21 11:08:02	IV 分估初核		F8 電話分機：2311
8	111-06-21 11:41:52	EV 分估完成		
9	111-06-21 11:41:52	DG 先放後稅扣額度		
10	111-06-21 11:41:53	DH 產生待彙總稅單		

3. C3（貨物查驗通關）

　　C3又分二種：

(1) 先驗後估：大部分的C3都是先查驗貨物再分類估價，亦即負責驗貨的海關先查驗實際的進口貨物跟單證上的敘述是否一致，也就是查驗是否「貨證相符」，之後再由其他海關進行分類估價，從發票跟報單上審核產品歸屬的稅則稅率（CCC CODE）是否正確以及產品貨價有無申報不實。〔出口會低價高報，俗稱假出口真退稅（退營業稅），進口剛好相反，大部分是高價低報藉此逃漏關稅〕

(2) 先估後驗：進口產品若不適合久放或是先行進倉的話，如漁貨海鮮、植物盆栽、蔬菜水果或是由散裝船搭載的矽鋼片、鋁錠等等，可以請報關行在報單打上先估後驗、機邊驗放或船邊驗放的代碼，先由負責的關員進行分類估價動作，之後負責驗貨的海關直接在船邊或機邊查驗貨物，如果沒有問題，進口商就可以直接把貨物載走。以下是C3進口報單的通關流程。

	查　詢　結　果			
海空運別	海運		營業稅記帳廠商編號	
海關通關號碼	111620		艙單號碼	114
報單號碼	AA 11338Y1098		關區代碼	AA
卸存地	KELW300F 台基國際物流貨櫃集散站			
報關業者箱號	338（太祥國際報關有限公司）		船公司代號	1105291（萬海航運）
主提單號碼	031C539654		理單號碼	AA1170091411
分提單號碼			申請審驗方式	
報單類別	G1（"外貨進口"）		貨物唯一追蹤號碼	
放行附帶條件			得檢附電子附件之C2無紙化報單	

	處理日期時間	通關狀態代號	海關訊息回應控制碼	處理說明
1	111-06-29 09:03:25	E1 收單建檔	2.81575E+19	
2	111-06-29 09:03:26	C3 通關方式C3	N0000-6T857748	
3	111-06-29 09:03:26	DC 計稅		
4	111-06-29 10:34:06	A3 C3補收單		
5	111-06-29 10:34:06	ED 書面C3報單到驗貨單位		
6	111-06-29 10:46:52	ET 申驗時間登錄		
7	111-06-29 11:26:14	E2 電腦指櫃指位		
8	111-06-29 11:26:51	EY 發N5109	N5109-I6T76785	IF06 EY發N5109! 貨櫃號碼：WHSU6190157, WHSU6611596
9	111-06-29 12:46:45	E3 電腦派單		
10	111-06-29 12:46:46	EX 派驗		

	處理日期時間	通關狀態代號	海關訊息回應控制碼	處理說明
11	111-06-29 16:09:00	57 人工啟動發送5107		新增補辦代碼：Z99 ,A14｜關別：AA基隆關｜電話分機：1321
12	111-06-30 11:37:40	EF 驗畢		
13	111-06-30 11:37:55	UD 更改資料		
14	111-07-14 10:28:36	DC 計稅		
15	111-07-14 10:29:22	IV 分估初核		F8 電話分機:2311
16	111-07-14 10:39:14	EV 分估完成		
17	111-07-14 10:39:14	DG 先放後稅扣額度		
18	111-07-14 10:39:15	DI 核發稅單	N0000-7E376406	
19	111-07-14 10:39:15	RL 放行	N0000-7E376407	
20	111-07-15 13:51:14	MT 審核結案		
21	111-07-15 13:51:14	KK 退經辦人		
22	111-07-19 16:10:00	TL 貨物提領出倉		
23	111-07-26 09:26:41	DE 登帳		
24	111-07-26 09:26:41	RT 登帳恢復額度		

4. 針對進口的C3查驗，有分成人工實質查驗（C3M）以及X光機器查驗（C3X）兩種，對於不適合機器查驗的貨物，海關會採行人工查驗。

5. 海關對於C3通關的查驗，是以抽驗為原則，由電腦指櫃、指位〔櫃門橫向分為R（右）、M（中）及L（左）；高度分為T（上）、M（中）及B（底）；縱深分為1~10等分〕；關員依驗貨單位主管批驗之件數及提示之查驗重點指件查驗。例如：電腦派驗單上顯示"R-3-T"，查驗的位置就是面對櫃門右邊、縱深大約在前面貨櫃長度3/10處的上方位置。海關查驗時，必須有委任的報關行人員陪同，待檢驗完成，復原的工作也大多由報

海運進口貨物通關流程圖
Flow Chart of Import Sea Cargo Clearance

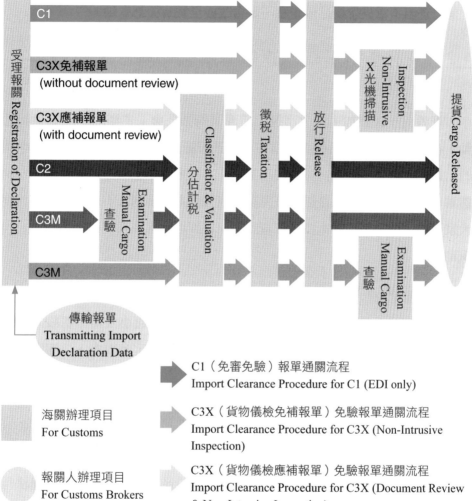

C1（免審免驗）報單通關流程
Import Clearance Procedure for C1 (EDI only)

C3X（貨物儀檢免補報單）免驗報單通關流程
Import Clearance Procedure for C3X (Non-Intrusive Inspection)

C3X（貨物儀檢應補報單）免驗報單通關流程
Import Clearance Procedure for C3X (Document Review & Non-Intrusive Inspection)

C2（文件審核）免驗報單通關流程
Import Clearance Procedure for C2 (Document Review)

C3M（貨物查驗）先驗後放報單通關流程
Import Clearance Procedure for C3M (Document Review and Manual Carge Examination)

C3M（貨物查驗）先稅後驗報單通關流程
Import Clearance Procedure for C3M (Document Review and Manual Cargo Examination), Duty collection Prior to Examunation

資料來源：財政部關務署網站。

關行負責居多，所以廠商的進出口通關，若是抽中C2或C3的報關費，比起C1會多出一些費用應該是合情合理的。如果海關驗貨當場發現問題或是已查出不當夾帶物品或走私，就會改成全數貨櫃都查驗。

4.2 海關專家系統是根據報單上的哪些資訊判定C1／C2／C3

筆者有一次參加「台北市進出口商業同業公會」主辦的基隆關參訪活動，在一開始的海關簡報課程當中，有某家廠商向海關問到了上述4.2標題的問題，在座的海關表情嚴肅的回答說：「抱歉，這是海關的機密，不方便透漏。」想想，好像也沒錯，筆者試著幫各位讀者解密（不是洩密），其實大家可以從進口報單的重要欄位資訊，來研判海關專家系統考量通關方式的重點。

1. 廠商本身定位

     上市櫃公司、績優廠商、AEO認證公司，比起小公司、新設立的公司、進出口貨量不多的公司，其C1通關的比例肯定多很多。（海關也鼓勵進出口相關的業者多申請AEO優質企業認證標章，得給予降低抽中C2或C3的查驗比重。）

2. 產品本身

     高單價、高關稅的貨物被核定為C2或C3的機率應該會大一些。畢竟如果產品本身進口是0%關稅，不會有進口商會作出高價低報的違法行為。

3. 進口總金額

     進口金額高低，應該也是海關專家系統判定通關方式的重點之一。

4. 進口國別

     台灣對於中國大陸製的產品目前仍然有二千多項產品禁止進口，中國大陸地區是我國全年總進口貿易金額的第一名，比重超過20%，因此產地來源應該也是一個關鍵資訊。

5. 廠商配合的報關行

台灣的進出口廠商絕大部分都把「報關」這件事長期委任給報關行，如果被委任的報關行具備AEO認證標章或是績優報關行，那麼C1通關的比例也會提升。

總之，進出口廠商只要不虛報品名，不低報貨價，其實也不用太擔心通關的C1／C2／C3問題，在台灣，即使是C3通關，原則上三天左右都可以放行提貨的。（但是放長假後的第一天上班日，可能會晚個幾天才會放行。）

4.3　進口報關應繳交哪些稅費

1. 關稅

進口有關稅的課徵而且是針對自國外進口到台灣的產品課稅，國內產製或自製的任何產品不用課徵關稅，但是並非所有進口產品都必須繳交關稅，因為有很多是0關稅的產品，尤其是電子材料、二極體，或是資通訊相關產品。

2. 貨物稅

少數產品必須課徵貨物稅，例如：橡膠、水泥、果汁、汽機車、電器類等。必須課徵貨物稅的產品不管是洋貨進口或是國內自製，都應該課徵貨物稅。目前台灣的大家電，包括冷氣、冰箱、電視，全部都有貨物稅的課徵，有此一說是早期台灣買得起這些大家電的，都是有錢人，所以政府對他們多課點稅無妨，但是目前這些大家電幾乎已成為家庭的必需商品了，因此有立法委員曾經提議修法，廢除大家電產品的貨物稅，只是到目前為止，尚未成功。另一說法是政府為了保護國內產業，這些家電產品除了有貨物稅，它們的進口關稅也都不低，窗型冷氣機8%、彩色電視機10%、冰箱4%~8%，筆者覺得適度保護國內產業或重點扶持的工業，沒有問題，但是長期過度保護下，這些產業終究還是成不了氣候，台灣的家電廠商一直以來，幾乎很少有大量出口外銷成功的案例。

3. 推廣貿易服務費（海運、空運都有徵收）

　　按進口CIF貨價課徵0.04%，如果每張進口報單計算出來的費用不滿NTD100就不徵收。

4. 商港服務費（只有海運徵收）

(1) 按進口貨量課徵：併櫃貨物每噸（MT）或每立方公尺（CBM）NTD80（取大者計費），如果總費用未滿NTD100就不徵收，每一個20'貨櫃NTD684，每一個40'貨櫃NTD1,368。

(2) 這一項費用沒有顯示在進口報單上，而是進口放行後，由交通部航港局委外單位直接寄繳費單給進口商，進口商必須在期限內完成繳費作業。

5. 菸酒類稅捐

　　菸跟酒進口除了產品本身會課徵關稅以外，另外會課徵菸酒稅，酒類依菸酒稅法第2條規定，按其使用原料及製造方法的不同，分為六大類課稅。菸酒稅是由國稅局徵收，跟菸酒類進口關稅屬中央稅，由財政部關務署徵收是不一樣的。

6. 菸品健康捐

　　政府為了國民健康，宣導禁菸少抽菸，於民國91年起，針對菸類產品多課徵菸品健康捐，台灣在菸害防制法的立法及成效上都名列世界前茅，據統計跟觀察，近幾年抽菸的男性人口確實有變少，可是抽菸的女性人口卻逐漸上升。這是否跟台灣社會強調女男平等、女性在職場上的表現不輸給男性，再加上女性在經濟方面早已獨立，應該多少有點關係，但是「抽菸過量有害健康」這句話，100%是正確的，奉勸大家還是少抽菸。

單元五　船邊驗放

　　國內好幾家生產馬達的廠商會跟中鋼或是國外採購矽鋼片，作為生產馬達轉軸的重要原材料。矽鋼片的包裝通常會是圓柱體狀，每一顆重達4~5公噸，從國外進口時，採用散裝船運輸，這類貨物走散裝船的優點是：(1)方

便上下貨及卸載；(2)運費比貨櫃船便宜很多；(3)散裝船可承載量大。以下5張圖片是散裝船抵基隆港時，碼頭工人在船邊卸載的情況。

圓柱體的矽鋼片進口時，使用散裝船運輸上下貨最方便，試想如果把4捲矽鋼片放進一個20'小櫃，必須做好固定的工作，而且堆高機進出貨櫃，恐怕也不是很方便。

散裝船通常會配備機具或吊具方便作業，如果貨物本身超重，必須租用陸上吊車或是海上浮吊船或躉船協助上下貨。

散裝船靠港時間不一定，所以碼頭作業通常是24小時進行。散裝船吊掛作業看似安全，其實處處隱藏危機，包括繩索斷裂、物品掉落、機具故障等。

為了矽鋼片的上下貨方便，把推高機前面的升降叉改裝成圓柱狀軸心，上下貨快速又安全。

散裝船的上下貨跟卸載比起貨櫃船的吊上吊下變化多，且因為貨物有千千百百種以上，因此也比較有看頭。

圖片來源：筆者於基隆港碼頭跟船上攝影。

筆者記得民國86年左右，任職的公司中壢工廠因為缺料（矽鋼片）問題，已停工待產，從日本直航台灣的散裝船雖然已到港，但是上午因為下大雨，所以沒有辦法卸載貨物。中午過後，雨勢稍歇，工廠急得跳腳，頻頻催促進出口單位想辦法，先載二捲矽鋼片到工廠應急。當時的主管直接跟我說：「走，我們到基隆碼頭趕工出貨。」名為趕工出貨，實際上是幫不了任何忙的，如果天公不作美且未事先申請通行證，臨時也進不去碼頭，但是至少有做出行動「已經出門趕工出貨」。期間經由報關行老闆指點，主管開車直接載我到基隆的「長榮桂冠酒店」的頂樓喝咖啡，從高處眺望，竟然可以直接看到碼頭邊矽鋼片的卸載狀況。當天下午，基隆港的雨停停落落，有一次，碼頭工人好不容易把鐵製艙蓋全部吊到船邊準備卸載時，雨點又緩緩落下，矽鋼片怕潮濕，為了安全起見，又把鐵板全部都蓋回去。最後很幸運地，大約在下午3點左右，成功卸下四捲矽鋼片，由配合的協力拖車公司火速送達工廠，解除了工廠斷線的危機。當年這一趟「喝咖啡，趕出貨」的場景，讓筆者印象深刻。

單元六　原產地標準如何判定

6.1　一般貨物之原產地認定

一般貨物以下列國家或地區為其原產地：

1. 進行完全生產貨物之國家或地區。
2. 貨物加工、製造或原材料涉及2個或2個以上國家或地區者，以使該項貨物產生最終「實質轉型」之國家或地區為其原產地。其「實質轉型」係指下列情形：

   (1) 原材料經加工或製造後所產生之貨物與原材料歸屬之海關進口稅則前6位碼號列相異者。

   (2) 貨物之加工或製造雖未造成前款稅則號列改變，但已完成重要製程或附加價值率超過35%以上者。

6.2 說明

　　2018年起，美國對中國大陸進口的部分產品課徵高額關稅，因此許多企業想辦法把中國大陸半成品出口到台灣或越南進行加工，之後再出口到美國，以避免被課徵高額關稅，有人把這種方式或行為簡稱「洗產地」。只是這樣的方式與作法是否合乎美國對於原產地的認定標準，恐怕必須研究清楚，否則廠商多花了一次物流費用與異地加工成本，產品本身的成本已經變高，如果最終出口到美國的成品還是被美國海關認定是Made in China，那恐怕是得不償失了。

【案例】中國大陸腳踏車半成品轉越南加工後，出口美國

　　2021年某家貿易商為了規避大陸出口腳踏車會被美國課徵高額關稅，於是把中國大陸的半成品（SKD）含車架先出口到越南，在越南的自貿區進行加工製造，本來以為符合越南對原產品標準的認定後，可以打上越南製造，規避高關稅。未料從越南出口到美國之後，一樣被美國海關認定是中國大陸製造，因為每個國家對原產地認定標準不一致，據美方的說法是腳踏車的主要結構「車架」，因為仍是中國大陸製造，因此判定該成品腳踏車一樣是MIC，仍舊要課徵較高的稅率。

單元七　享有優惠關稅的特殊產地證明

7.1　海峽兩岸經濟合作架構協議（ECFA）

　　台灣跟中國大陸在2010年簽訂「海峽兩岸經濟合作架構協議」（Cross-Straits Economic Cooperation Framework Agreement, ECFA），它是海峽兩岸（台灣與中國大陸）之間的雙邊經濟協議，該協議主要針對貨物貿易跟服務貿易進行兩岸之間的協商與合作。中國大陸對台灣降稅的ECFA早收清單項數為539項，包括18項農產品項目以及521項貨品貿易項目。依照經濟部在2020年5月的說法，ECFA早收清單產品約占台灣出口金額5%，換算約200

億美元，以石化、機械、車輛零組件為主要影響產業。此外，根據經濟部 ECFA官網資料，從2011年到2021年9月之間，中國大陸對我國早收清單貨品關稅減免金額累計已達82.37億美元，尤其自2016到2020年，每年的金額都超過8.6億美元。該官網2020年5月也坦言，假設ECFA終止，不代表兩岸貿易關係就會停止，但紡織、機械、石化、金屬、運輸工具、電機、農漁產品、染料、橡膠輪胎、玻璃纖維等早收產品，若無法享有優惠關稅，價格競爭力可能受到影響。

7.2 說明

早收清單各項產品的降稅標準，詳如下表：

台灣出口中國大陸的減稅幅度

2009年進口稅率（X%）		協議稅率		
		2011年起	2012年起	2013年起
1	0 < X ≦ 5	0		
2	5 < X ≦ 15	5	0	
3	X > 15	10	5	0

中國大陸出口台灣的減稅幅度

2009年進口稅率（X%）		協議稅率		
		2011年起	2012年起	2013年起
1	0 < X ≦ 2.5	0		
2	2.5 < X ≦ 7.5	2.5	0	
3	X > 7.5	5	2.5	0

原本ECFA預定實施期間為10年，2020期限到期，但持續至2022年上半年，雙方並無終止或結束ECFA的意圖。

7.3 惠普制原產地證明書（FORM A／C／D）

FORM A是普惠制原產地證明書格式A，它的全名稱是「普遍優惠制原產證明（申報與證明之聯合格式）格式A」，英文為"GENERALIZED SYSTEM OF PREFERENCES CERTIFICATE OF ORIGIN, GSP FORM A"，它是受惠國的原產品出口到給惠國時，享受普惠制減免關稅待遇時必備的官方憑證，所有的給惠國都接受。目前從中國大陸出口到許多國家的產品，只要提供FORM A一樣可以享有進口關稅上的優惠。台灣早期出口到歐美國家會申請惠普優惠產證FORM C。

單元八　出口報單

8.1　前言

台灣出口不需要繳交關稅，走海運時，海關只有代徵推廣貿易服務費，另外的商港服務費採季繳方式，由交通部港務局委外機構直接寄繳費單給進出口業者自行繳交，走空運時，只需繳交推廣貿易服務費。一般出口廠商對於出口報單，其實不會很在意或是很認真去研究它，因為比起進口，少了關稅的課徵。

8.2 出口報單欄位說明

附件8-1 出口報單

出口報單						
海空運別(1) 海運	報單類別(2) G5 國貨出口			聯別	頁次 第1頁/共 1 頁	
報單號碼(3) AW/ /11/217/E2334	‖‖‖‖‖‖ AW 11 217 E2334				海關通關號碼(4)	111979 6615

出口船機代碼(5) (V7A4280)		託運單主號(11) NIL		發票總金額(16)	幣別 USD	金額 2,703.06
船舶航次/船機班次(6) V.22006N	報關日期(7) 111/07/29	託運單分號(12)		運 費(17)	USD	50.00
裝貨港名稱/代碼(8) TWKEL KEELUNG	目的地國家及代碼(9) JPMIZ MIZUSHIMA	申請沖退原料稅(13) N	運輸方式(14) 12	保 險 費(18)	USD	15.00
卸存地點代碼(10) 001A1041 長邦		出口船舶名稱(15) TS MANILA	應加(19)減費用(20)			

出口人(22)	統一編號(23) ●●●●●●	海關監管編號(24)			繳納方式代碼(25) 1	總離岸價格(新臺幣)(21)	USD 2,638.06 TWD 78,878.00
	中文名稱 ●●電機股份有限公司					AEO編號	
	英文名稱 ●●● ELECTRIC & MACHINERY CO., LTD.						
	中/英地址 臺北市南港區三重路●●●號5樓 5F., NO. ●●●, SANCHONG RD., NANGANG DIST., TAIPEI CITY 115601, TAIWAN (R.O.C.)						

買方(26)	中文名稱					AEO編號	
	英文名稱 ●●●●●● TAIWAN COMPANY, LIMITED						
	中/英地址						
	國家代碼(27) JP	統一編號(28)	海關監管編號(29)	單價條件代碼(30) CIF	匯率(31) 29.9		

項次(32)	貨物名稱、商標(牌名)及規格等(33)	輸出入許可文件號碼-項次(34) 輸出入貨品分類號列(35) 稅則號別	檢查號碼 統計號別(36) (保稅貨物註記/主管機關指定代碼)	單價 幣別 金額	淨重(公斤)(37) 數量(單位)(38) (統計用)(39)	離岸價格 FOBValue (新臺幣) ( )(40)	統計方式(41)
1	"NO BRAND" AIR CONDITIONER SPARE PARTS COMPRESSOR ASSY / 500127137G023	8414.30.20.00-4		USD 22.50 2,620.78	1PCE (1SET)	76,477	02
2	"NO BRAND" NAGNETIC SWITCH/ FAHUO-16SK-●●●●●	8536.50.19.00-5		USD 82.28 2.50	1PCE (1PCE)	2,401	02
	Total :				25.00 2PCE (1SET) (1PCE) vvvv	78,878 vvvvvv	

總件數/單位(42) 1 PLT	包裝說明(43)	總毛重(公斤)(44) 28.00
標記/貨櫃號碼(45)/其他申報事項(46) ●●●●●● CORPORATION P/NO.1 CRATE MADE IN TAIWAN		推廣貿易服務費
		合 計 0
長期委任書編號：21700093		通關方式 (申請)審驗方式
		證明文件申請 聯別 份數
		報關人/AEO編號(47) ●●●●● 專責人員(48)
		●●●報關行股份有限公司 ●●●●●●
		(●●●●) (●●●●)

以下說明一下某張出口報單上相對比較重要的資訊：

1. 報單類別(2)：G5國貨出口。絕大部分的外銷出口都會是G5（這些代號，大家不用刻意記住它，報單欄位太多，報關行每天在打報單，這些代號對他們而言相對重要）。

2. 報單號碼(3)：AW/ /11/227/E2334

   第1段：收單關別AW代表基隆海關的五堵分關。

   第2段：填列實際裝船出口關別，如果跟收單關別一致，就空白不填。

   第3段：中華民國年度後二碼，11代表民國111年。

   第4段：海空運報單都填寫報關業者箱號，例如：227。

   第5段：後面5碼由報關業者自行編碼。

3. 報關日期(7)：111/07/29。

4. 目的地國家及代碼(9)：JPMIZ(JAPAN MIZUSHIMA)，是日本關西的水島港。每一個國際港口名稱都會有一組3碼的簡稱，以日本知名港口為例，像是東京（TOKYO, TYO），橫濱（YOKOHAMA, YOK），大阪（OSAKA, OSK），神戶（KOBE, UKB）。

5. 發票總金額(16)：台灣出口不課徵關稅，在出口報單上只會顯示推廣貿易服務費，而且這項費用採FOB價格乘上0.04%，如果計算出來不足NTD100，就不用繳交。這個欄位填上USD2,703.06。

6. 運費(17)：USD50.00。

7. 保險費(18)：USD15.00。

8. 總離岸價格(21)：報關行從發票上得知貿易條件是CIF，所以把USD2,703.06－USD50－USD15＝USD2,638.06×@29.9＝NTD78,878（採四捨五入），採用這個金額來計算推廣貿易服務費。NTD78,878×0.0004＝NTD31.55（少於NTD100，不用繳交）。

9. 出口人(22)：把發票上的賣方打上去就好。

10. 買方(26)：把發票上的買方打上去就好。

11. 單價條件代號(30)：報關行依照發票上的貿易條件填列CIF。

12. 匯率(31)：海關在網站上會公告每月上中下三旬匯率，出口採用買進匯率，進口採用賣出匯率。以下列出一些台灣進出口廠商常用或可能會用到的匯率。

111年7月21~31日財政部關務署進出口通關申報外幣匯率

項次	國別	幣別	幣別代號	年	月	日	買進匯率（對台幣）	賣出匯率（對台幣）
1	UNITED STATES	美元	USD	2022	7	21-31	29.9	30
2	AUSTRALIA	澳幣	AUD	2022	7	21-31	20.05	20.25
3	CANADA	加幣	CAD	2022	7	21-31	22.74	22.94
4	SWITZERLAND	瑞士法郎	CHF	2022	7	21-31	30.41	30.66
5	CHINA	元，人民幣	CNY	2022	7	21-31	4.393	4.443
6	EUROPEAN UNION	歐元	EUR	2022	7	21-31	29.84	30.24
7	UNITED KINGDOM	英鎊	GBP	2022	7	21-31	35.25	35.65
8	HONG KONG	港幣	HKD	2022	7	21-31	3.785	3.845
9	JAPAN	日圓	JPY	2022	7	21-31	0.2137	0.2177
10	SINGAPORE	新加坡幣	SGD	2022	7	21-31	21.24	21.42

單元九　進口報單

9.1　說明

　　相對於出口報單，進口報單就顯得比較複雜且重要了，因為進口除了有關稅的課徵以外，還有貨物稅、菸酒稅、菸品健康捐、營業稅等等，以下我們用三個範例來說明各項進口稅費如何課徵與計算。

【範例1】進口家用電冰箱

　　台灣進口商A向日本出口商B採購家用電冰箱一批，於2022年12月5

日抵達基隆港，總數量是200台，使用40'大櫃裝運，每個40'大櫃的海運費USD300，保險費是USD50，每個40'貨櫃可裝50台，貿易條件是FOB Yokohama, Japan，電冰箱單價USD600/SET，電冰箱的關稅是8%，貨物稅13%，海關上旬的賣出報關匯率是@30，請問：該進口商應繳交的(1)關稅；(2)貨物稅；(3)推廣貿易服務費（0.04%）；(4)營業稅（5%）；(5)商港服務費（20'小櫃NTD684，40'大櫃NTD1,368），分別是多少新台幣？

解答

　　雖然進口商跟出口商的貿易條件是FOB，但是台灣海關，甚至全球絕大部分國家的海關對於關稅的課徵基準都是採用CIF價格，也就是完稅價格（Duty Paid Value, DPV），雖然CIF比起FOB只多出運費跟保險費，但是積少成多、經年累月下來，對一個國家的稅收也是相當可觀的。

1. 先算出CIF的總價

    FOB總價　USD600×200（台）＝USD120,000

    海運費　　USD300×4（40'大櫃）＝USD1,200

    保險費　　USD50

    因為 CIF＝FOB＋I＋F

    所以 CIF＝USD120,000＋USD50＋USD1,200

    　　　　＝USD121,250×@30

    　　　　＝NTD3,637,500

2. 關稅 NTD3,637,500×8%＝NTD291,000

3. 貨物稅（NTD3,637,500＋NTD291,000）×13%＝NTD510,705

    （請注意：貨物稅必須把CIF價格加上關稅後，再乘上貨物稅率13%）

4. 推廣貿易服務費NTD3,637,500×0.04%＝NTD1,455（直接用CIF價格計算）

5. 營業稅（NTD3,637,500＋NTD291,000＋NTD510,705）×5%＝NTD221,960

    （營業稅必須把關稅、貨物稅都加上去，再乘上營業稅率5%）

6. 商港服務費（這項費用不會顯示在進口報單上）

　　NTD1,368×4個大櫃＝NTD5,472

【範例2】進口葡萄酒

　　台灣某進口商自澳洲採購葡萄酒2,000支，採用一個20'貨櫃裝載，每支價格USD15／支，貿易條件FOB Sydney, AU，海運費USD3,000/20'，保險費USD150，葡萄酒容量750毫升／支，酒精濃度14度。請問：該進口商應該繳交的下列費用各是多少？(1)關稅；(2)推廣貿易服務費；(3)酒稅；(4)營業稅；(5)商港服務費。

〔備註：紅酒關稅10%，酒稅：紅酒屬釀造酒，按進口數量公升數、酒精濃度，每一公升每一度課徵7元，推廣貿易服務費直接以CIF價格按0.04%課徵，商港服務費NTD684/20'，營業稅（CIF價格＋關稅＋酒稅）×5%，美元匯率@29。〕

解答

　　台灣的完稅價格（Duty Paid Value, DPV）是按CIF價格來課徵，所以不管進口商採用哪一種貿易條件向出口商下單，進口台灣時，必須採CIF貿易條件來計算各項費用，所以先計算出CIF總金額。

　　CIF　＝FOB＋I＋F

　　CIF　＝（2,000×USD15）＋USD150＋USD3,000＝USD33,150

　　　　　＝USD33,150×@29＝NTD961,350

(1) 關稅（完稅價格×關稅稅率）NTD961,350×10%＝NTD96,135

(2) 推廣貿易服務費NTD961,350×0.0004＝NTD384

(3) 酒稅2,000（支）×0.75（公升）×14（度）×7（元）＝NTD147,000

(4) 營業稅NTD（961,350＋96,135＋147,000）×5%＝NTD60,224

(5) 商港服務費NTD684

【範例3】進口香菸

　　某進口商自美國進口香菸總計10,000條〔香菸的標準包裝是一盒（包）

20支，一條10盒（包）200支〕，每一條香菸價格USD20／條，貿易條件CIF Kaohsiung, Taiwan。整批貨物總材積是12立方公尺（CBM）。請問：該貿易商應該繳交的下列費用以及總費用一共是多少？(1)關稅；(2)菸稅；(3)菸品健康捐；(4)推廣貿易服務費；(5)營業稅；(6)商港服務費。

〔備註：(1)香菸關稅27%；(2)菸稅每千支NTD1,590；(3)菸品健康捐每千支 NTD1,000；(4)貿易推廣服務費0.04%；(5)商港服務費NTD80/CBM（匯率 @30）。〕

解答

貿易商本身採購的貿易條件已經是CIF，所以：

$$CIF = 10,000 \times USD20 = USD200,000$$
$$= USD200,000 \times @30$$
$$= NTD6,000,000$$

(1) 關稅NTD6,000,000×27%＝NTD1,620,000

(2) 菸稅NTD（10,000×200）÷1,000×1,590＝NTD3,180,000

(3) 菸品健康捐NTD（10,000×200）÷1,000×1,000＝NTD2,000,000

(4) 貿易推廣服務費NTD6,000,000×0.0004＝NTD2,400

(5) 營業稅NTD（6,000,000＋1,620,000＋3,180,000＋2,000,000）×5%＝ NTD640,000

(6) 商港服務費NTD80×12CBM＝NTD960

總計應繳交稅費：NTD（1,620,000＋3,180,000＋2,000,000＋2,400＋ 640,000＋960）＝NTD7,443,360

國際貿易實務：附最新國貿大會考試題彙編詳解與重點整理

附件8-2　進口報單

進口報單

海空運別(1) 海運	報單類別(2) G1 外貨進口		聯別 1.第一聯正本	頁次 第1頁/共1頁
報單號碼(3) AL/ /11/338/Y1233		AL 11 338 Y1233		海關通關號碼(4) 11AAP6 0323

船舶名稱/船機代碼(5) 9790086 EVER BURLY	主提單號碼(8) 091230455225001		匯率(16) 30
船舶呼號(6) H9ON	船舶航次/船機班次(7) 1413-039N	分提單號碼(9)	離岸價格(17) 幣別 USD 金額 54,451.87
裝貨港名稱/代碼(10) ..MYWSP. WESTPORT/PORT KLANG	國外出口日期(13) 111年7月12日	進口日期(14) 111年7月23日	運費(18) USD 649.00
卸存地點代碼(11) 003A1040 長榮國際儲運	進口運輸方式代碼(12) 12	報關日期(15) 111年7月25日	保險費(19) USD 3.62

納稅義務人(24)	統一編號(23) ■■■■■■■■	海關監管編號(24)	特(26) 135	繳(27) 8	應加減費用	加(20) 0.00
	中文名稱 ■■電機股份有限公司		AEO編號			減(21) 0.00
	英文名稱 ■■■ ELECTRIC & MACHINERY CO., LTD.				起岸價格(22)	USD 55,104.49
	中/英地址 臺北市南港區三重路■■■號5樓					TWD 1,653,135.00
	TEL: 02-2562-■■■				簽證情形(28)	案號(29) AAD000000018

賣方(30)	中文名稱		AEO編號
	英文名稱 ■■■■ ■■■■ INTERNATIONAL CO.,LTD.		
	中/英地址 ■■■■ BUILDING 3RD FLOOR ROAD TOWN TORTOLA BRITISH VIRGIN ISLAND		
	國家代碼(31) VG	統一編號(32) GNEHIL	海關監管編號(33)

項次(34)	生產國別(36) 貨物名稱、商標(牌名)及規格等(35)	輸出入許可文件號碼-項次(37) 輸出入貨品分類號列(38) 稅則號別 統計號別(39) (保稅貨物註記/主管機關指定代碼)	檢查號碼	單價 幣別 金額	條件、幣別 淨重(公斤)(40) 數量(單位)(41) (統計用)(42)	完稅價格	價格數量(43)	進口稅率(44) 從價(45) 從量	納稅辦法(45) 貨物稅率(46) 從量(46)
1	MALAYSIA - MY 內溝付銅管 SEAMLESS INNER GROOVED COPPER TUBE 牌名: ■■■■■ SDN.BHD. 型號:NIL ■■■■ X ■■■■■ X B35-43	ID1N1100638741 -1 7407.10.30.00-7 /7401		FOB USD 10.637	USD 5,119.10 5,119.1KGM	1,653,135		0.00%	51
	Total :				5,119.10 5,119.1KGM VVVVVVVVVV	1,653,135 VVVVVVVVV			

總件數/單位(47) 12 PLT	包裝說明(48)	總毛重(公斤)(49) 6,163.3KGM

標記(50)/貨櫃號碼(51)/其他申報事項(52)	進口稅	
■■■ ELECTRIC & MACHINERY CO., LTD. PO NO.TA22L018 MADE IN MALAYSIA	推廣貿易服務費	661
	營業稅	82,656
EMCU3728743　22G1 1 FCL/FCL		
	稅費合計	83,317
	營業稅稅基	1,653,135
長期委任書編號：33800001 111年1月1日至113年12月31日	滯納金(日)	
	放行日期 2022/07/25	通關方式 C1	申請 審驗方式
	證明文件申請 聯別 份數	
	報關人/AEO編號(53) ■■■■國際報關有限公司 (■■■■)	專責人員(54) ■周■■ (■■■■)

TEIB2207000130　I11-1233　　蓉　　TA22L018 BL#091230455225 8/14領還　　　　進口

1. 報單類別(2)：G1外貨進口。

2. 報單號碼(3)：跟出口的編列方式一致。

3. 船舶呼號(6)：這個資料在小提單上面有標示。

4. 裝貨港名稱／代碼(10)：MYWSP代表馬來西亞的巴生港（Port Klang）。

5. 匯率(16)：進口採海關賣出匯率。

6. 離岸價格(17)：發票上面是FOB，所以把USD54,451.87填上去。

7. 運費(18)：USD649。

8. 保險費(19)：USD3.62。

9. 起岸價(22)：USD（54,451.87＋649＋3.62＝55,104.49）×@30＝
   NTD1,653,135（小數點以下四捨五入）。

10. 賣方國家代碼(31)：VG是威京群島（Virgin Islands, VG）的英文縮寫，它
    位於加勒比海上的背風群島中部地區內的一個小群島。很多台灣企業在
    類似避稅天堂地區開設紙上公司（paper company），之後在台灣的境外
    金融中心（Offshore Banking Unit, OBU）開立帳戶，利用設立在OBU的
    境外公司跟全世界做貿易，藉此作合法的避稅。

11. 輸出入貨品分類號列（稅則號別）(38)：7407.1030.00-7。

12. 進口稅率(44)：0%
    該產品經上網查到稅則號別的完整資訊如下：

中華民國輸出入貨品分類號列 CCC Code		檢查號碼 CD	貨名	Description of Goods	單位 Unit	國定稅率 Tariff Rate（機動稅率 Temporary Adjustment Rate）			稽徵特別規定 CR	輸出入規定 Imp. & Exp. Regulations		生效日 Valid Date
稅則號別 Tariff NO	統計號別 SC					第一欄 Column I	第二欄 Column II	第三欄 Column III		輸入 Import	輸出 Export	
74071030	00	7	連續內溝槽（或稱內螺紋）或連續外翅片之精煉銅管	Refined copper tubes or pipes with continuous inner grooves or outer wings	KGM	3.50%	免稅（PA, GT, NI, SV, HN, CN, NZ, SG）	50%		MP1		輸入規定生效日：2018-11-30 輸出規定生效日：2018-11-30 截止日期：9999-99-99

該產品從馬來西亞進口應該是適用國定稅率第一欄，關稅3.5%才對，但是為何報單上面是0%關稅？因為根據解釋準則第74章的增註條文一：「冷暖氣機製造廠輸入稅則第74111000號之精煉銅管或第74071030號連續內溝槽（或稱內螺紋）或連續外翅片之精煉銅管，供產製冷暖氣機用，經經濟部證明國內無產製者免稅。」由於該進口產品國內無產製，所以准予免關稅進口。

13. 納稅辦法(45)："51"代表「稅則增註免稅」。

14. 推廣貿易服易費：NTD1,653,135×0.04%＝NTD661。

15. 營業稅：NTD1,653,135×5%＝NTD82,656（小數點以下，一律捨去）。

第九章

國際貿易付款方式

　　國際貿易雙方在詢報價協商過程當中，貨款收付問題肯定是買賣雙方最在意的事情之一，賣方立場當然是希望先收到貨款再出貨，買方立場剛好相反，總希望先收到貨物再支付貨款。由於國際貿易不像國內交易可以一手交錢一手交貨，而且貨物也必須經由陸、海、空的運輸或是海空、海陸聯運才能抵達進口國，因此實體貨物的運輸流程以及買賣雙方金流的交易過程比起國內買賣顯然會複雜許多。本章將介紹國際貿易經常採用的各種付款方式，其中的信用狀交易，因為內容比較多且相較其他付款方式也比較複雜，因此把它放到第十章節專門作介紹。雖然目前國際貿易實務上採用信用狀作為付款方式的比重已大不如前，但是筆者相信在未來的十年或二十年，信用狀的付款方式依舊有存在的必要跟價值，畢竟採用信用狀交易，因為有開狀銀行的信用介入以及開狀銀行跟押匯銀行針對提示文件的審核與把關，而且對於雙方在財務上也有適度資金上的融通，適時解決買賣雙方一手交錢一手交貨的需求，因此對買賣雙方都會有相當程度的保障。本章節我們先從簡單的付款方式匯付、託收、應收帳款承購加以解說。

單元一　按付款方式區分

1.1　匯付（remittance）

　　匯付可經由三種方式來完成，即電匯、信匯、票匯，其中以電匯最為普遍。

1. 電匯（Telegraphic Transfer, T/T）

　　電匯是目前最普遍也是最方便最安全的付款方式，一般也稱為T/T匯款。在電匯普及化之前，銀行使用結合電話和電報技術的Telex網路交換，因為每筆Telex電訊均須經人工驗證真偽，費時費事，採用電匯雖具時效但是費用較信匯、票匯高，但是自從環球銀行金融電信協會（Society for Worldwide Interbank Financial Telecommunication, SWIFT）於1971年成立以來，提供全球共享的金融報文傳送服務、創造國際金融報文通用格式之後，各國銀行已紛紛加入會員，使得該協會的使用頻率愈來愈高，費用也因此大幅降低。SWIFT系統有匯款、開狀功能也可以作為各會員之間的通聯管道，如果會員間彼此有設定認證押碼（authenticated test key）之後，再以正式SWIFT特定的格式（如MT103/202……）發出報文，該報文可以被視為銀行之間的確定訊息。目前從台灣匯款到國外，單筆的電匯手續費用大約只要NTD200上下，中華郵政也有國外電匯款的服務，採用電匯方式付款已成為國際貿易支付款項最通用的方式。

2. 信匯（Mail Transfer, M/T）

　　買方或匯款人將收款人的戶名帳號、聯絡地址及匯款金額等訊息委託銀行信匯方式寄給解款銀行，授權解款扣委託銀行設在該行的帳戶後，解付一定金額給收款人。信匯的郵寄、聯繫時間較長但費用較便宜，在SWIFT尚未設立之前，信匯的方式比較常見，目前實務上已很少使用。

3. 票匯（Demand Draft, D/D）

　　銀行受匯款人的申請，開立以賣方為受款人的匯票交付匯款人，由匯款人直接郵寄該匯票給受款人。票匯與電匯、信匯的不同點在於，票匯由收款人持票到銀行取款或委託往來銀行代收，因而無須通知收款人。另外，該匯票若未表明「禁止背書轉讓」，經收款人背書之後，也可以轉讓流通，這是電匯與信匯的收款人所無法做到的，但目前實務上也已經很少使用。

1.2　託收（Documentary Collection）

　　託收可分成付款交單（D/P）跟承兌交單（D/A）。託收可簡單解讀為賣方請託收銀行（remitting bank）將交易單據郵寄至指定的代收銀行（collecting bank），由代收銀行負責交付單據並解付貨款。買賣雙方若已經有相當的互信基礎，且不想使用信用狀當成付款工具，或許可以選擇託收來取代信用狀，適度的達到一手交錢一手交貨的目的，但因為採用託收沒有開狀銀行的信用介入，得以保證付款的功能，賣方仍有無法如期收款的疑慮。

1.3　付款交單（D/P）

1. 付款交單（Documents against Payment, D/P）

　　買賣雙方若決定採用D/P時，作法是買賣雙方各自在其所在地找一家銀行，賣方的銀行稱作託收銀行（remitting bank），買方的銀行稱作代收銀行（collecting bank）。賣方先行出貨之後，將所有文件包括商業發票、裝箱單、海運提單，以及必須提供給買方的文件，全部交給託收銀行。託收銀行把所有文件直接轉寄給代收銀行，代收銀行收到文件後，請買方前來付款，買方付款之後即可領回所有文件。接著買方就可以進行後續的動作：(1)換單→(2)報關→(3)領貨。

2. 採用D/P的優點

(1) 在付款交單的場合，代收銀行扮演相對重要的角色與任務，也就是託收銀行把單據寄達代收銀行時，買方有前來付款時，代收銀行才會給單（文件），買方若不來付款，代收銀行不會給單。因此採用D/P交易，感覺上有一手交錢，一手交貨的模式。

(2) 賣方因為藉由託收銀行及代收銀行的控管機制，因此不會造成財貨兩失的風險，所以付款交單（D/P）比起記帳（O/A）的風險，顯然是小了許多。

3. 採用D/P的缺點

   (1) 託收銀行將文件寄達代收銀行，且代收銀行已通知買方前來付款，但是買方基於某些原因，例如：市況不佳、採購的產品價格慘跌、公司的財務狀況出現問題等，故意拖延甚至拒絕付款贖單。

   (2) 若是因為上述狀況，買方有可能要求賣方降價後再前去付款贖單，這時候賣方會考量，如果不降價讓買方盡快付款贖單，會有貨物延滯費用產生，另外若是該批產品是客製化商品，也不容易在當地找到買家，或是考慮貨物如果退運所產生的運輸物流費用、重工費等因素，或許在兩害相權取其輕的情況下，就只好答應買方的要求降價出售了。只是賣方如果當真遇到了這樣的買方，恐怕生意就只能做這麼一次了。因此誠如前述，D/P有準一手交錢一手交貨的功能，但沒有銀行信用的介入，仍有不可預知的風險。

4. 何謂遠期D/P

   有時候，買賣雙方兩國距離比較遠，例如：遠東到歐洲主要港口走海運至少需要30~35天才會抵達目的港，因此當託收銀行用快遞寄出文件給代收銀行，代收銀行通知買方前來付款贖單時，因為承運船舶尚未到港，買方不想太早前去付款贖單，賣方考量買方的立場後，請託收銀行指示代收銀行，收到文件15~20天內，不必急著通知買方前來贖單。畢竟，船未到，買方不想太早去付款贖單也是很正常的行為，因此會有所謂的D/P15~20天。結論是付款交單（D/P）的大原則就是「一手交錢（買方付款），一手交貨（代收銀行給單）」，因此所謂的遠期D/P，是買賣雙方協調的變相D/P，其付款交單的大原則不變。

5. 採付款交單（D/P），賣方不用提示或製作匯票

   代收銀行收到文件，通知買方付款贖單，買方只有付不付款的問題，沒有承兌問題，所以採D/P交易，基本上是不需要匯票的。

6. 海運提單受貨人（consignee）該填誰

   託收對雙方銀行而言，純粹只是代寄文件跟代收貨款，基本上雙方銀行完全不以銀行之信用介入買賣雙方的交易，也不會承擔任何責任。因此

賣方的海運提單受貨人欄位（consignee）應當填寫"to order"或是"to order of shipper"，或是直接打上進口商，假使賣方仍然提示了匯票，匯票的付款人（drawee）也應當直接填寫進口商。

7. 空運提單受貨人（consignee）該填誰

(1) 如果受貨人直接打上進口商，有可能單據未寄達代收銀行之前，貨物已經被進口商領走了，因此買賣雙方走空運，採用D/P仍具有一定的風險，實務上走空運採託收的方式很少見。

(2) 出口商或許認為可比照信用狀的方式打上"consigned to XXX"，但是這樣的作法，託收銀行跟代收銀行通常不會接受。

1.4 承兌交單（D/A）

1. 承兌交單（Documents against Acceptance, D/A），它的前半段流程跟付款交單（D/P）完全一致，差別只是因為賣方允諾買方先領貨後付款，買方於代收銀行通知到單時，只要承兌匯票，就可以將全部單據領回，辦理後續報關提貨手續，貨款於約定到期日再行支付。因此賣方除了提供商業發票、裝箱單、海運提單以外，還必須開出一張遠期匯票，匯票付款人（drawee）直接填寫買方，請收託銀行轉寄給代收銀行。

2. 採用D/A的缺點

採用承兌交單比起付款交單，賣方的風險顯然增加不少，因為買方在承兌匯票之後，即可取得單據領回貨物，但同樣有匯票到期不付款、延遲付款、破產、財務狀況不佳等狀況會發生。

3. 「D/A 90天」vs.「O/A 90天」

假設買賣雙方約定好付款期限都是提單日後90天（90 days after b/l date），採用D/A的風險跟採用O/A的風險其實是差不多的，唯一的差別在有無匯票。採D/A 90天，如果買方真的在匯票到期時不付款或無法付款，賣方決定對買方追索貨款時，通常會委請將買方承兌過的匯票至當地法院作成拒絕證書（protest），這張匯票及拒絕證書使用在賣方對買方提出訴訟時，對賣方絕對是一個強而有力的債權證據。只是跨國訴訟肯定是

個大工程而且所費不貲，最後法院的拒絕證書也不過是一張紙而已，且貨款真的要得回來嗎？我想後面這一項才是賣方最應該考量的重點。

4. 承兌交單時，海空運提單如何標示

(1) 走海運，提單受貨人欄位（consignee）跟D/P一樣填寫"to order"、"to order of shipper"或是直接打上進口商，都可以。

(2) 走空運，貨單的受貨人請直接填寫進口商，畢竟賣方都信任買方而且給予到期才付款的優惠了，當然貨物抵達目的地機場時，不必針對單據再作任何控管了。

單元二　按付款先後區分

在這個單元，我們將採用電匯方式作為買賣雙方的付款方式來解說，就貿易常態而言，買方希望先收到貨再付款，賣方希望先收到貨款再出貨。然而國際貿易因為買賣雙方位處二個不同國家，很難做到「一手交貨，一手交錢」，所以雙方交易之前，對彼此的信用調查，就顯得相對重要，所謂的認知你的客戶（Know Your Customers, KYC），如果買賣雙方都是當地知名企業或是上市櫃公司的話，付款條件其實彈性很大也很好處理，否則付款的先後，通常取決於比較強勢的一方，以下我們介紹一些經常使用的方式以及它們的慣用簡稱：

2.1　賣方先收款再出貨

我們稱為T/T in Advance、Advance Payment或是Cash in Advance（CIA），買方對於先付款再收貨的交易，通常一次的訂單量不會太多，總金額也不會太大，可分成以下幾種付款方式：

1. CWO：Cash with Order下單付款

按字面上解讀是買方下完單就要付款。實務上是賣方在報價單上寫明該產品的前置期大約要多久，假設是30天，買方在交貨前30天把貨款付給

賣方，賣方就應該如期出貨給買方。

2. CAD：Cash against Document付現交單

　　買方先把貨款存入賣方指定的銀行（圈存），假設是A銀行，賣方出貨之後，將所有文件轉交給出口地的銀行，假設是B銀行。B銀行把文件寄給A銀行，A銀行再把文件轉給買方，同時A銀行把貨款匯給B銀行，再請B銀行轉匯給賣方。這種方式類似託收的D/P，只是CAD不受託收統一規則（Uniform Rules for Collection, URC522）規範的保障，所以目前銀行同業間幾乎不再接受進出口商使用CAD方式進行交易了。

2.2　賣方先出貨再收款

1. 記帳（Open Account, O/A）

　　買賣雙方約定好付款方式以及付款天數，通常採電匯方式最普遍，賣方出貨之後，買方於到期日（due date）直接把貨款一次匯付給賣方。例如：

(1) O/A 90 days after B/L date

(2) O/A 90 days after invoice date

　　國際貿易上的記帳付款天期，有時候會長達180天，甚至270天的也不足為奇。

2. 分期付款（installment）

　　一般的分期付款是將貨物總價按期平均分攤。另外一種是交易金額大，屬客製化的機器設備，供應商必須研發、組裝、試車、保固等，可按完工階段採不同比例金額分期支付，這種方式稱為階段式付款（milestone payment）。

3. 寄售（consignment）

　　賣方對於新產品的全球行銷與推廣，分別寄出部分新產品委請代理商推廣銷售，如果產品順利出售，代理商把利潤扣除後，把售價的餘款匯給賣方。寄售雖然貨物已經出口或是擺放在代理商的店家，但是貨物所有權仍歸屬賣方所有。

4. 貨到付款（COD）

　　貨到付款是（Collection on Delivery或Cash on Delivery, COD），通常是在空運的場合，賣方要求承攬業者放貨之前，幫賣方先代收貨款再放貨，事後再轉匯給賣方。這方式就有點像是「一手交錢，一手交貨」，如果空運承攬業者同意幫賣方代收貨款時，會以正式的訊息電傳給目的地機場的代理，同時也會在空運的分提單（house airway bill）上面打上斗大的 "COD"，提醒進口地貨代「收到錢，再放貨」，目前偶而還有這種代收方式，但是很少見。

5. 其他方式

　　在此介紹一種國際貿易上相對簡單而且可降低風險的交易模式，對於買賣雙方應該都可以接受：

(1) 賣方先出貨，船開航之後，取得正本海運提單。

(2) 賣方把正本海運提單電傳給買方確認。

(3) 待買方匯款後，賣方寄出一張正本海運提單或是採電報放貨的方式，讓買方換取小提單領貨。

　　採取這種方式，如果賣方可要求買方事先匯款總貨價的5%~10%的訂金（down payment），且買方也同意支付的話，我想應該可以把雙方的風險降到更低。

　　買賣雙方如果都是誠信經營的進出口業者，針對貨款不管是先收款再出貨，還是先出貨再收款，只要付款期限不要拉得太長，其實倒還好。只是萬一遇到全球系統性金融危機或是類似2008年的金融海嘯，即使是績優的上市櫃公司，也有可能會面臨財務上的危機。

單元三　應收帳款承購

3.1 Factoring定義

　　Factoring應收帳款承購是金管會銀行局對這行業予以正式的定名，市場

上有人稱之為應收帳款收買、應收帳款管理、應收帳款賣斷。另外，有最具公信力的定義，是1988年「國際私法統一研究所」（UNIDROIT）在加拿大渥太華「國際金融租賃公約」會議中制定有關Factoring的條款，該公約第1條第2、3款提到：

1. 商品勞務供應商（seller）將依買賣合約所產生之應收帳款所有權讓予應收帳款管理商（factor），但買方的採購行為屬個人行為則例外。
2. 在賣方將債權轉給factor之事實發生，並已通知債務人前提下，factor將提供以下至少兩項服務：
   (1) 針對轉讓之債權提供資金融通。
   (2) 應收帳款之催收服務。
   (3) 帳務管理及協助。
   (4) 承擔買方信用風險。

3.2 Factoring主要功能

1. 承擔買方信用風險

　　在無追索權的承購方式當中，承購商經過風險的評估後，承擔買方非因商業糾紛而不付款的風險，賣方因此得以將因放帳（O/A）交易而產生的買方信用風險及擔心不付款，移轉給承購商。

2. 短期資金通融及匯率避險

　　承購商在評估過往交易買方因商業糾紛不付款機率低，且賣方之誠信考量後，通常會對承購後的發票提供一定比例的預支貨款功能。

3. 帳務管理及催款服務

　　應收帳款承購業務又稱應收帳款買（賣）斷業務。係指出口廠商以託收（D/A）或記帳（O/A）方式所取得對買方之國外應收帳款，可與有辦理此項業務之往來銀行（稱作Export factor）協議敘做應收帳款賣斷業務。出口商將國外買方之名稱、地址、聯絡人（如買方許可）每次交易約略金額、付款期限等資料透過往來銀行，轉發給買方當地的往來金融同業

（稱為Import factor），經import factor根據相關資訊調查買方資信狀況，核予買方之保證額度。若import factor確實核予買方之保證額度後，電告國內往來銀行，正式簽約敘做應收帳款買（賣）斷業務。買賣雙方除非因商業糾紛導致之拒付，買方之信用風險由import factor及export factor承擔。賣方可在核可額度內轉讓對買方之應收帳款予export factor，如有資金需求，也可在額度內，要求export factor做預支價金。

3.3　Factoring優點

1. 資金融通

企業（賣方）可透過預支價金，將應收帳款提前轉換為現金，提高資金運用靈活度與競爭力。

2. 買方之信用風險轉嫁

企業（賣方）與銀行簽訂無追索權（without recourse）應收帳款承購契約後，即由銀行承擔買方的信用風險，讓企業得以專心拓展業務。

3. 帳務管理

協助處理收款事宜，並適時提供應收帳款帳齡逾期表等管理報表，節省財會成本。

4. 無須占用銀行額度

此項業務如果在往來銀行承作不會占用企業（賣方）在銀行的授信往來額度，企業可以更有效率地運用銀行額度。

5. 美化財務報表

企業（賣方）以其應收帳款（資產負債表內的流動資產）轉化為現金或活期存款（資產負債表內的速動資產），此與企業在銀行的短期借款相同，均可以得到短期營運周轉金，但短期借款會提高企業的負債比例，但factoring則無。

第十章
信用狀

目前國際貿易對於貨款的支付大都採電匯居多，尤其是高科技產品的交易或是走空運的場合。因此信用狀的使用頻率已大不如前，80~90年代，台灣正逢經濟起飛，傳統商品大量外銷到歐美各國，據統計資料顯示，1986年台灣出口外銷採信用狀、託收、匯款三種方式的比重分別是75.5%、10.7%、13.8%，進口分別是50.5%、7.7%、41.8%，但是到了2020年，出口外銷三種付款方式比重分別是5.8%、0.9%、93.3%，進口比重是9.0%、0.9%、89.1%，信用狀目前使用度最高的地區是亞洲跟中東地區，這當中又以中國大陸使用最頻繁，究其原因可能是：

1. 中國大陸地區仍有外匯上的管制，許多知名大企業對外交易時，一樣會要求買方直接開出信用狀。

2. 取得跟單信用狀的賣方，如有資金上的需求，因為有信用狀的擔保，向銀行借款時，可享有較低的融資利率。

　　本章節前面幾個單元，我們探討的是跟單信用狀，跟單信用狀在台灣，我們都簡稱它為L/C（Letter of Credit, L/C）。中國大陸通常稱它為信用證，寫成DC（Documentary Credit, DC），至於還有另外一種非跟單信用狀叫作擔保信用狀（Standby L/C），它的主要功能跟性質與跟單信用狀是完全不同的，這部分我們會留到最後一個單元再來作介紹。

1.1　信用狀的定義

1. 國際商會（ICC）信用狀統一慣例（UCP600）第2條對信用狀所下的定義是：「就本慣例而言，信用狀意指任何安排，不論其名稱或措辭為何，其係不可撤銷且因而構成開狀銀行對符合之提示須兌付（honour）之確定承諾。」

2. 台灣的銀行法第16條定義：「信用狀，謂銀行受客戶之委任，通知並授權指定受益人，在其履行約定條件後，得依照一定款式，開發一定金額以內之匯票或其他憑證，由該行或其指定之代理銀行負責承兌或付款之文書。」

1.2　信用卡VS.信用狀

　　信用狀大家可能都聽過，但可能不是很熟。可是提到信用卡，大家一定不陌生，其實信用狀跟信用卡只差一個字，而且這二種物品，其實有很多類似的地方：

信用卡	信用狀
申請人（消費者）向發卡銀行申請信用卡給自己使用。	申請人（進口商）向開狀銀行申請開發信用狀給受益人（出口商）。
發卡銀行會根據申請人的財力證明、工作性質等條件給予信用額度後，再核發卡片給申請人。	開狀銀行會根據申請人的公司規模、資本額，是否有上市櫃、擔保品等條件給予信用評等，再核定開狀額度。
申請人在信用卡額度內持卡消費，店家只要在額度內接受刷卡消費，事後再持簽帳單或消費紀錄向發卡銀行申請款項。	受益人必須根據信用狀上面的規定作好二件事： 1. 如期出貨取得規定的運送單據。 2. 提示信用狀上面規定的文件，經由指定銀行或受益人自行將文件轉寄給開狀銀行請求付款。（後者很少見）
持卡人事後未付款的信用風險是由發卡銀行承擔。	1. 如果提示的文件符合信用狀的規定，開狀銀行就會保證如期付款給受益人。 2. 申請人事後未付款的信用風險是由開狀銀行承擔。

上述表格內的簡要敘述，只是要提供給剛剛進入國貿實務領域的相關業者，能夠以更簡潔的思維建立初步的概念，之後再循序漸進的慢慢去了解信用狀。其實信用狀不難，但是要真正弄懂它，似乎也不是太容易。

單元二　信用狀的當事人

1. 申請人（applicant）

　　向開狀銀行申請開發信用狀的人，通常就是買方，又稱為accountee或accountee party（被記帳人）。

2. 開狀銀行（issuing bank or opening bank）

　　意指，循申請人之請求或為其本身而簽發信用狀的銀行。前段謂，開狀銀行循申請人之請求開出信用狀很正常，但是後段寫說，開狀銀行也可為其本身簽發信用狀。意思是如果有需要的話，銀行本身同樣可以以申請人（買方）的身分，並且以自家銀行當成開狀銀行，向國外供應商購買產品。某國內知名外匯銀行主管分享經驗如下：

【案例】

　　早期該主管被派往越南胡志明市籌備分行時，因為要用到金庫，所以由該銀行之國外部開狀給新加坡供應商。金庫直接從新加坡出口到胡志明市，由銀行自行報關進口。當時銀行向胡志明市海關說明這批金庫屬於銀行的必備用品，於是海關放行，順利將貨物提領。

　　以台灣目前的法規，欲進出口貨物必須先向國貿局申請登記註冊後，取得進出口廠商資格才可以辦理，加上自1995年起，台灣海關進出口海空運已全面實施通關自動化，因此台灣的銀行是否能比照多年前的越南進口模式，自行下單且在自家銀行開狀採購進口，有待相關主管機關認定。但是銀行為其本身開狀理論上是可行的。

3. 受益人（beneficiary）

　　UCP600第2條定義；受益人：「意指因信用狀簽發而享有利益之一方。」稱為受益人。

4. 通知銀行（notifying bank or advising bank）

　　UCP第6條定義；通知銀行：「意指依開狀銀行之委託，通知信用狀之銀行。」

(1) 如果賣方提供給買方的預期發票（Proforma Invoice, P/I）上指示買方，信用狀理應透過XXX銀行通知轉達信用狀（letter of credit must be advised through XXX bank），且買方在信用狀申請書上已如實繕打的話，開狀銀行就應該按照申請人的指示辦理。通知銀行接獲信用狀的電文之後，會把它列印出來，經由被授權的人員簽署並加蓋騎縫章之後，通知受益人前來領取信用狀。通常被指定的通知銀行不會收取信用狀通知費用，因為賣方出貨之後，原則上會拿到該通知銀行押匯，通知銀行可賺取比較高的押匯手續費以及融資墊款的貼現息，但是不見得每一家銀行的作法都一樣。

(2) 如果賣方並未指定通知銀行的話，開狀銀行就會將通知信用狀的任務委任給該銀行在受益人所在地的分行或是有通匯往來的銀行。通知銀行接獲信用狀的電文之後，一樣會把它列印出來，經由被授權的人員

簽署並加蓋騎縫章之後，通知受益人前來領取並收取信用狀通知費（目前信用狀通知費用大約在NTD2,000上下）。

(3) 有時候賣方提供給買方的預期發票已經很清楚的告知買方說：「開出的信用狀請透過XXX銀行通知」，但是事後開出的信用狀仍然是由別家銀行通知領取信用狀，之所以會發生這個狀況，原因可能是：

① 開狀銀行跟賣方指定的通知銀行沒有直接通匯的關係，無法直接發MT700的SWIFT加密電文給賣方指定的通知銀行，所以就有可能是經由別家銀行通知。

② 實務上，開狀銀行都會直接發MT700給受益人當地國的分行當通知銀行（我們稱為第一通知銀行），再把賣方指定的通知銀行列在MT700的advising through bank的欄位（我們稱為第二通知銀行），如果第一通知銀行沒有發出MT710給第二通知銀行，而是直接通知受益人，就會有上述①的情況產生。

③ 如果第一通知銀行轉發出MT710給第二通知銀行，那這張信用狀就會由賣方指定的通知銀行來通知並交付信用狀。

上述①~③賣方只要接獲信用狀的通知，都希望盡快拿到信用狀、盡快出貨押匯進帳，所以不管是否由指定的通知銀行通知領取信用狀，因為不會影響受益人的權益，通常都是先把信用狀領回去再說。

5. 讓購銀行或押匯銀行（negotiating bank）

依UCP600所謂的「讓購」：「意指指定銀行在其應獲補償之銀行營業日當日或之前，以墊款（advance）或同意墊款予受益人之方式買入符合信用狀項下之匯票（以指定銀行以外之銀行為付款人）及／或單據。」

在台灣，大家經常聽到的會是出口商出貨之後，提示信用狀規定的單據到往來銀行去押匯，而所謂的押匯，實際上是台灣的銀行給予出口商的一種融資授信行為，它跟上述UCP600所謂的「讓購」方式，實際上是有一些差異的。不過這些差異並不會真正影響到受益人或賣方的權益，只是應該注意的是：

賣方提示押匯的文件應符合信用狀內容以及信用狀統一慣例

（UCP600）的規範。有些公司針對押匯文件是自行製作繕打，有些是委任給報關行製作。筆者認為有能力製作出一份完整無缺失的押匯文件不是一件很容易的事，尤其是中東地區開出的信用狀，因為製單人員他必須具備良好的英文閱讀能力、熟稔國貿條規、信用狀統一慣例，甚至國際標準銀行實務等，雖然賣方提示文件押匯時，押匯銀行有責任跟義務憑藉專業與經驗，對押匯文件給予嚴格的審核與把關，但是我一樣認為有能力製作出一套完整且符合信用狀規定的押匯文件業者或是報關行人員，仍然是值得肯定與讚許的。

6. 轉押匯銀行（re-negotiating bank）

　　SWIFT信用狀的41D欄位：available with/by

　　如果這個欄位with後面打上XXX銀行，代表該信用狀只能在XXX銀行使用。可是在台灣實務上會有二種作法：

(1) 出口商都習慣直接將押匯文件先拿到往來的銀行押匯，待往來銀行審單確認單據無誤之後，如果受益人有資金上的需求，該往來銀行一樣會先墊款給出口商。接著往來銀行再把單據提示到XXX銀行作轉押匯，該XXX銀行就稱為轉押匯銀行，轉押匯銀行通常也會審核單據，之後再把文件寄給開狀銀行。在這個情況之下，出口商必須支付二次的押匯費用，根據台灣的銀行公會規定，轉押匯手續費是萬分之八，也就是0.08%，其實是非常不便宜的。

(2) 有些出口商要求往來的押匯銀行審單之後，直接把單據寄給開狀銀行，這樣做確實可省下多一次的押匯手續費，台灣大多數的外匯指定銀行也願意配合。不過應該注意的是，往來銀行直接寄單給開狀銀行，必須注意以下二件事：

① 依照UCP600第35條規定：「傳送及翻譯之免責」……後段提及，「若指定銀行決定提示係屬符合且遞送單據予開狀銀行或保兌銀行，不論該指定銀行是否已兌付或讓購，開狀銀行或保兌銀行須為兌付或讓購，或補償該指定銀行，即使單據在指定銀行至開狀銀行或保兌銀行間，或保兌銀行至開狀銀行間之傳遞中遺失。」

上面整段話的意思是說，如果文件是經由指定銀行審單後，認定單據符合信用狀規定，不論該指定銀行是否已兌付或讓購，開狀銀行或保兌銀行（如有者）必須兌付、讓購或補償該指定銀行，即使很不幸地，該押匯文件在寄件途中遺失。所以，如果受益人直接到往來銀行押匯之後，沒有再提示到指定銀行作轉押匯，萬一文件直接由往來銀行寄出且在寄件途中遺失，開狀銀行沒有承擔兌付的義務。（備註：文件寄丟若是包含三張海運正本提單，確實是一件很麻煩的事情。）

② 而且如果是由往來銀行直接寄件，必須注意信用狀的提示期限跟有效期限，如果寄達開狀銀行的時間已超過信用狀的提示期限或是有效日期，恐怕會有被拒付（unpaid）的風險。

結論：賣方應該事先要求買方，開出的信用狀最好不要限定使用的銀行，亦即該信用狀可以在任一銀行使用，也就是當賣方收到的信用狀，最好都是像以下這樣的敘述：41D:AVAILABLE WITH ANY BANK BY NEGOTIATION.

7. 付款銀行（paying bank）

依UCP600規定，承擔付款責任的銀行。在SWIFT信用狀當中的42A欄位Drawee，通常是開狀銀行本身或是開狀銀行指定的另一家銀行。

8. 補償銀行（reimbursing bank）

大部分即期信用狀都會註明：「合格文件到單後，依指示付款」，但是有些歐美國家或強勢的賣方，要求買方開出的信用狀允許賣方提示合格文件押匯後，由押匯銀行以電報求償的方式向補償銀行要求付款（受益人要求信用狀必須打上"T/T reimbursement is acceptable"）。買方若接受此一條件，當賣方押匯時，押匯銀行即向補償銀行發出扣款通知且副知開狀銀行，這時候開狀銀行會同時請買方先行付款（雖然押匯文件尚未抵達開狀行）。萬一日後押匯文件到單時，發現單據有瑕疵且申請人不願接受瑕疵並且拒付貨款，後續要追回已償付給受益人的貨款，恐怕會比較麻煩。雖然按照UCP600的規定，賣方提示的文件有瑕疵，買方有權利不接受單據

並且拒付貨款，即使申請人貨款已支付，仍得要求押匯銀行加息退回已收取之款項。建議買方是否接受賣方「允許押匯時電報求償」的條件時，應該慎重考慮。

9. 保兌銀行（confirming bank）

意指經開狀銀行之授權或委託，對信用狀加以保兌之銀行。絕大部分的信用狀是沒有附加保兌的，因為保兌費用其實很不便宜，除非賣方有以下三個疑慮，才會考慮信用狀附加保兌：

(1) 開狀銀行信用排名等級低或是信用不佳。某國內機電上市公司針對外銷產品的接單若採信用狀方式付款時，財務部門要求開狀銀行的全球信評必須在前1,000名以內，否則必須請外銷部門主管評估風險後，再考慮是否接單或是要求附加保兌。

(2) 進口國當地有政治、經濟、戰爭風險。

(3) 進口國有外匯管制問題。

應該注意的是，不要把保兌信用狀解讀成保證兌付信用狀，有保兌的信用狀只是多了一個保證人，是當開狀銀行應付款而未付款或無法匯出款項時，這時候保兌銀行就必須承擔付款的責任。實務上押匯時，受益人會把文件先提示到保兌銀行，或由往來銀行轉押匯至保兌銀行，保兌銀行再把押匯文件寄給開狀銀行求償。

按UCP600第8條保兌銀行之義務a.ii：「若信用狀之使用方式為由保兌銀行讓購則為無追索權（without recourse）讓購。」所以保兌銀行通常會等開狀銀行匯款給保兌銀行之後，再把款項轉匯給受益人。

單元三　如何開發信用狀

1. 進口商必須事先向銀行申請開狀額度。

2. 進口商如果是新成立，且對於該申請開狀的銀行從未有資金往來過的話，必須提供擔保品如土地、廠房、銀行定存單等，或是採用全額結匯（假設開狀金額是USD50,000，申請人就必須繳交USD50,000給開狀銀行）。

3. 早期申請開發信用狀，買方必須先繳交開狀總金額10%的保證金
   （margin）給銀行，待開狀銀行通知到單時，買方再支付剩餘的90%貨款
   才能取得所有押匯文件（即期信用狀適用），後來中央銀行外匯局放寬標
   準，授權給銀行得以自行評估買方信用，買方可以不用事先繳交開狀保證
   金10%，絕大部分的上市櫃公司申請開狀，都可以不用再繳交保證金。

單元四　跟單信用狀的種類

4.1　是否可撤銷

1. 不可撤銷（irrevocable）信用狀

   UCP600第3條：「信用狀係不可撤銷，即使其未表明該旨趣。」另
   外，第10條a.項規定：「信用狀非經開狀銀行、保兌銀行（如有者），及
   受益人之同意，不得修改（amended）或取消（cancelled）。」

   雖然開出的信用狀是不可撤銷，可是如果已開出的信用狀內容有誤或
   是賣方發現信用狀並未按照買賣雙方原訂契約書或預期發票內容開出，或
   是買方自行加上一些未經雙方同意的條款時，賣方可以不接受或是要求修
   改信用狀。通常信用狀的修改只要買賣雙方同意即可，除非修正的內容影
   響到開狀銀行或保兌銀行（如有者）的權益。

2. 可撤銷（revocable）信用狀

   可撤銷信用狀係受益人在提示單據，正式使用此信用狀之前，隨時得
   予撤銷。實務上，國際貿易的付款方式甚少出現可撤銷信用狀。因為雙方
   在一開始訂約時，不會出現這樣的安排，而且相信也沒有受益人願意接受
   可隨時被取消的信用狀。自UCP500（1994年1月1日啟用）以後的版本，
   就訂下規則：除非信用狀另有規定，否則一律是不可撤銷。

4.2 即期（sight）或遠期（usance）

1. 即期信用狀（sight L/C）
   (1) UCP600第2條a.款，針對兌付（honour）的定義：

   > 信用狀使用方式為即期付款者，為即期付款（sight payment）。

   (2) UCP600第2條針對讓購（negotiation）的定義：

   > 讓購，意指指定銀行在其應獲補償之銀行營業日當日或之前，以墊款或同意墊款予受益人的方式，買入符合提示項下之匯票（以指定銀行以外之銀行為付款人）及／或單據。

   上述的(1)是即期信用狀，上述的(2)如果信用狀的使用方式為讓購，該信用狀是即期或遠期，可以從信用狀的內容看出來。這二種方式，賣方是否需要提示匯票，依信用狀內容指示。

2. 遠期信用狀（usance L/C）
   (1) 延期付款（deferred payment）信用狀

   UCP600第2條b.款，針對兌付（honour）的定義：

   信用狀使用方式為延期付款（deferred payment）者，承擔延期付款承諾，並於到期日為付款。

   (2) 承兌（acceptance）信用狀

   UCP600第2條c.款，針對兌付（honour）的定義。

   > 「信用狀使用方式為承兌（acceptance）者，對受益人所簽發之匯票為承兌，並於到期日為付款。」

   上述的(1)跟(2)所定義的，都是遠期信用狀，遠期信用狀必須清楚地表示付款到期日的計算方式，例如：

   ① 提單日後90天（90 days after B/L date）。

   ② 發票日後90天（90 days after invoice date）。

   ③ 見票日後90天（90 days after sight），這邊的見票日後90天，實務上是開狀銀行收到匯票，並且承兌後的90天。

   另外，採用延期付款時，買方不應要求賣方提示匯票。歐美進口

商（尤其是義大利）開出的信用狀，不管是即期或是遠期，一般都不會要求賣方提示匯票，因為歐美國家對於匯票，會按金額徵收高額印花稅。但是採用承兌方式時，買方開出的信用狀必須要求賣方提示匯票，該匯票由付款人（通常是開狀銀行或是開狀銀行指定的銀行）承兌，並且於到期日付款。

4.3　賣方遠期信用狀或買方遠期信用狀

1. 賣方遠期信用狀（seller's usance L/C）

　　大部分遠期的信用狀，都屬賣方遠期信用狀居多，意即賣方押匯之後，文件到達開狀銀行，開狀銀行通知買方到單並請買方到期付款（實務上作法是買方在開狀銀行製作的領單通知書蓋上大小章）之後，開狀銀行就會把整份押匯文件交給買方，等付款期限到，買方只要支付本金，通常就是發票上的金額，經由開狀銀行轉匯給押匯銀行，押匯銀行再轉匯給賣方。買方開出遠期信用狀時，在(58)欄位必須勾選貼現（discount）費用是由受益人支付，亦即若押匯銀行有墊款給賣方，直到買方支付貨款，這段期間的貼現利息是由賣方自行承擔。

2. 買方遠期信用狀（buyer's usance L/C）

　　大家都聽過買方遠期信用狀等同即期信用狀，實務上的操作有以下二種方式：

(1) 開狀銀行對外直接開出即期信用狀，開狀銀行收到押匯文件後，先行付款給押匯銀行，之後將款項轉為國內融資（loan），等到期時，再由買方支付本金加利息給開狀銀行，業界採用這個方式會比較普遍。

(2) 另外一種方式是，在遠期信用狀內容事先敘明約定利率跟天期，例如：約定以倫敦銀行同業拆借利率（London Interbank Offered Rate, LIBOR）加上多少個基本點（basic points，一個基本點是0.01%，也就是萬分之一）。開狀銀行收到押匯文件後，先承兌或承擔付款義務，等到期時，買方再連同本金加上信用狀上約定的利息，一起給付給開狀銀行，開狀銀行再轉匯給押匯銀行。

3. 混合式遠期信用狀（mixed usance L/C）

俗稱對外加對內遠期信用狀，意即融資期間的利息，依雙方約定的天數由買賣雙方分別負擔，例如：某信用狀這樣寫：「遠期信用狀期限60天，30天貼現利息由受益人負擔，另外30天的利息由申請人負擔。」這表示開狀銀行收到押匯文件後60天，必須將本金加計前面30天的利息給付給賣方，同時買方也必須支付本金加上後面這30天的利息給開狀銀行。但是與其開出這樣的信用狀，不如直接開出30天賣方遠期信用狀就好，若匯票30天到期，買方有需要時，再轉為國內融資（loan）即可。

4.4 有無附加保兌（confirm）的指示

絕大多數信用狀為非保兌信用狀，SWIFT信用狀的49欄位：confirmation instruction只會出現以下三種狀況：

1. without（沒有授權）

表示開狀銀行沒有授權給任何一家銀行可以對該信用狀附加保兌，如果買賣雙方在協商時採用信用狀當成付款方式，且賣方考慮可能有附加保兌的需求，應該在開狀前，請買方在該欄位(49)勾選"may add"，否則在信用狀沒有被授權可保兌的情形之下，若是有銀行願意對該信用狀附加保兌，我們稱之為「沉默保兌（silent confirmation）」，這種作法對於保兌銀行本身的權益是沒有獲得信用狀保障的，除非受益人強烈要求並評估開狀銀行資信尚佳，否則很少有銀行願意承擔這種沉默保兌的風險。

2. may add（得附加）

賣方基於以下三種原因，可能會要求買方開出的信用狀可以附加保兌：

(1) 開狀銀行在全球的銀行信用等級排名很低，或是賣方對開狀銀行的信用有疑慮。

(2) 進口國當地政經局勢不穩或是有戰爭的風險。

(3) 進口國外匯管制嚴格。

假設賣方收到信用狀經評估後，決定要將該信用狀附加保兌時，會請通知銀行附加保兌，原因是如果信用狀日後有修改時，透過通知銀行傳達修改通知書，該通知銀行兼保兌銀行才能掌控修正內容，並且考量修正過的內容是否有損及保兌銀行本身的權益，如果有的話，保兌銀行可以不同意信用狀的修正內容或是對於修改過內容的信用狀不再延伸附加保兌責任。一旦該信用狀決定要附加保兌，當然保兌費用會是由賣方自行支付。

3. confirm（保兌）

　　買賣雙方事先談好該信用狀要附加保兌，而且保兌費用大部分是由買方支付，實務上也看過已附加保兌的信用狀，但是保兌費用卻是由受益人支付，只要買賣雙方事先溝通協商好即可。該保兌信用狀肯定會由附加保兌的銀行兼通知銀行通知轉達信用狀給受益人，理由同上第2點。

4.5　是否為可循環信用狀（revolving L/C）

1. 不可循環信用狀（non-revolving L/C）

　　大部分的信用狀都是不可循環信用狀。

2. 可循環信用狀（revolving L/C）

　　如果買方跟賣方下單且每批出貨期程固定，數量跟金額也固定時，買方可考慮開出可循環信用狀。該信用狀有效期間較長，在信用狀額度內賣方如期出貨，只要買方已付款或開狀銀行承兌之後，該信用狀額度可以立即恢復並且繼續使用到最後期限為止，這樣可省去買賣雙方的作業程序。

　　【範例】

　　假設台灣進口商A固定向日本供應商B採購物品，一個月出貨一次，每次貨價USD10萬，信用狀一期3個月，所以原本該進口商一年要開出4張即期信用狀，每張信用狀金額USD30萬。如果進口商希望減少開狀次數，減少作業時間並且省下一些郵電費，可以考慮開出可循環信用狀。作法是，買方僅申請開出金額USD10萬，有效期限一年的可循環即期信用狀，賣方每次出貨USD10萬，待買方付款後，額度可立即自動恢復。假設賣方每月15號出貨USD10萬，買方每月20號還款，在此同時也給付給開狀銀行

每個月USD10萬的開狀手續費，該信用狀總共可循環11次，總計可使用12次，最後的總金額是USD120萬。

4.6 是否為可轉讓信用狀（transferable L/C）

信用狀要成為可轉讓，必須看到信用狀內容有可轉讓（transferable），由UCP600唯一確認的英文單字，可轉讓信用狀可用在以下的交易模式：

1. 如果某貿易商對於他的客戶以及他的供應商，分別都使用信用狀當成付款方式，貿易商本身或許在其往來銀行沒有足夠的開狀額度，這時候，貿易商可以要求買方開出可轉讓信用狀，等貿易商收到可轉讓信用狀，再依他本身跟實際供應商的買賣交易條件，在指定通知銀行申辦信用狀轉讓，將受益人信用狀的權利跟金額全部轉讓（full transfer）或部分轉讓（partial transfer）予實際供應商，這張被轉讓出去的信用狀就稱為受讓信用狀（transferred L/C）。

2. 另外，除了貿易商收取佣金後直接作全額轉讓，往後的出貨提示單據押匯完全由第二受益人自行處理外，該貿易商通常是買低賣高、賺差價的成分居多，而且他身兼買方與賣方的雙重身分，所以在申辦轉讓信用狀出去之前，肯定會先想好以下幾件事情，也就是說，轉讓出去的信用狀比起原始信用狀：

   (1) 單價（unit price）要低一些。

   (2) 總價（total amount）要低一些。

   (3) 最後裝船日（latest shipping date）要早一些，或與原信用狀相同。

   (4) 文件最晚提示日（presentation date）要早一些。

   (5) 信用狀到期日（expiry date）要早一些。

   (6) 原始信用狀的價格條件是CIF或CIP，如果貿易商對他客戶的價格條件也是CIF或CIP，那投保金額的百分比（%）務必要增加。以下我們用範例稍作說明。

【範例】

　　假設台灣某貿易商甲收到澳洲公司A開出一張可轉讓信用狀，價格條件是CIF Melbourne, AU，採購壓縮機1,000台，單價USD50/SET，貨價總金額USD50,000，最後裝船日2022.10.31，文件最晚提示日是提單日加計15個日曆天，信用狀有效期限2022.11.30，貿易商甲的投保金額按慣例採貨價加10%變成USD55,000（USD50,000×110%＝USD55,000），貿易商甲隨後申辦之**轉讓信用狀**（transferred L/C）給中國大陸的供應商B公司，貿易條件CFR Melbourne, AU，單價USD45/SET，數量不變維持1,000台，貨價總金額USD45,000。最後裝船日2022.10.15，文件最晚提示日是提單日加計10個日曆天，信用狀有效期限2022.11.15。

　　因為被轉讓出去的信用狀總金額只有USD45,000，如果按照一般的投保金額加10%，該信用狀的投保金額只有USD49,500（USD45,000×110%），這樣的投保金額顯然不足以涵蓋賣給澳洲A公司貨價的投保金額USD55,000，所以貿易商應該提高投保成數至少加23%（USD45,000×123%＝USD55,350），這樣才能符合原始信用狀的要求。（備註：原始信用狀價格條件是CIF Melbourne, AU，貿易商對中國大陸供應商應適度把價格條件更改為CFR，避免供應商藉由保險金額或投保成數反推而得知貿易商可能的利潤。）

　　所以針對轉讓出去的信用狀，請記得「5減1增」的要點：

(1) 5減：單價、金額、最後裝船日、最晚提示日、有效期限。

(2) 1增：投保成數。

4.7　其他信用狀

1. 紅色條款信用狀（red clauses L/C）

　　又稱為可預支條款信用狀（anticipatory L/C）或打包信用狀（packed L/C）。這三個名稱指的都是同一種信用狀，該信用狀是針對買賣雙方交易金額大或是客製化產品、機器設備產品或是賣方生產製造前，必須先行投入大量資金的產品，這時候，賣方會要求買方開出可預支全部合約金額

項下信用狀的部分金額。該信用狀特色是賣方收到信用狀時，在尚未出貨前，可憑備料發票或其他文件（匯票），先行預支信用狀的部分金額，待出貨時再連同商業發票、裝箱單、海運提單等其他文件押匯，以取得信用狀的剩餘金額。因為早期的信用狀是用打字機繕打之後，開狀銀行再以郵件寄出，因為這樣的信用狀很特別也很重要，所以針對賣方可憑單據先行押匯預支貨款的文字，特別用紅色色帶打字，所以才會有紅色條款信用狀名稱的由來。

　　筆者很早之前，就從書上看過有這種紅色條款信用狀，但是在公司近十年的時間一直沒碰過。後來在民國90年左右，請調到關係企業服務，當時公司要向日本日立公司（HITACHI）購買一台有機發光面板（OLED）的蒸鍍用機器設備，金額高達NTD2億，當時我同樣在進出口部門服務。等到要真正開狀時，我終於看到對方的預期發票上有備註可預支信用狀總金額20%的條款，當下的感受是，幸好平日從書本上有看過這樣的信用狀，所以當真正碰到實例時，有種「書到用時剛剛好的親切感受。」針對申請人開出可預支條款信用狀前，申請人可要求供應商開出以買方為受益人的履約保證（performance bond）或預付款還款保證（advance payment bond）以防供應商違約不出貨時，得以上述的保證函取回預付款。

2. 轉開信用狀或稱背對背信用狀（back to back L/C）
　　轉開信用狀跟轉讓信用狀不一樣，二者的差異是：

(1) UCP600第38條，針對可轉讓信用狀，總共有11項的敘述與規定，但是對於轉開信用狀本身，視同一般信用狀，沒有任何規範。

(2) 可轉讓信用狀可藉由原始信用狀的額度把金額作一次轉讓，轉讓給一個或一個以上的第二受益人（若原始信用狀分批出貨允許的話）。原始信用狀跟被轉讓信用狀，彼此之間是有關聯的。

(3) 轉開信用狀也是一次轉開，可轉開給一位或二位以上的受益人，而且主信用狀（master L/C）跟轉開出去的信用狀（back to back L/C）二者的關係是獨立分開的，接獲主信用狀的賣方，若要將信用狀轉開出去，賣方本身在開狀銀行必須要有足夠的開狀額度，但是轉讓信用狀

可藉由原始信用狀的額度轉讓。

(4) 轉開信用狀可以藉由單據的轉換，避開最終買方跟供應商直接的接觸，但是貿易商接獲主信用狀時，對於該內容仍然必須逐條詳讀，之後再開出次信用狀。如果真正的供應商跟貿易商是在同一個國家，建議盡可能不要採用轉開信用狀的方式，在操作上會比較方便。另外，在供應商不介意海關的出口申報實績時，建議可以採信用狀金額讓渡（Assignment of Proceeds, A/P）的方式，既簡單又方便，對貿易商及供應商均有相當程度的保障。

3. 國內信用狀（domestic L/C or local L/C）

買賣雙方都在同一個國家，但是賣方要求買方必須開出國內信用狀當成付款的方式，這種案例並不多見，通常也是較強勢的賣方對買方的要求，國內有少數泛公股大企業，如中鋼、中鋁公司，即使對於國內上市櫃公司的下單採購，也一律要求他們必須開出國內信用狀方式付款，其主要目的是要確保賣方本身的債權以及交易風險。

【案例1】

國內某家馬達製造商跟台灣的「中國鋁業股份有限公司」（以下簡稱「中鋁」）購買鋁錠，「中鋁」要求買方開出國內信用狀，該信用狀直接以台幣開出，且「中鋁」提出賣方押匯的單據只需要二種：(1)匯票付款／承兌申請書乙份，(2)統一發票（發票影本可接受），(1)跟(2)二種文件上面必須註記：品名鋁捲一批跟合約編號。

【案例2】

國內某家重電廠商開出國內不可撤銷即期信用狀給「中國鋼鐵股份有限公司」（以下簡稱「中鋼」）採購鋼品一批，賣方必須檢附的單證是匯票付款申請書一份、統一發票。針對這張信用狀，有幾個特色：

1. 強勢賣方「中鋼」要求國內廠商交易付款方式，一律開出國內不可撤銷即期信用狀，以確保下單後的銷售數量並確保出貨之後的債權。

2. 或許是為了配合政策上的實施或是推行無紙化作業，當時的中鋼指定二家開狀銀行，一家是兆豐商銀（Mega International Commercial Bank），另一家是匯豐銀行（The Hongkong and Shanghai Banking Corporation Limited, HSBC），而且採用電子信用狀方式押匯，適用電子信用狀統一慣例的規範（eUCP1.1）。

單元五　雙方採信用狀交易，賣方應該注意哪些事項

1. 買方是否有如期開出信用狀

　　賣方接獲信用狀，如果發現買方比約定期限晚了15天才開出信用狀，但是原本協議的賣方最晚出貨日卻沒有相對延後，假使賣方考量有可能趕不上出貨日期時，應該要求買方把最後裝船日、到期日一併延後。

2. 開狀銀行的全球信用評等排名

　　非洲或是中東地區開來的信用狀，如果開狀銀行的信用評等不佳，賣方對於是否要接單的風險，應該再加以審慎評估。

3. 信用狀內容是否符合雙方已簽署的交易文件

　　賣方收到信用狀，原則上務必從頭到尾仔細看一遍或是拿著買方的採購單或是賣方的預期發票（P/I）對照信用狀，確認品名、單價、數量、總金額是否一致、其他規定事項是否都可作到。以下列出《國際標準銀行實務》這本書針對一些常見押匯文件內容與信用狀內容看似不符，實際上卻不構成瑕疵的說明：

(1) 發票上若出現下列的情況，不認為是文件不符，亦即單純的拼字錯誤不至於造成誤解。

　　① 拼字錯誤：信用狀上貨物的敘述是machine，發票上打上mashine（○）

　　② 拼字錯誤：信用狀貨物敘述fountain pen，發票上打上fountan pen（○）

③ 拼字錯誤：信用狀貨物敘述model，發票上打上modal（○）

(2) 但是以下的情況就屬文件不符了

　　信用狀貨物敘述model 123，發票上打上model 321（×）。

　　實務上，押匯文件繕打製作完成後，會由受益人再確認（double confirmed），最後由押匯銀行作最後審查，發生上述狀況的機率，其實不是很高。

4. 賣方對買方在信用狀SWIFT 46A：要求的文件"required documents"應該要特別留意。

(1) 這個部分，買方通常會要求至少三種文件，也就是商業發票（commercial invoice），裝箱單（packing list），還有海運提單（bill of lading）。如果走空運，就會是空運貨單（airway bill），因為前面二項除了是賣方必須提供給買方的必要買賣交易文件以外，也是世界各國海關於進出口通關時，必要的檢核文件，後面的海運提單可以說是整個信用狀交易過程當中最重要的文件。

(2) 買方有時會要求賣方應該提出領事發票（consular invoice）或是產地證明書（Certificate of Origin, C/O），而且規定該產地證明書必須經由買方設於出口國的領事館簽署。早期國外開給台灣的信用狀，有時候會把台灣當成是中國大陸的某一地區，進口國的領事館是設在中國大陸而不是設在台灣，因此賣方當然無法接受這樣的信用狀。

(3) 買方如果要求賣方提示海運提單而且敘明：「海運提單的受貨人欄位直接打上買方（進口商），或是打上待指示"to order"，或是待賣方指示"to order of shipper"，然後規定賣方出貨之後，要把其中一張正本海運提單直接寄給買方（進口商）。」如果信用狀有類似這樣的條款，那表示買方收到賣方直接寄出的正本海運提單之後，不用經過開狀銀行的背書，就可以直接前往運輸業者處，換領小提單，待報關放行後，逕行把貨物提領。日後押匯文件寄達開狀銀行時，因為買方可能早已經把貨物領回，因此可能會有不前往開狀銀行付款贖單的風險。有些謹慎保守的開狀銀行也不會接受買方有這樣的開狀要求與作為，

因為對開狀銀行本身也有風險。

　　建議作法：若買方要求直接寄一張正本海運提單給買方可以接受，但是提單上受貨人（consignee）的欄位必須填上「待開狀銀行的指示」"to the order of issuing bank"。

(4) 買方要求賣方提示押匯的文件當中，假使出現「必須要有一份是買方已提領貨物，並檢驗無誤之後，簽署的買方收據（signed buyer's receipt）」。賣方對於雙方簽約時若沒有這樣的約定，只是買方在信用狀上片面出現這樣的要求時，建議賣方也不應該輕易接受，我們通常把信用狀如果有上述(3)跟(4)的要求或類似的敘述時，稱為該信用狀有投降條款。

單元六　何謂押匯

　　依銀行公會所訂之「銀行對企業授信之規範」之定義：「所稱出口押匯，謂銀行墊付出口信用狀項下之即期跟單匯票，並取得概括性取償權之融通方式⋯⋯」，另依最高法院72年台上字第462號之判決：「出口押匯係屬銀行授信業務，為質押墊款性質⋯⋯」，結論：「押匯」是台灣的銀行針對出口廠商有事先申請，並經資信評估認定資信評等良好，或有提供抵押設定或擔保品，如不動產或定期存單等等之後，給予一定額度的融資授信行為。

單元七　賣方押匯，押匯銀行是否必須墊款

1. 依據信用狀統一慣例的規定，開狀銀行僅對符合之提示（complying presentation）有兌付之確定義務，而所謂「符合之提示」意旨依照信用狀條款、信用狀慣例得適用之規定（the applicable provisions of these rules）及國際標準銀行實務（International Standard Banking Practice，包含國際商會之ISBP出版物與其他國際標準銀行實務）所為之提示。

2. 台灣出口商收到國外開來的信用狀，等出貨之後，而且拿到全套正本海運

提單，接著準備好商業發票、裝箱單以及信用狀規定的其他文件，連同信用狀正本，拿到往來銀行去押匯，只要文件沒有瑕疵，銀行就會墊款。

3. 出口商押匯時，不管是即期信用狀或是遠期信用狀，只要銀行一墊款，就會開始計息，實務作法有以下幾種：

(1) 即期信用狀

　　銀行先行墊款給出口商並預扣7~10天利息（近洋線），或是預扣10~14天利息（遠洋線），待押匯銀行實際收到開狀銀行或償付銀行的款項，如有短收（例如開狀銀行的電匯費用、中間銀行的轉帳費用），再向出口商索取短收款。

(2) 遠期信用狀

　　依信用狀內容，扣除可計算之到期日跟銀行墊款日期間的利息費用，先行墊付款項給受益人，待收到貨款再依上述(1)的方式跟出口商結算。

(3) 出口商本身不缺錢，只提示文件給押匯銀行，不要求押匯銀行墊款，因為銀行一墊款就會開始計息，在這個情況下，銀行在提示給開狀銀行的伴書（cover letter）上面僅記載「單據業經審核」。日後押匯銀行收到款項後，依上述(1)的方式跟出口商結算，銀行因為沒有先行墊款，所以也沒有計息問題。

　　大家聽過信用狀項下託收？就是上述(3)出口商不缺錢、不用墊款時，在押匯申請書上寫託收或是不墊款，但是押匯銀行在寄給開狀銀行押匯文件的伴書上不會出現託收（collection）字樣，一旦寫成採託收方式（on collection basis），就視同拋棄UCP600原則，改按URC522規定處理，那事情就變複雜又嚴重了。

(4) 押匯銀行審單後，發現文件有瑕疵

① 出口商要求先行墊款，這時候押匯銀行會請出口商出具保結書或認賠書（Letter of Indemnity, L/I）作為還款承諾。日後押匯文件寄達開狀銀行，若進口商不願意接受瑕疵且拒絕付款時，這時候，出口商必須退還本金加計利息給押匯銀行。

② 押匯銀行把押匯文件電傳給開狀銀行，並將發現的瑕疵一次告知開狀銀行，開狀銀行回覆接受所提瑕疵以後，押匯銀行寄單並墊款。日後開狀銀行收到單據後，若發現還有其他瑕疵，仍然可以拒付，如買方不接受新瑕疵，賣方一樣要償還墊款，這是所謂的電報押匯。

4. 倒填日期

　　倒填日期在業界經常稱作"back date"，例如：信用狀規定最晚出貨日是2022.07.01，可是海運提單上實際的裝船日是2022.07.04.。出口商擔心因為提單裝船日不符信用狀規定，有可能被申請人或開狀銀行拒付，因此提供切結書給運輸業者，要求把海運提單上的裝船日（on board date）從原本真正的2022.07.04往前填寫為2022.07.01，以期讓提單符合信用狀的規定，這樣的動作就是作"back date"。建議出口業者最好不要這樣作，原因如下：

(1) 提單上有船名、航次，所以這艘船真正的裝船日從船公司的網站上一查就有，所以倒填日期有風險，且運輸業者這樣的行為應視同偽造文書。

(2) 早期出口商若是走海運且貿易條件是CFR或CIF，出口商跟承攬業者也是長期配合的往來客戶，很多承攬業者都願意配合作"back date"，可是如果是直走船公司，船公司通常是不會答應的。

　　遇有上述情形，賣方若預知出貨時間可能會趕不上信用狀規定的最晚出貨日期，正確作法應該是請進口商修改信用狀的最晚出貨日，必要時，應該連同信用狀的到期日一併延長，目前信用狀都採SWIFT格式開出跟修改，正常情況下，通常2~3天就可完成修改。

單元八　擔保提貨與副提單背書

　　台灣的進口廠商如果有跟客戶採用信用狀交易，而且賣方國家也同樣位在亞洲，例如：中國大陸、日本、韓國的話，對於「擔保提貨」跟「副提單背書」應該不陌生，以下我們分別介紹。

8.1 擔保提貨

1. 會出現有擔保提貨的前提，除了買賣雙方採用信用狀交易以外，海運提單上的受貨人（consignee）欄位必須是「待開狀銀行指示」"to order of issuing bank"，「貨到通知人」"notify party"欄位是申請人（進口商）。

2. 二國之間距離短、航程近，船隻航行時間或許2~3天就到，賣方出貨之後，可能會有以下的作業流程：

   (1) 拿到運輸業者的海運提單（1~2天，開航當天或隔天）。

   (2) 製作押匯文件（1天）。

   (3) 拿到往來銀行押匯（1天）。

   (4) 押匯銀行審單後，寄文件給開狀銀行（1天）。

   (5) 快遞時間（考慮含例假日，可能2~3天）。

   有時候船已到港，但押匯文件尚未寄達開狀銀行，假設買方急需這票貨，可採用擔保提貨的方式先取得小提單，方法如下：

   ① 申請人（進口商）跟開狀銀行申請擔保提貨，並填寫「擔保提貨或副提單背書 申請書」（因為大部分銀行把這二種方式並列同一份申請書），並勾選「擔保提貨」，這份申請書純粹是開狀申請人（進口商）跟開狀銀行之間的書面承諾文件，其中的內容完全沒有涉及到運輸業者，整份擔保提貨申請書內容最主要的重點是：「申請人（進口商）同意一俟該裝船文件寄達貴行，不論有無瑕疵，本公司無條件願意接受及授權貴行付款，並請將之以掛號郵寄交申請人，中途如有遺失，由申請人負責，與貴行無涉。」開狀銀行根據出口商提供的提單影本及商業發票影本與信用狀核對無誤後，才會簽發擔保提貨書。

   ② 申請人（進口商）向運輸業者申請擔保提貨，並填寫「切結保證書"LETTER OF GUARANTEE FOR PRODUCTION OF BILLS OF LADING"或是"INDEMNITY OR GUARANTEE DELIVERY WITHOUT BILL OF LADING OR OTHER DOCUMENT OF TITLE"

該份切結保證書的重點如下：

A. 進口商跟開狀銀行都必須畫押簽名或蓋上公司大小章。（每家船公司或是運輸業者的格式不一致，有些運輸業者只要求開狀銀行畫押簽名即可。）

B. 因為進口商手中沒有正本海運提單，所以這份文件主要是由開狀銀行提供擔保，保證日後收到海運正本提單時，會拿一份正本來換回這張切結保證書，而且該保證書上面不能寫上發票金額，因為船公司在切結保證書的最下面已備註了以下這段話：本公司恕不受理限額或任何有免除、減低擔保方責任、義務文字記載的擔保提貨書。

C. 進口商跟開狀銀行共同簽署完成這份切結保證書之後，進口商可拿這份切結保證書到運輸業者處，換取小提單（D/O）。

3. 進口商手上沒有正本海運提單但是船已抵達目的港，運輸業者基於銀行已經幫他的客人作了擔保，通常願意讓進口商先行換單。

4. 「切結保證書」實例說明

附件10-1　長榮切結保證書

INDEMNITY AND GUARANTEE

1. <u>**DELIVERY WITHOUT BILL OF LADING OR OTHER DOCUMENT OF TITLE**</u>

To: **Evergreen Line**, and/or the offices/agents of the
Carrier and/or the owner, provider, operator of the
M.V. <u>UNI-PROSPER 0401-245A</u>

長榮國際股份有限公司
服務本部文業部
104 台北市民生東路二段166號1樓
TEL: 886-2-25001383

Dear Sirs,

B/L NO.	CONTAINER NO. AND SEAL NO. MARKS & NOS.	PACKAGES	CONTENTS
EGLV 14168832 0299	DRYU 2937488 EMCBEQ1245	20 PALLETS	COMPRESSOR FOR AIR CONDITIONER

The above goods were shipped on the above vessel by Messrs. <u>DANFOSS INDUSTRIES PTE LTD</u>
(and consigned to Messrs. <u>華南銀行</u>) but the relevant Bill(s) of Lading / Document(s) of Title
have not yet arrived.

We hereby request you to deliver such goods to Messrs. <u>████████股份有限公司</u> without production of
the Bill(s) of Lading / Document(s) of Title.

In consideration of your complying with our above request we hereby agree as follows:

1. To indemnify you, your servants and agents and to hold all of you harmless in respect of any liability, loss, damage, expenses or costs (including all legal costs) of whatsoever nature which you may sustain by reason of delivering the goods in accordance with our request
2. In the event of any proceedings being commenced against you or any of your servants or agents in connection with the delivery of the goods as aforesaid to provide you or them from time to time with sufficient funds to defend the same.
3. If the vessel or any other vessel or property belonging to you should be arrested or detained or if the arrest or detention thereof should be threatened, to provide such bail or other security as may be required to prevent such arrest or detention or to secure the release of such vessel or property and to indemnify you in respect of any loss, damage, expenses or costs (including all legal costs) caused by such arrest or detention whether or not the same may be justified.
4. As soon as all original Bill(s) of Lading / Document(s) of Title for the above goods shall have arrived and/or come into our possession, to produce and deliver the same to you whereupon our liability hereunder shall cease.
5. The liability of each and every person under this indemnity shall be joint and several and shall not be conditional upon your proceeding first against any person, whether or not such person is party to or liable under this indemnity.
6. This indemnity shall be governed by and construed in accordance with the laws of England and any dispute arising out of this indemnity shall be submitted to jurisdiction of the High Court of London, England. Notwithstanding anything else contained above, this Law and Jurisdiction Clause is solely for the Carrier's benefits and the Carrier reserves the right to bring any action before any competent jurisdiction at its sole and absolute discretion.
7. Notwithstanding any stamped, written or attached wording or statement, the undersigned further undertake and agree that nothing relating to the contents, quality, quantity, weight, number, marks and/or value of the goods inserted herein shall limit in any way our joint and several liability hereunder.

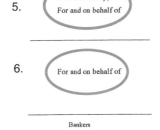

Yours faithfully,
For and on behalf of

For and on behalf of

本公司恕不受理限額之擔保提貨書

因感熱式傳真紙放久易模糊不清而失法律
效力，故本公司將不受理使用感熱式傳真
紙填寫之擔保書。謝謝！

Bankers

FORM NO.CSD-I006-02

(1) 長榮海運的無正本提單換小提單的「切結保證書」。

(2) 按指示填上海運提單上的資料。

(3) 以開狀銀行立場要求運輸業者把小提單換發給進口商。

(4) 運輸業者通常會加註「本公司恕不受理限額之擔保提貨書」。

(5) 申請人（進口商）。

(6) 擔保銀行（開狀銀行）。

8.2 副提單背書

1. 會出現副提單背書的情況是，買方在信用狀上要求賣方直接寄一張正本海運提單給買方，而且海運提單上的受貨人欄位（consignee）必須是「待開狀銀行指示」"to order of issuing bank"，「貨到通知人」"notify party"欄位是申請人（進口商）。

2. 擔保提貨跟副提單背書二者最大的差別在於，前者的進口商手邊沒有任何正本海運提單，而後者進口商手邊持有一張正本海運提單，雖然銀行的申請書上面打上「副提單背書申請書」，但是實質上所謂「副提單」它是一張不折不扣的「正本海運提單」（original bill of lading）。

3. 進口商只要拿著手邊的正本海運提單，並且填寫好開狀銀行自製格式的「副提單背書申請書」之後，開狀銀行會在正本海運提單背面背書，作法比照上述8.1的擔保提貨。

4. 大家是否會覺得奇怪，既然進口商手邊拿的是正本海運提單，那不是直接請開狀銀行背書轉讓就好，為什麼還要先填寫「副提單背書申請書」呢？這是個好問題，原因是：

(1) 按信用狀的遊戲規則，開狀銀行收到押匯文件審單後，如果發現單據有瑕疵，進口商可以不接受瑕疵且拒付貨款，如果單據沒有瑕疵也符合信用狀規定，待進口商付款贖單或是承諾同意付款後贖單，開狀銀行會在到單文件的某一張正本海運提單的背面作以下的背書：

① 記名背書（special endorsement），通常正本提單背面會有如下的簽樣：

Delivered to XXX company

for or on behalf of XXX bank

該空白處會有開狀銀行被授權人的簽名畫押。

② 指示式背書（to order special endorsement），通常提單背面會有如下的簽樣：

Delivered to order of XXX company

for or on behalf of XXX bank

該空白處會有開狀銀行被授權人的簽名畫押。

(2) 所謂的副提單背書，進口商手邊的這張正本海運提單是由出口商直接寄給進口商，在押匯文件未寄達開狀銀行之前，開狀銀行無法審單，當然也無從判斷賣方提示的單據是否符合信用狀規定。因此當進口商拿正本海運提單請開狀銀行背書之前，開狀銀行請進口商填寫「副提單背書申請書」的最主要目的，跟上述8.1的擔保提貨申請書內容是一樣的。

5. 申請人（進口商）完成「副提單背書申請書」之後，開狀銀行一樣會在該張正本海運提單背面完成記名背書或指示式背書。之後，進口商拿著背書過的正本海運提單到運輸業者處，換取小提單，因為運輸業者已收回一張正本海運提單，所以運輸業者跟開狀銀行之間，已經沒有任何關聯了。

6. 結論

(1) 不管申請人（進口商）採用擔保提貨或是副提單背書方式取得小提單，日後押匯文件寄達開狀銀行，進口商已拋棄拒付的權利。開狀銀行針對賣方所提示的文件僅作實質認定，確係該信用狀項下之單據，即將單據郵寄申請人並支付款項（即期信用狀）予押匯銀行後結案。如為遠期信用狀，即發電文承兌登錄到期日，並於到期日支付款項。

(2) 唯一開狀銀行無法支付貨款的情況是，買方藉由擔保提貨或副提單背書領取貨物後，發現該批貨物有重大瑕疵，出口商顯有詐欺行為，進口商得立即向法院申請禁止支付命令（injunction），開狀銀行在付款前，接獲法院的禁止支付命令，則不得付款。

(3) 運輸業者對於客戶採擔保提貨的作為是屬於協助性質，而非必要的義務或是責任。筆者記得2008年金融海嘯襲捲全球，導致許多大企業破產，甚至許多歐美知名銀行倒閉事件更是層出不窮。因此在2009年，部分全球大型船公司的在台分公司，發出訊息給他們的進口客戶通知書，其內容大意是：「本公司基於風險管控原則，自即日起，如果進口商手邊沒有任何正本海運提單而必須事先換取小提單時，本公司只接受以下列名的銀行提出的切結保證書，才准予換發小提單。」也就是說，部分船公司考量到銀行也會有倒閉的風險，因此先行篩選出績優的銀行，才會給予擔保提貨的換單作業。

(4) 一般來說，信用狀項下的進口物資，在未提領之前，是開狀銀行的擔保品，進口商來辦理擔保提貨或副提單背書，等於是銀行放棄擔保品，因此開狀銀行在辦理此項業務時，會考量進口業者當時之資信狀況，審慎處理。

單元九　SWIFT格式信用狀的代號說明

近幾年，國際貿易採信用狀當成付款方式時，銀行開出的跟單信用狀大多數都利用「環球財務金融協會系統」開出SWIFT格式的信用狀，該SWIFT電文因為有自動押碼（test key），方便銀行之間的電文確認與聯繫，而且所有內容採用特定格式的（format）形式，方便買賣雙方對信用狀電文的理解與讀取，以下我們把SWIFT格式的信用狀代號作一個完整的說明：

27. Sequence of Total 合計序號

通常會出現"1/1"比較多，亦即此SWIFT電文MT700涵蓋了此張信用狀的全部內容。如果信用狀申請書的內容太多，超過設定的容量時，會再以數個MT701發出，尤其是當買方在信用狀申請書的45A：產品名稱（evidencing of shipment goods）；46A：要求的文件（required documents）；47A：額外的備註（additional conditions），這三個欄位填寫

太多內容時。例如：「台電」開出的信用狀，在47A欄位會加上很多煤炭的計價方式、煤炭含硫量、雜質容許量等，篇幅很大。另外，軍方的武器採購也是非常複雜。這時候可能會出現1/3~3/3，所以受益人收到信用狀時，如果第27欄位出現1/3，就要查核，應有2/3、3/3才是全套的信用狀內容。此類信用狀的表頭，1/3的部分是MT700，另2/3、3/3的表頭會顯示MT701。

40A：Form of Documentary Credit 跟單信狀的類別

實務上的信用狀幾乎100%都是不可撤銷信用狀"irrevocable L/C"，即使信用狀沒有表明該旨趣。

20：Documentary Credit Number 跟單信用狀號碼

每家開狀銀行自有一套信用狀的編碼原則。

23：Reference to Pre-advise 預告的摘要

31C：Date of Issue 開狀日期

信用狀上面會出現6位數字，分別是西元年的後二碼／月／日，所以若出現221011，代表是2022年10月11日開出的信用狀。

40E：Applicable Rules 適用慣例

通常會寫UCP LATEST VERSION，亦即信用狀統一慣例的最新版本，目前是UCP600。該版本自2007年7月1日起正式啟用，如另外有53a補償銀行（reimbursing bank）時，也可能出現URR字樣。

31D：Date and place of Expiry 到期日及地點

也是6位數字，但特別注意該日期後面要把適用國別或是地點寫上，因為到期日地點會影響受益人及押匯銀行的作業時間。原則上，到期日地點會和41a互相配合，到期日地點影響受益人至深，要特別留意。

32B：Currency Code, Amount 幣別代號及金額

常見的幣別是USD美元／JPY日幣／EUR歐元／GBP英鎊／AUD澳幣／CAD加幣／CHF瑞士法郎／RMB人民幣。

51a：Applicant Bank 申請開狀的銀行

每一個國家的每一個銀行分行在SWIFT系統都會有一個對應的代號，例如：ICBCTWTP007，這是兆豐商業銀行國外部的代碼。ICBC是銀行代號，TWTP是台灣的國碼，007是分行代碼，不同的分行有不同的後三碼。

50：Applicant 信用狀申請人

開狀銀行是根據買方（申請人）填寫好的信用狀申請書繕打或轉檔，所以買方務必填寫正確。

59：Beneficiary 信用狀受益人

買方依照雙方的契約書或預期發票上賣方的全名填寫即可。

39A：Percentage Credit Amount Tolerance 信用狀金額增減百分比

倘買賣雙方交易的產品是以件數計算，如（set/piece）通常申請人不會給予增減。若是交易的產品是以重量計價時，可給予重量跟金額的增減百分比，如果允許的誤差是3%，通常會以+/-3%或03/03表示。

39B：Maximum Credit Amount 信用狀可使用的最高金額

39C：Additional Amount 附加金額之內容（信用狀金額以外的費用、利息等）

41a：Available with…/by… 該信用狀可使用於XXX銀行或任何銀行（any bank）／該信用狀的使用方式（即期、延期、承兌、讓購）

1. Available with後面若不是接any bank，就屬於限制使用的信用狀或稱限押信用狀（restricted L/C），常見的會是available with advising bank or available with XXX bank.。

2. by後面會有四種方式：

   (1) by payment即期付款。

   (2) by deferred payment延期付款（不提示匯票的遠期信用狀）。

   (3) by acceptance承兌（應提示匯票的遠期信用狀）。

(4) by negotiation讓購（是否提示匯票，依信用狀規定）。

42C：Draft at 匯票期限

1. at sight即期。

2. at 30 days after sight見（匯）票後次日起算30天。

3. at 30 days after B/L date（例如：B/L date 2022.03.18）提單裝船日之次日起算30天。

4. at 30 days after date匯票開票日之次日起算30天。

42a：Drawee 匯票付款人

通常會是開狀銀行或指定銀行，UCP600規定該欄位不應以申請人為付款人。如果信用狀要求賣方提示這樣的匯票，銀行會把此匯票當成一般文件處理。

42M：Mixed Payment Details 混合付款明細

42P：Partial Shipments 分批出貨

43T：Transhipment 轉運

因海運或空運的轉運是常態，尤其是走空運若無法直飛，則實務上必須轉運，或是走海運而且是貨櫃運輸時，通常會有子母船、駁船等全程的接駁運送，因此UCP600對貨櫃運輸、子母船運送，除非信用狀強制排除，否則提單若出現如此敘述時，不視為瑕疵。

44A：Place of Taking in Charge/Dispatch from…/Place of Receipt 接管地／發送／接收地

44B：Place of Final Destination/For Transportation to …/Place of Delivery 最終目的地／運往／交貨地

44E：Port of Loading/Airport of Departure 裝貨港口／起運地機場

44F：Port of Discharge/Airport of Destination 卸貨港口／目的地機場

44C：Latest Date of Shipment 最後裝運日期

一樣是6碼數字，假設信用狀上沒有出現最後裝運日，就會以信用狀到期日作為最後裝運日期。

44D：Shipment Period 裝運期間

一般而言，申請人只要在44C打上「最後裝運日」就好，但是如果買方特別要求希望賣方在某段期間出貨，也可以在該欄位打上出貨期間，例如：shipment on or about 2022.05.31，表示賣方只能在2022.05.26~2022.06.05期間出貨才可以。

45A：Description of Goods and/or Service 貨品名稱或服務項目

原則上，買方只要把訂單上的產品名稱、型號、單價、數量、總價、訂單編號等重要項目打上，讓交易雙方能確認交易標的就好。如交易品項多且各自有不同的交貨期，或品項的細目描述對交易雙方均十分重要時，可洽開狀銀行特別處理。

46A：Documents Required 要求提示的單據

通常會有以下1.~3.三種基本文件或再加上4.~7.等其他單據：

1. commercial invoice商業發票。

2. 運送單據

   (1) 涵蓋至少二種不同運送方式之運送單據（multimodal or combined transport document）。

   (2) 已裝船海運提單（on board ocean bill of lading）。

   (3) 不可轉讓海運貨單（non-negotiable seaway bill）。

   (4) 傭船提單（charter party bill of lading）。

   (5) 空運貨單（air transport document or airway bill）。

   (6) 公路鐵路或內陸水路運送單據（road、rail or inland waterway transport documents）。

   (7) 快遞收據、郵政收據或投郵證明（courier receipt、post receipt、

certificate of posting）。

3. packing list 裝箱單。

4. insurance policy保險單（如果貿易條件是CIF或CIP，賣方必須提供）。

5. certificate of inspection檢驗報告書。

6. certificate of origin產地證明書。

7. beneficiary's certificate受益人證明書。

47A：Additional Conditions 附加條件

買賣雙方如果有其他約定或是買方針對賣方的要求，可在此處標示。

71B：Charges 費用

除申請人所在國以外發生的費用，如求償費用、銀行間行文的電傳費等，通常都是由受益人支付。

48：Period for presentation 提示期間

針對近洋線或是相同區域間的貿易，申請人若擔心受益人太晚提示文件導致船已抵港，但押匯文件未寄達開狀銀行時，可要求受益人在出貨後一定期限內提示押匯。如果申請人未規定，按UCP600受益人最晚必須在裝船日後21個日曆天（calendar day），且在信用狀有效期限內提示文件押匯。

49：Confirmation Instruction 保兌指示

1. without：代表開狀銀行未授權給任一家銀行對該信用狀附加保兌。

2. may add：代表可由受益人自行決定是否附加保兌，如需要保兌則會請通知銀行附加保兌且保兌費用由受益人負擔。

3. confirm：開狀銀行指示通知銀行附加保兌，且保兌費用通常是由申請人負擔。

53a：Reimbursing Bank 補償銀行

開狀銀行對通知銀行的指示，授權押匯銀行或求償銀行可以向補償銀行請求給付貨款。

78：Instruction to the Paying/Accepting/Negotiating Bank 開狀銀行對付款／承兌／讓購銀行的指示

57a：Advising through Bank 收訊銀行以外的第二通知銀行

單元十　如何開出一張好的信用狀

1. 信用狀是開狀銀行對受益人有條件的付款承諾，其條件即受益人根據信用狀規定的單據在期限內提示，開狀銀行就有付款的義務，因此受益人可以得到信用狀付款的保障。相對地，押匯銀行、信用狀申請人，以至開狀銀行本身也都可以得到信用狀合理的保障。一個對所有信用狀流程中相關當事人均有保障的，才能稱為好的信用狀。

2. 大家都聽過出口押匯、進口開狀，筆者上課時，經常教學校學生或業界學員「如何開出一張好的信用狀」，而不是教他們「如何製作押匯文件」，因為對一個國貿系的學生或是從事國貿相關工作的人員，開信用狀比起製作押匯文件應該相對簡單，我常比喻開信用狀是填空題，製作押匯文件是實作的問答題。

3. 台灣進出口業者採信用狀付款方式已逐漸式微，電匯已成為國際貿易付款的主流，其主要原因是網際網路普及、資訊相對透明，讓買賣雙方在徵信以及信用調查方面相對快速有效率，加上台灣進出口貿易從早期的傳產業轉為高科技半導體產業，從海運為大宗逐漸加重空運的比重，多少有點關係。由於單據的特性以及信用狀交易的繁瑣程序，一般實務上進出口貨物走空運時，不太會使用信用狀當成付款方式，但是筆者相信即使信用狀使用的比例已經很低，但是它對於部分傳統產業、交易金額大、賣方財務控管相對保守或是強勢賣方對於第一次交易的買方，若採用信用狀付款，確實可提供給買賣雙方一個相對安全的交易方式。我們以國內知名外匯指定銀行「兆豐國際商業銀行」現行的信用狀申請書格式，來說明進口商應該如何填寫開狀申請書。

兆豐國際商業銀行 開發信用狀申請書

附件10-2　兆豐國際商業銀行 開發信用狀申請書

兆豐國際商業銀行	開發信用狀申請書

To : MEGA INTERNATIONAL COMMERCIAL BANK CO. LTD. _____ Branch/Dept

(*20) L/C No. _____

(*31C) Date：西元 2022 年(YYYY),08 月(MM),01 日(DD)

(40E) Applicable Rules：UCP Latest Version

Dear Sirs：

I　　　　　myself

---------- hereby bind ----------- to the terms of above and request you to the open an (*40A) irrevocable letter of

We　　　　　ourselves

credit through your correspondent available by draft(s) drawn without recourse on you or at your option as follows.

L/C to be issued as marked：

☒FULL CABLE ☐BRIEF CABLE ☐ _____

(*31D)Expiry Date：2022 年(YYYY),11 月(MM),01 日(DD)

Place：　☒In the Beneficiary's Country　☐ _____

Advising Bank（請填寫或由本行填寫） BANK OF KOREA, THE, SWIFT CODE BOKRKRSEXXX	(*50) Applicant（進口商名稱及地址） ABC COMPANY ADDRESS:XXX，TAIWAN
(*32B) Amount（請填寫幣別及大小寫金額） 小寫金額：USD100,000.- 大寫金額：US DOLLARS ONE HUNDRED THOUSAND ONLY (39A)Percentage credit amount tolerance 金額增減 百分比：增 _____ / 減 _____	(*59)Beneficiary（出口商名稱及地址） XYZ COMPANY ADDRESS: XXX，KOREA

We hereby issue in your favor this documentary credit which is available.

(*41D) with　☒any bank ☐advising bank ☐ _____

　　by　☒negotiation ☐payment　☐deferred payment　☐acceptance of your

(42C) draft at ☒sight ☐ _____ days after sight / ☐B/L date / ☐ _____ date for 100% of invoice value drawn on Mega International Commercial Bank Co., Ltd._____ Branch/Dept against the following conditions and documents required：

(43P) Partial Shipments　☒Allowed ☐Not Allowed

(43T) Transhipment　　　☒Allowed ☐Not Allowed（如為聯合運送請勿禁止轉運）

(44A) Place of Taking in Charge/Dispatch From / Place of Receipt _____

(44E) Port of Loading / Airport of Departure KOREA　PORT

(44F) Port of Discharge / Airport of Destination TAIWAN　PORT

(44B) Place of Final Destination / For Transportation To / Place of Delivery _____

(44C) Latest date of shipment 西元 2022 年(YYYY), 09 月(MM), 30 日(DD)

(44D) Shipment Period _____

第十章　信用狀

1

請於跨頁處加蓋公司設立/變更登記表或進出口專用之印鑑章

(45A) Evidencing Shipment of (goods) 若為免除輸入許可證者，須填列 C.C.C. Code

250 SETS OF "ABC" BRAND WASHING MACHINE, UNIT PRIICE:USD400/SET,MODEL NO:MW1501,DETAILS AS PER

P/O NO.TX2K007. 1% SPARE PARTS IS FREE OF CHARGE，TOTAL AMOUNT:USD100,000.-,FOB KOREA PORT

(SUBJECT TO INCOTERMS 2020)

Price Terms : ☒FOB / FCA ☐CFR / CPT ☐CIF / CIP ☐EXW ☐FAS ☐ _____ Place : <u>KOREA PORT</u>

(46A) Documents Required：

1.Signed Commercial invoice in ☐duplicate ☒triplicate ☐quadruplicate ☐ _____

2. ☒Full set / ☐2/3 / ☐Copy of originals of "clean on board" ☒Bill of Lading ☐Multimodal or combined transport

document ☐charter party Bill of Lading made out to order of ☒Mega International Commercial Bank Co., Ltd.

☐Applicant ☐Shipper and blank endorsed

☐ _____

☐Clean Air Waybill consigned to ☐Mega International Commercial Bank Co., Ltd. ☐Applicant. ☐ _____

☐Courier receipt / ☐Post receipt addressed to ☐Applicant with full address. ☐ _____

Marked " freight ☒collect / ☐prepaid / ☐payable as per charter party "

Notifying ☒Applicant with full address. ☐ _____

3.Packing List in ☐duplicate ☒triplicate ☐quadruplicate ☐ _____

4.Insurance policy / certificate in duplicate issued by an insurance company endorsed in blank covering

☐Institute Cargo Clauses ☐A/AIR ☐B ☐C ☐Institute War Clauses(Cargo)

☐Institute Strikes Clauses(Cargo)   ☐Theft, Pilferage and Non-Delivery

☐Warehouse to Warehouse clauses   ☐and _____

For full invoice value plus 10% indicating the appointed settling agent ☐in Taiwan ☐at destination.

Claim, if any, payable in the currency of this credit ☐in Taiwan ☐at destination.

5.Beneficiary's certificate stating that

☐One original B/L ☐and one complete set of non-negotiable documents have been sent directly to the applicant by

☐Registered airmail ☐Courier service ☐Fax (fax No._____) ☐within _____ days after the date of shipment.(海運)

☐One complete set of non-negotiable documents have been accompanied the cargo to the destination.(空運)

請於跨頁處加蓋公司設立/變更登記表或進出口專用之印鑑章

6.Others：

(47A) Additional Conditions：

SHIPMENT MUST BE EFFECTED BY EVERGREEN OR YAMGMING OR WAN HAI LINE.

(71D)All banking charges, including reimbursement charge, outside of issuing bank are for account of ☒beneficiary.

　　☐applicant.

(48)Period for presentation in days： ☐ ＿＿＿ days ☒ 3 days after B/L date (填列裝運日後應提示期間，或是規定以其他方

　　式(例如發票日期)計算提示期間，必須在本欄位加以說明，若未填寫日期，將視為裝運日後 21 日內提示)

(*49)Confirmation Instructions：☒Without. ☐May add ☐Confirm.

(58): Requested Confirmation Party ＿＿＿ (保兌行資料，若 49 欄為 May add 或 Confirm 要求加保兌，則必填 58 欄)

　　Confirmation charges are for account of　☐beneficiary. ☐applicant.

☒This LC issuance charges are for account of　☐beneficiary ☒applicant.

☐Discount charges are for account of　☐beneficiary　☐applicant. (賣方遠期信用狀請勾選)

☐Acceptance commission are for account of　☐beneficiary　☐applicant. (賣方遠期信用狀請勾選)

☐Others：(attach a separate sheet of paper to clarify if necessary)

經辦	覆核	乙級主管	甲級主管	DE	VE	AI

請於跨頁處加蓋公司設立/變更登記表或進出口專用之印鑑章

以下內容是根據SWIFT代號欄位，說明買方開狀時的注意事項與建議選項。數字前有*記號者，為申請人必填欄位。

1. 將開狀銀行的分行填入即可（本範例是向總行國外部申請開狀，所以不用填寫分行）。

2. (*20) L/C NO.信用狀號碼

　　申請人不用填寫，這是開狀銀行將信用狀申請書轉檔為信用狀時，會編輯的信用狀號碼，原則上銀行在透過SWIFT系統傳送信用狀內容之前，會把信用狀草稿先給申請人看過，或是申請人應該對開狀銀行作如是的要求。建議第一次使用信用狀交易的買方，務必將信用狀草稿先電傳給受益人看過，如果沒有問題，再請開狀銀行開出信用狀。

3. (*31C) date：開狀日期（2022年8月1日）

　　把申請開狀當天的西元年／月／日填上即可，信用狀顯示出來的6碼會是西元年後二碼／月／日，例如：本例信用狀會顯示"220801"。

4. L/C to be issued as marked：信用狀傳送的形式（by full cable）

　　(1) full cable（SWIFT）：全電、長電或詳電。開狀銀行將信用狀內容透過電報Telex，將信用狀內容傳送給通知銀行，再由通知銀行列印後，解密轉交給受益人，目前大都是經由SWIFT系統直接傳送，因此勾選full cable時，銀行同樣也會採用SWIFT格式發送MT700電文。

　　(2) brief able：短電或簡電。早期因電報發送費用不便宜，因此申請人為節省全電的開狀電報費，通常會勾選短電。這時候，開狀銀行先用電報發出簡潔扼要的信用狀，該內容通常會打上申請人、開狀日期、出貨期限、有效期限、產品名稱數量、總金額等重要事項，然後表明「明細後送」（details will be followed），緊接著，開狀銀行再把信用狀完整內容列印成紙本後，利用郵件寄送給通知銀行。

　　(3) SWIFT（full cable）環球銀行金融電信協會（系統）

　　　　筆者記得民國85年左右，開信用狀長電的郵電費是NTD1,200，短電的郵電費是NTD400，因此，公司開出的信用狀都以短電為主，

急件再勾選長電。後來台灣的大多數外匯指定銀行陸陸續續加入SWIFT之後，開狀郵電費用也逐年逐步降低到大約NTD500左右，因為採SWIFT方式開出的信用狀，如果銀行之間有設定認證過的通匯押碼（authenticated test key），通匯銀行間的聯繫或是發出的訊息針對信用狀內容的拒付、承兌、償付等，都會是確定而且是具有公信力的文字。受益人收到MT700格式信用狀是一張有效且可立即執行（operative L/C）的信用狀，也因此目前的信用狀絕大多數都採用SWIFT格式開出。

5. (*31D)Expiry Date：到期日（2022年11月1日）

一般台灣的銀行針對開狀日跟到期日之間以三個月為一期，作為收取開狀手續費的標準，每超過三個月要再加收一期，目前有部分銀行已放寬到一期以6個月計算。「地點」（place）一般也是勾選「受益人國家」（in beneficiary's country）居多，因為到期日涉及該信用狀的可使用期限，顯然它對受益人而言，相對是比較重要的。

6. 通知銀行（BANK OF KOREA,THE SWIFT CODE BOKRKRSEXXX）

如果賣方的預期發票上有指定通知銀行，則申請人應該依指示填列。

7. (*50)申請人：（ABC COMPANY, XXX）

將申請人完整的英文名稱及地址打上去就好。

8. (*32B)：amount（USD100,000）

申請人一般都只打上小寫金額，有些開狀銀行建議大小寫金額均列明以便讓開狀銀行確認金額無誤，但實際上的信用狀上面的金額也都是小寫，例如：USD100,000（US DOLLARS ONE HUNDRED THOUSAND ONLY）。

9. (39A)金額增減百分比：（通常不用填寫）

如果雙方交易的產品是以可計數的套（set）、個（piece）或是打（dozen）為單位的話，可以不用勾選該欄位，除非是以重量、容量為計價單位的產品，例如：100公噸（TON）的矽鋼片，因為賣方通常無法很精準地剪裁每一捲矽鋼片一致的重量來達到信用狀的要求，這時候，申

請人可給予賣方正負(+/-)5%~10%的容許誤差，可是如果該產品的價格變化大且價格漲跌時間短又快時，或許申請人最多只要給予正負(+/-)3%即可，一旦買方容許重量可增減出貨，信用狀的總金額也應該按同樣比例給予增減才屬合理。

10. (*59)受益人：（XYZ COMPANY, XXX）

只要把出口商完整的公司全名跟地址打上去即可。

11. (*41D)本信用狀適用於：

建議勾選任意銀行（with any bank），以及讓購（by negotiation）就好。原因是受益人不太願意接受有限定使用銀行的信用狀（available with XXX bank）；勾選讓購（negotiation）也是方便受益人將押匯文件拿到往來的銀行進行讓購、押匯、融資、貼現等後續作業。

12. (42C)匯票：先強調一下，「匯票」並非採信用狀付款時的必要單據。

(1) 若是即期信用狀，就勾選"sight"。

(2) 若是遠期信用狀，就依雙方約定的付款日勾選天數，並選擇是以哪一種單據上面的日期為起算日，例如：

① 90 days after sight見（匯）票後90天。

② 90 days after B/L date提單裝船日後90天。

③ 90 days after invoice date發票日後90天。

上述①~③同樣都是90天，可是①的起算日最晚，相對到期日就最晚，而且無法事先確定到期日，③的起算日最早，但是和②一樣，可以事先明確知道到期日，所以有經驗的買方（申請人）通常會勾選①，或是採購人員跟供應商談妥採遠期信用狀當付款工具時，一律採用①見票後的天數，若是以賣方的角度思考則剛好相反。

(3) 勾選negotiation或payment，申請人是否要求賣方提示匯票都可以。

(4) 若勾選deferred payment，不用勾選匯票。

(5) 若勾選acceptance，匯票務必勾選。

(6) (42C)的最後一格，一樣把分行名稱打上即可。

13. (43P)partial shipment：分批出貨（Allowed）

因為買方的信用狀標示250台洗衣機，全部出貨也才二個40'大櫃，但是勾選分批許可時，賣方可以一次出貨，也可以依買方指示分批出貨，所以通常會直接勾選可分批。

14. (43T)transhipment：轉運（Allowed）

建議勾選可轉運。雖然買方通常不願意貨物或是貨櫃於運輸途中被轉船、轉機或轉運，但是根據UCP600第20條b.(ii)海運提單：「即使信用狀禁止轉運（transhipment），若提單顯示貨物已裝運於貨櫃（container）、拖車（trailer）、或子母船的子船（LASH barge），表明將（will）轉運或可能（may）發生轉運之提單可以接受。」亦即以貨櫃、拖車、子船裝運的貨物即使信用狀勾選不得轉運，但是根據上述UCP600該條款的敘述，也不會構成賣方提示押匯的單據被視為有瑕疵（discrepancy）。更何況走海空運的轉機或轉船，已是國際貨物運輸業的常態。實務上，台灣遠洋線的進出口海運轉船的多，直航的少。例如：從台灣高雄港（Kaohsiung）出口到德國漢堡港（Hamburg），其海運的運輸方式通常會是：

(1) 前段：台灣高雄港到新加坡港走較小的貨櫃船。

(2) 後段：貨櫃在新加坡卸下後，再換上大型的貨櫃船，大貨櫃船再從新加坡到德國漢堡港。

基本上，所有海運提單在一開始都不會顯示將轉運或可能發生轉運的訊息，即使真的已轉船或轉運，原始海運提單上的船名跟真正轉船後抵港的船名不一樣，但是提單號碼是不會改變的。另外，空運轉機也已經是常態，假設台灣某進口商要從德國進口一台價值USD100萬的高精密電子儀器，走空運且雙方約定採信用狀付款，既然是高精密電子儀器，買方當然希望可以走直航不要轉機。買方應該如何開狀或規定，才能真正讓該精密設備走直航而不轉機？

解答

(1) 當然要在(43T)勾選"transhipment is not allowed"。

(2) 但是這樣還不夠，因為UCP600第23條c.(ii)空運提單：「即使信用狀禁止轉運，表明將轉運或可能發生轉運之航空運送單據，可以接受。」所以還要在信用狀上敘明，排除上述條款。

　　理論上，買方開出的信用狀作出(1)的選項以及(2)的補充條件，應該已經算是很完美了。但是實務上真正要讓這個高精密電子儀器走直航班機飛抵台灣，應該事先談妥貿易條件，採FCA Germany's airport，航空公司或承攬業者由買方指定，空運費由買方承擔。當然買方應該在事前確認德國的起運機場有直航台灣的航空公司，這樣大概可以確保會是100%的直航了，我想這樣的思維才是比較完善，也可以算是另類的超前部署吧。

15. (44A)接管地／開航／收貨地：（未填）

　　買方如果採用FOB，應該要知道是從哪個出口港開船，但不會知道賣方一開始會把貨物交到哪個接管地或是收貨地點，所以不必填寫，如果是FCA，賣方在尚未訂艙之前，也不會知道要進哪個貨櫃場。例如：FCA seller's warehouse，但是貨物可能是拉到賣方倉庫附近的海關收貨地結關，所以買方一樣不必填寫。

16. (44E)裝貨港或出口地機場：KOREA PORT

　　韓國有釜山（Busan）、光陽（Kwangyang）、仁川（Inchon）等港口，基本上海運費差異不大，所以打上KOREA PORT即可。當買方確定賣方是從哪個港口裝運時，就可以直接填寫出口港，例如：Los Angeles或Tokyo或Shanghai。如果賣方的出貨港口未定，賣方只跟買方告知起運港是美西港口或是中國大陸華南港口，就可以事先在信用狀上這樣填（USA west seaports）或是（China southeast seaports），海運提單出具的真正出貨港口只要屬於這地區的，都符合信用狀的規範。

17. (44F)卸貨港或目的地機場：TAIWAN PORT

　　買方也可打上Keelung port、Taipei port或是Kaohsiung port，因目前北部有二個港口：基隆港跟台北港，如果已經跟賣方確定卸貨港，也可以直接打上港口名稱。

18. (44B)最終目的地／轉運地／交貨地點：（未填）

(1) 若是FOB或FCA，買方是進口整櫃貨物時（CY-CY），當船抵達卸貨港，買方的貨櫃要進基隆港或是台北港，沒有任何差別時，該欄位不用填寫，如果買方工廠或倉庫離桃園地區比較近，可在該欄位填上桃園，只是對運輸業者而言，貨櫃在基隆港或台北港卸載後，還要拉到桃園地區貨櫃場，他們在一開始的運費報價當中，應該已經反映過了。

(2) 若是CFR或CIF，買方不需要在該欄位勾選，因為這二個貿易條件後面只能接卸貨港口。

(3) 若是CPT或CIP，雙方約定的運費付訖目的地不是港口的話，這邊可以打上合約上雙方約定的地點，例如：桃園貨櫃場。但是不建議這樣作，因為賣方找的運輸業者不一定有這樣的服務。

19. (44C)Latest date of shipment：最後裝船日（2022.09.30）

這個日期就依買賣雙方約定的最晚出貨日期填寫即可。

20. (44D)Shipment period：出貨期間

如果買方對交期有嚴格的管控，可在這邊填寫出貨期間的規定，如果沒有就不用填。

21. (45A)Evidencing shipment of (goods)：交易產品明細

申請人開狀填寫該欄位時，應把握以下原則：

(1) 對產品的敘述，簡單明瞭即可，因為UCP600第4條b項規定：「開狀銀行應勸阻申請人任何意圖將基礎契約、預期發票及類似者之副本載入作為信用狀整體之一部分。」

(2) 基本上只要有產品名稱、規格、型號、單價、數量、總金額即可。

22. price term：價格條件（FOB KOREA PORT）

亦即勾選買賣雙方約定的國貿條規，這裡只列出八種，另外三種DAT／DPU／DDP未列出，應該也代表了這三個條件確實很少被使用。雖然FOB／FCA列在同一組，但是實際上，雙方是採FOB還是FCA，請務必要勾選清楚。

23. (46A)Documents Required：買方要求賣方必須提示的文件

(1) 發票：原則上勾選三份（triplicate）已簽署過的正本就可以，雖然 UCP600沒有規定發票一定要簽署，但是大部分的受益人開出的發票都會簽署。更重要的是，台灣海關要求進口商進口報關時，提示的商業發票應該經由賣方簽署。

(2) 運送單據：有以下幾種選法

① 走海運（貨物裝載於貨櫃）：要求全套提單

A. 勾選全套☒（full set）的正本清潔海運提單（Bill of Lading）或是複合式運送單據（multimodal or combined transport document）都可以；另外勾選☒ made out to order of "Mega International Commercial Bank Co., Ltd."。

B. 運費是到付（collect）還是已付（prepaid），就依雙方約定的貿易條件勾選

a. EXW／FCA／FAS／FOB勾選"collect"。

b. CFR／CIF／CPT／CIP／DAP／DPU／DDP勾選"prepaid"。

C. notify：勾選applicant，因為海運提單受貨人consignee欄位已打上"to order of Mega International Commercial Bank Co., Ltd."，所以這個欄位要求受益人把申請人全名跟地址填上去即可。

② 走海運（貨物裝載於貨櫃）：要求2/3套提單

勾選☒2/3套的正本清潔海運提單（Bill of Lading）或是複合式運送單據（multimodal or combined transport document）都可以；另外，勾選☒made out to order of "Mega International Commercial Bank Co., Ltd."其餘跟上述①是一樣的。但是既然只要求受益人提示二張正本提單押匯，另外一張正本提單會要求受益人直接用快遞寄給申請人〔請見以下(5)的說明〕。

③ 走海運（貨物裝載於散裝船）

一樣可勾選全套（3/3）或是（2/3）套正本傭船提單（charter party Bill of Lading），後面的勾選跟上述①＆②說明一致。

④ 走空運

　　直接勾選Clean Airway Bill consigned to "Mega International Commercial Bank Co., Ltd."空運貨單因為本身非物權證書，所以不宜要求受益人在consignee欄位上打上to order of "Mega International Commercial Bank Co., Ltd."，但是既然空運貨單上受貨人（consignee）是開狀銀行，所以當飛機抵達目的地，不管買方取得空運貨單的正本或副本，還是要拿到兆豐銀行，請兆豐銀行在空運貨單背書，且因為理論上，空運貨單不得背書轉讓，所以我們把開狀銀行在空運貨單背面的簽名稱作「委任背書」，待報關放行之後，才能持該單據前往空運儲運站或倉庫提領貨物。

⑤ 走快遞

　　勾選courier receipt跟applicant with full address，運費是到付還是已付，依貿易條件勾選。實務上在信用狀的場合，採用快遞的運輸方式，很少見。

⑥ 使用郵政包裹

　　勾選post receipt跟applicant with full address，運費是到付還是已付，依貿易條件勾選。實務上在信用狀的場合，採用郵政包裹的運輸方式，一樣很少見。

(3) 裝箱單：建議勾選三份即可（triplicate）。

(4) 保險單或保險證明書

① 只有貿易條件是CIF或CIP時，賣方才有義務投保，這時候，買方會在這個欄位上勾選對於該保險單的一些要求。

② 走海運時，有ICC(A)／ICC(B)／ICC(C)三種基本險可以選擇。Incoterms 2020規定，在CIF條件下，賣方只要投保ICC(C)險，保險金額是貨價的110%即可；在CIP條件下，賣方必須投保ICC(A)險。另外，保險金額同樣都是貨價的110%，至於其他的附加險有以下四種：

A. Institute War clauses (cargo)戰爭險。

B. Institute Strike clauses (cargo)罷工險。

C. Theft、Pilferage and Non-Delivery (TPND)偷竊、挖取及未抵達
　　險。

D. warehouse to warehouse clauses倉對倉保險。

③ 另外針對保險意外事故的處理跟求償，建議勾選台灣，如果是三
　角貿易，可勾選目的地。

(5) 受益人自行提出的證明書

① 採用海運時

　　　　上述(2)運輸單據的②走海運（貨物裝載於貨櫃）：要求2/3套
提單。買方只要求賣方使用二張正本海運提押匯時，通常會在這
裡要求將剩下的一張正本海運提單連同其他全套單據副本在裝船
日後多少天之內（within____days after the date of shipment）用快遞
（courier service）的方式直接寄給買方。

② 採用空運時

　　　　請勾選「一整套完整的副本已經伴隨著貨物一起搭機到目的
地機場」。

（備註：針對上述(5)的勾選不一定需要，但是當買方只要求賣方提示
二張正本海運提單押匯，一張直接寄給買方時，就必須勾選，賣方實
務上作法如下：用一張A4空白紙，最上面打上受益人的公司全名加
地址，接著直接打上"Beneficiary's certificate"，然後以下內容就按照
買方對於①或②的勾選，把信用狀上所陳述完整的英文句子全部打上
去即可。）

24. 其他（other）

　　　　買方對於除(1)~(5)的文件需求以外，倘需要其他文件，可在該欄位
加註，例如：買方要求賣方提示：

產地證明書（certificate of origin）

檢驗報告書（certificate of inspection）

25. (47A)additional conditions（買方指定船公司）

　　　因為採FOB，所以買方指定船公司且買方付運費，買方指定長榮、陽明、萬海。如果買方對於賣方還有其他的要求，例如：在海運提單跟裝箱單打上來貨的每一項產品型號對應的貨櫃號碼，就可以在該欄位備註。

26. (71D)建議勾選beneficiary

　　　亦即所有銀行費用包含補償費用以及開狀銀行除外的費用，都歸屬受益人，受益人對於這些費用都會支付，不會有太大問題。

27. (48)Period for presentation in days：3 days after B/L date.買方要求賣方裝船日次日起算3天內，必須提示文件押匯。因為買方擔心賣方太晚押匯，導致有可能船已到而押匯文件未到，進而影響買方換單提貨的時效，所以會作這樣的要求。

28. (*49)保兌指示：沒有

(1) without（沒有授權）：表示本信用狀未被開狀銀行授權可保兌，絕大多數的信用狀是不保兌信用狀。

(2) may add（得附加）：開狀銀行授權通知銀行，若受益人要求附加保兌並願意負擔保兌費，可附加保兌。

(3) confirm（已保兌）：該信用狀由通知銀行已附加保兌後，通知受益人。

29. (58)

(1) 若(*49)欄位勾選了may add或confirm，則(58)欄必須勾選保兌費用由誰負擔，通常是這樣：

　①may add：保兌費用由受益人負擔，亦即受益人請申請人開狀時勾選得附加保兌（may add），待受益人收到信用狀後，再根據信用狀內容或是出貨前的實際狀況，例如：考量進口國的政治、經濟、外匯管制或戰爭風險等，再決定是否請通知銀行附加保兌。

　②confirm：保兌費用通常是由申請人負擔。買賣雙方在開狀前已事先溝通好，開出的信用狀必須是經由通知銀行已附加保兌的信用

狀（confirmed L/C）。

(2) 開狀費用是申請人負擔。

(3) 賣方遠期信用狀（seller usance L/C）的貼現息是受益人負擔。

(4) 賣方遠期信用狀（seller usance L/C）的承兌費若無約定，通常也是受益人負擔。

單元十一　UCP600部分條款解說

　　信用狀統一慣例（UCP600）這本書有39條，加上電子信用狀統一慣例（eUCP1.1）有12條，即便詳讀條例數次，但是對於一些實務上沒碰過的條款或是內容的說明，有時仍然是一知半解，筆者遇有信用狀問題時，經常會打電話請教跟公司配合的開狀銀行或是押匯銀行，連續好幾年下來，感覺確實在功力上有明顯進步，以下我把讀者在自行研讀UCP600時，可能會有的疑惑或是感覺有被卡住的條款，利用本單元稍作說明。

11.1　UCP第1條：統一慣例之適用

　　第1條：「信用狀統一慣例2007年修訂版本，國際商會第600號出版物（統一慣例）係一套規則。適用於其本文明示受本慣例規範之任何跟單信用狀（信用狀"credit"）（在其可適用範圍內，包括任何擔保信用狀standby letter of credit）。除信用狀明示修改或排除外，本慣例拘束有關各方。」

　　因此對於信用狀提示的文件是否符合，銀行外匯人員審單的原則依序是信用狀內容或條款→信用狀統一慣例（UCP600）→國際銀行標準實務（ISBP745）來作判定。大原則是這樣沒錯，但是有時候又好像UCP600的規範凌駕信用狀條款？

　　舉例：信用狀若規定海運提單不得轉運〔SWIFT(43T)：transhipment is not allowed〕，但是根據UCP第20條b.：「本條所稱轉運，意指自信用狀敘明之裝載港至卸貨港之運送中，自一船舶卸下再重裝至另一船舶之行為」。看到這裡，如果由台灣高雄出口到德國漢堡，從台灣高雄開出的小船在新加

國際貿易實務：附最新國貿大會考試題彙編詳解與重點整理

坡換大船再開往漢堡，確實已構成轉運？但是往下看UCP第20條c.(ii)：「即使信用狀禁止轉運，若提單顯示貨物已裝運於貨櫃、拖車、或子母船之子船（LASH barge），表明將轉運或可能發生轉運之提單可以接受。」看到這裡會發現，其實「轉運」的定義是按照UCP600的解釋，而且在後續的條款中也很明確指出，貨物若裝載於貨櫃，即使事實上，貨物已轉運，但是該提單是符合信用狀所規定的。因此很多銀行的開狀申請書上面會直接寫明：「如果是複合運送或是以貨櫃運輸，請勿勾選禁止轉運。」以符合航運界的現實狀況，否則國際貿易將很難順暢進行。

另外，信用狀是買賣雙方、開狀銀行的付款契約，根據契約自由原則，自以信用狀的規定是各方首先要遵守的，信用狀沒有規定的，才依統一慣例的規範，至於ISBP是解釋統一慣例，若視信用狀統一慣例是母法，ISBP算是施行細則，都是作單審單的主要依據。

11.2　UCP第2條：定義

符合之提示（complying presentation）：「意指依照信用狀條款、本慣例相關之規定及國際標準銀行實務所為之提示。」因為順序是這樣安排，所以上述11.1的大原則是對的。

開狀銀行：「意指循申請人之請求或為其本身而簽發信用狀之銀行。」銀行可以自己身兼申請人或進口商，然後在自家銀行開信用狀嗎？答案是可以的。

11.3　UCP第3條：解釋

信用狀統一慣例針對on、about、approximately、from、to、till、until、before、after、between、beginning、middle、end、first half、second half等介系詞，分別用在不同場合，是否含敘明的日期有特別規定，以下用表格說明。

介系詞與敘述	是否包含標示日期	最早出貨日	最晚出貨日	確定到期日	允許金額、單價、數量差額	
					最少	最多
shipment from 2022.10.01 to 2022.10.31	含當日	10/1	10/31			
shipment from 2022.10.01 till 2022.10.31	含當日	10/1	10/31			
shipment from 2022.10.01 until 2022.10.31	含當日	10/1	10/31			
shipment after 2022.10.01	不含當日	10/2				
shipment before 2022.10.31	不含當日		10/30			
shipment between Oct.2022		10/1	10/31			
shipment during first half Oct.2022		10/1	10/15			
shipment during second half Oct.2022		10/16	10/31			
shipment during beginning of Oct.2022		10/1	10/10			
shipment during middle of Oct.2022		10/11	10/20			
shipment during end of Oct.2022		10/21	10/31			
shipment on or about 2022.10.15	前後五日	10/10	10/20			
T/T 30 days from 2022.10.01	不含當日			10/31		
T/T 30 days after 2022.10.01	不含當日			10/31		
unit price about (approximately) USD100／ton	+/-10%				90	110
quantity about (approximately) 1,000 ton	+/-10%				900	1,100
amount about (approximately) USD100,000	+/-10%				90,000	110,000
shipment by 2022.10.31（非UCP規定但實務上最常見）	含當日		10/31			

國際貿易實務：附最新國貿大會考試題彙編詳解與重點整理

11.4 UCP第10條：修改書

c.：「在受益人向通知修改書之銀行轉達其接受修改書前，原信用狀條款（或含有先前已接受之修改書之信用狀）對受益人而言仍屬有效。受益人對於修改書之接受或拒絕應予知會，若受益人怠於知會，則符合該信用狀及尚待接受之任何修改書之提示，將視為受益人接受該修改書之知會，自此刻起，該信用狀即予修改。」

上述條款簡而言之，就是受益人對於修改書是否接受，應該告知通知銀行，通常會出現修改書，都是經過雙方同意並確認才會發出，買方不會貿然發出一份莫名其妙且未經受益人同意的修改書。萬一受益人已出貨或是押匯前夕才臨時接獲信用狀修改通知書，即使受益人已經先行領回修改書，但是不代表已經接受該修改通知書，如果受益人不接受該信用狀的修正且提示的文件也是按照原信用狀條款製作單據的話，就表示不接受。

11.5 UCP第21條：不可轉讓海運貨單

海運貨單如果被放進信用狀的條款內容，感覺會有點違和感，因為：

1. 基本上採信用狀當付款工具，買賣雙方通常不會同意採用海運貨單（seawy bill）當成運輸單據，主要原因是海運貨單非物權證書（document of title），而且海運貨單必須是記名式且不可轉讓（non-negotiable）。這樣的單據特性對受益人或開狀銀行的風險，顯然是很高的。

2. 除非強勢的買方有這樣的要求，開狀銀行在考量買方的資信與足夠的擔保品之後，可同意採用此單據當成提示的文件。

3. 賣方若接受採用海運貨單押匯，除確認買方的信用良好以及開狀銀行的信評無虞之外，可要求買方在信用狀條款上加註「除貨品名稱、單價、數量、金額不符規定外，其他狀況皆不得視為文件上有瑕疵，並且文件到單時必須付款或承諾到期付款」。

4. 台灣經常從中國大陸、日本、韓國進口漁獲類、生鮮食材，因為船期2~3天就到，進口商為了趕時效，會要求賣方採用海運貨單當成提示押匯的文

件，甚至以電報放貨的情況也略有所聞。

5. 複習一下，海運貨單適用在關係企業之間，船公司與海運承攬運送人之間，賣方已收款再出貨或是跟賣方配合很久的放帳績優客戶（雙方採記帳付款，O/A）。

11.6 UCP第23條：航空運送單據

筆者記得當年在公司負責開狀期間，某次採購人員告知即將開狀採購的產品是屬於高單價的精密設備儀器，希望走空運直航，不要轉機。我知道信用狀有關空運的轉運規定如下：

第23條航空運送條款c.(ii)：「即使信用狀禁止轉運，表明將轉運或可能轉運之航空運送單據，可以接受。」

Article 23 "Air Transport Document" c.(ii): "An air transport document indicating the transhipment will or may take place is acceptable, even if the credit prohibits transhipment."

於是開狀時，我做了二個動作：

1. 在SWIFT(43T)欄位勾選不得轉運。
2. 在信用狀申請書上面加註：信用狀統一慣例600，第23條c.(ii)條款排除。
   〔UCP600 Article 23, c.(ii)is not available.〕

心想，這樣的作法應該已經很完美了。事後開狀銀行通知付款贖單且班機抵台報關後，也順利放行領貨。但事後發現空運貨單上竟然顯示有二個航班番號，這表示一樣是「非直航」，但是為何開狀銀行審單時，沒有發現這個瑕疵？而且直接請申請人付款贖單呢？原因是：

(1) 第23條b.：「本條所稱之轉運，意指自信用狀敘明之起運機場至目的地機場之運送中，自一飛機卸下再重裝至另一飛機之行為。」原來，轉運必須是非直航＋更換飛機，跟我們一般把非直航有停靠在第三國（地）的航班就稱為轉運，是不一樣的解讀。

(2) 空運貨單上有無停靠第三國（地），可以看得出來，因為若是非直航，會顯示二個航班番號，可是有停靠第三國（地）不代表一定有換

機，而且即使有換機，也不見得原本在A班機的貨會全部卸下後，改裝上另一架B班機，有可能A班機的貨停靠第三國（地）卸下部分貨載，然後再裝上欲前往最終目的地機場的貨物，原班機A繼續飛行。

(3) 進口商進口高單價精密設備儀器走空運，希望走直航不轉運，除了是趕時效以外，另外是希望精密設備儀器盡量不要更換飛機，因為有可能多一次上下貨而增加移動風險或是意外事故的發生。

(4) 空運貨單若是非直航，會顯示二個航班番號，但是空運貨單不會標註將轉運或可能轉運，而只是用二個航班番號來顯示「該空運貨單是非直航」。

　　從上述(1)~(4)得知空運有沒有換機，從提單上是無法得知的，因此開狀銀行人員審單也不可能憑空運貨單來判斷是否違反UCP600第23條b.的規定。那到底該如何處置，才能讓該進口商購買的高單價精密設備儀器，在走空運的情況下，直航抵台或是走非直航班機但不換機？答案是有的，那就是「超前部署」，方法如下：

1. 買方先確認好供應商的所在地機場，確實有直飛航班可抵達台灣。
2. 雙方詢報價前，買方堅持貿易條件採FCA＋出口地機場或FCA＋賣方工廠，意即空運承攬公司由買方指定買方付費，確保賣方出貨時，務必使用買方指定的空運承攬業者以及直航的班機。
3. 據航空公司表示，非直航班機飛抵第三國（地）之後，有換機亦或是原機續飛，可以向他們詢問，可是這樣的訊息不會出現在空運貨單上面。

11.7　UCP第26條

　　第26條：「甲板上」、「託運人自行裝貨點數」、「據託運人稱內裝」及「運費以外之費用」。

1. 第26條a.：「運送單據不可表明貨物裝載或將裝載於甲板上。但，運送單據上敘明貨物可能裝載於甲板上之條款，可以接受。」大家是否好奇，現

代的貨櫃船動不動就超過2萬個TEU（20'小櫃）的載運量，船艙底下、甲板上面裝滿了大大小小的貨櫃，為何還有所謂甲板上的限制條款？原因可能是早期的散裝船所有貨物一律放置於甲板下，船艙內載滿貨物之後，利用船上吊掛設備將鐵板一個一個從碼頭邊吊上船，然後蓋好蓋滿，後期的散裝船比較進步，採用可伸縮式的電動甲板，可以快速移動。如果把貨物放置於甲板上，因為風吹日曬加上海水侵蝕等，確實風險比較高。但是現代的貨櫃船，貨櫃置於船艙或甲板上，基本上差異不大，而且海運提單也不會出現「已裝載」或「將裝載」於甲板上的標示。

2. 船公司對於貨櫃置於船艙或甲板上，自有他們的SOP規範，可能會按照抵港順序、櫃重的平均分配、危險貨物集中堆放甲板上的角落或船邊作適當的配置。有些出口商貨物比較特殊或是擔心受潮，可以事先要求運輸業者不要放置在甲板上，通常船公司都會盡量配合，但是不見得一定會作到。

11.8　UCP第27條：清潔運送提單

1. 第27條：「銀行僅接受清潔運送提單。清潔運送單據係指未載有明示貨物或其包裝有瑕疵狀況之條款或註記之運送單據。即使信用狀要求「清潔且已裝運（clean on board）之運送單據」，此清潔（clean）字樣無須顯示於運送單據上。」

2. 清潔提單是指提單上沒有被標註包裝外觀有破損（broken）、生鏽（rusted）或鬆脫（loosen）等等，如果有的話，這樣的單據叫作不清潔提單（unclean B/L、foul B/L、dirty B/L），不管買賣雙方是否採信用狀付款，進口商肯定不願意拿到這樣的提單。實務上，出口併裝貨物在貨櫃場裝櫃時，如果理貨人員發現此一狀況，會通知出口商或是報關行前來復原後，再進行裝櫃動作。

11.9　UCP第28條：保險單據及承保範圍

　　第28條h.：「若信用狀要求投保『全險』（all risks）且提示之保險單據含有任何『全險』（all risks）之註記或條款，不論其有無冠以『全險』

（all risks）之標題，該保險單據將予接受，而對敘明其所不承保之任何危險不予理會。」

　　意思是，進口商如果跟出口商採CIF或CIP貿易條件進口，雙方約定賣方要投保ICC(A)險或全險（all risks），通常保險單會照打，但是銀行對於保險單另外附加上去的除外不保條款，將不予理會。

　　i.保險單據得包含任何不承保條款之附註。

　　j.保險單據得表明其承保範圍適用免賠額（franchise）或僅賠超額（扣除免賠額）（excess or deductible）。

　　franchise跟excess (deductible)的說明，請詳見第十一章「國際貨物運輸保險」。在此提醒讀者，若雙方使用CIF或CIP，買方最好一開始就跟賣方強調，要求賣方投保ICC(A)險或全險（all risks），而且保單上不得再附加任何除外不保條款，或是上述的二個條件franchise & excess (deductible)。因為即使投保了最高等級的ICC(A)＋戰爭險＋罷工險，都有可能因為ICC(A)條款本身的除外不保責任，導致貨物出險但無法獲得理賠，更何況再加上更多的除外不保條款或franchise、excess (deductible)的話，對進口商而言是很不利的。

11.10　UCP第30條：信用狀金額、數量及單價之寬容範圍

1. 第30條a.「『約』（about）或『大概』（approximately）等用語，用於有關信用狀金額或所載之數量或單價者，解釋為容許不逾該金額、數量或單價百分之十上下之差額。」

2. 第30條b.「貨物之數量未逾百分之五上下之差額係屬容許，但以信用狀未以包裝單位或個別件數規定數量，且動支之總金額未逾信用狀金額為條件。」

　　假設信用狀內容如下，產品是矽鋼片，數量是100公噸，單價USD3,000/MT，信用狀總金額是USD300,000，表示賣方出貨數量在95~105公噸範圍內，都可以。好，問題來了，既然賣方出貨在95~105公

噸都沒問題，如果剛好出貨100公噸，總金額是USD300,000，動支金額不會超過信用狀總金額，但是如果出貨超過100公噸以上，就會有問題了，因為出貨總金額會超出。萬一出口商真的出貨105公噸，應該如何製作押匯文件？作法如下：

(1) 出口商的發票、裝箱單、提單仍然維持一套，單據上面的數量、金額都是實際出貨的數量跟金額，但是匯票開二張，一張是USD300,000，另一張是USD15,000，在USD15,000這一張匯票的空白處聲明"This draft constitutes no lien over the relative documents."，表示這張匯票跟其他提示的文件不相關。

(2) 假設押匯文件沒有瑕疵，開狀銀行只對符合提示的文件有兌付（honor）的義務，亦即僅對信用狀總金額USD300,000承擔付款責任跟義務，另外USD15,000的這張匯票，端視買方是否接受並付款。

　　實務上，賣方願意冒險多出5噸貨物的狀況很少見，如果買賣雙方對於該批貨物允許數量跟金額有5%上下範圍的誤差，買方應該在開出信用狀時，作出明確的表示。

3. 第30條c.：「即使部分裝運不被允許，信用狀未用餘額在不逾百分之五之差額係屬容許，但以信用狀如敘明有貨物之數量而已全部裝運，且如信用狀敘明有單價而未減少，或第30條(b)項未予適用為條件；如信用狀載有特定之寬容額，或使用第30條(a)有關用語者，本項差異則不適用。」

　　讀者看到這一條款，是否心中一樣有疑惑？既然貨物數量已全部裝運且單價也未減少，為何信用狀會有未用餘額？

解答

　　我們先假設，台灣A公司出貨給美國B公司，貿易條件是CIF Los Angeles, USA，買方要求賣方必須在發票上把FOB價格、保險費、海運費全數列出（CIF＝FOB＋INSURANCE＋FREIGHT），雙方針對運費、保險費一開始有可能只是預估值，出貨當下，如果賣方實際支付的保險費跟海運費都比原本預估的費用低，這時候發票上的CIF總金額就會少於開狀金額，在未用餘額不超過信用狀總金額的5%情況下，是可行的。當然運

保費也有可能比雙方一開始估算時還要高，但是這時候的賣方，最多還是只能押匯信用狀的開狀金額了。

【範例】

1. 原本預估FOB總價USD100,000，保險費USD50，海運費USD5,000。
2. 真正出貨FOB總價USD100,000，保險費USD50，海運費USD4,000；換言之，整體CIF價從USD105,050變成USD104,050，少了USD1,000，減少大約0.95%。

11.11　UCP第39條：款項之讓與

第39條：「信用狀未表示可轉讓之事實，應無礙於受益人依準據法（applicable law）之規定，將其於信用狀下可得或將得款項讓與之權利。本條僅涉及款項之讓與，與信用狀項下權力行使之讓與無關。」

【說明】

通常在三角貿易的情況下，受益人將信用狀項下款項讓予供應商。供應商備妥貨物，由受益人辦理出口報關及提示單據到往來銀行辦理出押手續，等到出押銀行收妥信用狀款項時，出押銀行根據信用狀款項讓與書上之金額匯付供應商，餘額轉入受益人帳戶。

單元十二　備付信用狀

12.1　擔保信用狀適用信用狀統一慣例

依據UCP600第1條統一慣例之適用：「信用狀統一慣例2007年修訂本，國際商會第600號出版物（統一慣例），係一套規則，適用於其本文明示受本慣例規範之任何跟單信用狀（在其可適用的範圍內，包括任何擔保信用狀）。除信用狀明示修改或排除外，本慣例拘束有關各方。」

因此簽發擔保信用狀可選擇其專屬規則 —— 國際擔保函慣例

（ISP98），亦可選用UCP600。實務上，開狀銀行開出的擔保信用狀都會依據ISP98開出，因為UCP600裡面共有39條款，很多條款基本上不適用於擔保信用狀，像是第19~25條的單據條款。

12.2　擔保信用狀之定義

　　ISP98 Rule1.01(a)規定本慣例旨在適用於擔保信用狀（包括履約、財務、與直接付款之擔保信用狀）；依據此規定，擔保信用狀主要係使用各項契約或財務履行之保證，且實務上使用於直接付款者較少；亦即擔保信用狀係使用於外幣保證業務之簽發形式，與保證函（guarantee）之性質與功能相似。

12.3　擔保信用狀與跟單信用狀之主要差異

1. 功能
   (1) 擔保信用狀主要用於各項契約或財務履行之保證，使用於直接付款者較少。
   (2) 跟單信用狀係使用於國際貿易之貨款清償，因此亦稱商業信用狀。
2. 作業
   (1) 擔保信用狀簽發後，通常備而不用，僅在申請人（保證函所保證之人）違約時，受益人才會對簽發人（開狀銀行）求償。
   (2) 跟單信用狀係使用於貨款清算，因此大部分之情況下，受益人（出口商）會依據信用狀之規定出貨，提示符合信用狀條款或條件之單據，請求信用狀之指定銀行或開狀銀行付款；僅在少數發生爭議或糾紛之情況下，受益人（出口商）拒絕出貨，直至信用狀失效。

12.4　擔保信用狀的性質

　　根據ISP98 sub-Rule 1.06(a)之規定，擔保函一經簽發，即為不可撤銷、獨立、跟單及具有拘束力之承諾，且無須如此敘明；因此申請人必須認知：擔保信用狀其使用係一經請求即須付款（payment on first demand），且所須

提示之單據，一般都非常簡單，簽發人（開狀銀行）幾乎沒有拒付的機會，申請人申請簽發擔保信用狀時，應審慎考量擔保信用狀的這種特性。

國際貿易上針對信用狀的使用，如果是當成買賣雙方之間貨物銷售之後，賣方取得貨款的方式之一，這種信用狀，我們稱之為跟單信用狀（documentary credit）。但是實務上還有一種非跟單信用狀，它通常使用在買賣雙方履約的保證、集團內母公司替子公司的貨款擔保、大型投標案的保證金等等，這種信用狀，我們稱之為備付信用狀。備付信用狀的用途很廣泛，例如：

(1) 2008年9月，因為雷曼兄弟控股公司（Lehman Brothers Holdings Inc.）破產造成全球金融海嘯，很多大企業因為對大多數的客戶採放帳方式付款（O/A），許多客戶無法按期付款甚至破產倒閉等情事，連帶也影響了大企業的財務收支。從此之後，大企業對於客戶的信評更加重視，貨款支付條件與方式也趨於嚴格，對於未達放帳標準的客人，如果要維持原本的付款條件，必須提供付款保證書（payment guarantee）或是擔保信用狀（standby L/C）給賣方。如果客戶按期支付貨款，這張擔保信用狀只是備而不用。如果客戶違約沒有按期付款，只要賣方（受益人）提出相關出貨文件以及陳述書（statement），加上這張擔保信用狀向開狀銀行提示，表明確實未收到貨款，開狀銀行就會支付該期未償付的貨款給賣方，擔保信用狀的執行效力比起跟單信用狀，來得快速有效。

(2) 針對交易金額大的案件，買方如果開出跟單信用狀給賣方，買方同樣可要求賣方開出備付信用狀給買方，作為賣方不履約、不出貨或是違約的相對保證。

單元十三 信用狀賣斷

13.1 Forfaiting簡介

在遠期付款的資本財或機器設備貿易中，出口商把經開狀銀行承兌之遠

期匯票或遠期信用狀之承擔延期付款義務或授權讓購之出口貨款債權，以無追索權（without recourse）方式向出口地之買斷銀行（forfaiter）貼現取得現款之資金融通方式；嗣後此一遠期信用狀債權（已承兌匯票或承擔延期付款義務）到期不獲兌付或付款，除非可歸責於出口商之商業糾紛，否則買斷行不得向出口商追索貨款，而在出口實務上，一般係用於規避開狀銀行的信用風險與進口地之國家風險。

13.2　Forfaiting對出口商之功能

1. 規避開狀銀行之信用風險：Forfaiting具無追索權之特性，買斷一經生效，除可歸咎於出口商之商業糾紛或詐欺外，買斷行不得向出口商追回已買斷之貨款。
2. 經由買斷行在承作時對開狀銀行之審核，間接達到對開狀銀行之徵信調查。
3. 不須出口押匯、貼現額度或額度恢復迅速，一般承作forfaiting之出口遠期案件，轉介行通常不作墊款，因此不須事先申請出口押匯與貼現額度，縱已貼現墊款，在買斷生效，買斷行撥付款項後，即可恢復額度使用。
4. 提供出口商另一具競爭力且較安全之出口貨款收取方式，提升其出口競爭能力。
5. 賣方遠期信用狀項下產生之應收帳款，經買斷行買斷撥付現金後，不但資金靈活調度，且可美化出口商的財務報表。

13.3　信用狀賣斷與信用狀附加保兌比較

1. Forfaiting承作標的限賣方遠期信用狀，信用狀附加保兌則沒有限制。
2. Forfaiting係在開狀銀行承兌或承擔延期付款後買斷，保兌銀行則在受益人對其提示後即須決定是否接受單據付款，且其付款一樣是無追索權。
3. 提示之單據如有瑕疵，forfaiting仍會提示單據予開狀銀行，視開狀銀行是否接受單據，以決定是否買斷；但提示之單據如有瑕疵，保兌銀行則會立即拒付，以解除其保兌責任。

第十一章

國際貨物運輸保險

保險標的為構成保險契約的主要內涵，不同保險標的即構成不同的保險契約，因其訴求內容可能屬人身、財產或責任等不同危險領域而構成不同的保險契約，國際貨物運輸保險契約，其保險標的物即是指國際貿易買賣雙方交易之貨物，貨物在運送途中遭受毀損及滅失以及是否屬承保的範圍，必須根據國際貨物運送契約主要規定的內容來加以判定。本章節探討的雖然是貨物運輸險的種類、特性、承保與非承保範圍，以及哪些產品適合投保哪個險種，可是筆者經常跟學員們強調，弄清楚國貿條規的責任、費用、風險的劃分，尤其是風險，比起弄懂英國倫敦協會貨物險條款（Institute Cargo Clauses, ICC）的三個險種的內容來得重要，因為保險條款或內容是固定的，但是了解國貿條規，知道買賣雙方風險的分界點，知道該不該投保，應該購買哪一個險種，該不該自行加保，盡量把運輸風險降低，這才是上上之策。萬一真的發生意外事故，只要確實有投保而且買得完整又齊全，只要非屬保險的除外不賠項目，保險公司該賠的，肯定都會理賠。

單元一　英國協會貨物險條款

國內運輸貨物險保單內容大都援用英國協會貨物險條款（Institute Cargo Clause, ICC）居多，且因為倫敦核保人協會（Institute of London Underwriters）為全世界最大海上運送保險的中心，該協會與Lloyd's聯合組成的Joint Committee為全世界海上保險業者提供最重要的資訊與協助，英國協會貨物險保單的沿革，可分為三個階段：

1.1　第一代保險單：S. G. Policy

1779.01.12勞埃德保險人（Lloyd's Underwriters）認可S. G. policy為海上保單標準格式（standard form）之後，除倫敦保險市場為大多數人使用，全世界各地的公司保險人亦開始使用S.G. Policy.

1.2　第二代保單：ICC-1963

1963年版本的協會貨物條款分為全險（All Risks）、水漬險（With Average, W.A.）以及平安險（Free of Particular Average, F.P.A.）。雖然年代已久，但是資深的國貿人員相信對這三個保險名詞，肯定比較熟悉也比較有親切感。

1.3　第三代保險單 ICC-1982

倫敦保險市場宣布自1982年1月1日起，使用協會貨物保險新保單及新條款（ICC-1982），並將新保單的保險條款改為A、B、C條款。俗稱舊保單舊條款的ICC-1963年版條款，由於其名稱如全險、水漬險、平安險等，容易讓人就其字面意思產生誤解，例如：全險（All Risk）會感覺全部都有保，出險都可理賠；而投保水漬險的話，是否凡貨物遭遇海水、雨水受潮都有理賠？而且這三個保險條件的內容籠統、條款架構不明確，造成許多爭議及訴訟，因此才會推出ICC-1982年版的A、B、C條款。

1.4　第四代保單：ICC-2009

其實最新版的ICC-2009保單，它跟前一版只是修訂部分條款，而且一樣維持19條，這19條當中的修正對要保人影響較大也較有利的條款是其中的第8條。

ICC-1982第8條（原條款）

保險契約的生效：「貨物離開倉庫或儲存地點開始運送時，保單始生效。」

保險契約的終止：「運達至保單所載明之目的地之最終倉庫或儲存處所。」

ICC-2009第8條（修正後）

保險契約的生效：「自被保險標的物於保險契約中載明之倉庫或儲存處所內，為了立即裝上或裝進運送車輛或其他運輸工具，並開始以運送為目的之第一次移動時開始生效。」

保險契約的終止：「於本保險契約所載之目的地最終倉庫或儲存處所，自運送車輛或其他運輸工具完全卸載。」

簡言之，就是新條款把置於保險單起運地運輸工具旁邊貨物的上貨作業，以及貨物抵達保險單目的地，置於運輸工具貨物的卸載作業加進保險範圍內，顯然這樣的變更對要保人是有利的。

單元二　ICC-2009保險內容介紹

2.1　ICC(A)險

ICC(A)險，保險範圍最大、費用最高，它的特色是除了保險條款第4條「一般不保條款」，第5條「不適航及不適運不保條款」，第6條「戰爭危險不保條款」，第7條「罷工不保條款」不承保不理賠以外，以「概括」的方式承保被保險人標的物一切滅失或毀損的危險。以下我們列出不承保的四個條款。

第4條「一般除外不保項目」
(1) 得歸責於被保險人的故意過失引起的損害或費用。
(2) 被保險標的物之正常的滲漏，正常的失量或失重，或正常的耗損。
(3) 被保險標的物的不良或不當包裝或配置引起的損害或費用。（本條款所謂的包裝，包括在貨櫃或貨箱裝載內之裝置，但以此種裝置於本保險開始前或由被保險人或其僱用人完成者為限。）

(4) 被保險標的物之固有瑕疵或本質引起的損害及費用。

(5) 主因為延遲所引起的損害或費用，包括由承保之危險引起的延遲在內。
（依第2條共同海損條款可予賠付的費用則不在此限。）

(6) 由於船舶之船主、經理人、租船人或營運人的破產或債務積欠引起的損害或費用。

(7) 任何使用原子或核子武器或其類似武器引起被保險標的物之損害或費用。

【範例】第4條(2)

台灣的黃豆主要進口來源國分別是美國、巴西、阿根廷，某進口商自美國購買黃豆10,000磅，漂洋過海經歷十多天來到台灣之後，實際重量可能少了20磅（少0.2%），原因是美台二地氣候、溫度差異加上運輸途中的水分自然蒸發，我們稱之為「磅差」。類似這種產品本身特性造成的重量減少，保險公司當然不予理賠。

【範例】第4條(3)

台灣某進口商A跟中國大陸供應商B購買壓縮機一批，採用一個20'貨櫃裝運，貿易條件FOB Ningbo, China，貨物通關放行後，進口商拉回自家工廠準備卸櫃，倉管人員一打開櫃門，發現上排二個木製棧板破損，甚至有數台壓縮機已經掉到貨櫃旁邊空隙的木板地上。買方拍照存證後，因為司機要將空櫃拉回去，所以繼續卸載完畢。隔天一早，買方立即通知保險公司，下午會同賣方在台的代理商、公證公司一起公證。事後的公證報告敘明：「事故原因是賣方包裝有缺失，而且貨櫃旁邊的空隙沒有使用其他材料裝填與固定，因此貨櫃運輸途中的碰撞與晃動，導致貨物摔落出險。」保險公司有了這張公證報告的有利文件，理論上是可以不理賠的，因為事故原因符合除外不保項目的第(3)項。但因為這次事故經買方提出損害估算說明書與修理費用清單，貨物總損失只有台幣幾萬塊，所以保險公司還是同意給付保險理賠金。如果這次的意外損失是好幾十萬的話，保險公司不賠的機率肯定很高，如果真的不賠，買方向賣方求償，恐怕也不一定可以順利獲得賠償。

第5條「不適航及不適運，不保條款」

5.1 本保險不承保因載運船舶或駁船的不適航，及因載運船舶、駁船運輸工具貨櫃或貨箱的不適安全運送原因，引起被保險標的物之損害或費用，而此種不適航或不適運原因於被保險標的物裝載之時為被保險人或其僱用人已知情者。

5.2 除為被保險人或其僱用人已知情的不適航或不適運原因外，保險人放棄任何違反載運船舶應具備適航能力及適運條件，運送被保險標的物至目的地的默示保證規定。

第6條「戰爭危險不保條款」

本保險不承保下列危險事故引起的損害或費用：

6.1 因戰爭、內戰、革命、叛亂、顛覆或其引起之內爭或任何由於交戰或對抗交戰國武力之敵對行為。

6.2 因捕獲、扣押、拘留、禁止或扣留（海上劫掠除外），及因上述危險或任何危險威脅企圖之結果。

6.3 遺棄的水雷、魚雷、炸彈或其他遺棄戰爭武器所致被保險標的物之毀損滅失。

> **說明**

台灣的貨物運輸險相對便宜，因此不管買了A、B、C險，一般都會附加戰爭險跟罷工險。有一次，筆者的公司邀請當年度標下我們公司貨物運輸保險的得標公司前來公司幫同仁上課，課程當中有位同事發問：「請問保單有附加戰爭險的話，在什麼情況下，貨物出險可以獲得理賠？」那位講師很有自信的直接回答說：「戰爭險理賠範圍只發生在海上，若船上貨物直接被砲彈擊中就有賠。」當場我印象深刻也很好奇，事後去查了一下資料發現，戰爭險確實只適用貨物在海上運行的階段，貨物離開船舶，就不在戰爭險的保險範圍內。那位講師的回答鏗鏘有力，令上課的學員們印象深刻。

第7條「罷工不保條款」

本保險不承保下列危險事故引起的損害或費用：

7.1 因參與罷工、停工、工潮、暴動或民眾騷擾結果引起者。

7.2 因罷工、停工、工潮、暴動或民眾騷擾結果引起者。

7.3 因任何恐佈主義分子或任何人的政治動機引起者。

說明

　　罷工比起戰爭似乎比較常聽到，美國西岸的碼頭工人也經常因工資、調薪問題與資方談不攏，因此工會決定罷工，導致美國西岸港口經常造成壅塞。只是這種罷工只會影響船舶的停靠天數增加作業時間，對船公司或是貨主本身確實會造成壓力與成本的增加，可是對於船上的貨物並沒有造成任何實質上的損害，所以類似的罷工事件當然也屬不承保項目。

2.2　ICC(B)險

1. ICC(A)是除了第4、5、6、7條除外不保以外，其他意外事故概括承受。ICC(B)險的除外保險條款跟ICC(A)大致相同，但是有二點不一樣：

    (1) ICC(A)險除對被保險人的故意不法行為所造成的損失、費用不負賠償責任外，對被保險人之外任何個人或數人故意損害和破壞標的物或其他任何部分的損害，要負賠償責任；但ICC(B)對此均不負賠償責任。

    (2) ICC(A)把海盜行為列入風險範圍，而ICC(B)對海盜行為不負保險責任。

2. ICC(B)險承保的部分採「列舉」方式，亦即出險時，必須符合以下列出的狀況才會理賠。項目如下：

    (1) 火災或爆炸。

    (2) 船舶或駁船擱淺、觸礁、沉沒或傾覆。

    (3) 陸上運輸工具的傾覆或出軌。

    (4) 船舶、駁船或運輸工具同水以外的外界物體碰撞。

    (5) 在避難港卸貨。

    (6) 地震、火山爆發、雷電。

    (7) 共同海損犧牲。

    (8) 拋貨。

(9) 浪擊落海。

(10) 海水、湖水或河水進入船舶、駁船、運輸工具、集裝箱、大型海運箱或儲存處所。

(11) 貨物在裝卸時落海或摔落，造成整件的全損。

2.3　ICC(C)險

ICC(C)險費用最便宜，承保範圍最小，不承保的項目跟ICC(B)一樣，承保項目一樣採列舉方式，如下：

(1) 火災、爆炸。

(2) 船舶或駁船觸礁、擱淺、沉沒或傾覆。

(3) 陸上運輸工具傾覆或出軌。

(4) 在避難港卸貨。

(5) 共同海損犧牲。

(6) 拋貨。

單元三　投保時機

1. 投保貨物運輸險的目的，在保障貨物於運輸途中遭遇意外事故能獲得理賠，故投保時應在「貨物尚未進入危險範圍之前」方能獲得充分保障。雖然貨物運輸保險單載有保險利益（insurable interests）條款規定：「……雖然損失發生於保險契約簽訂之前，除非被保險人已知該損失發生而保險人不知情者，被保險人仍有權要求保險期間發生之承保的損失。」

2. 信用狀統一慣例（UCP600）第28條第5項規定：「除保險單據顯示其承保自不遲於裝運日之當日起生效外，保險單據日期須不遲於裝運日期。」意思是保險單生效日或簽發日不得晚於提單裝船日，以下用圖例表示：

保險單發單日不晚於裝船日，除非有備註（裝船日2022.08.12）

保險單(A)	保險單(B)	保險單(C)
發單日期：2022.08.12	發單日期：2022.08.15	發單日期：2022.08.15
	備註：本保單生效日自2022.08.12起生效	
○	○	✕

單元四　貿易條件與保險規劃

就財產保險而言，保險契約屬於損害填補性質的契約，其主要用意是為填補被保險人經濟上的損失，而被保險人是否有損失，視其對貨物是否有危險利益，有危險利益即有保險利益。依國際貿易運作實務而言，貨物自賣方出口國所在地運至買方進口國所在地，貨物運送期間的保險，究竟應該由誰負責安排保險以及事後由誰有權利提出索賠，則端視買賣雙方所訂定的貿易條件來判斷，所以貿易條件確實會影響保險規劃的方向。

4.1　現行國貿條規11種，誰該買保險

筆者之前在機構上課講到貨物運輸保險時，上課前會先暖身來個有獎作答，如果學員把以下空格填好填滿且分數有80分的話，會給獎品。可是印象中好像沒有達標的。題目如下：（針對國貿條規2020）

1. 出口商在哪二個貿易條件下，有義務要投保？(1)＿＿＿＿　(2)＿＿＿＿
2. 出口商在哪五個貿易條件下，應該投保？

　(1)＿＿＿＿　(2)＿＿＿＿　(3)＿＿＿＿　(4)＿＿＿＿　(5)＿＿＿＿
3. 進口商通常在哪些貿易條件下，應該投保？

　(1)＿＿＿＿　(2)＿＿＿＿　(3)＿＿＿＿　(4)＿＿＿＿　(5)＿＿＿＿　(6)＿＿＿＿
4. 進口商在哪個貿易條件下，有義務要投保？
5. 保險單經常會加註保險航程從賣方倉庫到買方倉庫條款（form seller's warehouse to buyer's warehouse clause），是否表示貨物於全程的運輸途中

一旦發生意外事故，保險人都應該賠償？

6. 貨物一旦出險，保險人通常是根據買賣雙方的＿＿＿＿，把保險金理賠給有＿＿＿＿的一方。

我們詳細來解題一下：

1. 第一題很簡單，國貿條規11個貿易條件有出現保險（insurance）的，只有二個，就是CIF跟CIP，表示賣方的貨價涵蓋了保險，所以必須投保付保費，賣方有投保的責任跟義務。

2. 除了CIF跟CIP，另外有3個D類的貿易條件：DAP、DPU、DDP。D類條件我們稱它們是「目的地交貨條件」，意即賣方的責任、費用、風險在進口國移轉，所以賣方也應該為自己的保險利益加買保險，所以答案就是這5個。

3. 如果讀者背得出來11個國貿條規，扣除出口商應該投保的5個貿易條件，剩下的6個貿易條件就屬於進口商應該投保的條件：EXW、FCA、FAS、FOB、CFR、CPT。

4. 進口商在哪些貿易條件下，有義務要投保？答案是：沒有。

請注意，題目是問「有義務要投保」，這一題答案雖然是沒有，但是我們在第十章的信用狀單元有提到，進口商採用FOB條件進口開狀時，開狀銀行會要求買方事先投保，這是實務上的作法而且當買方採用EXW、FCA、FAS、CFR、CPT這5個條件時，確實也都會投保。

5. 所謂「倉對倉」條款"from warehouse to warehouse"，據了解，目前已經是要保人投保時，保險人贈送的基本附加條款。但是我的建議是，要求保險人必須多加上二個字，變成"from seller's warehouse to buyer's warehouse"，這樣對要保人是比較有保障的。因為假設貨物從台灣基隆港出口到日本東京港，保險單上面的航程起點：基隆港；終點：東京港，如果只加上倉對倉條款（from warehouse to warehouse），這裡的倉庫一般會解讀為基隆港跟東京港兩地附近海關監管的倉庫或是貨櫃場，如果改成從賣方倉庫到買方倉庫（from seller's warehouse to buyer's house），顯然

把保險範圍又擴大了，這當然對要保人更有保障。好，這一題的答案是：錯。

因為前面提到，「有危險利益，才會有保險利益」，那什麼是危險利益？就是承擔風險的一方如果有涵蓋在某張保單，不論是要保人或是被保險人，一旦發生意外事故遭受損失，藉由保單的理賠，他就有保險利益，我們用以下二個範例來說明：

【範例1】

台灣出口商A出口一個20'貨櫃給日本進口商B，貿易條件CIF Osaka, Japan，保單航程from Keelung to Osaka，且保單條款也加註了「從賣方倉庫到買方倉庫條款」，請問：當船抵達大阪港口，日本B公司於報關放行後，要把貨櫃從大阪港口拉回工廠出險了，保險賠不賠？（賠）

說明

貿易條件CIF Osaka, Japan，買賣雙方風險分界點在基隆港船上，所以裝船前的風險歸屬賣方（賣方有保險利益），裝船後的風險歸屬買方（買方有保險利益），保單承保到買方的倉庫，所以貨櫃於進口國運輸途中出險，當然會賠。

【範例2】

台灣進口商A從日本出口商B進口一個20'貨櫃，貿易條件FOB Kobe, Japan，保單航程from Kobe to Keelung，且保單條款同樣加註了「從賣方倉庫到買方倉庫條款」，請問：B公司從自家工廠拉貨櫃載往Kobe港途中出險了，賠不賠？（不賠）

說明

雙方貿易條件是FOB Kobe, Japan，代表裝船前的風險歸屬日本出口商，裝船後的風險才歸屬進口商，因此進口商A公司在裝船前，因為沒有危險利益，即使已投保，萬一出險也不會有保險利益。換個說法，雖然進口商已投保，但是該保單效力尚未真正啟動。何況出口商本身應該有自行投保內陸運輸險，或是拖車公司本身也有投保車輛運輸險，所以進口商投保的保單

不會（也不應該）理賠給日本的出口商。進口商投保的保單加註「從賣方倉庫到買方倉庫條款」，若在出口國內陸發生意外事故，保險單只有在以下的情況會發生作用，而且保險公司會理賠：

(1) 貿易條件是工廠交貨條件（EXW）或是FCA＋賣方工廠或倉庫。

(2) 貿易條件雖然是FCA、FAS、FOB、CFR、CPT，但是出口商跟進口商二家公司是同一個集團，買方投保時或是訂定開放型保險單時，務必先跟保險公司談好，因為是同一個集團，所以希望只由一方投保，讓一張保險單涵蓋另一邊的出口運輸風險，這樣一來，萬一出現【範例2】的狀況，同屬集團的二家公司的進口商，也就是要保人A公司，就可以獲得理賠，而出口國的B公司也因此可以省下一筆貨物出廠前可能會事先投保的「內陸運輸保險費」。

4.2 要保人應該買哪一種保險

國際貨物海上運輸保險有三個基本險，分別是ICC(A)、ICC(B)、ICC(C)，因為台灣的貨物運輸保險費，基本上很便宜，所以如果可以的話，建議一律買到最高級的組合「ICC(A)險＋戰爭險＋罷工險」，但是並非所有產品都可以買到ICC(A)險抑或是保險公司不接受某些產品投保A險，例如：漁粉、鋼鐵、水泥、紙漿等不易破損但怕潮濕的產品，原則上，要保人只能購買B險或被迫只能買到B險。另外像是礦砂、原木、橡膠這些笨重、單價不高也不怕被偷的貨物，原則上投保C險即可。

4.3 保險單的種類與投保方式

1. 保險單正式名稱是insurance policy，如果雙方已簽訂長約或稱開放型保險單或預約保險單（open policy），在這份合約下提示的保險單稱為保險證明單（insurance certificate）或是保險聲明單（insurance declaration）。

   （備註：保險單的範例，請參閱「第六章 國際貿易相關單據」。）

2. 要保人因為貨量少，採逐筆投保時，必須填寫貨物運輸保險要保書（CARGO TRANSIT INSURANCE APPLICATION），要保書的內容如下：

(1) 被保險人：不管是出口的CIF或是進口的FOB，被保險人一律都先填上要保人，因為貨物運輸險保單可藉由背書轉讓保險利益。

(2) 開狀銀行：如採信用狀交易，就把銀行名字打上去。

(3) 運輸工具、航次、開航日：依單據資訊如實填寫。

(4) 航程：From Keelung, Taiwan;To Tokyo, Japan.。

(5) 轉船：海空運的轉船或轉機是常態，但是海運的轉船不會在提單上標示將轉船或可能轉船，也不會標示轉船的船名，因為有可能船名未定。空運的轉運會以二個航班番號顯示在空運的貨單上，但是提醒一下，空運的轉運正確來講，應該是指非直航，因為轉運是指飛行途中有停靠第三（國）地，但不一定有換班機，有可能只是原班機停靠之後，進行上下貨、加油等動作，然後再原機飛往目的地機場。所以進出口商走空運詢價時，直飛的航班運費肯定比非直飛的航班運費貴一些。

(6) 貨物（新、舊品、退運品）、數量、包裝、裝載方式：貨物名稱不一定要全部填寫，但是如果是舊品或退運品，應該要備註，因為保險公司針對舊品或退運品，可能在承保的險種上無法買到A險，或是針對預約保單，原本投保的險種會降一級〔ICC(A)→ICC(B)；ICC(B)→ICC(C)〕。

(7) 貿易條件：按實填寫。

(8) 保險條件：按實填寫。建議作法：如果可以的話，就盡可能買ICC(A)險＋戰爭險＋罷工險，除非標的物本身的特性只能買到(B)險或(C)險。這張要保書恐怕有點年紀了，因為還特別把1982年前的舊式保單名稱列出來（ALL RISKS；W.A.；F.P.A；WAR；S.R.C.C.）。

(9) 發票金額、投保成數、保額、保費

一般投保成數是加10%，UCP600有規定，如果買賣雙方在信用狀上沒有特別約定投保的加成，針對CIF跟CIP，賣方至少要投保發票金額的110%當成保險金額。假設發票金額USD100,000，保險費率是0.05%，美元匯率是@30，這張保單的保費就是USD100,000×110%×

三井住友海上集團
MSIG
明台產物保險股份有限公司

總公司:臺北市仁愛路四段1號　電話:(02)2772-5678　傳真:(02)2771-2828　網址: http://www.msig-mingtai.com.tw

※資訊公開聲明:有關本公司資訊公開說明事項,請至本公司網址(http://www.msig-mingtai.com.tw)查閱,或至本公司總分支機構查閱及索取資訊公開之書面文件。
※本商品經本公司合格簽署人員檢視其內容業已符合保險精算原則及保險法令,惟為確保權益,基於保險業與消費者衡平對等原則,消費者仍應詳加閱讀保險單條款與相關文件,審慎選擇保險商品。本商品如有虛偽不實或違法情事,應由本公司及負責人依法負責。
※免費申訴電話: 0800-099-080

明台產物貨物運輸保險要保書
CARGO TRANSIT INSURANCE APPLICATION

102.4.9依金融監督管理委員會102.1.22金管保產字第10202520820號函修正

(FAX)
ATTN:

本公司電話號碼及地址等,為求減少錯單,請以打字機繕打。對於客戶的個人資料,我們採取最嚴密的保密措施,以維護您的隱私權。有關本公司保護措施請詳見本公司網址(http://www.msig-mingtai.com.tw)查閱。

被保險人 Assured	中文: XX 電機股份有限公司		保單號碼 Policy No.		
	英文: XXXX ELETRICS & MACHINERY CO., LTD				
代表人					
開狀銀行 Issuing Bank				銀行	分行
運輸工具 Conveyance	Princess	航次 Voyage S520	開航日 2019.01.31 Sailing on/about	建造年 總噸數	GRT
航程 Voyage	自 From　Keelung, Taiwan	到 To　Tokyo, Japan	轉內陸 Thence to		
轉船 Transhipment	於 At	轉入(船名) Into s/s	發票號碼 Invoice No.		

其餘請送:
保單正本及收據副本請送:

		賠款支付地 Claims Payable in	
貨物 Cargo ⊗新　品 □舊　品 □退運品	1000 sets of industrial motor		
數量 Quantity	10 skids (20 cartons)		
包裝 Packing			
裝載方式	⊗一般貨櫃 □開頂貨櫃 □平板貨櫃 □其他_____		
信用狀號碼 L/C No.			

茲經約定①要保貨物均必裝艙內,如裝艙面,必須特別聲明。 ②要保貨物如有舊品(二手貨)者,必須特別聲明。

※出口貨品,以L/C押匯者,務請依照L/C開列條件原樣抄錄,以符銀行要求。

貿易條件	CIF	C&F	C&I	FOB	Ex Work
	V				

保險條件Terms & condition :

進口押匯適用新條款或非L/C		ICC (A)		ALL RISKS
	V	ICC (B)		W.A.
		ICC (C)		F.P.A.
	V	War	—	War
	V	Strikes		S.R.C.C.
		∩		@

聲明事項:
1.本人已審閱並瞭解 貴公司所提供之「投保須知」,另依「產險業履行個人資料保護法告知義務內容」,本人已瞭解 貴公司蒐集、處理及利用本人個人資料之目的及用途。
2.本人知悉 貴公司得依「個人資料保護法」之相關規定,於特定目的之範圍內對要保人或被保險人之個人資料,有蒐集、處理及利用之權利。

要保人或被保險人簽名:

要保日期		□ 同被保險人 □ 與被保險人關係:	業務員簽名 及登錄字號	發票金額 Invoice Value	USD100,000.-	Plus	10	%
要保人				保額 Insured Amount	USD110,000.-			
代表人				費率 Rate	M 0.05%, @30 W	Total		
地址 □□□				保費 Premium	NTD1,650.-			
電話								
營利事業			正本　　份	製單		核定		
統一編號			抄本　　份					

(2-1-01) 102.02.20T (D)

0.05%×30＝NTD1,650，目前台灣的保險公司訂有單筆最低運輸保險費是NTD400。

3. 待宣告保單（To Be Declared）

　　要保人有投保的需求，但可能擔心忘記投保或是漏保，於是買方先提供訂單或預期發票給保險公司，等買方知道船名航次之後，再把資訊告知保險公司，完成投保事宜。

4. 流動保單（floating policy）

　　要保人預先購買一個總保險額度的保險單，每次進出口需要投保的，就從這張保險單扣除，直到投保金額用盡為止。

5. 預約保險單或開放型保險單（open policy）

　　據了解，上市櫃公司、大型企業只要進出口頻繁的廠商，大都會採用預約保險單的方式投保。

【範例】

　　台灣A公司在每年11月，都會對外招標承保下年度1/1~12/31的進出口海空運輸保險，保險費採月結，次月15日付款。因此A公司於投保期間，會在每月的月初，將上個月所有進出口應該投保的商業發票，電傳給保險公司，保險公司根據商業發票上面的日期、幣別、金額、貿易條件來審核與計算上個月的保險總金額。A公司投保的保單類型可分成以下幾種：

1. 一般正常應該投保的案件

　(1) 出口：CIF、CIP、DAP、DPU、DDP。

　(2) 進口：EXW、FCA、FAS、FOB、CFR、CPT。

2. 自行加保內陸險直到風險移轉給買方的案件

　　出口：FCA、CPT、FAS、FOB、CFR，這五個貿易條件，賣方風險有的在貨櫃場或機場才移轉（FCA/CPT），有的是貨物置於船邊後移轉（FAS），有的是置於船上後才移轉（FOB/CFR）。因此賣方自行投保貨物自工廠拉到貨櫃場、機場、船邊、船上之前的一切風險。

　　採用預約保單投保的優點：

(1) 通常可爭取到相對便宜的保險費率。

(2) 要保人沒有忘記投保的壓力，即使有忘記投保的案件而且該案件不幸發生意外事故，只要要保人非出於故意不保的話，保險公司仍然要理賠。

(3) 要保人跟保險公司雙方都省下不少的人力與作業時間。

(4) 保險費每月統計一次，節省作業時間，坊間有部分上市櫃公司連提供商業發票給保險公司做為計算保費依據的動作都省了，直接用該公司年度季報或半年報的進出口採購或外銷金額，來計算並支付保費。

單元五　有哪些因素會影響保險費率

1. 承保條件

　　海運有三種基本險可以選擇：ICC(A)、ICC(B)、ICC(C)，如果走空運或快遞郵包，只能選擇ICC(AIR)，ICC(AIR)的等級與可承保範圍，跟ICC(A)差異不大。目前國際貨物運輸保險的保險費率可以用萬分之五（0.05%）當參考。如果貨物是採貨櫃運輸，原則上都可以買到ICC(A)＋戰爭險＋罷工險（記得要求保險人要擴大保險航程「從賣方倉庫到買方倉庫」）。

2. 貨物的包裝

　　走海運採用併櫃，貨物最理想的外包裝應該是用棧板，因為方便貨物於貨櫃內的裝卸採用堆高機（forklift）來進行，既安全又方便。另外，有了外包裝木框的保護，當貨物被堆疊積壓在貨櫃底層時，相對也會比較安全。

3. 貨物特性

　　易碎怕碰撞怕摔、容易被偷的產品，保險費率相對會高一些。好幾年前，一位船公司主管跟筆者分享一件事，他說：「某知名品牌鞋廠每次出口到印度的貨櫃，貨物抵達港口且進口商報關放行領貨時，都會發現少了好幾十雙球鞋。於是出口商主管召開會議，請大家集思廣益，如何防止球

鞋被偷？後來果真想到一招很管用，而且從此鞋子不再被偷，就是把球鞋的左右腳分開裝運，甚至裝在不同貨櫃。」聽起來是一個很不錯的方法。

4. 航程

　　航程有時多多少少會影響出險率。記得早期的保單合約上還會打上：「本保單不承保出口到伊朗、古巴、新疆、蒙古……等國家的貨物。」如果進出口商確實也沒有出口到這些地區或是從這些地區進口就還好，如果有，必須跟保險公司事先說清楚也許採加價方式承保，以便讓保險公司可以進行評估是否承保或是加強再保的動作。

5. 被保險人以往之損失記錄（損失率）

　　損失率肯定會影響日後簽約的保險費率，每家公司的年度損失率對於保險業者之間是公開的交流資訊，就跟向銀行借錢一樣，會有一個聯合徵信機構統計個人或公司已經借貸多少錢。假設第一年某公司的損失率是300%，代表公司年度保費如果是100萬，保險公司賠了300萬給該公司，假設當年度保險費率是萬分之五。第二年保險費率維持萬分之五，但是損失率上升到600%，那麼第三年同一家承保的保險公司報價的保險費率肯定會高過萬分之五，這時候如果有別家保險公司趁虛而入且維持萬分之五的報價，就有可能把該公司的保險承保業務給搶走了。台灣很多產業，競爭非常激烈，藍海市場不多見，紅海市場甚至競爭到血流成河，倒是很常見。

單元六　預約保險單合約內容

　　預約保單除了把貨物協會條款（ICC）的內容打上以外，保險公司也會針對要保人的需求或指示作批註或更正部分內容。建議負責合約內容審訂的部門或主管，應該把合約內容從頭到尾仔細看過一遍，如果有不清楚的地方，一定要問明白，審約人員也可藉此增加保險方面的實戰力。以下筆者把預約保單的合約內容，保險公司可能會批註或增加的重要條款整理出來，供讀者參考：

1. 新舊產品是否有不同的承保條件

保險公司一般對於新舊產品的承保會給予不同的投保等級（通常會降一級：A→B，B→C，陸上甲式運輸險→陸上乙式運輸險），如果要保人一開始購買了「A險＋戰爭險＋罷工險」且附加了「內陸運輸甲式險」，建議要保人最好要求取消該條款或是修正為以下條款：「產品不管是出口之後的復進口或是進口之後的復出口，全部以原報單的進出口日期起算二年或三年內，其承保條件與新品承保條件一致。」為什麼保險公司會有這樣的批註條款？原因是，新品出口後，因故退運或是進口後，發現產品不良的復出口，都有可能產品本身已經損壞或是已經有折價，但是廠商為了進出口通關的方便或是日後該產品的再進出口，於進出口貨價的申報上，都會跟當初的新品一致，保險公司為了預防有類似事件發生，所以通常降級承保。曾經有某公司因為此一條款跟保險公司意見相左，最後兩造雙方對簿公堂。

【案例】

台灣出口商A出口大馬達一台，因為超高又超寬，必須使用特殊平板貨櫃（flat rack）裝載，進口商是美國B公司。雙方約定馬達完成之後，要先送到日本給C公司作測試，大馬達貨價高達台幣500萬。第一次貨物順利出口到日本，但測試沒過被退回台灣重新校正，待校正完畢，第二次要再出口到日本進行複驗，該平板貨櫃已經被放置在貨櫃場且報關放行，拖車司機要把該平板貨櫃從貨櫃場載往碼頭時，因為轉彎過快，結果平板貨櫃從拖車板架上摔落地面，但拖車本身並沒有翻覆。摔落的大馬達經評估後，已不堪修復，A公司因此提出相關文件加上公證報告，強調該馬達是100%的新品而且從未使用過，向保險公司求償，但保險公司不予理賠，理由是：

(1) 該貨物是非新品，因為發票打上"return cargo for repair"，因此內陸運輸保險只適用乙式條款而非甲式條款。

(2) 根據貨物內陸運輸險條款(C)（乙式）第二項：因為拖車本身（運輸工具）並未翻覆，而僅是貨物摔落地面。

我們先來看一下甲式內陸險跟乙式內陸險的差別：

※貨物內陸運輸險條款(A)（甲式）

本保險對保險標的物因意外事故所致之毀損或滅失負賠償責任。

※貨物內陸運輸險條款(C)（乙式）

本保險對保險標的物因下列危險事故所致之毀損或滅失負賠償責任：

① 火災、閃電或爆炸。

② 運輸工具之翻覆、出軌或意外碰撞。

③ 公路、鐵路、隧道、橋梁、高架道發生傾坍。

因為該大馬達貨價太高，而且A公司堅持它是100%的新品，強調是新品復運出口而非使用過的舊品再出口，最後雙方對簿公堂，官司進行了快三年，事後據了解，好像是A公司勝訴。

2. 隱藏條款

進口商若投保A險且已附加「倉對倉」條款，理論上貨物安全卸載在工廠時，保單效力就已終止。但是有些貨物即使外觀沒有受損，可是實際上產品內部可能已經受損或受潮，貨物已進廠一陣子，待使用時才發現品質有異。保險公司針對這個狀況，允許10~15天內，如果發現產品不良是因外力造成或是雨水海水的侵蝕，一樣可受理賠償。建議進口商可以考量公司平均實際用料狀況或天期，要求保險公司把該隱藏條款的天數適度增加。

3. 合約上是否有以下二種批註

實務上目前的保險單已經很少出現以下二種附加條件，但是建議進口商如果跟對方採CIF或CIP貿易條件，要留意賣方的保險單上是否仍有類似的批註。二十幾年前，筆者前東家自印尼採購貨物乙批，貿易條件是CIF Keelung, Taiwan，保險單上就有出現"franchise"的自負額條款。以下我們稍作介紹：

(1) Franchise

franchise我們稱為起賠額（中國大陸稱相對免賠額），也就是說損失或求償必須超過規定的額度（%），保險公司才會賠付但不會扣

抵此額度。舉例說來：若商品價值是10,000，而franchise規定起賠額度是10%（10,000×10%＝1,000），表示若出險損失在1,000以下，請受益人自理，如果超過1,000，假設損失是3,000，則保險公司就會直接賠付3,000。

(2) Excess或Deductible

excess或deductible我們稱為自負額（中國大陸稱絕對免賠額），也就是說損失或求償超過此額度（％），保險公司才會理賠而且還會直接扣除此額度（％）之金額。

舉例說來：若商品價值是10,000，而excess或deductible規定額度是10%（10,000×10%＝1,000），表示若出險損失在1,000以下，請受益人自理，如果超過1,000，假設損失是3,000，則保險公司會先扣除1,000，只賠付2,000。

4. 每一批貨物進出口出險的理賠上限

搭載於同一班機或是同一艘船，保險公司有總理賠金額的上限。保險公司會參考要保人平均進出口金額跟最大進出口金額，訂下一個還算是很高的理賠上限，進出口廠商負責保險單審核的部門，有義務告知外銷業務跟國外採購等相關人員這個理賠上限金額，避免萬一業務接了大單而且必須一次出貨時，會有潛在的風險。二、三十年前，台灣的面板五虎每次走海運出口的貨櫃數量相當多，且當時的面板價格比起現在高出許多，所以有簽訂預約保險單的進出口廠商，應該特別留意。

5. 載貨船舶船齡及噸位

進出口廠商如果已經競標完成準備簽約前，得標公司會寄來保險合約書草稿，裡面通常會加上船齡限制這一條款。建議要求保險公司把這一條款刪除，如果無法刪除，也盡可能把船齡拉長再拉長，理由是：

(1) 承載該批貨物的船，船齡多少，實在不得而知，也不可能每次訂艙出貨時，都要打電話問船公司說：「請問下週一開往中國上海的這艘船名公主號（PRINCESS）今年貴庚？」更何況進口採CFR或CPT條件時，船公司是對方指定、對方付費，基本上很難去掌控。雖然現行的

船舶船齡都會在保險合約規定的船齡以下，但是合約上出現這一條「船齡限制條款」對要保人而言，還是有一些些小小的壓力。

(2) 船舶只要堪用，船公司都會盡量裝好裝滿，只是有些船確實太老舊，不符經濟效益或是歐美有些主要的國際大港口會禁止太老舊、不環保的船舶停靠。

單元七　貨損實例分享

【案例1】貨物未抵達保單上的目的港

台灣出口商A原本要出口貨物乙批到「賽普路斯（Cyprus）」（歐亞大陸交匯處地中海東部的一個島國）的「利瑪索爾港口（Limassol）」，但因故被誤送到德國，之後要從德國轉回利瑪索爾港口時，竟然又被誤送到其他國家，因此這批貨物一直未抵達保險單據上的目的港「利瑪索爾」。由於該批貨物屬賣方免費提供給代理商的備份零件（spare parts），因此買賣雙方也都未特別留意該貨物的去向與船舶抵港的時間，導致發現該批貨物從未抵達目的港時，該船已抵達最終卸貨港口超過60天以上。出口商向保險公司求償，保險公司基於以下條款的8.1.4，不予理賠。

※2009年英國協會貨物保險條款〔ICC(A)〕，有關保險效力起訖，其中第8條運送條款：

8.1　本保險自所保貨物從本保單契約所載起運地點的倉庫或儲存處所，為了立即將貨物裝進或裝入運送車輛或其他運輸工具，以便開始起運，保險效力即自前述貨物啟動時開始生效，並於通常的運輸過程中繼續有效，以迄運輸至下列情形之一時為止：

8.1.1　自運送車輛或其他運輸工具完全卸載至本保險契約所載明目的地之最終倉庫或儲存處所。

8.1.2　自運送車輛或其他運輸工具完全卸載至本保險契約所載目的地或中途之任何倉庫或儲存處所，而為被保險人或其員工用作正常運輸過程

以外之儲存或分配或分送，或

8.1.3　當被保險人或其員工使用任何運輸車輛或其他運輸工具或任何貨櫃作為通常運輸過程以外的儲存時，或

8.1.4　被保險標的物自海輪在最終卸貨港完全卸載後起算屆滿60天。

上述四種終止情形，以其先發生者為準。

事後A公司的法務人員把第8條條款從頭到尾看過一遍，發現該貨物完全沒有抵達保單上載明的目的港，也完全沒有符合8.1.1~8.1.3的任何情況，認為保險公司拒賠無理，因此在索賠無門的情況下，最後還是走上訴訟一途。這個案例，一審原告A公司勝訴，但是保險公司不服判決，提出上訴，後來得知雙方和解且被告也撤銷上訴。藉由這個案例，要告訴讀者幾件事：

1. 公司進出口任何產品，都必須追蹤流向與去處，特別是免付費商品，不管是外銷單位或財會單位，尤其像上例這種不用收錢的，往往會不小心就把它給忘掉了，貨物出口經過了二個月，「竟然」還不知道代理商尚未收到貨。

2. 貨物只要一出險，必須在最快的時間內通知保險公司，甚至通知相關的當事人，如船公司、海空運承攬運送人、代理商等。

【案例2】

　　台灣進口商A公司跟日本出口商B購買銑鐵乙批作為製造馬達框架用的材料，貿易條件CFR Keelung, Taiwan，使用二個20'貨櫃裝載。貨櫃抵達基隆貨櫃場，其中一個貨櫃已順利載回工廠，另一個貨櫃在貨櫃場起吊，準備放置在拖車板架上面時，拖車司機眼尖發現貨櫃底部突出，形成鼓起的半橢圓形狀，也就是貨櫃內的底部已嚴重凹陷。隔天，進口商會同公證公司直接在貨櫃場作公證，公證人員上午勘驗，下午打電話給負責的主管並告知：「該事故顯然並非外力造成，純屬貨櫃本身老舊、構造問題或是堆疊時，物品太過集中，導致貨櫃底部嚴重凹陷，既然非外力造成也非屬運輸途中的意外事故，因此保險公司不會理賠。」該進口商主管聽完之後，覺得說詞合理

並且同意保險公司就此結案，但是修櫃費用新台幣8,000元，總是要有一方支付啊。進口商告知出口商要求負擔該筆修櫃費，理由是貿易條件是CFR，是由出口商找船付運費，因為貨櫃本身老舊不堪負荷，甚至有堆疊不均勻的可能，才會造成此一意外事故。出口商一開始不予理會，並且解釋說CFR貿易條件是賣方把貨櫃置於船上之後，風險就移轉給買方，乍聽之下，雙方的說詞好像都有一點點道理，但是最後是由日本出口商買單。據說事後是買方跟賣方說：「如果這次不買單，下次可能就沒有訂單啦。」（這招好狠但很管用）。看來在國際貿易的舞台上，若是貨物的運輸途中風平浪靜、晴空萬里再加上風調雨順與歲月靜好，當然最好，可是一旦出事出險而且這時候的保險使不上力，或是事故原因明顯歸屬於除外不保項目時，誰該站出來買單或被迫買單，恐怕就不是講是非講道理，而是比實力、比腕力了。

【案例3】

　　有一個小貿易商自秘魯進口藜麥到台灣，準備建立自我品牌，分裝銷售，在一年期間內總共進口三次，可是進口過程只有一次是順利的：

1. 第一次進口，船抵達基隆後，在貨櫃場拆櫃時（CFS-CFS），發現有幾袋藜麥外包裝破損，疑似是被老鼠咬破。事後經公證以及化驗後，確實是遭鼠咬沒錯，所幸買方已投保ICC(A)險，所以損失的金額全數已獲得保險公司理賠。

2. 第二次進口時，買方請賣方加強包裝，第二次的進口總算平安無事。

3. 第三次進口報驗時，產品品質發生一點小問題，通關作業拖延了十多天，不過事後還是順利通關放行。可是這票貨因為數量多了一些，因此買方找了一家桃園地區的倉儲業者存放這批藜麥。只是很不幸的，過了二十多天，這家倉儲業者竟然發生火災，整棟廠辦跟倉庫全部付之一炬，倉庫內的所有貨品全數被燒毀。事後買方跟倉儲業者索賠，一開始，業者不予理會，因為該業者投保的商業綜合火險的金額，似乎無法完全給付所有客戶的損失索賠金額，事後該貿易商據理力爭後，只拿回大約貨價（FOB）的三成，但這次的損失還沒加計海運費、運雜費、報關費、內陸運輸費、關

稅等。後來這家貿易商老闆決定不再自己進口，而是直接跟國內藜麥大盤商採購後，專心從事品牌、通路、行銷事宜，並且跟幾家品牌商有策略聯盟，直到目前為止，銷售狀況還不錯。

結論：該貿易商進口三次，因為是FOB，因此貿易商都有投保ICC(A)險。第一次進口遭鼠咬，屬意外事故，因此可獲得理賠。第三次貨物在貨櫃場拆櫃時，外觀一切正常且安全運抵倉儲業倉庫並完成卸載，因此保險效力已終止。該批藜麥存放在倉儲業倉庫，理應很安全才是，只是貿易商當初沒有問清楚這家倉儲業者的投保狀況，以及客戶貨物損毀滅失的理賠細節。所幸整批貨價不算很高，否則生意還沒作成，恐怕就已經虧損纍纍了。

第十二章

中華民國進出口稅則稅率

提到稅則稅率或CCC CODE，大家肯定不陌生，這組11個數字的組合對於進口商而言，相對是比較重要的，主要原因是台灣對於進口貨物有關稅的課徵，而出口沒有。絕大部分的進口商都會把進口產品的稅則歸屬工作跟責任全部交給報關行，但是即使已進口多年的產品，且一直使用同一個稅則號別，也很難保證說目前的稅則歸屬是正確無誤的。因此本章會介紹稅則稅率的起源、如何查詢CCC CODE、六大解釋準則、遇到混合物或組合物時，如何找出一個正確的稅則號別。

單元一　國際商品統一分類制度HS CODE

　　HS是The Harmonized Commodity Description and Coding System的縮寫，中文稱為「國際商品統一分類制度」或「調和稅則分類制度」。此乃由「世界關務組織（World Customs Organization, WCO）」所訂定，是國際海關所公認的進出口產品分類標準。HS CODE由6位數字碼所構成，在此制度下，所有貨物依據加工製造程序的淺到深、易到繁的通則分為21類、98章（第97章為空章），每章底下再細分為節（增加第3、4位碼）、以及再往下的「目」（增加第5、6位碼），而6位碼以下則開放給各國依據其本身的需求再自行細分。

　　因此，世界上只要是採行HS code制度的國家，同一個貨品的稅則號別前六碼均相同。如此一來，不但大家可以採用一致的基準，方便商情資料的蒐集、比對與分析，還可以有效減少溝通上的障礙，促進國際貿易發展。

以台灣為例，在HS code 6位碼之外，為了關稅課徵的目的，增加了第7、8位碼（稱為「款」）。另外，為了貿易管理、統計等用途，在8位碼以下再細分出第9、10位碼（稱為「項」）。加上第11位的電腦檢查碼，形成台灣的進出口貨品分類號列，一般稱作「中華民國貨物標準分類」「Standard Classification of Commodities of the Republic of China」，簡稱CCC CODE。CCC CODE是台灣對貨物分類的簡稱，如果某進口商第一次從國外供應商採購某項產品，在不確定該產品的稅則號別之前，可詢問供應商該項產品的HS CODE，而不要問供應商該產品的CCC CODE，他們會搞不清楚什麼是CCC CODE。

單元二　中華民國進出口稅則分類表

2.1　HS CODE一共分成21類98章

第1類　活動物；動物產品

第2類　植物產品

第3類　動植物油脂及其分解物；調製食用油脂；動植物蠟

第4類　調製食品；飲料；酒類及醋；菸類及已製菸類代用品

第5類　礦產品

第6類　化學或有關工業的產品

第7類　塑膠及其製品；橡膠及其製品

第8類　生皮、皮革、毛皮及其製品；鞍具及輓具；旅行用物品、手提袋及其類似容器；動物腸線製品（蠶腸線除外）

第9類　木及木製品；木炭；軟木及軟木製品；草及其他編結材料之編結品；編籃及柳條編結品

第10類　木漿或其他纖維素材料之紙漿；回收（廢料及碎屑）紙或紙板；紙及紙板及其製品

第11類　紡織品及紡織製品

國際貿易實務：附最新國貿大會考試題彙編詳解與重點整理

第12類　鞋、帽、雨傘、遮陽傘、手杖、座凳式手杖、鞭、馬鞭及其零件；已整理之羽毛及其製品；人造花；人髮製品

第13類　石料、膠泥、水泥、石棉、雲母或類似材料之製品；陶瓷產品；玻璃及玻璃器

第14類　天然珍珠或養珠、寶石或次寶石、貴金屬、被覆貴金屬之金屬及其製品；仿首飾；鑄幣

第15類　卑金屬及卑金屬製品

第16類　機械及機械用具；電機設備；及其零件；錄音機及聲音重放機，電視影像、聲音記錄機及重放機，上述各物之零件及附件

第17類　車輛、航空器、船舶及有關運輸設備

第18類　光學、照相、電影、計量、檢查、精密、內科或外科儀器及器具；鐘錶；樂器；上述物品之零件及附件

第19類　武器與彈藥；及其零件與附件

第20類　雜項製品

第21類　藝術品、珍藏品及古董第1類

2.2　如何查一項產品正確的稅則稅率

查詢稅則稅率（CCC CODE）其實不會太難而且熟能生巧，我們舉二個例子來說明：

【範例1】（資料來源：關務署網站）

某貿易商想要知道從日本進口容量500公升家用冰箱的關稅是多少，以及台灣對於進口冰箱的相關規範。基本上，可以在以下這個欄位找出所有的答案：

1. 從關務署網站（https://portal.sw.nat.gov.tw/APGQO/GC411）直接在中文貨名打上「冰箱」，方法一：內容查詢。

(GC411)稅則稅率綜合查詢作業 加入書籤	
方法一：內容查詢	
方法二：分章查詢（含歷程）	
方法三：稅則分章查詢	
方法四：（特種）貨物稅查詢	
方法五：類章目及增註查詢	
方法一：內容查詢	

	稅則號別：	（可鍵入2～11碼，例如：01、0101、0101110000等）
		冰箱
	中文貨名：	（可鍵入部分中文貨名作全文檢索查詢。例如：雞、酒、棉等）
	英文貨名：	（可鍵入部分英文貨名作全文檢索查詢。例如：fowls、 alcohol、cotton等）
	輸出入規定：	（請鍵入3位，例如：121、MP1等）
	進出口日期：	

2. 以下就會出現6種選項。

CCC Code	貨名	Goods
84182110003	壓縮式家用冰箱容量在800公升及以上者	Refrigerators, household type, compression type with capacity of 800 L and over
84182120001	壓縮式家用冰箱容量在500公升及以上，但小於800公升者	Refrigerators, household type, compression type with capacity of 500 L or more, but less than 800 L
84182190006	其他壓縮式家用冰箱	Other refrigerators, household type, compression-type
84182920003	電動吸收式家用冰箱	Refrigerators, household type, absorption-type, electrical
84182991007	其他形式家用冰箱，容量在800公升及以上者	Other refrigerators, household type, with capacity of 800 L and over
84182999009	其他形式家用冰箱	Other refrigerators, household type

3. 從上面表格，我們發現容量500公升的家用冰箱應該歸屬在「其他壓縮式家用冰箱」，接著我們直接點進去：

中華民國輸出入貨品分類號列 CCC Code		檢查號碼 CD	貨名	Description of Goods	單位 Unit	國定稅率 Tariff Rate（機動稅率 Temporary Adjustment Rate）			稽徵特別規定 CR	輸出入規定 Imp. & Exp. Regulations		生效日 Valid Date
稅則號別 Tariff NO	統計號別 sc					第一欄 Column I	第二欄 Column II	第三欄 Column III		輸入 Import	輸出 Export	
84182190	00	6	其他壓縮式家用冰箱	Other refrigerators, household type, compression-type	SET KGM	8%	免稅（PA, GT, NI, SV, HN, NZ）0.8 %（SG）	15%	T*	CO2	MW0	輸入規定生效日：1997-01-01 輸出規定生效日：1989-01-01 截止日期：9999-99-99

(1) 該冰箱的稅則號別（CCC CODE）是8418.2190.00-6。

(2) 單位（unit）有SET & KGM，冰箱肯定是以台計價，所以報關行會申報每一台（SET）冰箱發票上的CIF價格。

(3) 國定稅率有三欄，應該選用哪一欄

① 第一欄之稅率適用於世界貿易組織（WTO）會員，或與中華民國有互惠待遇之國家或地區之進口貨物。

② 第二欄之稅率適用於特定低度開發、開發中國家或地區（LDCS）之特定進口貨物，或與我國簽署「自由貿易協定」或「經濟合作協議」之國家或地區之特定進口貨物〔包括PA巴拿馬共和國、GT瓜地馬拉共和國、NI尼加拉瓜共和國、SV薩爾瓦多共和國、HN宏都拉斯共和國、CN中華人民共和國（僅適用ECFA早收清單之貨品）、NZ紐西蘭、SG新加坡、PY巴拉圭共和國及SZ史瓦帝尼王國〕。

③ 不得適用第一欄及第二欄稅率之進口貨物，應適用第三欄稅率。

因此得知從日本進口500公升家用冰箱的進口關稅是8%。

4. 稽徵特別規定（CR）：

該欄位有"T*"字號，代表可能有貨物稅的課徵。

5. 輸出入規定（輸入）

(1) C02：代表該產品有可能要經過權責機構的檢驗後，才可以放行，C01或C02必須經標檢局檢驗核可。

(2) MW0：代表該產品若是中國大陸產製，不准進口。

6. 如果你一直在中文貨名欄位打上「電冰箱」的話，很抱歉，你可能會找不到，因為內容的關鍵字只有冰箱，沒有電冰箱。沒關係，你也可以從方法二「分章查詢（含歷程）」找到第84章，再繼續點開，往下找就會找到「84182-家用冰箱」。

【範例2】

台灣進口商想要從中國大陸進口32吋彩色電視機，按上述方法，我們找到以下的資訊：

1. 彩色電視機的稅則號別是8528.7200.00-0。

2. 單位（unit）有SET & KGM，彩色電視機肯定是以台計價，所以報關行會

申報每一台電視機發票上的CIF價格。

3. 國定稅率一樣有三欄，雖然台灣跟中國大陸有簽訂「海峽兩岸經濟合作架構協議」（ECFA）並且自2011年1月1日起，凡是列入早收清單的產品，可逐年調降關稅，實施二年後至2013年1月1日起，列入早收清單計畫內的全部產品已降為零關稅。可是彩色電視機國定稅率第二欄的優惠關稅並沒有出現中國大陸的聯合國代碼（CN），表示中國大陸製彩色電視機的進口關稅仍適用第一欄的國定關稅10%。

4. 稽徵特別規定（CR）

該欄位有"T*"字號，代表可能有貨物稅的課徵。

5. 輸出入規定（輸入）

(1) C02：代表該產品有可能要經過權責機關的檢驗後，才可以放行。

(2) MP1：代表該稅則號列下的中國大陸製產品是屬於有條件開放，因此必須再進入相關網站查詢，以下是"MP1"本身的註解：

① 中國大陸物品有條件准許輸入，應符合「中國大陸物品有條件准許輸入項目、輸入管理法規彙總表」之規定。

② 「中國大陸物品有條件准許輸入項目、輸入管理法規彙總表」內列有特別規定「MXX」代號者，應向國際貿易局辦理輸入許可證；未列有特別規定「MXX」代號者，依一般簽證規定辦理。

我們再從國貿局網站查到中國大陸製彩色電視機的進口相關規定如下：「8528.7200.00-0EX彩色電視機（水平解析度在1000條以上之高畫質電視機及21吋以上《不含》之其他彩色電視接收機兩項除外）Color television (excluding improved/enhanced high definition televisions with horizontal line resolution in excess of 1,000 lines and other color television receivers exceeding 21 inches)」

意思是：除了解析度在1,000條以上以及21吋（含）以上電視機不准進口外，其餘的開放。重點是台灣目前液晶彩色電視機的主流，大概都是32吋以上，而且是高解析度居多，所以台灣這樣的規範也等同禁止中國大陸製彩色電視機進口到台灣了。

（備註：針對進口貨物稅則號別欄位的「輸出入規定」有"MP1"者，可進一步查詢：「貨品分類及輸出入規定」→「進口大陸物品查詢」。）

中華民國輸出入貨品分類號列 CCC Code		檢查號碼 CD	貨名	Description of Goods	單位 Unit	國定稅率 Tariff Rate（機動稅率 Temporary Adjustment Rate）			稽徵特別規定 CR	輸出入規定 Imp. & Exp. Regulations		生效日 Valid Date
稅則號別 Tariff NO	統計號別 sc					第一欄 Column I	第二欄 Column II	第三欄 Column III		輸入 Import	輸出 Export	
85287200	00	0	彩色電視機	Colour televisions	SET KGM	10%	免稅（PA, GT, NI, SV, HN, NZ）1%（SG）	15%	T*	CO2 MP1		輸入規定生效日：2009-01-22 輸出規定生效日：2009-01-01 截止日期：9999-99-99

單元三 解釋準則

海關稅則分類制度內容，大致可分成三部分：

1. 解釋準則包括附則：解釋準則共計六條，附則也有六條。
2. 法定註：包括類註、章註、目註以及增註。
3. 各類章內容細表：包括各類章名稱標題，各類章內容之節、目、款、項之號列數碼與貨名描述等資料。

其實單是這六條釋準則要把它完全弄清楚，已經不是很容易了，更何況還有許多的類註、章註等。我們在每一條解釋準則底下會稍作說明，並且用一些實例解說，讓讀者可以簡單理解這六條解釋準則的應用，以及使用時，應該遵守的大原則。

3.1 解釋準則

解釋準則（General Rules for the Interpretation of System）一共有六條，詳述如下。

※解釋準則一

類、章及分章之標題，僅為便於查考而設；其分類之核定，應依照稅則號別所列之名稱及有關類或章註為之，此等稅則號別或註內未另行規定者，依照後列各準則規定辦理。

說明

第一部分「類、章及分章之標題，僅為便於查考而設」

(一) 第十五類標題為「卑金屬」及「卑金屬製品」並不表示所有卑金屬都被歸屬到第十五類，例如：鐘錶彈簧被歸屬到第十八類「……精密……儀器及器具……」中；左輪手槍被歸類在第十九類「武器、彈藥……中」；金屬家具則被歸類到第二十類「雜項製品」內。

(二) 第八十五章之章名標題為「電機與設備及其零件……」並不代表說所有的電機設備全部歸屬到第八十五章內，有的在第八十四章及第九十章。

第二部分「其分類之核定，應依照稅則號別所列之名稱及有關類或章註為之」

在國際商品統一分類中，首先考慮的分類步驟是按照節名標題及類章的法定註來作分類。這些節名標題及法定註都有其相同的法定地位，而且是首要的分類要素，不僅是本條準則之重點所在，而且是全部分類的重心所在。

【範例1】商品塑膠製耳環

第7117節之節名標題是「仿手飾」，從表面上，塑膠製品應歸屬第三十九章「塑膠及其製品」之內的商品，惟查第三十九章註二(寅)之規定，仿手飾應排除歸類在第三十九章內，應歸屬到第7117節內。且按第七十一章註十之仿手飾定義，本例商品確實應歸屬在第7117節內。

【範例2】商品吊椅

第9401節之節名標題為「座物」，雖然第九十四章註二說明：第9401至9403節所指之物品，僅係設計供放置於地上或地板者，但其後段說明椅或床設計用掛或固定於牆上者，仍應歸入上述號列，所以按此章註一，本例商品應歸屬列到第9401節內。

第三部分是「此等稅則號別或註內未另行規定者，依照後列各準則規定辦理」。此即指在無適當之節或法定註可適用時，可依照準則二、三、四及五的規定來處理。意即在分類商品時，應參照所有準則去做，不應只停留在準則一的原則上。

※解釋準則二

(甲) 稅則號別中所列之任何一種貨品，應包括該項貨品之不完整或未完成者在內，惟此類不完整或未完成之貨品，進口時需已具有完整或完成貨品之主要特性。該稅則號別亦應包括該完整或完成之貨品（或由於本準則而被列為完整或完成者），而於進口時未組合或經拆散者。

(乙) 稅則號別中所列之任何材料或物質，應包括是項材料或物質與其他材料或物質之混合物或合成物在內。其所稱以某種材料或物質構成之貨品，則應包括由全部或部分是項材料或物質構成者在內。凡貨品由超過一種以上之材料或物質構成者，其分類應依照準則三各款原則辦理。

準則二主要是把某種商品分類的範圍略加適度地擴張，使其能涵蓋在稅則分類上未特別明示的某些商品狀況。

準則二(甲)款我們以(一)~(四)商品來作說明：

某節中所列之原子筆，應包括原子筆之不完整或未完成者在內，惟此類不完整或未完成之原子筆，進口時需已具有完整或完成原子筆之主要特性。其中未完成者，係指還要再使用某些製程加以處理，始為最終的完成製成品者。

(一) 進口的原子筆的外表尚未印製廠牌文字圖案，或未附筆帽的原子筆，基本上已達到原子筆書寫的功能，所以進口時，必須歸屬到原子筆的稅則（9608）。

(二) 進口不鏽鋼製牛油刀胚體可適用第8512節「……魚刀、牛油刀……」。一般所謂的胚料為具有完成品之粗略形狀或輪廓，但尚

不能立即被使用，然只要經過最後整理加工，即可製成成品，應屬未完成品或不完整品，但具有完整品特性之物品。

(三) 進口「未裝壓縮機的冰箱」是一不完整的冰箱，卻具有冰箱的特性，故可適用冰箱的節（8418）。

(四) 進口「腳踏車的整套零組件」包括座墊、踏板、鍊條、車輪、把手、避震器、剎車器等等，可是如果少了車架，那麼上述產品就不能算是「機器腳踏車」（8711）的未完成品，因為缺少主要的特性，所以只能按「機器腳踏車等車輛零件及附件」（8714）或各產品的專屬稅則去歸類。

主要特性之認定，無一定的標準可遵循套用，除按商品的功能考量外，關稅合作理事會建議可從價值、體積、重量、數量或某特殊成分之特性……等因素去考量。

準則二(乙)款也是用於把某些特性的節範圍適度地加以擴大，使其能更廣泛地適用到某些沒有特別明示在稅則上的某類產品，以使整體的分類更趨完整。

(一) 商品：小麥粉跟玉米粉之混合物

　　1.小麥粉列在第1101節，玉米粉列在第1102節。所以按二(乙)前段可敘述為第1101節所列之「小麥粉」應包括小麥粉與玉米粉之混合物或合成物在內。

　　2.第1102節所列之玉米粉，應包括玉米粉與小麥粉之混合物在內。

　　3.顯然此小麥粉與玉米粉之混合穀類粉有二個節可適用，它可能被歸屬到這二個節中的一個節內。

　　　　所以如果沒有此準則二(乙)款的原則，則此小麥粉與玉米粉之混合穀類粉，在稅則上將找不到一個可適用之節來歸類。

(二) 商品：不同材料製成供放照片用的木框與金屬相框

　　　　第4414節「供相片……用之木框」，第8306節為「……金屬製相框」，因此按二(乙)中段所敘述第4414節之木框是可以包括金屬

條鑲邊之木框，而第8306節之「金屬製相框」是可以包括有木材飾邊之卑金屬製相框。這二種相框都是由二種不同材料（卑金屬材與木材）所構成的。按此解釋似乎第4414節跟8306節都可適用。

(三) 商品：蓋子為木製、罐體為塑膠製之廚房用罐

查第3924節為「塑膠製餐具廚房用具……」，第4419節為「桌上用木器及木廚具」，在上述二個節的標題名稱以及其他法註上均未有任何排除的規定，所以到底要用哪一個章節來認定呢？

我們把準則二的後段「凡貨品由超過一種以上之材料或物質構成者，其分類應依照準則三各款原則辦理。」看完以後，就知道該如何處理這些混合物或是從外觀無法判定章節產品的稅則歸屬了。

通常準則二(甲)款常須回歸準則一，以得到分類答案，而準則二(乙)款常須回歸準則三(乙)得到分類答案。

※解釋準則三

貨品因適用準則二(乙)或因其他原因而表面上可歸列於兩個以上之稅則號別時，其分類應依照下列規定辦理：

(甲) 稅則號別所列之貨品名稱說明較具體明確者，應較一般性說明者為優先適用。當兩個以上之稅則號別，而每個稅則號別僅述及混合物或組合物所含材料或物質之一部分，或各僅述及供零售之成套貨物所含部分貨品，則前述之各稅則號別對該等貨品可認為係具有同等之具體明確性，縱使其中之一稅則號別較他稅則號別所載者更為完備或精確。

(乙) 混合物、由不同材料或組件組成之組合物或零售之成套之貨物，其不能依準則三(甲)歸類者，在本準則可適用之範圍內，應按照實質上構成該項貨品主要特徵所用之材料或組件分類。

(丙) 當貨品不能依準則三(甲)或三(乙)分類時，應歸入可予考慮之稅則號別中，擇其稅則號別位列最後者為準。

應該注意的是，這三種方法的使用，是有先後順序的，意即三(甲)無法

解決分類問題時，才會用到三(乙)。當三(乙)也無法解決分類問題時，才會使用三(丙)。

由準則三(甲)文意得知，它強調節名標題內容的特殊性問題。

1. 以名稱來說明者，較以類別來說明者特殊明確，譬如：對於不鏽鋼餐叉而言，第8215節「……叉……」之節名標題內容說明比第7323節「不鏽鋼餐具……」之節名標題內容特殊明確。因為第8215節已指出商品名稱「叉」，而第7323節僅指出較大範圍「餐具」，因此商品「叉」應歸入第8215節。

2. 能更清楚精確地確認商品的節，較僅對商品作一般相關性描述之節特殊明確，譬如：商品「客機上使用之座椅」。第9401節「座物」之節名標題的描述，較第8803節「航空器零件」之節名標題的描述更能清楚精確的確認此商品，所以該商品應歸類到第9401節。

3. 商品：電鬍刀

電鬍刀是一種家用電動手工具類之電器產品，可適用的節有第8508節「電動手工具」，第8509節「家用電動工具」，還有第8510節「刮鬍刀及剪髮器，附裝電動機者」。對電動刀商品而言，第8510節的節名標題的描述最特殊明確，所以依準則三(甲)原則應歸屬到第8510節內。

接著我們來看一下準則三(乙)跟準則三(丙)，以下組合物適合採用哪一個來歸類：

(1) 混合物，譬如小麥粉與玉米粉

① 如果小麥粉（第1101節）的數量是玉米粉（第1102節）的一倍，顯然該組合物應歸屬到小麥粉（第1101節）的節內。

② 如果小麥粉跟玉米粉的數量一樣，那就必須按準則三(丙)選擇其稅則號別位列最後者為準，所以應歸屬到第1102節。

(2) 組件彼此分離但又彼此互補，如一金屬架（第9403節）加上可移動之玻璃製菸灰缸（第7013節），通常該組合物常見於樓梯出入口旁。如果金屬架以及玻璃製菸灰缸提供此商品同樣分量的主要特徵時，則依準則三(丙)應歸屬到列於最後的節內，所以歸入第9403節。

(3) 組合禮品，例如：生麵條（第1902節），一塊奶昔（第0406節），一包番茄醬（第2103節）。生麵條是提供此套商品之主要特徵的組分，所以按準則三(乙)應歸入第1902節內。

(4) 商品：裝有二個玻璃酒杯以及0.75公升之紅酒、白酒、白蘭地及威士忌酒各一瓶的木製禮盒。

此套禮盒提供其主要特徵之組分為酒，因此按酒來分類。而此四瓶酒當中有二瓶葡萄酒（第2204節），二瓶烈酒（第2208節），以其價值來考量其主要特徵，則本例商品可考慮歸屬到第2208節。但是假設葡萄酒的價格高過烈酒，這時候反而應該將該產品歸列到第2204節才對。

※解釋準則四

貨品未能依前述準則列入任何稅則號別者，應適用其性質最類似之貨品所屬之稅則號別。

準則四基本上是提供給那些沒有任何節可以適用之商品，作為分類依循之用，它亦可確保不讓某些新科技或奇怪特異之產品發生無法歸類的窘態造成這套制度的缺陷。在制度上，幾乎每一章都列有最後的一個殘留平衡節（balance or residual heading）來容納其他未列名的相關產品。另外，從以往的經驗發現，幾乎所有分類上的難題，都可以用準則三(丙)來解決。

例如：商品氣墊車在節的標題中，找不到「氣墊車」，且沒有準則二跟三之適用條件，感覺好像要往準則四去考量。但是經重新考慮後，發現第十七類註五中提到氣墊運輸工具，應按該註五之(甲)、(乙)、(丙)款所述方式，歸列到第十七類內與它最類似的運輸工具內。因此本案商品應按這條法定註去核定分類（準則一原則），而不必使用準則四的原則去核定分類。

※解釋準則五

除前述各準則外，下列規定應適用於各所規範之物品：

(甲) 照相機盒、樂器盒、槍盒、製圖工具盒、項鍊盒及類似容器，具特

殊形狀或適於容納特定或成套之物品,適於長期使用並與所裝物品同時進口者,如其於正常情況下,係與所裝物品同時出售,則應與該物品歸列同一稅則號別,惟此規定不適用其本身已構成整件貨品主要特質之容器。

(乙) 基於準則五(甲)之規定,包裝材料與包裝容器與所包裝之物品同時進口者,如其於正常情況下,係用以包裝該物品,則應與所包裝之物品歸列同一稅則號別,惟此項規定不適用於顯然可重複使用之包裝材料或包裝容器。

準則五(甲)提及的這些容器,通常具有以下特徵:

1. 特別設計成某種形狀供容納特定商品使用。
2. 通常和被包裝容納之商品一起販售。
3. 不使用時(如在運輸中或儲藏時),用以保存或保護被包裝容納之商品。
4. 除供特定被包裝容納之商品使用外,沒有真正其他用途。
5. 適合長期使用,通常具有與被包裝容納之商品一樣的耐久性,它不同於取得被包裝容納之內容物即予丟棄之包裝容器(如PE塑膠袋等)。

具有上述特徵的容器,除準則五(甲)所列之外,還有珠寶箱、珠寶盒、電動刮鬍刀盒、望遠鏡盒等等。這類容器即使進口時為了運輸或空間考量與被包裝容納之商品分開來包裝,只要是兩者一起進口,則此類容器與其特定的被包裝容納之商品,一起歸類到被包裝容納之商品所屬的節內,否則此類容器大部分被按其材質,歸類到自己所屬的節內。

例如:商品;一個塑膠香皂盒內裝一塊香皂,則塑膠香皂盒與香皂一起歸屬到「第3401節」香皂之內。

例如:商品;一個金質香菸盒內裝20支香菸,則此金質香菸盒與香菸要分開歸類。金質香菸盒歸類到第7114節「貴金屬製品」,而香菸則歸類到第2404節「菸……」節內。

例如:銀質茶葉罐裝滿高山烏龍茶,也要分開歸類;裝有糖果之裝飾用

陶瓷罐，也是要分開歸類。

接著我們看一下準則五(乙)最後強調的一句話：

準則五(乙)基於準則五(甲)之規定，包裝材料與包裝容器與所包裝之物品同時進口者，如其於正常情況下，係用以包裝該物品，則應與所包裝之物品歸列同一節下，惟此項規定不適用於顯然可重複使用之包裝材料或包裝容器。

例如：液化瓦斯桶通常會用鋼瓶裝著，因此進口時，瓦斯跟鋼瓶必須分開來歸類。

例如：小鐵罐內裝滿茶葉，雖然茶葉用完之後，小鐵罐可另作其他用途，但是該小鐵罐顯然非為重複使用而設計，所以應該一起依茶葉的稅則，歸類到第0902節「茶葉」。

例如：金屬餅乾盒內裝什錦餅乾一起進口，該商品一樣是按餅乾第1905節，歸類到「餅乾」。

※解釋準則六

基於合法之目的，某一稅則號別之目下物品之分類，應依照該目及相關目註之規定，惟該等規定之適用，僅止於相同層次目之比較。為本準則之適用，除非另有規定，相關類及章之註釋亦可引用。

前述各條準則均提及節層的分類，至於節層以下之分類並未在準則中提及。本條準則就是要把節層的分類原則擴大到節層以下，以達到能確保整體商品分類的一致性。亦即本條準指示目層的分類原則應比照節層的分類原則，「目」的分類應依「目」的標題名稱以及「目」的規定去核定分類。在句首的最末段「惟該等規定之適用僅止於相同層次目之比較。」，是指不能將第一層目與第二層目互相拿來作分類比較。

例如：第8714節「……車輛之零件及附件」從關務署網路上可找出：

8714　第8711至第8713節所列車輛之零件及附件

8714.1機器腳踏車用

8714.11車座

8714.19其他

8714.9其他

8714.91車架及叉及其零件

8714.92輪圈及輪幅

8714.93輪轂及飛輪之鏈輪

8714.94剎車器及其零件

8714.95車座

8714.96踏板與曲柄齒輪及其零件

8714.99其他

假設商品是機器腳踏車之輪幅，是否可歸類到第8714.92目的「輪圈及輪幅」？答案是否定的。雖然第8714.92目的內容較8714.1目的標題較明確特殊，但是不能以第一層目的內容與第二層目的內容作為分類的比較，在此前提下，應先就第8714節之所有第一層目先作分類比較，因此在所有第一層目中，以8714.1之第一層目最適當。本例商品應先歸類到第8714.1目內，再進一步作8714.1目下之第二層目的分類。本例商品應歸類到第8714.19目內，而不是歸類到第8714.92目內。此8714.92目之商品是機器腳踏車或病人用車（第8714.2目）以外之其他第8711至8713節所列車輛之輪圈及輪幅。

以上解釋準則一至六分別條列並舉例說明，事實上很少人會去看解釋準則，但是這六條解釋準則對於專責進出口的報關人員，經常進口新產品的貿易商，或是進口的商品經常是混合物或是成套組合物的公司行號，強烈建議應該多花一點時間把它好好研究一下，我相信對稅則號別的專業判斷，肯定是有幫助的。

3.2 法定註

法定註在我國的分類制度中，包括有類註、章註、目註以及增註，其中前三者為國際商品統一分類制度（HS）用於指引某些商品，應自某分類範圍中排除或應進入某分類範圍內，或者定義某些詞彙或指示應如何作解釋之一些法定條文，是屬國際通用的部分，類註、章註、目註均為法定註而且是

HS公約附件的一部分，供解釋類、章、節及目之用。增註是國內稅則新增訂部分，政府為了配合國內外經濟動態的變遷，採取某些必要措施，對某些品目商品給予有條件減免稅捐的優惠，或對某類商品施予某種約束或擴大，以達到維護經濟蓬勃發展的一種必要手段，惟必須不牴觸或干涉到國際通用的架構部分，每年都有可能增刪，目前大約有六十二則，分散在各章內，置於目註之後。

3.3 各類章內容細表

1. 零件（parts）

通常零件被認為是：

(1)產品或機械正常運作時，本質上所必要的。

(2)產品或機械本質上，所必須具備的部分或成分。

(3)產品或機械如果沒有它，就無法運作。

2. 附件（accessories）

通常附件被認為是：

(1) 額外的或外加的。

(2) 能使產品或機械作得更好、更快或更有效率。

(3) 非製品或機械正常運作時，本質上所必須具備的。

舉例說明：

① 摩托車引擎的活塞是該引擎的零件。

② 挖土機的挖土刀是該挖土機的零件。

③ 手槍的撞針是它的零件，但是消音器就屬附件。

④ 照相機用的三腳架是照相機的附件。

3. 消耗品

通常消耗品不被認為是零件或附件，例如：照像機用的膠捲，影印機用的碳粉，鋼筆使用的墨水。

第十三章

出口價格核算與報價

早期電腦不普及，很多出口廠商或貿易商利用手邊的計算機加上一些簡單的公式，就可以快速算出成本、費用跟預期的利潤，在最快的時間內報價給國外客戶或貿易商。另外針對進口商不管是廠商本身或是貿易商，進口貨物最重要的就是根據買賣交易發票上的金額，預先算出該產品進口報關後全部應繳交的稅費，作為日後銷售的成本依據或是自用原物料的總成本。這個章節，我們會依據實務作業加上國貿大會考以及國貿業務丙級檢定部分試題的演算與解說，提供給大家如何核算出口價格與報價。

單元一　出口價格的構成因素

出口商品價格的構成，包括成本、費用和利潤三大要素

1. 貨品成本（cost）

又稱為基價（base price），出口貨品的來源，不外購進及自行製造，就專業出口商或貿易商而言，這項貨品成本即為向國內製造商或其他供應者購入出口貨物所付的貨款。就從事直接出口的工廠而言，貨品成本即為出廠價格。

2. 出口費用（export expenses）

以CIF&C（C代表佣金）條件交易時，常見的出口費用有：

(1) 海運費（ocean freight）或空運費（air freight）

大部分進出口貨物會以走海運為主，當然部分產品反而適合走空

運，例如：高單價、生鮮蔬果、花卉、易腐食材、具時效性報章雜誌等。另外，產品本身如果具輕、薄、短、小的特性而且是跨洲的遠程航線，也可考慮走空運，畢竟海空運的價差可高達10倍以上，貨物體積愈大愈重，價差愈大。

(2) 保險費（insurance premium）

買賣雙方採用CIF或CIP時，賣方有義務投保付保費，記住這個保險的前半段是賣方幫自己買的，後半段是賣方幫買方買的，因為針對貨物運輸險保險單，風險移轉前，賣方有保險利益；風險移轉後，買方有保險利益。

(3) 賣方佣金或買方佣金（commission）

大部分的佣金是賣方支付給貿易商或是中間人，但是也有佣金是由買方支付，就看當初買賣合約如何約定。

3. 業務費用（handling charges）

出口廠商會將常發生的出口費用加總，估算出業務費用占出口價格核算的固定比例，展開報價。以下列出各項常見的業務費用，會產生哪些費用要視貿易條件、交易性質、付款方式及商品種類而定。

(1) 包裝費用（packing expenses）。

(2) 倉儲及處理費用（storage and reconditioning expenses）。

(3) 國內運費（inland fees）：又稱inland freight，即將商品運至出口地點貨櫃場、碼頭或空運儲運站所須的運費，如卡車運費、搬運費、裝卸費等。

(4) 檢驗及證明書費用（inspection & certificate fees）。

(5) 裝貨費用（stuffing expenses）

在定期船條件下（berth term）下，船公司收取的主航程運費採美元報價（USD），另外的國內運雜費、裝卸費以及海運提單費會以台幣計價（NTD）。

(6) 銀行手續費（banking charges or commission）

押匯銀行審核單據無誤之後，如果賣方有需要墊款，押匯銀行先

給予融資墊款並收取貼現息（discount charges），大約7~12天，視寄件行程或遠近。

(7) 推廣貿易服務費（trade promotion service charges）

　　　　出口按FOB的價格收取0.04%，如果總數未滿NTD100，就不須繳交。

(8) 報關費（customs clearance charges）。

(9) 商港服務費（harbor service fees）

　　　　分為雜貨、整櫃貨（NTD684/20'；NTD1,368/40'）、併櫃貨（NTD80/W/M），採從量計算方式，不足NTD100者，不予計收。

(10) 其他費用

　　　　包括樣品費、徵信調查費、郵電費、預計損失等。

4. 預期利潤（expected profit）

　　預期利潤的高低，須視貨品種類、進口市場情形、交易數量、供求關係、買方信用、付款條件及手續繁簡而異，並無一定的準則。

　　另外，政府為獎勵出口而退還的稅款，減免的營業稅、印花稅以及出口貨品所用各種進口原料，當製成成品再出口時，可申請退還當初所繳交之進口關稅，可自成本中扣除，退稅須符合退稅標準，稅則號別欄位的「稽徵特別規定」欄位若未出現"R"，基本上就符合退稅產品的標準。

單元二　出口貿易商如何報價

1. 台灣出口貿易經常使用的貿易條件有：FOB、CFR、CIF，但是如果詢價對象是貿易商，對方要求報價時，必須加上一定比例的佣金，假設是5%，我們一般會用FOB&C5、CFR&C5、CIF&C5來表示，其中以CIF&C的報價計算相對比較複雜。CIF&C出口價格的構成因素，包含了：(1)貨品成本；(2)保險費；(3)運費；(4)佣金；(5)業務費用；(6)預期利潤等六項內容，若以計算式表示，如下：

CIF&C＝Cost＋Insurance＋Freight＋Commission＋Handling Charges＋

Profit

2. 貿易商接獲詢價，他必須知道：(1)廠商對產品的報價成本；(2)運費；(3)
   保險費。另外，報價前也必須先算出每一產品的單位成本，自行預估的業
   務費用率以及期望的利潤率，我們用範例來說明。

【範例1】

　　有一中東客戶A公司，自杜拜來函詢價，欲購買台灣貿易商B公司提供
的目錄中H125及M234的產品，因為型號H125採購量少，要求以併櫃方式
報價，型號M234因採購量大，運費採20'整櫃方式報價，要求報出含佣金價
5%的CIF、CFR、FOB價格。台灣B公司經向製造工廠、船公司、保險公司
詢價，所得資料彙整如下：

產品資料

貨號	H125	M234
包裝方式	6打（doz）／箱（ctn）	20盒（set）／箱（ctn）
包裝尺寸	10"×12"×15"（inch）	25×35×40（cm）
採購成本	NTD250／打（doz）	NTD180／盒（set）
最少訂購量	600打	1,000盒

運費資料

併櫃／整櫃	併櫃（CFS）	20'整櫃	40'整櫃
運費	USD120	USD2,500	USD4,500
可裝載材積	1 CBM	25 CBM	50 CBM

其他資料
(1) 保險：投保Clause(A)加WR及SRCC之保險費率是0.6%＋0.025%＝0.625%。
(2) 匯率：銀行之美元即期買入匯率為USD1＝NTD32.75，該貿易商考慮收盤時，台幣可能
    升值的匯兌損失與其他外匯成本，以USD1＝NTD32.25作為報價匯率。
(3) B公司核定本交易業務費用率為2.5%，預期利潤率為10%。

解題

1. H125併櫃貨的報價步驟

請先記住以下很重要的長度與體積單位換算公式：

1英吋＝2.54公分；1英呎＝12英吋；1英呎＝30.48公分

1立方英呎（CFT）＝1,728立方英吋

1立方公尺（CBM）＝35.315立方英呎（CFT，俗稱「才」）

2. 運費核算（H125）

根據以上資料，H125併櫃方式的運費：

每箱體積＝（10"×12"×15"）÷1,728÷35.315

＝0.0294≒0.029CBM

（備註：國貿丙級檢定試題規定，海運的材積CBM數抓到第4位，四捨五入，實際取3位，其餘運費或是報價的計算，抓到第3位，四捨五入取2位，但是國貿大會考並沒有這樣的規定，且因為都是選擇題，若按照這樣的方式計算，肯定也會找到最接近的標準答案，在此我們比照辦理。）

所以每打運費＝0.029×120÷6＝USD0.58

3. CIF&C5報價計算

將求得的併櫃運費及其他資料列出：

CIF&C5＝成本NTD250＋運費USD0.58＋保費（1.1×0.625%）

＋佣金5%＋業務費2.5%＋利潤10%

CIF&C5的實務報價計算方式：

〔（250÷32.25）＋0.58〕÷〔1－（1.1×0.625%）〕÷（1－5%）

÷（1－2.5%）÷（1－10%）

＝（7.7519379845＋0.58）÷0.993125÷0.95÷0.975÷0.9

＝USD10.0640175122（這裡列出的數字跟計算機上面會是一致的）

≒USD10.06（四捨五入，取2位）

大家如果對上式實務報價計算方式感到疑惑，可以試著看一下以下的算式，以下算出的才是真正的標準答案。

CIF&C＝Cost＋Freight＋Insurance＋Commission＋Expenses＋Profit

$=$ Cost＋Freight＋（CIF&C×1.1×保險費率）＋（CIF&C×佣金率）

＋（CIF&C×費用率）＋（CIF&C×利潤率）

假設CIF&C為A

A＝Cost＋Freight＋（A×1.1×保險費率）＋（A×佣金率）＋（A×費用率）＋（A×利潤率）

A＝Cost＋Freight＋A（1.1×保險費率＋佣金率＋費用率＋利潤率）

A－A（1.1×保險費率＋佣金率＋費用率＋利潤率）＝Cost＋Freight

A〔1－（1.1×保險費率＋佣金率＋費用率＋利潤率）〕＝Cost＋Freight

A＝（Cost＋Freight）÷〔1－（1.1×保險費率＋佣金率＋費用率＋利潤率）〕

＝（7.7519379845＋0.58）÷〔1－（1.1×0.625%＋5%＋2.5%＋10%）〕

＝8.3319379845÷0.818125

＝10.184186994

≒10.18

二個方式計算出來的差異只有0.12，但是顯然用實務報價計算方式比較方便快速，且對於算式中任一項費用率的增減%，在計算上方便許多。

4. CFR含佣價5%計算（把保險費扣除即可）

CFR&C5＝成本NTD250＋運費USD0.58＋佣金5%＋業務費2.5%

＋利潤10%

＝（7.75＋0.58）÷0.95÷0.975÷0.9

≒USD9.99

5. FOB含佣金5%計算（把運費跟保險費扣除即可）

FOB&C5＝成本NTD250＋佣金5%＋業務費2.5%＋利潤10%

＝7.75÷0.95÷0.975÷0.9

＝USD9.296

≒USD9.30

國際貿易實務：附最新國貿大會考試題彙編詳解與重點整理

6. 運費核算（M234）

(1) 一樣先算出每一箱的材積

M234的每箱體積＝0.25×0.35×0.40＝0.035CBM

客戶要求貿易商M234採用整櫃運送方式的數量報價，所以要先算出每一個20'貨櫃可裝載數量後，再計算出每一盒的運費。

(2) 20'整櫃報價數量＝25（CBM）÷0.035（CBM）＝714.29≒715箱（箱數計算，原則上無條件進位取整數）

〔備註：也許有人懷疑，既然空間只有25立方公尺（CBM），多出來的一點點擠得進去嗎？其實不用擔心這個問題，不要說這715箱貨物放不進去，有可能連710箱要放進去都有問題，但是實務上，真正的20'貨櫃空間有可能會超過25CBM，還有貨物外箱本身的長寬高跟形狀，也會影響真正可容納的總箱數。〕

715箱×20盒＝14,300盒

每盒運費USD2,500÷14,300盒＝USD0.17

將算出的每一盒運費代入CIF&C5的實務報價計算方式：

CIF&C5 ＝成本NTD180＋運費USD0.17＋保費（1.1×0.625%）
　　　　　＋佣金5%+業務費2.5%+利潤10%

　　　　＝〔（180÷32.25）＋0.17〕÷〔1－（1.1×0.625%）〕
　　　　　÷（1－5%）＋（1－2.5%）＋（1－10%）

　　　　＝（5.58＋0.17）÷0.993125÷0.95÷0.975÷0.9

　　　　≒USD6.95

CFR&C5 ＝成本NTD180＋運費USD0.17＋佣金5%＋業務費2.5%
　　　　　＋利潤10%

　　　　＝（5.58＋0.17）÷0.95÷0.975÷0.9

　　　　≒USD6.90

FOB&C5 ＝成本NTD180＋佣金5%＋業務費2.5%＋利潤10%

　　　　＝5.58÷0.95÷0.975÷0.9

　　　　≒USD6.69

【範例2】

　　某工廠產品報價NTD200、匯率32.5、運費USD0.25、保險費率1.25%、業務費3%、利潤15%。假設我方出口報價的計算式如下：

CIF ＝成本NTD200（匯率為32.5）＋運費USD0.25

　　　　＋保費（1.1×1.25%）＋業務費3%＋利潤15%

　＝（200÷32.5＋0.25）÷（1－1.1×1.25%）÷（1－3%）

　　÷（1－15%）

　≒USD7.88

　　若客戶還價USD7.25，在其他條件不變的情形，進行下列核算：

〈問題1〉如果接受客戶還價，貿易商的利潤率剩下多少%？

解題

　　假設貿易商的利潤率為X，則：

　　（200÷32.5＋0.25）÷（1－1.1×1.25%）÷（1－3%）÷（1－X）

　　＝7.25

　　（6.1538461538＋0.25）÷0.98625÷0.97÷（1－X）＝7.25

　　6.693944995÷（1－X）＝7.25

　　1－X＝0.9233027579

　　X＝0.0766＝7.66%

〈問題2〉如果接受客戶還價且貿易商15%的成交利潤率不得減少，貿易商能夠接受的工廠價格應為多少？

解題

　　假設新的工廠價格為X，則：

　　（X÷32.5＋0.25）÷（1－1.1×1.25%）÷（1－3%）÷（1－15%）

　　＝7.25

　　（X÷32.5＋0.25）÷0.98625÷0.97÷0.85＝7.25

　　X＝（7.25×0.85×0.97×0.98625－0.25）×32.5≒183

綜合以上二個範例，針對出口商的報價方式及要領：

1. 先算出該產品廠商台幣報價的每打、每盒或每個的美元海運費。

2. 利用實務報價計算公式，如果條件是CIF&C5，請記住：

   (1) 先將台幣成本換算成外幣報價＋根據材積算出的海運費，這二項是固定的數字。

   (2) 保險費以及後面的佣金、費用率、利潤率這四項都是按比例的%，所以全部用1減去%比例當除數，之後代入公式。

3. 至於CFR&C5跟FOB&C5，就依序扣除保費跟運費即可。

【範例3】

某台灣貿易商有以下二種產品，請分別報價：

1. A產品併櫃的FOB、CFR、CIF&3%價格。

2. B產品20'整櫃的FOB、CFR、CIF&3%價格。

3. B產品40'整櫃的FOB、CFR、CIF&3%價格。

型　號	A	B
包裝方式	15 SET／（箱）（CTN）	12 PC／箱（CTN）
包裝尺寸	50×45×40（cm）	12"×15"×18"（inch）
採購成本	NTD200 / SET	NTD240 / PC

海運費	併櫃	20'整櫃	40'整櫃
	USD100	USD3,750	USD5,000
1.併櫃最少計費數量 2.整櫃可裝載數量	1 CBM	25 CBM	50 CBM

匯率：1USD＝30NTD	利潤率：10%
保險費率：0.13%	業務費用率：5%

解題要領

1. 根據資料，先算出每一箱的材積，注意英制的單位轉換。

2. 算出每一最小單位（SET或PC）的海運費。

3. FOB運保費都不用加。

4. CFR要把運費加上去。

5. CIF&C3把運、保費加上去，再把佣金也加上去。

解題（詳如下表）

1. A產品併櫃

項目	計算式	單位
1. 每箱CBM數	0.5×0.45×0.40＝0.09	CBM
2. 每盒（SET）運費	0.09×100÷15＝0.60	USD/SET
3. FOB報價	（200÷30）÷（1－5%）÷（1－10%）＝7.80	USD/SET
4. CFR報價	（200÷30＋0.60）÷（1－5%）÷（1－10%）＝8.50	USD/SET
5. CIF&C3	（200÷30＋0.60)÷（1－1.1×0.13%）÷（1－5%）÷（1－10%）÷（1－3%）＝8.77	USD/SET

2. B產品20'整櫃

項目	計算式	單位
1. 每箱才積數（CFT）	12×15×18÷1,728＝1.88	才（CFT）
2. 每盒CBM數	1.88÷35.315＝0.053	CBM
3. 20'貨櫃報價數量（或是20'貨櫃最多可裝載幾箱）	25÷0.053＝471.70，進位取整數472箱×12＝5,664	PC
4. 每PC運費	3,750÷5,664＝0.66	USD／PC
5. FOB報價	（240÷30）÷（1－5%）÷（1－10%）＝9.36	USD／PC
6. CFR報價	（240÷30＋0.66)÷（1－5%）÷（1－10%）＝10.13	USD／PC
7.CIF&C3報價	（240÷30＋0.66）÷（1－1.1×0.13%）÷（1－5%）÷（1－10%）÷（1－3%）＝10.46	USD／PC

3. B產品40'整櫃

項目	計算式	單位
1. 每箱才數（CFT）	12×15×18÷1,728＝1.88	才（CFT）
2. 每盒CBM數	1.88÷35.315＝0.053	CBM
3. 40'貨櫃報價數量（或是40'貨櫃最多可裝載幾箱）	50÷0.053＝943.39，進位取整數944箱×12＝11,328 PC	PC
4. 每PC運費	5,000÷11,328＝0.44	USD／PC
5. FOB報價	（240÷30）÷（1－5%）÷（1－10%）＝9.36	USD／PC
6. CFR報價	（240÷30＋0.44）÷（1－5%）÷（1－10%）＝9.87	USD／PC
7. CIF&C3報價	（240÷30＋0.44）÷（1－1.1×0.13%）÷（1－5%）÷（1－10%）÷（1－3%）＝10.19	USD／PC

從上面2.跟3.的答案，我們可以得到一些心得：

1. 採用20'貨櫃跟40'貨櫃裝運，它們FOB的報價是一樣的，因為不含運費。

2. 除美國線以外，亞洲、歐洲、大洋洲的海運費，大櫃的價格通常是小櫃價格的一倍或是便宜個幾百塊，但是美國線是以40'大櫃為標準櫃，20'小櫃、40'大櫃、40'高櫃（HQ）、45'高櫃（HQ）的海運費跟吊櫃費，其費用比例分別是0.75：1.0：1.125：1.25（或1.266），範例中的小櫃運費USD3,750，大櫃運費USD5,000，就是出口美國線的報價核算案例，採用40'的CFR跟CIF&C3的報價，比採用20'便宜一些，這也是實務上，台灣出口美國採用40'貨櫃比20'貨櫃多的原因之一，而出口到歐洲採用20'小櫃，比40'大櫃多。

【範例4】

台灣貿易商報價給日本貿易商，針對產品C跟D，請分別報價FOB、CFR、CIF、CIF&C5四種條件的價格。C產品報價採併櫃，D產品報價採20'

跟40'表定的可裝櫃數量報價。以下是產品型號包裝、運費、保險費、業務費率以及利潤率資訊。

型　號	C	D
包裝方式	30 SETS／（箱）CTN	20 PC／（箱）CTN
包裝尺寸	40×40×40（cm）	25"×18"×15"（inch）
採購成本	NTD100/SET	NTD150/PC

海運費	併櫃	20'整櫃	40'整櫃
	USD70	USD1,500	USD2,500
1.併櫃最少計費數量 2.整櫃可裝載數量	1 CBM	25 CBM	50 CBM

匯率：1USD＝28NTD	利潤率：10%
保險費率：0.25%	業務費用率：8%

解題

1. 產品C併櫃方式報價

　　報價的計算題，一律先算出最小單位（盒或個）的海運費，但是要算出海運費，必須先算出外包裝的體積，因為海運費報價都是以公制的立方公尺（CBM）或是公噸，取大計費計價，所以遇到英制單位時，請務必先轉換為公制單位。

　　每一箱體積0.4×0.4×0.4＝0.064CBM

　　每一SET的海運費0.064（CBM）÷30（SETS）×USD70＝USD0.15

(1) FOB ＝成本NTD100＋業務費8%＋利潤10%

　　　　＝（NTD100÷28）÷（1－8%）÷（1－10%）

　　　　＝USD4.31

(2) CFR ＝成本NTD100＋運費USD0.15＋業務費8%＋利潤10%

　　　　＝（100÷28＋0.15）÷（1－8%）÷（1－10%）

　　　　＝USD4.49

(3) CIF ＝成本NTD100＋運費USD0.15＋保費（1.1×0.25%）

　　　　＋業務費8%＋利潤10%

　　＝（100÷28＋0.15）÷（1－1.1×0.25%）÷（1－8%）

　　÷（1－10%）

　　＝USD4.51

(4) CIF&C5 ＝成本NTD100＋運費USD0.15＋保費（1.1×0.25%）

　　　　＋業務費8%＋利潤10%＋佣金5%

　　＝（100÷28＋0.15）÷（1－1.1×0.25%）÷（1－8%）

　　÷（1－10%）÷（1－5%）＝USD4.74

2. 產品D20呎整櫃方式報價

　　材積：25×18×15（吋）＝6,750（立方英吋）

　　6,750（立方英吋）÷1,728＝3.91（立方英呎）

　　CBM數＝3.91（CFT）÷35.315＝0.111（CBM）

　　可裝載箱數：25÷0.111＝225.22箱（無條件進位）＝226箱

　　可裝載PC數：226×20＝4,520PC

　　每一PC運費：USD1,500÷4,520（PC）＝USD0.33

(1) FOB報價

　　（NTD150÷28）÷（1－8%）÷（1－10%）＝USD6.47

(2) CFR報價

　　（NTD150÷28＋USD0.33）÷（1－8%）÷（1－10%）＝USD6.87

(3) CIF報價

　　（NTD150÷28＋USD0.33）÷（1－1.1×0.25%）÷（1－8%）

　　÷（1－10%）＝USD6.89

(4) CIF&C5報價

　　（NTD150÷28＋USD0.33）÷（1－1.1×0.25%）÷（1－5%）

　　÷（1－8%）÷（1－10%）＝USD7.25

3. 產品D40呎整櫃方式報價

　　小櫃跟大櫃差別在可裝箱數量跟運費，因此可裝載箱數：50÷0.111

＝450.45箱（無條件進位）＝451箱

可裝載PC數：451×20＝9,020PC

每一PC運費：USD2,500÷9,020（PC）＝USD0.28

(1) FOB報價（因為不含運費，所以大小櫃報價一樣）

（NTD150÷28）÷（1－8%）÷（1－10%）＝USD6.47

(2) CFR報價

（NTD150÷28＋USD0.28）÷（1－8%）÷（1－10%）＝USD6.81

(3) CIF報價

（NTD150÷28＋USD0.28）÷（1－1.1×0.25%）÷（1－8%）÷

（1－10%）＝USD6.83

(4) CIF&C5報價

（NTD150÷28＋USD0.28）÷（1－1.1×0.25%）÷（1－8%）÷

（1－10%）÷（1－5%）＝USD7.19

【範例5】

台灣某出口商有一票貨要出口到澳洲，每一箱的材積是80×70×60（CM），重量是300公斤，一共有140箱。出口商經詢問運輸業者得知20'整櫃價格是USD1,000，40'整櫃價格是USD1,800，併櫃貨的價格是USD45/W/M。另外，台灣的運雜費如下：整櫃吊櫃費NTD5,600/20'，NTD7,000/40'；併櫃裝櫃費NTD380/CBM；海運提單費NTD2,500/per bill。請問：出口商使用哪一種方式裝運最划算？總費用是多少台幣？（假設美元匯率是@30，20'小櫃可裝載28CBM，可承載重量22公噸；40'貨櫃可裝載56CBM，可承載重量是25公噸）

解題

1. 先算出貨物的總材積跟總重量

材積：0.8×0.7×0.6＝0.336CBM，0.336CBM×140箱＝47.04CBM（取大計費）

重量：0.3公噸×140箱＝42公噸

2. 若採併櫃方式

   (1) 海運費47.04CBM×USD45＝USD2,116.8×@30＝NTD63,504

   (2) 裝櫃費47.04CBM×NTD380＝NTD17,875

   (3) 提單費NTD2,500

   　　(1)＋(2)＋(3)＝NTD83,879

3. 若用二個20'小櫃裝載

   (1) 海運費USD1,000×2×@30＝NTD60,000

   (2) 吊櫃費NTD5,600×2＝NTD11,200

   (3) 提單費NTD2,500

   　　(1)＋(2)＋(3)＝NTD73,700

4. 若用40'大櫃裝載

   　　雖然該批貨物總材積是47.04CBM，一個大櫃裝得下，但是會超重，如果用一大櫃一小櫃裝載，肯定不划算，所以就不用再算下去了。答案就是採用二個20'小櫃裝載，總費用是NTD73,700。

進出口海空運相關費用

國 際貿易走海運時，主航程的海運費一律按美元計價，但是進出口國兩地的運雜費會以當地幣別收費，在台灣走空運時，出口是按新台幣收費，包含主航程的空運費跟國內運雜費，但是進口空運費是按出口國幣別報價，如果出口國當地幣別不是國際貿易經常使用的交易幣別的話，進口商在詢價時，可以要求報價的業務人員一律採美元報價，例如：韓幣、馬來西亞幣等等。海空運費沒有絕對的高或低，完全取決於市場的供需狀況，另外一個不變的大原則就是「數大就是美」，進出口量大的業者，拿到的價格肯定比一年只有進出口量個位數拿到的價格好很多。本章節分別介紹進出口海運整櫃、併櫃、空運費等相關費用，另外也會提一下台灣運輸業的狀況。

單元一 出口海運費（整櫃）

1. 假設從台灣的台北港出口到日本的東京港（Keelung to Tokyo），貿易條件CFR Tokyo, Japan，船公司可能會有以下的基本報價與收費：

   (1) 基本海運費（Ocean Freight, O/F）：USD300/20'；USD600/40'。

   (2) 吊櫃費（Terminal Handling Charge, THC）：NTD5,600/20'；NTD7,000/40'。

   (3) 提單製作費（B/L charge）：NTD2,500/per bill。

   (4) 電放費（cable release fee）：NTD800/per bill。

   上述(1)~(3)應該是基本的費用項目，(4)是電放費，如果出口商不領取正本海運提單，請船公司作電放，必須繳交電放費，但是(3)的提單製作費一樣要繳交。另外可能的附加費有以下幾種，只是附加費不一定會徵

收成功，或是它只是短期間的一項收費。

(1) 低硫燃油附加費（Low Sulphur Fuel Surcharge, LSS）：USD40/20'；
USD80/40'。

此為因應國際海事組織（IMO）規定，自108年起，加收船舶使用低硫燃油附加費。

(2) 緊急燃油附加費（Emergency Bunker Surcharge, EBS）

針對此一費用，筆者如果沒有記錯的話，應該是2010年左右，當時中國大陸出口海運費持續走跌或是油價相對高檔，因此船公司擬向中國大陸出口廠商多徵收此費用，可是對於FOB TERM中國大陸出口到台灣的案件，中國大陸出口商認為他們不應該支付此費用，並且要求台灣的進口商應該支付，當時台灣的買方大部分也都同意支付緊急燃油附加費。

(3) 幣值調整附加費（Currency Adjustment Factor, CAF）

美元短期間大幅貶值時，船公司為了彌補損失，多徵收的一項附加費（因為海運費一律採美元計價）。如有徵收，會以運費%數按比例徵收，例如：+3% for 20'& 40'。

(4) 旺季附加費（Peak Season Surcharge, PSS）

每年9月下旬直到隔年1、2月，因應美國聖誕節假期，還有中國大陸的農曆過年，遠東地區出口到北美地區的貨櫃有所謂的旺季（peak season），因為需求會顯著增加，所以船公司會視供需情況，加收旺季附加費。

(5) 取消訂艙費用（cancel fee）

新冠疫情爆發期間，造成許多產業停工，百業蕭條，尤其運輸業更因為各國政府嚴格控管人流、物流的進出造成大塞港，許多大船停靠外海，等待入港卸貨，加上內陸運輸也因為交通管制、人力不足，不但將原本的航行時間（T/T）拉長，海運費更是漲翻天，於是船公司對於客戶已經訂艙，但事後貨物沒進倉的貨主，加收取消訂艙費用。

(6) 港口塞港費（port congestion fee）

　　美國西部港口的碼頭工人以及工會，經常因調薪問題，跟船公司談不攏，因此決議罷工抗議。這情況也會影響船舶與港口的正常運作，船公司基於成本的增加，也會加收港口塞港費用。

單元二 出口海運費（併櫃）

2.1 台灣出口到日本（賣方付主航程海運費）

　　出口商會主動詢價海運費的，基本上都是賣方付運費的C類跟D類貿易條件為主，我們假設貿易條件是CFR Tokyo, Japan。某承攬業者報價如下：

(1) 基本海運費（Ocean Freight, O/F）：USD15/M/W。
(2) 裝櫃費（loading fee）：NTD380/M/W。
(3) 提單費（b/l charge）：NTD2,500/per bill。

　　出口不滿一個20'小櫃的貨量，只能找海運承攬運送業處理。

2.2 台灣出口到日本（買方付主航程海運費）

　　出口商按照進口商的指示，找配合出口運輸的承攬公司，該承攬公司不會主動報價，而是當船開航之後，出口商或委任的報關行前去領提單時，必須繳現後才能領提單。應繳費用除了海運費是買方負擔以外，其餘的運雜費跟上述的報價差異不大，但是有可能會加收一項費用，叫作運費到付（freight collect）處理費（handling fee），業界有時簡稱叫（C.C.FEE）。因為該承攬業者是買方指定，所以他們要收哪些費用、費用高或低，只要不是太離譜，通常出口商也不會太計較。

假設台灣進口商自韓國進口一個40'大櫃，貿易條件是FOB Busan, Korea。船公司業務的報價，可能會有以下費用：

(1) 海運費（O/F）：USD1,000/40'。

(2) 低燃油費用（LSS）：USD196/40'。

(3) 吊櫃費：NTD5,600/40'。

(4) 小提單費：NTD2,500/per bill。

　　至於其他可能的附加費，請參考出口海運（整櫃）。

〔備註：進口商如果有免費置櫃期（free time）天數的增加需求，可以在詢價時一併提出，或是萬一通關不順暢被卡住時，也可以跟運輸業者提出要求。通常海運費如果是買方付費的F類貿易條件，買方要求增加free time的機會較大且天數也會較長。〕

　　某台灣進口商要從中國上海進口貨物一批，貿易條件是FOB Shanghai, China。貨重大約3公噸（MT），貨量大約10立方公尺（CBM），出口商發出詢價信函，請海運承攬業者報價。報價單（QUOTATION）如下：

(1) 海運費：USD0/W/M。

(2) 卸櫃費：USD0/W/M。

(3) 小提單費：NTD2,500/per bill。

　　大家會覺得奇怪，為何海運費跟卸櫃費都是0元？台灣是出超國，尤其對中國大陸，因此台灣出口到中國大陸的貨量，比起中國大陸出口到台灣的貨量，多出很多。有時候，船公司還必須自中國大陸運空櫃回台灣，運空櫃

回台灣這件事，對船公司而言，不但沒有利潤而且是增加成本的一項工作。因此在供需不平衡的情況之下，就會產生不正常的報價，台灣的海空運輸承攬業競爭非常激烈，所以會出現這樣的報價也就不足為奇了。只是，海空運輸作業肯定有它基本的成本與費用，更何況國際貿易買賣雙方，針對運輸費用，如果有一方顯然成本不合理或是費用過低，另外一方肯定是多付了部分費用或是被收取了比較高昂的費用，有道是「砍頭的生意有人會做，賠本的生意乏人問津」。這樣的報價確實存在過台灣好一陣子，甚至更離譜的是，有些業者為了爭取大客戶，不但上述(1)~(3)的報價一律是0元，還推出走愈多賺愈多的非常態報價，進口商每走一票貨，可按其計費噸數給予退佣。所幸目前這種不合理又詭異的現象，應該已經消失才對。

單元五　出口空運費

　　假設台灣某出口商有一票貨物總計20箱，每箱重量30公斤，每箱長寬高分別是80×70×60（cm），要從台灣桃園機場（Taoyuan Airport）出口到德國法蘭克福機場（Frankfurt Airport），貿易條件CPT Frankfurt Airport, Germany。台灣的空運承攬業報價如下：

(1) 空運費（Air Freight, A/F）：NTD300/KGS。

(2) 兵險（War Risk）：NTD15/KGS。

(3) 燃油附加費（Fuel Surcharge）：NTD30/KGS。

(4) 出口報關連線費（Electronic Data Interchange, EDI）：NTD200/per bill。

(5) 卡車費（truck fee）：NTD1,500/per shipment（依貨重材積與距離遠近報價）。

　　上面(1)~(3)是空運主航程的費用，第(4)項報關連線費是因為出口空運貨物進倉跟班機起飛時間差距很短，為了時效關係，絕大多數的出口空運報關作業以及內陸卡車運送，出口商都會一起委任給負責出口的空運承攬業者，不論該空運承攬業者是賣方自行決定，還是買方指定。另外，還有一項

費用沒有寫出來，那就是倉儲費，但因為這項費用目前在台灣北部的三個空運儲運站（華儲、榮儲、遠雄）收費是一致的，所以業務報價時，不會特別打上去。目前的收費如下（2022年收費標準）：

進出口空運倉租費

1	1~3天	300公斤（含）以內	6	元／公斤
		300公斤以上	2	
2	4~6天	2.5		元／公斤／日
3	第7天起	3.5		

我們用上述這個案例，試著算一下該出口商的應付倉租費用應該是多少？

解題

首先必須先算出這票貨的計費重（chargeable weight）：

1. 毛重：30公斤×20箱＝600公斤
2. 材積重：〔（80×70×60）÷6,000〕×20箱＝1,120公斤
3. 取大計費，所以計費重是1,120公斤，不管是空運費或是倉租費，都會按1,120公斤計費。
4. 倉租費計算如下：
   （300公斤×6）＋（1,120公斤－300公斤）×2＝3,440
5. 通常出口空運進倉後的留滯時間，跟班機起飛的時間間隔不會超過3天，所以出口空運的倉儲費比較單純，通常只會用到第一階段的1~3天計費就可以。

單元六　進口空運費

假設某台灣某進口商有一票貨要從美國芝加哥出口到台灣，貿易條件是EXW seller's factory，貨量比照單元五的材積重（計費重）1,120公斤，進口

商經詢價且貨比三家之後，得到的最低報價是：

(1) 卡車費：USD30/per 100 pound。

(2) 出口文件費（document fee）：USD20/per shpt。

(3) 出口報關費（forwarding fee）：USD80/per shpt。

(4) 美國反恐艙單申報（AMS）：USD5/per shpt。

(5) 出口空運費（A/F）：USD0.8/KGS。

(6) 燃油附加費（fuel surcharge）：USD1.35/KGS。

(7) 兵險（war risk）：USD0.1/KGS。

(1)~(4)是採工廠交易條件時，美國出口的當地費用，美國內陸卡車費習慣用每100磅報價。前面我們提到，出口空運倉租費很少會支付到第二階段（4~6天）以後的費用，但是進口空運就有可能，以下分享某家公司空運進口的實際案例。

【案例】

　　某台灣家電進口商的研發單位，直接請美國的供應商無償寄送數台新研發的大型壓縮機給該進口商作為測試用。台灣海關規定進口壓縮機產品，如果馬力數超過5馬力（horsepower），必須事先申請暫免繳貨物稅證明書，否則進口時，必須課徵高額貨物稅。公司研發人員不知道有這麼一回事，因此也沒有事先告知進出口單位事先申請暫免繳貨物稅證明書。數天後，進出口單位接獲空運承攬公司發出到貨通知書（arrival notice），才發現事情大條了。進出口單位火速填好申請單，直接送達國稅局，並且拜託承辦人員以急件處理。正常的暫免繳貨物稅證明書申請時間，大約2週左右可以完成。這個案件經由國稅局承辦人員的協助，在10天之內核發，但是空運進口這票貨已經在華儲空運站擺放了12天。該進口商因為沒有做好內部的溝通協調，最終繳交這筆倉租費用一共花了NTD35,360。

　　計算式如下：

(1)（300公斤×6）+〔（1,120－300）×2〕＝3,440

(2) 4~6天：1,120公斤×3天×2.5＝8,400

(3) 第7天起：1,120公斤×6天×3.5＝23,520

    (1)＋(2)＋(3)＝35,360

第十五章

台灣運輸業者的生態與競存

2020 年全球最大貨櫃輪船公司承載量排名的前20大，台灣的貨櫃三雄：長榮、陽明、萬海分別位居第7、9、11名，據報載，2023年底前，長榮新訂購的數艘超大貨櫃輪船（超過2萬TEU），如果全數加入服務，可望進入全球前5大貨櫃輪船公司行列。另外，有別於貨櫃船的散裝市場，也有上市櫃的散裝航運，像是慧洋、裕民、新興、益航、中航、台航、四維航、正德等公司。除了船公司以外，台灣也有二家海空運承攬業，不但規模大，員工人數也多，他們的分公司或全球代理也遍布全球，比起歐美一些百年老店的承攬運輸公司，例如：瑞士商「泛亞班拿」（Panalpina）跟德商「德迅」（KUEHNE＋NAGEL），一點也不遜色。一家是台灣上市公司——台驊投控；另一家是台灣上櫃公司——中菲行。另外也有許多知名的大型海空運承攬運輸業者，像是沛華、沛榮、萬泰、華岡、威航、鴻霖等等。船公司跟海運承攬運輸業彼此之間是暨合作又競爭的微妙關係，但平心而論，基本上，船公司跟航空公司仍然比較占優勢，畢竟我們經常戲稱船公司為「船老大」，可見「船老大」並非浪得虛名。筆者以上述這些業者的客戶立場跟角度，把職場生涯近三十年的經驗與體驗寫出來，希望對讀者或相關業者有一些幫助。

單元一　船公司

1.1　說明

船公司有大有小，貨櫃船的承載櫃數從幾百個TEU到上萬個TEU以上的

都有，當然小船適合跑近洋線，大船適合跑遠洋線，現代的貨櫃輪船愈造愈大，國內第一大貨櫃輪船公司長榮海運，單是2萬TEU以上的大船，就已經超過10艘，新造的貨櫃船設備更新、人員更精簡、也必須更符合環保要求，並且可大幅降低單位運輸成本。不過前提是必須每一趟的運輸往返，都必須裝載一定成數以上的貨櫃數量，否則承載量太低，營收無法超越固定成本的話，那比起中小型的貨櫃船，反而失去了競爭力。記得2008年9月，金融海嘯襲捲全球，船公司紛紛減少航次並且相互之間尋求合作、互換艙位、共組聯盟，希望把每一趟的航次運量盡量裝好裝滿，顯然船公司本身投入的資金、成本、設備、人力、物力比起承攬業者，絕對是高出許多。

1.2 船公司的生態

1. 船公司主要的客戶有大企業、大貿易商，另外還有一部分就是海運承攬運輸業者。一般公司行號如果有船公司業務要來拜訪，原則上都會安排接見，船公司重視公司形象，所以業務人員穿著通常也比較正式，有些船公司會輪流安排公司的專車給某一組業務，負責接送業務到市區或偏遠地區客戶的拜訪行程，甚至公司內部規定業務人員拜訪客戶時，不准騎乘機車，以策安全。

2. 船公司業務人員要跳槽到另一家船公司或是承攬運輸業，通常不會太難，好比從航空公司離職或跳槽的空姐、空少，因為航空公司一般的進入門檻比較高，所以相對他們要換跑道似乎也不是太難。有些承攬業者很歡迎待過船公司的業務加入他們的戰鬥行列，只是二者的生態卻不太一樣。即使待在某家船公司的某位業務人員業績特別好，客戶會大力支持該公司或支持這位業務人員的原因，有可能是該船公司提供的航線、運費、服務、制度等不錯的條件，再加上業務個人的魅力，但是業務如果跳槽要帶走原本船公司的大客戶，恐怕不是太容易，除非上述提到的條件都不輸給前公司。

2.1　業者設立條件

根據「海運承攬運送業管理規則」第5條：

1. 海運承攬運送業之實收資本額不得低於新台幣750萬元。每增設一分公司，應增資新台幣150萬元。

2. 外國籍海運承攬運送業分公司，在中華民國境內營運資金不得低於新台幣750萬元。每增設一分公司，應增資新台幣150萬元。

2.2　目前登記有案的家數

海運承攬業者的設立，根據「台北市海運承攬運送商業同業公會」（International Ocean Freight Forwarders & Logistics Association, Taiwan）資料顯示，目前會員有745家，數量確實不少。資料顯示十幾年前，台灣的海運承攬業者只有650家左右。

2.3　供需不平衡，價格往下掉

台灣因為海運承攬業的登記跟設立的門檻不高，加上早期成立的海運承攬公司獲利也都很不錯，所以這行業在過去一、二十年間，增加的速度非常快，但據了解，這一行業轉換跑道、跳槽的頻率也很高，尤其是擁有超級大客戶的頂尖超級業務員（top sales），或是原本在這一行業服務超過五年、十年以上的資深業務，他們經常懷抱創業的理念與思維，於是等待時機成熟時，不管是主動或是被動離開原公司，業務找了原公司的搭檔班底或是志同道合的友人，另起爐灶開設新公司。但是台灣的市場原本就不大，加上產業外移中國大陸、東南亞，船運市場也經歷過好幾年的供需失衡、價格低靡不振，加上台灣的海空運輸承攬業市場競爭實在太過激烈，大部分新成立的承攬公司賺錢的少，虧錢的倒不少。筆者記得大約三十年前，從

美國西岸洛杉磯港（LAX）出口到台灣的海運費，可以賣到USD100/W/M~USD120/W/M，美國東岸紐約港（NYC）出口到台灣的海運費是USD160/W/M~USD180/W/M，目前海運費的價格大約比三十年前，還便宜了至少1/3。我們知道一般的科技產品會隨著大量生產、推陳出新後，價格慢慢會往下跌，三十幾年前，市場剛推出的新產品「液晶電視」（LCD TV），價格大約是一吋10,000元，再過了十年，一吋變1,000元，再過不到十年，一吋只剩下不到500元，目前市售非一線品牌的32吋液晶電視，應該7,000、8,000元就可以買得到。令筆者印象很深刻的，還有一項產品「隨身碟」（USB），大約二十年前買一個4G的USB大概要NTD1,200，目前市售32G的USB只要NTD150就買得到，若把它換算成單位計價，平均每一G容量的價差高達60倍。

2.4 出口海運承攬業者的運作

1. 大型的承攬業者如果客戶多量也夠，通常會選擇自行開櫃當莊家（co-loader），當莊家的好處有以下幾點：

   (1) 可以收直接客戶的貨，也可以收同行的拋貨。

   (2) 利用整櫃吊櫃費跟併櫃裝櫃費之間的價差，獲取額外的利潤。

   (3) 發行海運分提單的獲利。（把貨拋給同行的承攬業者，一樣可以發分提單。）

   (4) 價格上可能比較有彈性。

2. 主提單vs.分提單

   (1) 我們把船公司發給承攬公司的海運提單稱為主提單（Master Bill of Lading, MBL），另外把承攬公司發給客戶的海運提單稱為分提單（House Bill of Lading, HBL）。

   (2) 我們先假設有船公司A，併櫃莊家承攬公司B（co-loader），把貨拋給B公司的承攬公司C，C公司的直接客戶D跟E，以及莊家承攬公司B的客戶F、G。

   (3) 通常B公司會向船公司A訂一個40'大櫃，用40'大櫃併貨，基本上比較

划算，至少在空間的運用上以及吊櫃費的價格上，優於使用二個20'小櫃。

(4) C公司自行承攬到的客戶，會按照B公司提供的S/O號碼、進倉地點，直接提供給客戶，事後由C公司自行發海運分提單給他的客戶D跟E，以避免客戶資料外洩給B公司。

(5) 早期有些信用狀規定，出口商只能使用船公司的海運提單押匯，因此出口商如果一開始還是跟承攬業者訂艙，但是要求承攬業者提供船公司的直發提單給出口商，承攬業者通常可以配合，但是有些不太願意這樣做，原因之一也是擔心客戶的資料曝光，甚至有些船公司也不同意或是不願意這樣做。

(6) 以下把船公司的主提單跟承攬業者的分提單，以及海運提單欄位的標示作成圖表說明：

出口走「海運承攬業者」的訂艙與發單流程

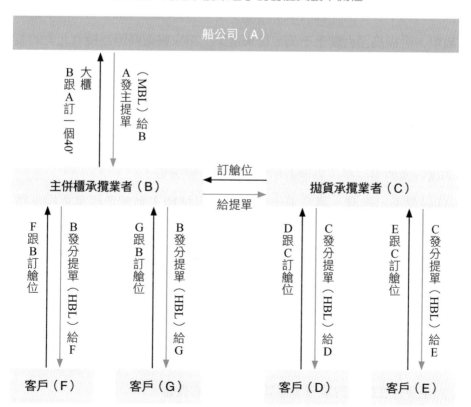

提單欄位	A給B的主提單	B給C的主提單	C給D跟E的分提單	B給F跟G的分提單
託運人（Shipper）	A	B	C	B
受貨人（Consignee）	B	C	D或E	F或G

2.5 承攬業者的生態

1. 海運承攬運送業的生態跟運作，比起船公司，顯然是靈活許多，因為海空運都有、整櫃併櫃客戶都可接、即使目的地交貨的D類貿易條件也不成問題，而且很重要的一點是，允許部分客戶採記帳付費。船公司對一般客戶或是承攬運送業者，大都採付現領單方式，必須先支付海運費以及運雜費之後，才能取得正本海運提單或是小提單，但是船公司對於上市櫃公司、大公司還是會有較短期間的記帳付費。可是承攬業者記帳放款的風險很大，大約十多年前，國內某家海運承攬業者對國內一家知名上市家電廠商放帳，金額高達台幣上千萬，後來這家上市家電廠商因為投資北美的某電視品牌公司，不幸該品牌公司財務出現重大問題，連帶國內這家上市家電廠商也因此造成鉅額虧損，最終慘遭股票下市的命運，更可憐的是，這家承攬業者被賒欠的千萬帳款也變成呆帳，收不回了。

2. 大部分的產業都可能出現所謂先進者優勢或是後進者優勢，筆者對承攬業者這行業的看法是，先進者相對占優勢，原因是：

   (1) 只要不出紕漏，通常進出口商不會很積極主動或是經常更換承攬業者。

   (2) 有些公司全年度的海空運輸詢價，採競標方案處理，而且運輸業者要參加競標前，還必須通過該公司的資格審核，顯然如果大企業的海空運輸詢價採競標方式處理的話，對於一些小型承攬業者，確實比較不利。

   (3) 如果承攬業者跟客戶配合時間夠久，日後有新的案件或臨時的標案，至少已在配合的業者，應該會有報價的機會。

(4) 大型承攬業者靠著部分地區有大量開櫃的優勢，跟配合的船公司關係也很好，因此在價格的主導上占了絕對的優勢，新的競爭者要攻城掠地，恐怕也不是太容易。

2.6 站在進出口商角度，給承攬業者的小小建言

1. 台灣出口比進口多沒錯，出口貿易條件如果是CFR、CIF的，當然業務員要盡量去爭取業績，而且運費若由賣方支付，要更換承攬公司其實也比較容易，當然這對積極跑業務的sales來說，機會反而是比較大一些。

2. 如果客人的進口案件多，貿易條件是FOB、FCA，甚至是EXW條件超多的話，請業務人員務必要好好把握這樣的客戶，原因是台灣的進口商如果已經指定國外的供應商使用了哪一家承攬公司，尤其是採用EXW TERM的交易條件，肯定不會經常更換承攬業者，若每個月都更換或每次都走不同家承攬公司，保證會被國外供應商罵慘，尤其是量不多而且出貨頻繁的交易。所以重點就是，業務人員若是承攬到進口商採工廠交易條件的客戶，通常可以維持一段時間的業績至少半年到一年。除非雙方是採信用狀交易，買方在信用狀上直接指定，賣方就非使用不可。當然，先決條件必須是業務人員自家公司的國外代理可以給出好價錢，也提供了還算滿意的服務。

3. 「見面三分情」，業務人員要想盡辦法到公司去拜訪承辦人員，但是否一定要見到主管，筆者覺得不一定，因為有些中小企業或規模不大的公司，他們的承辦人員就可以決定要走哪一家承攬公司了。或許業務人員可以針對客戶真正的需求，加強本身相關專業直接在客戶的公司「開課」，沒講錯是「開課」。筆者分享二個案例：

(1) 大型承攬業對客戶提供額外服務

　　台灣某家知名大型承攬業者，早期對他們的客戶或是準客戶有提供免費教育訓練課程。筆者就曾經到過他們位於復興北路的公司大樓聽過某位講師的課程「國貿條規1990」，當時感覺獲益良多，從此也對這家公司留下深刻的好印象。

(2) 資深業務對客戶講課

　　　某家海運承攬業者的資深業務對於「特殊貨櫃」非常熟悉，像是開頂櫃（open top）、平板櫃（flat rack）。於是原本有在配合的客戶邀請他來當公司教育訓練的公益講師，所謂的公益就是免費的意思。試想，當你的客戶都集合在台下，而你這位台上的業務頓時成為當下客戶口中的「老師」的時候，你認為，日後特殊櫃的案件會輕易從你手中溜走嗎？

4. 建議相關業務人員找幾本國貿專業書籍，針對某些你特別有興趣或是特別有實務經驗的章節好好研讀，因為你們本身有很好的實務經驗，閱讀書本內容比較可以融會貫通。或許試著下回在陌生電話拜訪或是寄出推薦自家公司服務的郵件時，可以大膽跟對方說：「如果有需要，我可以幫你們免費上國貿條規課程一小時或是國際貨物運輸實務二小時」，雖然陌生電話行銷拜訪確實很難，但是業務手中如果有祕密武器，或是有其他業務沒有的專業知識或特殊專長，我想，總是會有機會突圍，會有機會搶灘成功的。

單元三　空運承攬運送業

3.1　每家承攬業者都有相對專精的領域

　　台灣絕大部分的承攬業者都是進出口、海空運都做，可是絕大部分都會專注或專精於其中某一、二項，有經驗的進出口商也許從承攬公司業務員的名片、公司的名稱、公司的簡報或是每次發出詢價函之後的中選率，大概就會知道這家公司的優勢是海運或空運，是出口還是進口。

3.2　主併莊家包盤攬貨

　　海運的主併莊家承攬公司是訂大櫃收客戶的小貨跟拋貨來賺差價。空運的主併莊家承攬公司是採包盤方式賺取價差利潤，走空運的載貨設備有盤

跟櫃，小貨會放在空運專用貨櫃，一般客戶的貨通常會放置在鐵盤上，矮盤大約可載重1,500公斤，高盤大約可載重3,000公斤，只要不超重、不超材積，還可以靠重貨跟輕貨（拋貨）合計算出來的計費重（Chargeable Weight, C.W.）來賺取差額利潤。出口商有時有一票大貨要出口，在詢問出口空運價格時會發現，某一家業者的報價好像特別便宜，這情況就有可能是該出口商的這票貨毛重特別重，或是材積特別大，剛好報低價的這家承攬公司手邊有一票毛重特別輕，或材積特別小的貨，剛好可以一起搭配，也願意提供給客戶特別的優惠價格。以下圖表是主併盤業者假設的包盤資料，實際成本重量3,000公斤是對空運公司，業者本身向客戶收費（計費重）總計是3,625公斤。

主併空運承攬業者利用重貨、拋貨得出的計費重

客戶	(1) 材積重（Volume Weight）（KGS）	(2) 毛重（Gross Weight）（KGS）	(3) 計費重（Chargeable Weight）（KGS）
A	150	100	150
B	200	150	200
C	150	200	200
D	200	250	250
E	400	300	400
F	500	325	500
G	200	350	350
H	500	400	500
I	600	450	600
J	400	475	475
總計	3,300	3,000	3,625

備註：空運承攬公司的包盤交貨，整體貨重當然不能超重，而且包盤載貨之後的高度也要符合空運公司的要求跟規定。

3.3 空運承攬業的單據運作

1. 假設空運公司A（air lines），包盤的空運承攬業者B，拋貨給B公司的承

攬業者C，C公司的客戶是D跟E，B公司的客戶是F跟G。

2. A公司只針對B公司，但是可以給B公司二個主提單號碼，一個是B公司自己使用，另一個是C公司自己使用。之後B公司自行發空運分提單給他自己的客人F跟G，拋貨給B公司的C公司自行發空運分提單給他的客人D跟E，二家承攬公司B跟C分別運作，避免客戶的資料落入敵營手中。但是最後客戶D、E、F、G的貨全部裝載在同一個鐵盤，由B公司跟航空公司結算，C公司再跟B公司結算。

空運主提單跟分提單的欄位標示

空運提單欄位	A給B的主提單（297-00000001）	A間接給C的主提單（297-00000002）	C給D跟E的分提單（C-0001，C-0002）	B給F跟G的分提單（B-0001，B-0002）
Shipper	A（空運公司）	A（空運公司）	C（拋貨業者）	B（主併業者）
Consignee	B（主併業者）	C（拋貨業者）	D（客戶）或E（客戶）	F（客戶）或G（客戶）

3. 包盤業者如果貨量多，相信利潤也不會太差，如果經常接到重貨跟拋貨各半時，可以在不超出鐵盤與材積範圍的情況下，把毛重盡量裝足，那麼獲利應該也是很可觀，但是如果貨量不足或是重貨多或是輕貨多，那獲利可能就要大打折扣了。

單元四 總結

1. 船公司每一年都會對外招考新成員，某家知名船公司還特別規定必須是應屆畢業的新鮮人（fresh man）才有資格報考。應徵船公司要錄取，當然也不是很簡單，但是相對地，承攬公司要找人就不是那麼容易了。某知名大型承攬業者，每一年老闆都會直接從某大學相關科系的應屆畢業且已經役畢的男學生當中，挑選數十位優秀而且有興趣在這一行業打拼的畢業生到公司上班當業務人員，只是聽說通常不到三個月就只剩下個位數的新鮮人留下來繼續奮鬥與挑戰。顯然這行業的業務人員養成不易，專業知識又特

別多。據筆者多位業界朋友告知，進出口海空運承攬業務這塊領域，應該有超過70%以上的貨源都已經在一些大型承攬業者跟資深業務手上。也難怪新手入行會感到壓力特別大、挫折感特別重了。

2. 據說，早期某家國內知名船公司，每年對外招考新鮮人當業務時（限男性），許多優秀新鮮人已經過五關斬六將，通過書審＋筆試，之後準備進入面試階段。有些人面試當下感覺自己應答如流，口試官也頻頻點頭，心想自己應該有九成機會會被錄取，但事後卻收到「未錄取通知」。原因是面試當天，除了大老闆、主考官、人事主管以外，還有一位面相大師，他不發一語只坐在主位，且這位面相大師掌握了生殺大權，即便面試考生表現優異，主考官一致打高分準備錄用，如果這位面相大師大筆一揮打個「╳」，聽說該名考生就列入未錄取名單了。

3. 早期也包括現在，不管是船公司也好，海空運承攬運送業也好，基本上業務人員都是以男性居多，女性當運務人員（Operator, OP）或是客服人員（Customer Service, CS）的比例比較高。上述提到的那家船公司，聽說業務人員錄取之後，會展開為期一個月的教育訓練，有一項不成文的規定是，晚上聚餐時主管會「測試酒量」，主管在新人面前擺上一瓶紹興酒，看看這位新人可以喝剩下多少C.C.？並且半開玩笑的說：「有好的酒量，才有好業績！」哇，想起這個畫面，還蠻震撼的。但是請日後有志或已經準備報考船公司的新鮮人千萬不要被嚇到，這個情況已不復見。台灣在商場上的應酬文化已經明顯改善很多，酒量好，不見得業績一定會好，有專業、具熱忱、肯負責、夠貼心，才是業務追求好業績應該具備的基本要件。

附錄

國貿實務專有名詞與常用英文簡稱

單元一　貿易單據

1. INV.：Invoice or Comercial Invoice 商業發票

　　在台灣銷售貨物，原則上要開統一發票，其營業稅是5%，但出口外銷要開商業發票且營業稅是0%，雖然營業稅是0%，但是它還是可以跟國內採購的進項發票或從國外採購被海關代課徵的5%營業稅額互相扣抵。

2. P/L：Packing List 裝箱單或Price List 價格表

   (1) 裝箱單：出口商不管走海運的整櫃（CY）或併櫃（CFS）或是空運，都必須提供裝箱單作為報關以及給買方的文件。

   (2) 價格表：出口商事先印製好的產品標價，可提供給任意人參考，它不算是確認的報價（firm offer）。

3. B/L：Bill of Lading 海運提單

　　通常是三張正本，它的功能有三：

   (1) 是運輸業者於船開航後，發給出口商的一種收據。

   (2) 是運送人跟託運人（shipper）之間的運送契約，該契約會印在正本提單的背面。

   (3) 海運提單本身是一種物權證書（document of title），台灣海商法稱「載貨證券」，也是有價證券的一種。

4. MBL：Master Bill of Lading 主提單

　　通常是船公司發給承攬業者的提單，或是主併櫃的莊家承攬業者發給拋貨同行業者的提單。

5. HBL：House Bill of Lading 分提單

　　海空運承攬業者發給出口商的海空運提單。

6. P/I：Proforma Invoice 預期發票或預售發票或預立發票

(1) 它不可視為真正的發票，而是買賣雙方採信用狀方式交易時，賣方收到買方的訂單後，提供給買方的一種文件，買方可憑此P/I連同開狀申請書，向開狀銀行申請開發信用狀。

(2) 有些出口商已得知買方欲下單的數量時，會把P/I作為報價單或是售貨確認書（sales confirmation）。

7. D/O：Delivery Order 小提單；提貨單

　　進口國的運輸業者在進口商或受貨人（consignee）提示一張正本海運提單（B/L）時，換給進口商可憑以報關且提貨的單據，就叫小提單。

（可以這樣記：進口商用大提單換小提單，或用B/L→換D/O）

8. SWB：Sea Waybill or Seaway Bill 海運貨（提）單

　　海運貨單（SWB）功能跟海運提單（B/L）類似，但是單據本身特性不一樣，海運貨單是收據＋運送契約，但它不是物權證書。出口商若要求將傳統的海運提單（B/L）改發為海運貨單（SWB），應事先向船公司申請核准。船到目的港時，進口商憑海運貨單副本（可能要加上切結書）就可換取小提單，海運貨單有以下特色：(1)只有船公司或是其貨代可發行，(2)非物權證書，(3)一律是記名式的不可轉讓（non-negotiable）單據。

9. AWB：Airway Bill or Air Waybill 空運貨（提）單

(1) MAWB：Master Airway Bill 空運主提單，是由航空公司發給出口承攬業者的單據。

(2) HAWB：House Airway Bill 空運分提單，是由出口承攬業者發給出口商的單據。

10. draft：匯票，又稱 bill of exchange

　　國際貿易買賣雙方採用託收付款、信用狀付款方式時，可能會用到的財務單據。

11. FCR：Forwarder Cargo Receipt or Forwarder Certificate of Receipt 承攬業貨物收據

　　買賣雙方採工廠交貨（EXW）的貿易條件時，買方指定的卡拖車前來賣方工廠載貨完成之後，司機先行簽收，事後由出口地承攬業者提供給賣方的一種收據，賣方收到FCR，代表已完成交貨（delivered）。

12. L/I：Letter of Indemnity 保結書；認賠書

　　通常會使用在以下情形：

(1) 買賣雙方已經採用電報放貨方式領小提單，可是台灣的運輸業者習慣要求買方要提供一張切結書給運輸業者，才會發給進口商小提單。

(2) 在信用狀的場合，買方手邊沒有正本海運提單，要求開狀銀行作擔保提貨，進口商填好擔保提貨申請書，這時候，進口商跟開狀銀行（或是只有開狀銀行）要聯合簽名畫押在運輸業者的「切結保證書」上面提供給運輸業者，運輸業者才會發給小提單。

13. L/G：(Bank) Letter of Guarantee 銀行擔保函

(1) 我們一般把進口商加上開狀銀行一起聯合簽名畫押，提供給運輸業的切結保證書稱為銀行擔保函。

(2) 銀行擔保函還有其他用途，其功能類似備付信用狀（Standby L/C）。

14. C/O：Certificate of Origin 產地證明

　　產地證明的主要目的有二種：(1)進口商減稅關稅用，(2)證明該批貨物的最終產品是在某國家製造或完成最終實質轉型。

15. insurance policy：保險單

16. insurance certificate：保險證明單

17. insurance declaration：保險聲明單

18. survey report：公證報告

19. damage report：損害報告

20. inspectation report：檢驗報告

21. EIR：Equipment Interchange Receipt 貨櫃交接驗收單

出口地的拖車司機到貨櫃場領空櫃還有交重櫃時，貨櫃場提供給司機確認及簽收的單據，走海運且是整櫃（CY or FCL）時才會有。

22. multimodal（combined）transport document：複合式運送單據

是指涵蓋二種以上運輸方式的單據，其中一種必須包含海運，所以會是（海＋陸／海＋空）。

23. arrival notice：到貨通知書

船到卸貨港之前或是飛機抵達目的地機場之前，運輸業者發給進口商的通知文件。

24. P/O：Purchase Order 買方下給賣方的採購單

25. quotation：賣方對買方的報價單

26. offer sheet：賣方對買方的報價單

27. S/C：Sales Confirmation 賣方提供給買方的銷售確認書

28. IP or IL：Import Permit or Import License 輸入許可證

29. M/R：Mate's Receipt 大副收據

早期散裝船的時代，貨物上船之後，船上大副簽發收據，如果外包裝有破損的，會註記在大副收據上，船公司依此張大副收據簽發的提單稱為不清潔提單（unclean b/l or foul b/l or dirty b/l）。目前貨櫃船跟散裝船早已不再使用M/R了。前者的貨櫃船開航之後，大都由出口商的委任報關行填妥領取「提單／小提單／收據保證書」，直接向運輸業者領取提單。後者的散裝船於貨物裝載之後，會由船公司或第三方公證公司出具完整報告書，如果貨物外觀破損或生鏽時，會填寫一份例外清單（exception list），上面會備註哪家公司或哪些包裝有狀況。

30. CLP：Container Loading Plan 貨櫃裝貨清單

也可寫成Container Stuffing Plan，出口商在工廠或倉庫裝好貨之後，提交給貨櫃場的單據。目前有些貨櫃場已不再硬性規定一定要提供此單據。

31. tax invoice：稅務發票

32. consular invoice：領事發票

33. customs invoice：海關發票

34. E/P or E/L：Export Permit or Export License 輸出許可證

35. manifest：艙單

36. straight b/l：記名式提單、不可轉讓提單（等同 non-negotiable b/l）

單元二　海空運輸

1. booking space：預訂海空運艙位

(1) 走海運

①出口若走整櫃（CY/CY or FCL/FCL），可向船公司或海運承攬業者訂艙位。

②出口若走併櫃（CFS/CFS or LCL/LCL），因為貨量太少，必須跟其他家出口商合併貨物裝在同一個貨櫃，則只能向海運承攬業者訂艙。

(2) 走空運

不管材積或重量多少，原則上都是透過空運承攬業（air freight forwarder）作訂艙的動作。

2. S/O：Shipping Order 裝貨單；裝運單

出口商貨物快備妥之前，向船公司或是承攬業者訂艙位（booking space）時，運輸業者發給出口商的文件。目前許多船公司都有線上訂位系統，業者可註冊後，自行上網訂艙，稱之為e-booking，訂艙完成後，船公司會傳一份「提單指示」（b/l instruction）給出口商。如果跟承攬業者訂艙，仍維持提供S/O的方式。

3. closing date、cut off date：結關日

貨物如果要順利出口，結關日（含當天）前，出口商必須完成二件事：(1)貨物進倉，(2)報關放行。

走海運出口時，船公司的結關日跟開航日會差2~10天，天數多寡跟船舶大小、近洋線、遠洋線都有關係。

4. late come：最晚結關日

5. ETD：Estimated Time of Departure 船舶預計開航日

6. ETA：Estimated Time of Arrival 船舶預計到達日

7. on board date：船舶開航日

　　一般走海運時，我們習慣稱船舶開航日為 on board date。海運提單的發行日（issuing date）通常跟開航日（on board date）是同一天，如果這二個日期不同，on board date要早於issuing date。

8. departure date：船舶開航日或班機起飛日

　　走海運時，大家通常習慣用on board date。

9. T/T：Transit Time 船舶航行時間

　　在國際貿易付款的場合，T/T是指電匯的意思（Telegraphic Transfer）。

10. all in.：all inclusive 全部涵蓋

　　進出口商收到報價單，在價格後面可能出現all in.。

　　例如：（USD500/20' all in. from Keelung, Taiwan to Tokyo, Japan）表示該報價已包含基本運費及附加費，常見的附加費有燃油附加費（BAF）、幣值調整費（CAF）、旺季附加費（PSS）等等，以該報價而言，主航程總運費就是USD500，但是台灣當地的運雜費如吊櫃費、提單費、預報艙單費（AMS FEE）等等除外。

11. BAF：Bunker Adjustment Factor 燃油附加費

　　又可稱FAF：Fuel Adjustment Factor，如果有此費用的話，會是定額加價收費，例如：+USD150/20'，+USD300/40'。

12. CAF：Currency Adjustment Factor 幣值調整附加費

　　基本上，海運費一律是美元報價，假如美元短期間快速貶值，船公司有可能加收CAF來維持一定的利潤，如果有此費用的話，會以百分比方式加收，例如：+2% for 20'or 40'。

國際貿易實務：附最新國貿大會考試題彙編詳解與重點整理

13. PSS：Peak Season Surcharge 旺季附加費

　　每年9月下旬到聖誕節期間以及中國大陸農曆年節前，遠東出口到北美的貨物因應聖誕節的買氣數量增加以及中國大陸春節長假前的拉貨潮，所以船運的需求量會明顯增加，這時候，船公司有可能會依供需實際狀況加收PSS。

14. C.W.：Chargeable Weight 計費重量

　　航空公司對於貨主交運的貨物，將比較其實際毛重（gross weight）跟材積重（volume weight）之後，取數量大者，當成計費重量。

　　毛重（gross weight）＝實際過磅重量（KGS），材積換算成材積重的比例：

　　1公斤：6,000立方公分（空運）；1公斤：5,000立方公分（快遞）

　　1公斤：366立方英吋（空運）；1公斤：305立方英吋（快遞）

　　材積重（volume weight）＝貨物的長×寬×高（CM）÷6,000（走空運）

　　材積重（volume weight）＝貨物的長×寬×高（CM）÷5,000（走快遞）

【範例1】

　　某物件長寬高30×40×50（cm），毛重8公斤，總件數100箱，從台灣出口到日本，空運費每公斤NTD30，請問：全部空運費是多少？

　　（30×40×50）÷6,000＝10公斤（材積重）＞8公斤（毛重）

　　10公斤×100箱×NTD30＝NTD30,000

【範例2】

　　某物件長寬高20×30×50（cm），毛重8公斤，總件數100箱，從台灣出口到日本，空運費每公斤NTD30，請問：全部空運費是？

　　（20×30×50）÷6,000＝5公斤（材積重）＜8公斤（毛重）

　　8公斤×100箱×NTD30＝NTD24,000

15. TEU：Twenty foot Equivalent Unit 20'貨櫃

16. FEU：Forty foot Equivalent Unit 40'貨櫃

　　1×40'＝2×20'，雖然40'的內部空間比20'大一倍，但是40'可承載重只比20'多出大約5公噸。

17. DC：Dry Container 乾櫃

　　也稱為一般貨櫃regular container。

18. flat rack：平板貨櫃

　　可裝載超高、超寬、超重的貨物，底板特別厚，屬特殊貨櫃的一種。

19. open top：開頂貨櫃

　　可裝載超高的貨物，也屬特殊貨櫃的一種。

20. 貨櫃大小跟尺寸（CONTAINER SIZE）

　　有20'、40'、40' HQ、45' HQ（Hi-Cube）四種：

　　(1) 20'長、寬、高（20'×8'×8'6"）。

　　(2) 40'長、寬、高（40'×8'×8'6"）。

　　(3) 40' HQ長、寬、高（40'×8'×9'6"）。

　　(4) 45' HQ長、寬、高（45'×8'×9'6"）。

21. CY：Container Yard 貨櫃集散站，用來代表整櫃貨物（CY=FCL）

22. CFS：Container Freight Station 散裝貨物集散站，用來代表併櫃（裝）貨物（CFS=LCL）

23. FCL：Full Container Load 整櫃貨（FCL=CY）

24. LCL：Less than Container Load 併櫃貨（LCL=CFS）

　　（備註：CY & CFS美國較常用；FCL & LCL歐洲較常用。）

25. FCL/FCL：出口商整櫃交貨櫃場／進口商整櫃自貨櫃場領出

26. LCL/LCL：出口商散裝交貨櫃場／進口商自貨櫃場散裝領出

27. LCL/FCL：出口商散裝交貨櫃場／進口商整櫃自貨櫃場領出

　　多家出口商，但進口商是同一家，如早期Walmart在台的子公司就採用類似方式，整合多家出口商的貨物併裝成一個整櫃後，再一起出口到美國。

28. FCL/LCL：出口商整櫃交貨櫃場／進口商自貨櫃場散裝領出

　　　　一家出口商同時出貨給二家（或以上）的進口商，該二家進口商的卸貨港跟目的港是一樣的。出口時，所有文件都是分開的二套，只是把二批貨物裝在同一個貨櫃。

29. berth term：liner term 船方負責裝卸貨的條件

　　　　這是貨櫃輪的特色，但是這項費用通常跟海運費採分開報價。

30. shut out or shut off：退關

　　　　運輸業者接受出口商的訂艙量，通常會比實際可承載的櫃數量多，稱為（over booking）。假設某個港口、某個航次，只能收200個貨櫃，結果實際進倉且報關放行的貨櫃超過200個，俗稱爆艙，這時候肯定會有部分出口商的貨櫃無法搭上這班船，而只好被迫搭下一航次的船，此謂被退關。

　〔備註：船公司選擇被退關的貨主時，通常會有以下的考量：

(1) 整櫃（CY-CY）或是併裝櫃（CFS-CFS），前者被退關的機率比較高，因為整櫃只有一個出口商，但併裝櫃有數個出口商，得罪太多出口商不太好。

(2) 是否為長期配合的客戶。

(3) 利潤高或低，還有雙方的配合度。

(4) 該出口商有無搭配信用狀規定的最晚出貨期限。〕

31. off load：貨物被拉下

　　　　走空運時，如果走客貨機且遇到旅客行李較多、生鮮食品多或是快遞貨物多時，也有可能搭不上原本預計的航班，必須被迫轉搭下一航班。這種情形也有可能發生在同一次出貨量太多或是有轉機時。

32. container：台灣稱貨櫃；中國大陸稱集裝箱

33. carrier：台灣稱船公司

　　　　類似國外的船舶公共運送人（Vessel Operation Common Carrier, VOCC）。

34. NVOCC：無船公共運送人（Non-Vessel Operation Common Carrier）

類似台灣的承攬運送業者（freight forwarder）。

35. air line：航空公司

　　如華航（CI，297）／長榮（BR，695）／新航（SQ，618）／荷蘭皇家航空（KL，074）。

36. sea/air freight forwarder：海／空運承攬運送業者

37. consolidation：併裝

　　承攬業者通常採用40'大櫃，集合多家出口商的小貨，合併裝滿一個貨櫃出口。大型承攬業者自行開櫃當莊家（co-loader），可以收直客的貨，也可收同行的拋貨（co-load cargo）。

38. T.H.C.：Terminal Handling Charge 貨櫃場處理費

　　通常是由各進出口商分別支付的整櫃吊櫃費（NTD5,600/20'；NTD7,000/40'），或是併櫃的出口裝櫃費或是進口的拆櫃費（NTD380/M/T）。

39. cable release：電報放貨

　　也可寫成telex release、express、surrendered，亦即出口商不領取正本海運提單，請運輸業者於船到目的港時，直接把小提單發給進口商。或是出口商已領取全套正本海運提單，事後再繳回全套正本提單給運輸業者，要求業者作電放也是可以的。

40. R/T：Revenue Ton 計費噸

　　中國大陸貨代報價時會打上R/T，等同台灣的W/M（重量噸或體積噸）。

41. DWT：Dead Weight Ton 通常指散裝船可載重噸數

42. VGM：Verified Gross Mass 載貨貨櫃驗證總重

　　有鑑於很多重大事故都與貨櫃申報不實重量有關，促使國際海事組織（IMO）與航運業代表合作，通過了「國際海上人命安全公約」（SOLAS），以確保貨櫃實際重量的申報確實。根據該公約規定，託運方必須向船公司提供貨櫃驗證總重（VGM），包含貨櫃總重、空櫃重量以及裝卸設備和材料重量。

國際貿易實務：附最新國貿大會考試題彙編詳解與重點整理

43. IMO：International Maritime Organization 國際海事組織

44. groupage：併裝

45. box：等同 container

46. break bulk cargo：散裝貨物，有別於併櫃貨物（CFS或LCL）

47. cellular：貨櫃船之貨艙

48. COGSA：Carriage of Goods by Sea Act. 美國或英國的海上運送法

49. congestion surcharge：港口壅塞附加費

50. back date：倒填日期

51. dead freight：空載運費

52. demurrage：貨櫃置放場內超過免費期的延滯費

53. detention：貨櫃離開櫃場，未按時交回櫃場的留置費

54. EDI：Electronic Data Interchange 電子資料交換

55. FAK Rate：Freight All Kinds Rate 品目無差別費率

56. feeder vessel：接駁船

57. FIOST：Free In/Out/Stowed/Trimmed 裝卸堆積及平艙船方免責

58. FOC：Flag of Convenience 權宜船籍

59. force majeure：不可抗力

60. CTO：Combined Transport Operator 複式運送人

61. unpacking：拆櫃（stripping、unstuffing）

62. knot：船的速度一般常以「節（knot）」來表示，一節等於每小時航行一海浬的速度，而一海浬等於1.852公里

63. longshoreman：碼頭工人

64. MLB：Mini-Land Bridge 迷你陸橋

　　藉由海運＋陸運的運輸節省運輸航行時間。例如：台灣到美國東岸紐約（New York）、莎瓦娜（Savannah）、查爾斯敦（Charleston）、邁阿密（Miami）等港口，如果走全水路（all water）經巴拿馬運河可能要35天，如果利用海運＋陸運，台灣走海運到美國西岸的洛杉磯（Los Angeles）或長堤（Long Beach），再利用美國境內綿密的鐵路運輸系統

從西岸拉到東岸的港口，只要大約25天，其實不只是美國東岸，只要沿途火車有經過的大站（像芝加哥），都可採用此一方式運輸。

65. MBS：Micro Bridge Service 微陸橋作業

　　跟MLB比較，只是陸路距離短一些，或是火車抵站後，再利用拖車把貨櫃拉到附近的集散站。

66. OOG：Out of Gauge 超大貨物

67. perishable cargo：易腐壞貨物

68. POL：Port of Loading 裝貨港

69. POD：Port of Discharge 卸貨港

70. slot：櫃位，指貨櫃貨物在船上積載之櫃位

單元三　進出口報關

1. C1／C2／C3：台灣海關的三種通關方式

　　C1：免審免驗通關；C2：應審免驗通關；C3：應審應驗通關。

2. customs clearance：清關、報關、通關

3. 先放後稅：海關對於進口貨物放行前，進口商應該先「完稅」，但如果進口商事先已請銀行作擔保，海關可讓進口商先行提貨，日後再繳交稅費。所以可以這樣解讀：「海關先放行，進口商後繳稅」

4. 彙總清關：比起上述3.的先放後稅，是一種進口商直接向海關申請的最優惠的稅費繳納方式

5. HS code：Harmonized Commodity Description and Coding System (HS) code 國際商品統一分類代碼

6. CCC code：Standard Classification of Commodities of the Republic of China，又稱Chinese Commodities Classification

　　中華民國商品標準分類號列C.C.C. code是根據上述5.HS code的6碼再加編7、8二碼（所以1~8碼稱稅則號別），再加編9、10二碼（所以1~10碼稱統計號列），最後再加上第11碼的檢查號碼，成為一組完整11碼的稅

則號列。

　　例如：台灣進口葡萄酒的稅則是 2104.2100.00-5

　　1~6碼：HS code　　　　 → 2104.21

　　1~8碼：稅則號別　　　　 → 2104.2100

　　1~10碼：統計號列　　　　 → 2104.2100.00

　　1~11碼：完整CCC code → 2104.2100.00-5

單元四　付款方式

1. L/C：Letter of Credit 信用狀

　　中國大陸稱信用證D/C：Documentary Credit，可分即期信用狀（sight L/C）跟遠期信用狀（usance L/C）。

2. T/T：Telegraphic Transfer 電匯

　　是目前國際貿易最常使用的付款方式。若是賣方先出貨再收錢稱為記帳（Open Account, O/A）；若是賣方先收錢再出貨叫預付貨款（advance payment）。

3. D/P：Document against Payment 付款交單（託收的一種）

4. D/A：Document against Acceptance 承兌交單（託收的一種）

5. O/A：Open Account 記帳（賣方先出貨再收款）

6. CIA：Cash In Advance 出貨前，買方先預付貨款

　　亦可稱T/T in advance or advance paymnet。

7. CWO：Cash With Order 下單付款

8. factoring：應收帳款承購

9. forfaiting：遠期應收帳款賣斷（適用於遠期信用狀）

10. COD：Cash on Delivery 貨到付現（少用）

11. CAD：Cash against Document 交單付現（少用，目前以D/P取代）

12. installment：分期付款

13. consignment：寄售

14. D/D：Demand Draft 票匯（票匯是買方取得匯票後，直接寄賣方）

15. M/T：Mail Transfer 信匯

16. down payment：訂金

單元五　協會、機構、組織及其他

1. SWIFT：Society Worldwide Interbank Financial Telecommunication 環球銀行金融電信協會

　　透過該協會，可以開信用狀、匯款、託收。

2. FIATA：International Federation of Forwarding Agents Association 國際貨物運送承攬商協會

　　該協會在台灣也授予相關課程的開課與授課，學員參與課程學習達規定的上課時數，可報名參加證照考試，及格後可得到一張國際認可的證照（FIATA LICENSE）。

3. IATA：International Air Transport Association 國際航空運輸協會

4. ICAO：International Civil Aviation Organization 國際民用航空組織

　　簡稱國際民航組織，是聯合國屬下專責管理和發展國際民用航空事務的機構。

5. I.C.C.：International Chamber of Commerce 國際商會

　　中華民國是ICC創始會員之一，目前國貿實務經常用到的國貿條規（Incoterms 2020）以及信用狀統一慣例（UCP600）都是該商會的出版品。

6. I.C.C.：Institute Cargo Clauses 協會貨物條款

　　海運有三種基本保險條款：ICC(A)、ICC(B)、ICC(C)；空運只有一種基本保險條款：ICC(AIR)。

7. Customs 海關

　　目前有四個關區，分別是基隆關、台北關、台中關、高雄關。

國際貿易實務：附最新國貿大會考試題彙編詳解與重點整理

8. customs broker 報關行

　　報關行負責協助進出口廠商的通關作業，關務署轄下的各海關主要任務是審核來貨跟文件是否一致，也就是要符合「貨證相符」才可放行。

9. inspection broker 報驗行

　　報驗行是協助進出口商，負責產品本身是否符合台灣相關部會的規範，例如：以下產品必須經由後面的權責單位檢驗合格後，才可放行：

　　冰箱、電視→經濟部標檢局；

　　食品、藥物→衛福部食藥署；

　　水產品、農產品→農委會。

10. UCP 600：Uniform Customs & Practice for Documentary Credits 600

　　目前最新版本是「信用狀統一慣例600」，一共有39條。

11. ISBP745：International Standard Banking Practices 國際標準銀行實務

　　它是UCP600的補充與解釋，可以將UCP600當成母法，把ISBP當成子法或是施行細則。如果從UCP600上面的條文解讀，仍然無法判定賣方提示的文件是否符合提示或是有瑕疵，可以再參考ISBP內容，作出進一步的判讀。

12. ISP 98：International Standby Practices 98 國際擔保函慣例

　　1999年1月1日起，正式實施。

13. Incoterms：International Commercial Terms 國際商業條件

　　目前最新版的國貿條規是Incoterms 2020，已經在2020.01.01起，正式上路啟用。國貿條規又稱為價格條件、貿易條件。

14. URDG758：Uniform Rules for Demand Guarantees（2010 Revision）

　　國際商會即付保證函統一規則。

15. URC522：The Uniform Rules for Collection522 託收統一規則

16. FMC：Federal Maritime Commision 美國聯邦海事委員會

17. Hague Rules：海牙規則

　　指1924年國際海上貨物運送公約。

18. IMDG Code：International Maritime Dangerous Goods Code 國際海上危險

貨物運送規則

19. CISG：United Nations Convention on Contracts for the International Sale of Goods 聯合國國際貨物銷售合同公約

　　　簡稱銷售公約或維也納公約，是1980年聯合國制訂的國際公約。

20. CITES：Convention on International Trade in Endangered Species of Wild Fauna and Flora 瀕臨絕種野生動植物國際貿易公約

　　　簡稱「華盛頓公約」。

1. 陳賢芬，《信用狀交易與單據審查解析》，台北市進出口商業同業公會，2013年。

2. 陳冠志，《應收帳款承購實務解析》，台北市進出口商業同業公會，2009年。

3. 曹有諒，《國際貨物運輸保險理論與實務》，台北市進出口商業同業公會，2010年。

4. 曾俊鵬、廖玲珠，《海運承攬運送業理論與實務》，五南圖書出版（股）公司，2010年。

5. 曾俊鵬，《國際航空貨運實務》，五南圖書出版（股）公司，2011年。

6. 蔡進來，《國際商品統一分類制度暨海關稅則分類》，正中書局，1995年。

7. 葉建民，《海運貨物承攬運送實務》，台北市進出口商業同業公會，2010年。

8. 劉正松，《解析國際貿易》，前程文化事業（股）公司，2020年。

9. 謝宗興，《簡易實用貿易英文》，台北市進出口商業同業公會，2016年。

10. 邱展發，《海運提單實務》，三民書局（股）公司，1997年。

11. 馬克‧萊文森（Marc Levinson），《貨櫃與航運》，八旗文化，2021年。

12. 《國際標準銀行實務》，國際商會中華民國總會，2013年。

13. 《國貿條規2020》（Incoterms 2020），財團法人台灣金融研訓院，2020年。

14. 《國貿實務，全國會考教材》，三民書局（股）公司，2008年。

15. 《信用狀統一慣例＋電子信用狀統一慣例（UCP600＋eUCP）》，財團

法人台灣金融研訓院，2016年。

16. 財政部關務署，https://web.customs.gov.tw/。

17. 經濟部國際貿易局，https://www.trade.gov.tw/。

18. 中央銀行，https://www.cbc.gov.tw/tw/mp-1.html。

19. 長榮海運（股）公司，https://www.evergreen-marine.com/tw/。

20. 萬海航運（股）公司，https://tw.wanhai.com/views/Main.xhtml。

21. 兆豐國際商業銀行，https://www.megabank.com.tw/personal。

22. ALPHALINER，https://public.alphaliner.com/。

國家圖書館出版品預行編目(CIP)資料

國際貿易實務：附最新國貿大會考試題彙編詳
解與重點整理/何怡興著. -- 二版. -- 臺北市：
五南圖書出版股份有限公司, 2024.03
　　面；　公分
　ISBN 978-626-393-106-0(平裝附光碟片)

1.CST: 國際貿易實務

558.7　　　　　　　　　　113002123

1O6B

國際貿易實務：
附最新國貿大會考試題彙編詳解
與重點整理

作　　　者—何怡興

發　行　人—楊榮川

總　經　理—楊士清

總　編　輯—楊秀麗

副 總 編 輯—侯家嵐

責 任 編 輯—吳瑀芳

文 字 校 對—許宸瑞

封 面 設 計—封怡彤

排 版 設 計—張淑貞

出　版　者—五南圖書出版股份有限公司

地　　　址：106臺北市大安區和平東路二段339號

電　　　話：(02)2705-5066　　傳　　真：(02)2706-6

網　　　址：https://www.wunan.com.tw

電 子 郵 件：wunan@wunan.com.tw

劃 撥 帳 號：01068953

戶　　　名：五南圖書出版股份有限公司

法 律 顧 問：林勝安律師

出 版 日 期：2023年5月初版一刷
　　　　　　　2024年3月二版一刷

定　　　價：新臺幣550元